公路与桥梁工程
试验检测技术研究

张宛东　陈文君　宗成思　主编

汕頭大學出版社

图书在版编目（CIP）数据

公路与桥梁工程试验检测技术研究 / 张宛东，陈文
君，宗成思主编 . -- 汕头：汕头大学出版社，2023.9
　ISBN 978-7-5658-5164-3

　Ⅰ．①公… Ⅱ．①张… ②陈… ③宗… Ⅲ．①道路试
验－检测－研究②桥梁试验－检测－研究 Ⅳ．
① U416.03 ② U446.1

中国国家版本馆 CIP 数据核字（2023）第 211494 号

公路与桥梁工程试验检测技术研究
GONGLU YU QIAOLIANG GONGCHENG SHIYAN JIANCE JISHU YANJIU

主　　编：张宛东　陈文君　宗成思
责任编辑：郑舜钦
责任技编：黄东生
封面设计：皓　月
出版发行：汕头大学出版社
　　　　　广东省汕头市大学路 243 号汕头大学校园内　邮政编码：515063
电　　话：0754-82904613
印　　刷：廊坊市海涛印刷有限公司
开　　本：710mm×1000mm　1/16
印　　张：27
字　　数：520 千字
版　　次：2023 年 9 月第 1 版
印　　次：2024 年 1 月第 1 次印刷
定　　价：98.00 元
ISBN 978-7-5658-5164-3

编委会

作 者	署名位置	工作单位
张宛东	第一主编	河南恒通工程监理咨询有限公司
陈文君	第二主编	广东交科检测有限公司
宗成思	第三主编	上海市建筑科学研究院有限公司
许 鹏	副主编	云南通衢工程检测有限公司
徐焕明	副主编	烟台市公路事业发展中心
李勇祥	副主编	会泽县地方公路管理段
郭国光	副主编	江西省赣西公路工程监理有限公司
姚红涛	副主编	河南省公路工程物资有限公司
黄 磊	副主编	浙江交科供应链管理有限公司
刘敏刚	副主编	陕西中宇交通规划设计有限公司
刘涛敏	副主编	上海市建筑科学研究院有限公司
肖德仁	副主编	四川省公路规划勘察设计研究院有限公司

前　言

公路与桥梁工程试验检测工作从根本上来说，是通过对某个产品或工程项目的检测结果判断其质量是否能够满足现行技术标准的要求，其还应当作为工程质量管理中一项重要的组成内容，同时也是公路与桥梁工程质量验收的一项重要依据，其具有十分重要的作用。通过试验检测能够充分地判断所提供的材料是否符合施工技术规定中的相关要求，便于就地取材，最终使得工程造价得以降低。通过对公路与桥梁工程试验检测能够对所使用的新技术、新工艺、新材料进行试验检测，最终对其可行性、适用性、有效性以及先进性等做出鉴别，使得我们更好地积累经验，同时对于推进施工技术的进步也有着重要的作用。通过对工程中所使用的原材料、半成品等进行试验检测，可得知其产品的优劣，这样有利于选择合格的材料和技术，最终能够提高整体的工程质量。

本书首先对公路工程试验检测技术所涉及的道路材料试验检测、路基土方工程试验检测、路面基层与底基层试验检测、水泥混凝土路面与沥青路面试验检测、路基路面工程现场检测技术、排水工程及砌石工程现场检测等内容进行了系统介绍；然后对桥梁工程试验检测技术所涉及的桥梁工程材料试验检测、桥梁基础试验检测、桥梁的常规检查、桥梁特殊检查、检测及监测、桥梁荷载试验、桥梁承载力评定等内容进行了讲解与分析。本书可供公路与桥梁工程试验检测技术从事人员和研究人员阅读参考。

为了满足广大公路与桥梁工程试验检测技术研究和工作人员的实际要求，作者翻阅大量公路与桥梁工程试验检测技术的相关文献，并结合自己多年的实践经验编写了此书。

本书在编写过程中参考了大量的国内外专家和学者的专著、报刊文献、网络资料，以及市政路桥施工技术与管理的有关内容，借鉴了部分国内外专家、学者的研究成果，在此对相关专家、学者表示衷心的感谢。

目 录

第一章 道路材料试验检测

第一节 岩石技术性质及其试验检测

一、岩石的物理性质

（一）物理常数

岩石的物理常数是反映材料矿物组成与结构状态的参数，其与岩石的技术性质有着密切的联系。常用的物理常数有密度、毛体积密度和孔隙率。这些物理常数可以间接预测岩石的有关物理性质和力学性质，在选用石料、进行混合料组成设计计算时，也是重要的设计参数。岩石的内部组成结构从质量和体积的物理观点出发，主要是由矿质实体和孔隙（包括与外界连通的开口孔隙和内部的闭口孔隙）所组成，如图1-1所示。

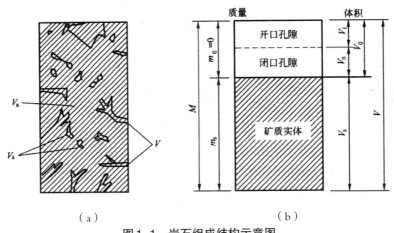

（a）　　　　　　　　　　　（b）

图1-1　岩石组成结构示意图

（1）密度。密度是指在规定条件下，烘干岩石矿质实体单位真实体积（不包括开口与闭口孔隙的体积）的质量，按式（1）计算。

$$p_t = \frac{m_s}{V_s} \tag{1}$$

式中：p_t—岩石的真实密度（g/cm³）；

m_s—岩石矿质实体的质量（g）；

V_s—岩石矿质实体的体积（cm³）。

岩石密度按现行《公路工程岩石试验规程》，采用密度瓶法进行测定，将岩石粉磨成能通过 0.315mm 孔径筛子的细粉并烘干至恒重，以一定质量的石粉在密度瓶中通过置换法求得矿质实体的体积，从而计算出岩石的真实密度。

（2）毛体积密度。毛体积密度是指在规定条件下，烘干岩石包括孔隙在内的单位毛体积的质量，按式（2）计算。

$$p_0 = \frac{M}{V_s + V_n + V_i} \tag{2}$$

式中：p_0—岩石的毛体积密度（g/cm³）；

M—岩石的质量（g）；

V_s—岩石矿质实体的体积（cm³）；

V_i—岩石开口孔隙的体积（cm³）；

V_n—岩石闭口孔隙的体积（cm³）。

根据岩石含水状态，毛体积密度可分为干密度、饱和密度和天然密度。按现行《公路工程岩石试验规程》，可采用量积法、水中称量法和蜡封法测定岩石的毛体积密度。

（3）孔隙率。孔隙率是指岩石孔隙体积占其总体积的百分率，按式（3）计算。

$$n = \frac{V_0}{V} \times 100\% \tag{3}$$

式中：n—岩石的孔隙率（%）；

V_0—岩石的孔隙（包括开口和闭口孔隙）的体积（cm³）

V—岩石的总体积（cm³）。

孔隙率也可由式（4）计算求得：

$$n = \left(1 - \frac{p_0}{p_t}\right) \times 100\% \tag{4}$$

式中：n—岩石的孔隙率（%）；

p_t—岩石的密度（g/cm³）；

p_0—岩石的毛体积密度（g/cm³）。

（二）吸水性

岩石吸入水分的能力称为吸水性，其大小可用吸水率和饱和吸水率两项指标来表征。

（1）吸水率。在规定条件下，岩石试样最大的吸水质量占烘干岩石试样质量的百分率。

$$w_a = \frac{m_1 - m}{m} \times 100\% \qquad (5)$$

式中：w_a—岩石吸水率（%）；

m—岩石试件烘干至恒重时的质量（g）；

m_1—岩石试件吸水至恒重时的质量（g）。

岩石吸水率采用自由吸水法测定。

（2）饱和吸水率。在强制条件下，岩石试样最大的吸水质量占烘干岩石试样质量的百分率。饱和吸水率的计算方法与吸水率相同，采用沸煮法或真空抽气法测定。

（三）抗冻性

抗冻性是指岩石在饱水状态下，抵抗反复冻结和融化作用而不破坏，并不严重降低强度的性质。

岩石在潮湿状态受冻融循环作用而引起破坏的机理是：岩石孔隙内的水分在气温低于0℃时就会结冰，体积膨胀约9%。如果孔隙处于吸水饱和状态，水的结冰就对孔隙壁产生很大的内应力，在反复冻融循环作用下，岩石会逐渐产生裂缝、掉边、缺角或表面松散等破坏现象。岩石的抗冻性与其矿物成分、结构特征有关，与岩石的吸水率指标关系更为密切。岩石的抗冻性主要取决于岩石中大开口孔隙的发育情况、亲水性、可溶性矿物的含量及矿物颗粒间的连接力。大开口孔隙越多，亲水性和可溶性矿物含量越高，岩石的抗冻性越差。

一般采用直接冻融法和坚固性试验来评定岩石的抗冻性。

坚固性是指岩石试样经饱和硫酸钠溶液多次浸泡与烘干循环作用后，不发生显著破坏或强度降低的性能。由于硫酸钠结晶后体积膨胀，会产生与水结冰相似的作用，使岩石孔隙壁受到压力，所以坚固性试验也是评定岩石抗冻性的方法。

二、岩石物理性质测定

（一）岩石密度试验

1. 试验步骤

（1）将制备好的岩粉放在瓷皿中，置于温度为105～110℃的烘箱中烘至恒重，烘干时间一般为 6 ~ 12h，然后再置于干燥器中冷却至室温（20℃±2℃）备用。

（2）用四分法取两份岩粉，从每份试样中称取 15g（m_1），精确至 0.001g（本试验称量精度皆同），用漏斗灌入洗净烘干的密度瓶中，并注入试液至瓶的一半处，摇动密度瓶使岩粉分散。

（3）使用洁净水作试液时，可采用沸煮法或真空抽气法排除气体；使用煤油作试液时，应采用真空抽气法排除气体。采用沸煮法排除气体时，煮沸时间自悬液沸腾时算起不得少于 1h；采用真空抽气法排除气体时，真空压力表读数宜为 100kPa，抽气时间维持 1 ~ 2h，直至无气泡溢出为止。

（4）将经过排除气体的密度瓶取出擦干，冷却至室温，再向密度瓶中注入排除气体且同温条件的试液，使接近满瓶，然后置于恒温（20℃±2℃）水槽内。待密度瓶内温度稳定，上部悬液澄清后，塞好瓶塞，使多余试液溢出。从恒温水槽内取出密度瓶，擦干瓶外水分，立即称其质量（m_3）

（5）倾出悬液，洗净密度瓶，注入经排除气体并与试验同温度的试液至密度瓶，再置于恒温水槽内。待瓶内试液的温度稳定后，塞好瓶塞，将溢出瓶外试液擦干，立即称其质量（m_2）。

2. 结果整理

按式（6）计算岩石的密度值（精确至 $0.01g/cm^3$）：

$$p_t = \frac{m_1}{m_1 + m_2 - m_3} \times p_{wt} \tag{6}$$

式中：p_t—岩石的密度（g/cm^3）；

m_1—岩粉的质量（g）；

m_2—密度瓶与试液的合质量（g）；

m_3—密度瓶、试液与岩粉的总质量（g）；

p_{wt}—与试验同温度试液的密度（g/cm^3）。

以两次试验结果的算术平均值作为测定值，如两次试验结果之差大于 $0.02g/cm^3$，取样进行试验。

（二）毛体积密度试验

1. 量积法试验步骤

（1）量测试件的直径或边长。用游标卡尺量测试件两端和中间 3 个断面上互相垂直的两个方向的直径或边长，按截面积计算平均值。

（2）量测试件的高度。用游标卡尺量测试件断面周边对称的 4 个点（圆柱体试件为相互垂直的直径和圆周交点，立方体试件为边长的中点）和中心点的 5 个高度，计算平均值。

（3）测定天然密度。应在岩样开封后，在保持天然湿度的条件下，立即加工试件和称量。测定后的试件，可作为天然状态的单轴抗压强度试验用的试件。

（4）测定饱和密度。将试件进行饱水处理，用湿纱布擦去试件表面水分，立即称其质量。测定后的试件，可作为饱和状态单轴抗压强度试验用的试件。

（5）测定干密度。将试件放入烘箱内，控制在 105 ~ 110℃温度下烘干 12 ~ 24h，取出放入干燥器内冷却至室温，称干试件质量。测定后的试件，可作为干燥状态单轴抗压强度试验用的试件。

（6）称量精确至 0.01g，量测精确至 0.01mm。

2. 水中称量法试验步骤

（1）测天然密度时，应取有代表性的岩石制备试件并称量；测干密度时，将试件放入烘箱，在 105 ~ 110℃下烘干至恒量，烘干时间一般为 12 ~ 24h，取出试件置于干燥器内冷却至室温后，称干试件质量。

（2）将干试件浸入水中按规定方法进行饱和，饱和方法可依岩石性质选用煮沸法或真空抽气法。

（3）取出饱和浸水试件，用湿纱布擦去试件表面水分，立即称其质量。

（4）将试样放在水中称量装置的丝网上，称取试样在水中的质量（丝网在水中的质量可事先用砝码平衡）。在称量过程中，称量装置的液面应始终保持同一高度，并记下水温。

（5）称量精确至 0.01g。

3. 蜡封法试验步骤

（1）测天然密度时，应取有代表性的岩石制备试件并称量；测干密度时，将试件放入烘箱，在 105 ~ 110℃下烘干至恒量，烘干时间一般为 12 ~ 24h，取出试件置于干燥器内冷却至室温。

（2）从干燥器内取出试件，放在天平上称量，精确至 0.1g（称量精度皆同）。

（3）把石蜡装在干净铁盆中加热熔化，加热温度稍高于熔点（一般石蜡熔点在 55 ~ 58℃）。可通过滚涂或刷涂的方法使岩石试件表面覆上一层厚度 1mm 左右的石蜡层，冷却后准确称出蜡封试件的质量。

（4）将涂有石蜡的试件置于天平上，称出其在洁净水中的质量。

（5）擦干试件表面的水分，在空气中重新称取蜡封试件的质量，检查此时蜡封试件的质量是否大于浸水前的质量。如超过 0.05g，说明试件蜡封不好，洁净水已浸入试件，应取试件重新测定。

4. 结果整理

（1）量积法岩石毛体积密度按下列公式计算：

$$p_0 = \frac{m_0}{V} \tag{7}$$

$$p_s = \frac{m_s}{V} \tag{8}$$

$$p_d = \frac{m_d}{V} \tag{9}$$

式中：p_0—天然密度（g/cm³）；

p_s—饱和密度（g/cm³）；

p_d—干密度（g/cm³）；

m_0—试件烘干前的质量（g）；

m_s—试件强制饱和后的质量（g）；

m_d—试件烘干后的质量（g）；

V—岩石的体积（cm³）。

（2）水中称量法岩石毛体积密度按下列公式计算：

$$p_0 = \frac{m_0}{m_s - m_w} \times p_w \tag{10}$$

$$p_s = \frac{m_s}{m_s - m_w} \times p_w \tag{11}$$

$$p_d = \frac{m_d}{m_s - m_w} \times p_w \tag{12}$$

式中：m_w—试件强制饱和后在洁净水中的质量（g）；

p_w—洁净水的密度（g/cm³）。

（3）蜡封法岩石毛体积密度按下列公式计算：

$$p_0 = \frac{m_0}{\dfrac{m_1 - m_2}{p_w} - \dfrac{m_1 - m_d}{p_N}} \tag{13}$$

$$p_d = \frac{m_d}{\dfrac{m_1 - m_2}{p_w} - \dfrac{m_1 - m_d}{p_N}} \tag{14}$$

式中：m_1—蜡封试件质量（g）；

m_2—蜡封试件在洁净水中的质量（g）；

p_N—石蜡的密度（g/cm^3）。

（4）毛体积密度试验结果精确至 $0.01g/cm^3$，3 个试件平行试验。组织均匀的岩石，毛体积密度应为 3 个试件测得结果之平均值；组织不均匀的岩石，按体积密度应列出每个试件的试验结果。

（5）孔隙率按下列公式计算：

$$n = \left(1 - \frac{p_d}{p_t}\right) \times 100\%$$ （15）

式中 n—岩石总孔隙率（%）；

p_t—岩石的密度（g/cm^3）。

（三）含水率试验

1. 试验步骤

（1）将制备好的试样放入已烘干至恒量的称量盒内，称烘干前的试样和称量盒的合质量（m_1）。本试验所有称量精确至 0.01g。

（2）将称量盒连同试样置于烘箱内。对于不含结晶水的岩石，应在 105～110℃恒温下烘干至恒量，烘干时间一般为 12～24h。对于含结晶水的岩石，应在 60℃ ±5℃恒温下烘干至恒量，烘干时间一般为 24～48h。

（3）将称量盒从烘箱中取出，放入干燥器内冷却至室温，称烘干后的试样和称量盒的合质量（m_2）。

2. 结果整理

（1）按式（16）计算岩石含水率：

$$w = \frac{m_1 - m_2}{m_2 - m_0} \times 100\%$$ （16）

式中：w—岩石含水率（%）；

m_0—称量盒的干燥质量（g）；

m_1—试样烘干前的质量与干燥称量盒的质量之和（g）；

m_2—试样烘干后的质量与干燥称量盒的质量之和（g）。

（2）以 5 个试样含水率的算术平均值作为试验结果，计算精确至 0.1%。

（四）吸水性试验

1. 试验步骤

（1）将试件放入温度为 105～110℃的烘箱内烘干至恒量，烘干时间一般为 12～24h，取出置于干燥器内冷却至室温（20℃ ±2℃），称其质量，精确至

0.01g（后同）。

（2）将称量后的试件置于盛水容器内，先注水至试件高度的 1/4 处，以后每隔 2h 分别注水至试件高度的 1/2 和 3/4 处，6h 后将水加至高出试件顶面 20mm，以利试件内空气逸出。试件全部被水淹没后再自由吸水 48h。

（3）取出浸水试件，用湿纱布擦去试件表面水分，立即称其质量。

（4）试件强制饱和，任选如下一种方法。

用煮沸法饱和试件：将称量后的试件放入水槽，注水至试件高度的一半，静置 2h。再加水使试件浸没，煮沸 6h 以上，并保持水的深度不变。煮沸停止后静置水槽，待其冷却，取出试件用湿纱布擦去表面水分，立即称其质量。

用真空抽气法饱和试件：将称量后的试件置于真空干燥器中，注入洁净水，水面高出试件顶面 20mm，开动抽气机，抽气时真空压力须达 100kPa，保持此真空状态直至无气泡发生时为止（不少于 4h）。经真空抽气的试件应放置在原容器中，在大气压力下静置 4h，取出试件，用湿纱布擦去表面水分，立即称其质量。

2. 结果整理

（1）用式（17）、式（18）分别计算吸水率、饱和吸水率，试验结果精确至 0.01%。

$$w_a = \frac{m_1 - m}{m} \times 100\% \tag{17}$$

$$w_{sa} = \frac{m_2 - m}{m} \times 100\% \tag{18}$$

式中：w_a—岩石吸水率（%）；

w_{sa}—岩石饱和吸水率（%）；

m—烘至恒量时的试件质量（g）；

m_1—吸水至恒量时的试件质量（g）；

m_2—试件经强制饱和后的质量（g）。

（2）用式（19）计算饱水系数，试验结果精确至 0.01。

$$K_W = \frac{w_a}{w_{sa}} \tag{19}$$

式中：K_W—饱水系数；

其他符号意义同前。

（3）组织均匀的试件，取 3 个试件试验结果的算术平均值作为测定值；组织不均匀的，则取 5 个试件试验结果的算术平均值作为测定值。同时，列出每个试件的试验结果。

（五）膨胀性试验

1．试验步骤

（1）自由膨胀率试验应按下列步骤进行：

①将试件放入自由膨胀率试验仪内，在试件上下分别放置透水板，顶部放置一块金属板。

②在试件上部和四侧对称的中心部位分别安装千分表。四侧千分表与试件接触处，宜放置一块薄铜片。

③读记千分钟读数，每隔 10min 读记 1 次，直至 3 次读数不变。

④缓慢地向盛水容器内注入洁净水，直至淹没上部透水板。

⑤在第 1 小时内，每隔 10min 测读变形 1 次，以后每隔 1h 测读变形 1 次，直至 3 次读数差不大于 0.001mm 为止。浸水后试验时间不得小于 48h。

⑥试验过程中，应保持水位不变，水温变化不得大于 2℃。

⑦试验过程中及试验结束后，应详细描述试件的崩解、掉块、表面泥化或软化等现象。

（2）侧向约束膨胀率试验按下列步骤进行：

①将试件放入内壁涂有凡士林的金属套环内，在试件上下分别放置薄型滤纸和金属透水板。

②顶部放上固定金属荷载块并安装垂直千分表。金属荷载块的质量应能对试件产生 5kPa 的持续压力。

③试验及稳定标准与自由膨胀率试验相同。

④试验结束后，应描述试件表面的泥化和软化现象。

（3）侧向膨胀压力试验按下列步骤进行：

①将试件放入内壁涂有凡士林的金属套环内，在试件上下分别放置薄型滤纸和金属透水板。

②安装加压系统及量测试件变形的测表。

③应使仪器各部分和试件在同一轴线上，不得出现偏心荷载。

④对试件施加产生 0.01MPa 压力的荷载，测读试件变形测表读数，每隔 10min 读数一次，直至 3 次读数不变。

⑤缓慢地向盛水容器内注入洁净水，直至淹没上部透水板。观测变形测表的变化，当变形量大于 0.001mm 时，调节所施加的荷载，应保持试件高度在整个试验过程始终不变。

⑥开始时每隔 10min 读数一次，连续 3 次读数差小于 0.001mm 时，改为每 1h 读数 1 次；当每 1h 连续 3 次读数差小于 0.001mm 时，可认为稳定并记录试验

荷载。浸水后总试验时间不得少于48h。

⑦试验过程中，应保持水位不变，水温变化不得大于2℃。

⑧试验结束后，应描述试件表面的泥化和软化现象。

2. 结果整理

（1）按下列公式分别计算岩石自由膨胀率、侧向约束膨胀率、膨胀压力：

$$V_H = \frac{\Delta_H}{H} \times 100\% \tag{20}$$

$$V_D = \frac{\Delta_D}{H} \times 100\% \tag{21}$$

$$V_{HP} = \frac{\Delta H_1}{H} \times 100\% \tag{22}$$

式中：V_H—岩石轴向自由膨胀率（%）；

V_D—岩石径向自由膨胀率（%）；

V_{HP}—岩石侧向约束膨胀率（%）；

ΔH—试件轴向变形值（mm）；

H—试件高度（mm）；

ΔD—试件径向平均变形值（mm）；

D—试件直径或边长（mm）；

ΔH_1—有侧向约束试件的轴向变形值（mm）。

（2）岩石轴向自由膨胀率、径向约束膨胀率、侧向约束膨胀率试验结果精确至0.1%，岩石膨胀压力试验结果精确至0.001MPa。3个试件平行试验，分别列出每个试件的试验结果，并计算测试结果的算术平均值。

三、岩石的力学性质

力学性质是指岩石抵抗车辆荷载复杂力系综合作用的性能。岩石的单轴抗压强度是岩石力学性质中最主要的一项指标，是指岩石试件抵抗单轴压力时保持自身不被破坏的极限应力。

岩石抗压强度取决于其矿物组成、结构及其孔隙构造。结构疏松及孔隙率较大的岩石，其质点间的联系较弱，有效面积较小，所以强度值较低。试验条件对岩石的抗压强度也有显著影响。试件尺寸较小时，由于高度小，承压板与试件端面之间的摩擦力较大，使得试件内应力分布极不均匀，试验结果的真实性受到影响。为了取得真实稳定的抗压强度测试值，应避免承压板邻近局部应力集中的影响，且试件的尺寸直径应不小于10倍的岩石矿物及岩屑颗粒直径，并不应小于

5cm。为了减少试件断面的摩擦造成的影响，试件上下端面应平整光滑，并与承压板严格平行，以保证受力均匀。

四、岩石力学性质测定（单轴抗压强度试验）

1. 试验步骤

（1）用游标卡尺量取试件尺寸（精确至 0.1mm），对立方体试件在顶面和底面上各量取其边长，以各个面上相互平行的两个边长的算术平均值计算其承压面积；对于圆柱体试件在顶面和底面分别测量两个相互正交的直径，并以其各自的算术平均值分别计算底面和顶面的面积，取其顶面和底面面积的算术平均值作为计算抗压强度所用的截面积。

（2）试件的含水状态可根据需要选择烘干状态、天然状态、饱和状态、冻融循环后状态。饱和状态是将试件置于真空干燥器中，注入清水，水面高出试件顶面 20mm 以上，开动抽气机，使产生 100kPa 的真空压力，保持此真空状态直至试件表面无气泡出现时为止（不少于 4h）。关上抽气机，试件在水中保持 4h。

（3）取出试件，擦干表面，检查有无缺陷，标注试件受力方向并编号。按受力方向平行或垂直层理）将试件放在压力机上，以 0.5 ~ 1.0MPa/s 的速率均匀加荷直至破坏，记录破坏荷载，以 N 为单位，精度 1%。

2. 结果计算

（1）岩石的抗压强度按式（23）计算，精确至 0.1MPa。

$$R = \frac{P}{A} \qquad (23)$$

式中 R—岩石的抗压强度（MPa）；

P—试件的破坏荷载（N）；

A—试件的截面积（mm^2）。

（2）单轴抗压强度试验结果应同时列出每个试件的试验值及同组岩石单轴抗压强度的平均值；有显著层理的岩石，其抗压强度应为垂直层理和平行层理抗压强度的平均值。计算精确至 0.01MPa。

五、岩石耐久性试验

（一）抗冻性试验

1. 试验步骤

（1）将试件编号，用放大镜详细检查，并作外观描述。然后量出每个试件的尺寸，计算受压面积。将试件放入烘箱，在 105 ~ 110℃下烘干至恒量，烘干时间一般为 12 ~ 24h，待在干燥器内冷却至室温后取出，立即称其质量 m_s，精确至 0.01g（下同）。

（2）按吸水率试验方法，让试件自由吸水饱和，然后取出擦去表面水分，放在铁盘中，试件与试件之间应留有一定间距。

（3）待冰箱温度下降到 -15℃以下时，将铁盘连同试件一起放入冰箱，并立即开始计时。

冻结 4h 后取出试件，放入 20℃ ±5℃的水中溶解 4h，如此反复冻融至规定次数止。

（4）每隔一定的冻融循环次数（如 10 次、15 次、25 次等）详细检查各试件有无剥落、裂缝、分层及掉角等现象，并记录检查情况。

（5）称量冻融试验后的试件饱水质量 m'_f，再将其烘干至恒量，称其质量 m_f，测定冻融试验后的试件饱水抗压强度，另取 3 个未经冻融试验的试件测定其饱水抗压强度。

2. 结果整理

（1）按式（24）计算岩石冻融后的质量损失率，试验结果精确至 0.1%。

$$L = \frac{m_s - m_f}{m_s} \times 100\% \qquad (24)$$

式中：L—冻融后的质量损失率（%）；

m_s—试验前烘干试件的质量（g）；

m_f—试验后烘干试件的质量（g）。

（2）冻融后的质量损失率取 3 个试件试验结果的算术平均值。

（3）按式（25）计算岩石冻融后的吸水率，试验结果精确到 0.1%。

$$w'_{sa} = \frac{m'_f - m_f}{m_f} \times 100\% \qquad (25)$$

式中：w'_{sa}—岩石冻融后的吸水率（%）；

m'_f—冻融试验后的试件饱水质量（g）；

其他符号意义同前。

（4）按式（26）计算岩石的冻融系数，试验结果精确至 0.01。

$$K_f = \frac{R_f}{R_s} \qquad (26)$$

式中：K_f—冻融系数；

R_f—经若干次冻融试验后的试件饱水抗压强度（MPa）；

R_s—未经冻融试验的试件饱水抗压强度（MPa）。

（二）坚固性试验

1. 试验步骤

（1）将试件放入烘箱，在 105 ~ 110℃下烘干至恒量，烘干时间一般为 12 ~ 24h，取出置于干燥器内，冷却至室温，称其质量（精确至 0.01g，下同）。

（2）把烘干试件浸入装有硫酸钠溶液的盛器中，溶液应高出试件顶面 2cm 以上，用盖将盛器盖好，浸置 20h。然后将试件取出，再用瓷皿衬住置于 105 ~ 110℃的烘箱中烘 4h。4h 后取出试件，将其冷却至室温，再重新浸入硫酸钠溶液中，至硫酸钠结晶溶解后取出试件，用放大镜及钢针仔细观察岩石试件有无破坏现象，并详细描述记录。

（3）按上述方法反复浸烘 5 次，最后一次循环后，用热洁净水煮洗几遍，直至将试件中硫酸钠溶液全部洗净为止。是否洗净可用 10% 氯化钡溶液进行检验，具体操作为：取洗试件的水若干毫升，滴入少量氯化钡溶液，如无白色沉淀，则说明硫酸钠已被洗净。将洗净的试件烘干至恒量，准确称出其质量。

2. 结果整理

（1）按式（27）计算岩石的坚固性试验质量损失率，试验结果精确至 1%。

$$Q = \frac{m_1 - m_2}{m_1} \times 100\% \tag{27}$$

式中：Q—硫酸钠浸泡质量损失率（%）；

m_1—试验前烘干试件的质量（g）；

m_2—试验后烘干试件的质量（g）。

（2）取 3 个试件试验结果的算术平均值作为测定值。

第二节　粗集料与细集料技术性质及其试验检测

一、粗集料技术性质及其试验检测

（一）粗集料的物理性质

1. 物理常数

集料是矿质颗粒的散状混合物，其体积组成除了包括矿物及矿物间的孔隙外，还包括矿质颗粒之间的空隙，其质量与体积的关系如图 1-2 所示。

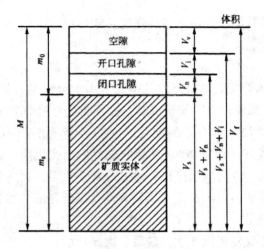

图1-2 粗集料体积与质量关系图

（1）表观密度（视密度）。在规定条件下，单位表观体积（包括矿质实体和闭口孔隙体积）的质量。

$$p_a = \frac{m_s}{V_s + V_n} \qquad (28)$$

式中：p_a—集料的表观密度 g/cm^3）；

m_s—矿质实体质量（g）；

V_s—矿质实体体积（cm^3）；

V_n—矿质实体中闭口孔隙体积（cm^3）。

（2）表观相对密度。表观密度与同温度水的密度之比值。

（3）毛体积密度。在规定条件下，单位毛体积（包括矿质实体、闭口孔隙和开口孔隙体积）的质量。

$$p_b = \frac{m_s}{V_s + V_n + V_i} \qquad (29)$$

式中：p_b—粗集料的毛体积密度（g/cm^3）；

m_s—矿质实体质量（g）；

V_s、V_n、V_i—粗集料矿质实体、闭口孔隙和开口孔隙体积（cm^3）。

（4）毛体积相对密度。毛体积密度与同温度水的密度之比值。

（5）表干密度（饱和面干毛体积密度）。单位体积（含材料的实体矿物成分及其闭口孔隙、开口孔隙等颗粒表面轮廓线所包围的全部毛体积）物质颗粒的饱和面干质量。

$$p_s = \frac{m_a}{V_s + V_n + V_i} \qquad (30)$$

式中：p_s—表干密度（g/cm³）；

m_a—粗集料的饱和面干质量（g）。

表干密度的计算体积与计算毛体积密度时相同，但计算质量为集料颗粒的表干质量（饱和面干状态，包括了吸入开口孔隙中的水）。测试集料表干质量时，需要将干燥集料试样饱水后，将试样表面自由水擦干，但保留吸入开口孔隙中的水，称取饱和面干试样在空气中的质量，即为集料的表干质量。

（6）表干相对密度。表干密度与同温度的水的密度的比值。

（7）堆积密度。烘干集料颗粒的单位装填体积（包括集料颗粒间空隙体积、集料矿质实体及其闭口、开口孔隙体积）的质量。

$$p_f = \frac{m_s}{V_s + V_p + V_v} \qquad (31)$$

式中：p_f—粗集料的堆积密度（g/cm³）；

m_s—矿质实体质量（g）；

V_s、V_p、V_v—粗集料矿质实体、孔隙和空隙体积（cm³）。

粗集料的堆积密度由于颗粒排列的松紧程度不同，又可分为自然堆积密度和振实堆积密度。

（8）空隙率。粗集料试样在自然堆积（或紧密堆积）时的空隙占总体积的百分率。

$$V_G = \left(1 - \frac{p_f}{p'_f}\right) \times 100\% \qquad (32)$$

式中：V_G—粗集料的空隙率（%）；

p'_f—粗集料的表观密度（g/cm³）；

p_f—粗集料的自然（或紧密）堆积密度（g/cm³）。

空隙率反映了集料颗粒间相互填充的致密程度。试验结果表明，在松装和紧装状态下，粗集料的空隙率范围分别为43%～48%和37%～42%。

2．级配

粗集料中各组成颗粒的分级和搭配情况称为级配，级配通过筛分试验确定。粗集料通过一系列规定筛孔尺寸的标准筛，根据存留在各个筛上的集料质量，可求得一系列与集料级配有关的参数，包括分计筛余百分率、累计筛余百分率和通过百分率。各种参数的计算方法在细集料中介绍。

3. 颗粒形状与表面特征

粗集料的颗粒形状和表面特征对集料颗粒间的内摩阻力、集料与结合料的黏结性等有显著影响。

从实用的角度出发，粗集料的颗粒形状可分为 4 种类型，见表 1-1。比较理想的形状是接近球体或立方体。针片状颗粒本身容易折断，且回旋阻力大，空隙率大，所以会降低混凝土的和易性和强度。表面特征是指集料表面的粗糙程度及孔隙特征等，与集料的材质、岩石结构、矿物组成及其受冲刷、受腐蚀程度有关。一般来说，集料的表面特征主要影响集料与结合料之间的黏结性能，从而影响混合料的强度，尤其是抗折强度。在外力作用下，表面粗糙的集料颗粒间的位移较困难，其摩阻力较表面光滑、无棱角颗粒要大些，但是会影响集料的施工和易性。

表 1-1　集料颗粒形状的基本类型

类型	颗粒形状的特点	集料品种
椭圆形	具有较光滑的表面，无明显棱角，颗粒浑圆	天然砂及各种砾石、陶粒
棱角形	具有粗糙的表面及明显的棱边	碎石、石屑、破碎矿渣
针状	长度方向尺寸远大于其他方向尺寸而呈细条形	砾石、碎石中均存在
片状	厚度方向尺寸远小于其他方向尺寸而呈薄片形	砾石、碎石中均存在

（二）路用粗集料的力学性质

粗集料在路面结构层或混合料中起着骨架作用，反复受到车轮的碾压、磨耗作用，因此应具有一定的强度和刚度，同时还应具备耐磨、抗磨耗和抗冲击的性能，粗集料的力学性质除了与岩石相同的抗压强度外，还可以采用压碎值、磨光值、冲击值和道端磨耗值等指标来表征。不同道路等级对抗滑表层集料的磨光值、道端磨耗值和冲击值的技术要求列于表 1-2。

表 1-2　抗滑表层用集料技术要求

指标	高速公路、一级公路	其他公路
石料磨光值（PSV），不小于	42	35
道端磨耗值（AAV），不大于	14	16
集料冲击值（AIV），不大于（%）	28	30

1. 压碎值

压碎值是指集料在持续增加的荷载作用下抵抗压碎的能力。其为评价公路路面和基层用集料强度的相对指标，用以鉴定集料的品质。压碎值是对粗集料的标准试样在标准条件下进行加荷，测试集料被压碎后，标准筛上通过质量的百分率，集料压碎值按式（33）计算：

$$Q'_a = \frac{m_1}{m_0} \times 100\% \tag{33}$$

式中：Q'_a—集料的压碎值（%）；

m_0—试验前试样的质量（g）；

m_1—试验后通过 2.36mm 筛孔的细料质量（g）。

2. 磨耗率

石料抵抗摩擦、撞击、剪切等综合作用的性能，用磨耗率表示。按现行《公路工程集料试验规程》，采用洛杉矶式磨耗试验进行测定。将规定质量且有一定级配的试样和一定质量的钢球置于试验机中，以 30 ～ 33r/min 的转速转动至规定次数后停止，取出试样，过 1.7mm 的方孔筛，洗净留在筛上的试样，烘干至恒重并称其质量。磨耗率按式（34）计算：

$$Q = \frac{m_1 - m_2}{m_1} \times 100\% \tag{34}$$

式中：Q—洛杉矶磨耗率（%）；

m_1—试样质量（g）；

m_2—试验后在 1.7mm 筛上洗净烘干的试样质量（g）。

3. 磨光值

磨光值是反映集料抵抗轮胎磨光作用能力的指标。路面用的集料要求具有较高的抗磨光性，在现代高速行车条件下，要求集料既不要产生较大的磨损，也不要被磨光，以满足高速行车对路面抗滑性的要求。集料的抗磨光性是利用加速磨光机磨光集料并以摆式摩擦系数测定仪测得的磨光后集料的摩擦系数值来确定，用磨光值（PSV）来表示。集料的磨光值越高，表示抗滑性越好。磨光值按式（35）计算：

$$PSV = PSV_{ra} + 49 - PSV_{bra} \tag{35}$$

式中：PSV_{ra}—试件的摩擦系数；

PSV_{bra}—标准试件的摩擦系数。

4. 冲击值

冲击值反映集料抵抗多次连续重复冲击荷载作用的能力。由于路表集料直接承受车轮荷载的冲击作用，所以这一能力对道路表层用集料非常重要。集料的抗冲击能力采用集料冲击值表示。集料冲击值越小，表示抗冲击能力越好。冲击试验是将粒径 9.5 ~ 13.2mm 的集料试样装于冲击值试验用盛样器中，用捣实杆捣实 25 次使其初步压实，然后用质量为 13.15kg ± 0.05kg 的冲击锤，沿导杆自 380mm ± 5mm 高度自由落下锤击集料 15 次，每次锤击间隔时间不少于 1s，将试验后的集料过 2.36mm 筛，被击碎集料试样占原试样质量的百分率称为集料的冲击值，按式（36）计算：

$$AIV = \frac{m_1}{m_2} \times 100\% \qquad (36)$$

式中：AIV—集料的冲击值（%）；

m_1—冲击破碎后通过 2.36mm 筛的试样质量（g）；

m_2—试样总质量（g）。

5. 磨耗值

磨耗值反映集料抵抗车轮磨耗的能力，适用于对路面抗滑表层所用集料抵抗车轮撞击及磨耗能力的评定。采用道路磨耗试验机来测定集料磨耗值（AAV）。选取粒径为 9.5 ~ 13.2mm 的集料试样洗净，单层密排于两个试模内，然后用环氧树脂砂浆填模成型，养护 24h 后脱模制成试件，准确称出试件质量，将试件用金属托盘固定于道路磨耗机的圆平板上，以 28 ~ 30r/min 的转速旋转，磨 500r后，取出试件，刷净残砂，准确称出试件质量，其磨耗值按式（37）计算。集料磨耗值越高，表示集料耐磨性越差。高速公路、一级公路抗滑层集料的 AAV 应不大于 14。

$$AAV = \frac{3(m_1 - m_2)}{p_s} \qquad (37)$$

式中：AAV—集料的道路磨耗率（%）；

m_1—磨耗前试样的质量（g）；

m_2—磨耗后试样的质量（g）；

p_s—集料的表干密度（g/cm^3）。

（三）粗集料技术性质检验

1. 粗集料取样法

（1）适用范围

适用于对粗集料的取样，也适用于含粗集料的集料混合料如级配碎石、天然砂砾等的取样方法。

（2）取样方法和试样份数

①通过皮带运输机（如采石场的生产线、沥青拌和楼的冷料输送带）输送的材料，应从皮带运输机上采集样品。取样时，可在皮带运输机骤停的状态下取其

中一段的全部材料，或在皮带运输机的端部连续接取一定时间的料，将间隔 3 次以上所取的试样组成一组试样，作为代表性试样。

②在材料场同批来料的料堆上取样时，应先铲除堆脚等处无代表性的部分，再在料堆的顶部、中部和底部，各由均匀分布的几个不同部位，取得大致相等的若干份组成一组试样，务必使所取试样能代表本批来料的情况和品质。

③从火车、汽车、货船上取样时，应从各个不同部位和深度处，抽取大致相等的试样若干份，组成一组试样。抽取的具体份数，应视能够组成本批来料代表样的需要而定。

④从沥青拌和楼的热料仓取样时，应在放料口的全断面上取样。通常宜将一开始按正式生产的配比投料拌和的几锅（至少 5 锅以上）废弃，然后分别将每个热料仓中的料放出至装载机，倒在水泥地上，适当拌和，从 3 处以上的位置取样，拌和均匀，取要求数量的试样。

（3）试样的缩分

①分料器法。将试样拌匀后通过分料器分为大致相等的两份，再取其中的一份分成两份，缩分至需要的数量为止。

②四分法。将所取试样置于平板上，在自然状态下拌和均匀，大致摊平，然后沿互相垂直的两个方向，把试样由中向边摊开，分成大致相等的四份，取其对角的两份重新拌匀，重复上述过程，直至缩分后的材料量略多于进行试验所必需的量。

③缩分后的试样数量应符合各项试验规定数量的要求。

（4）试样的包装

每组试样应采用能避免细料散失及防止污染的容器包装，并附卡片标明试样编号、取样时间、产地、规格、试样代表数量、试样品质、要求检验项目及取样方法等。

2. 集料碱活性检验（岩相法）

（1）取样

①用四分法或分料器法选取集料，风干后进行筛分，按表 1-3 所规定的质量称取试样。

表 1-3　集料试样质量

集料粒（mm）	19 ~ 37.5	4.75 ~ 19
试样质量（kg）	50	10

②将砂样用四分法或分料器法缩减至 5kg，取约 2kg 砂样冲洗干净，在 105℃ ±5℃烘箱中烘干，冷却后按规定方法进行筛分，然后按表 1-4 规定的质量称取砂样。

表1-4　砂样质量

砂样粒径（mm）	砂样质量（g）	砂样粒径（mm）	砂样质量（g）
2.36 ~ 4.75	100	0.3 ~ 0.6	10
1.18 ~ 2.36	50	0.15 ~ 0.3	10
0.6 ~ 1.18	25	<0.15	

（2）集料的鉴定

①将试样逐粒进行肉眼鉴定。需要时可将颗粒放在砧板上用地质锤击碎（注意应使岩石片损失最小），观察颗粒新鲜断口。

②集料鉴定按下列准则分类（表 1-5）：

表1-5　碱活性集料分类参考

岩石结构	火成岩		沉积岩		变质岩
胶凝结构			蛋白质		
玻璃质结构	松脂岩 珍珠岩 墨曜岩				
显微粒状结构建晶质结构			玉髓、鳞石英、方英石、燧石、碧玉、玛瑙	桂镁石灰岩及某些含泥质、白云质灰岩	
斑状结构 基质隐晶质结构或玻璃质结构		安山岩、英安岩、流纹岩、粗面岩			
碎屑结构 角砾结构				凝灰岩火同角砾石	
鳞片状结构 鳞片变晶结构					某些千枚岩、硅质板岩、硬绿泥石片岩

岩石结构	火成岩		沉积岩			变质岩
主要矿物成分	酸性火山玻璃	酸性到中性斜长石、钾长石、石英火山玻璃等	蛋白石、玉髓、鳞石英、方英石、石英	方解石、白云石、玉髓、石英	根据岩石屑、晶屑角砾的成分而定	石英、绢云母、玉髓、硬绿泥石

a. 岩石名称及物理性质。包括主要的矿物成分、风化程度、有无裂缝、坚硬性、有无包裹体和断口形状等。

b. 化学性质。分为在混凝土中可能或不能产生碱集料反应两种。

c. 对初步确定为碱活性集料的岩石颗粒，应制成薄片，在显微镜下鉴定矿物组成、结构等，应特别测定其隐晶质、玻璃质成分的含量。

（3）砂料鉴定

将砂样放在实体显微镜下挑选，鉴别出碱活性集料的种类及含量。小粒径砂在实体显微镜下挑选有困难时，需在镶嵌机上压型（用树胶或环氧树脂胶结）制成薄片，在偏光显微镜下鉴定。

（4）试验结果处理

①集料如进行全分析，按表1-6列出各种岩石的成分及其含量；如只分析碱活性集料，按表1-7列出集料中碱活性集料的种类和含量，按表1-8列出砂料中碱活性集料的种类和含量。

表1-6 集料岩相鉴定

项目 岩石名称	质量百分数（%）		岩相描述（颜色、硬度、风化程度等）	物理性质（以优、良、劣评定）	化学性质（注明有害或无害）
	16～31.5mm	4.75～16mm			

表1-7 集料中碱活性集料含量

碱活性集料名称	粒径（mm）	
	19～31.5	4.75～19

表1-8　砂料中碱活性集料含量

样品组成		碱活性集料含量（%）		
粒径（mm）	筛余量（%）	占本级样品量	占总样品量	合计

②根据鉴定结果，集料被评定为非碱活性时即作为最后结论，如被评定为碱活性集料或可疑时，应用砂浆长度法等进一步进行检验。

3. 集料碱活性检验（砂浆长度法）

（1）试验步骤

①试件成型完毕后，带模放入标准养护室，养护 24h ± 4h 后脱模。脱模后立即测量试件的长度，此长度为试件的基准长度。测长应在 20℃ ±2℃的恒温室中进行。每个试件至少重复测试两次，取差值在仪器精密度范围内的 2 个读数的平均值作为长度测量值。待测的试件须用湿布覆盖，以防止水分蒸发。

②测长后将试件放入养护筒中，筒壁衬以吸水纸使筒内空气为水饱和蒸汽，盖严筒盖放入 38T ± 养护室（箱）里养护（一个筒内的试件品种应相同）。

③测长龄期自测基长后算起分 14d、1 个月、2 个月、3 个月、6 个月、9 个月、12 个月几个龄期，如有必要还可适当延长。在测长的前一天，应把养护筒从 38T 的养护室（箱）中取出，放入 20℃ ±2℃的恒温室。试件的测长方法与测基长时相同，每个龄期测长完毕后，应将试件放入养护筒中，盖好筒盖，放回 38℃ ±2℃的养护室（箱）中继续养护到下一个测试龄期。

④测长时应观察试件的变形、裂缝、渗出物，特别要注意有无胶体物质出现，并作详细记录。

（2）计算

试件的膨胀率按式（38）计算：

$$\Sigma_t = \frac{L_t - L_0}{L_0 - 2\Delta} \times 100\% \tag{38}$$

式中：Σ_t—试件在龄期内的膨胀率（%）；

L_t—试件在龄期的长度（mm）；

L_0—试件的基准长度（mm）；

Δ—测头（即埋钉）的长度（mm）。

以 3 个试件测值的平均值作为某一龄期膨胀度的测定值。

（3）评定标准

对于砂料，当砂浆的半年膨胀率超过 0.1% 或 3 个月的膨胀率超过 0.05% 时

（只在缺少半年膨胀率时才有效），即评为具有危害性的活性集料。反之，如低于上述数值，则评为非活性集料。

对于集料，当砂浆的半年膨胀率低于 0.1% 或 3 个月的膨胀率低于 0.05% 时（只在缺少半年膨胀率时才有效），即评为非活性集料。如超过上述数值，尚不能作最后结论，应根据混凝土的试验结果作出最后的评定。

4. 破碎砾石含量试验

（1）试验步骤

①将两部分的试样置于 4.75mm 或 9.5mm 筛上，用水冲洗，至干净为止，用烘箱烘干至恒重，冷却，准确称重至 1g。

②将试样摊开在面积足够大的平面上，以符合 $A_f > 0.25X_{max}$ 要求的面作为破碎面，逐颗目测判断挑出具有一个以上破碎面的破碎砾石，以及肯定没有破碎面的砾石分别堆放成 2 堆，将难以判断是否满足一个破碎面定义的砾石另堆成 1 堆。

③分别对 3 堆集料称重，计算难以判断是否满足一个破碎面定义的砾石试样占集料总量的百分率，若其大于 15%，则应从中再次仔细挑拣，直至此部分比例小于 15% 为止。重新称量，计算各部分的百分率。

④重复②及③的步骤，从具有一个以上破碎面的破碎砾石中挑出具有两个以上破碎面的破碎砾石以及只有一个破碎面的砾石分别堆放成 2 堆，将难以判断是否满足两个破碎面定义的砾石堆成第 3 堆。计算第 3 堆集料占集料总量的百分率，复杂至此百分率小于 15% 为止。对各部分称量，计算各部分的百分率。

⑤每种试样需平行试验不少于两次。

（2）计算

破碎砾石占集料总量的百分率按式（39）计算：

$$P = \frac{F + \dfrac{Q}{2}}{F + Q + N} \times 100\% \tag{39}$$

式中：P—具有一个以上或两个以上破碎面砾石占集料总量的百分率（%）；

F—满足一个或两个破碎面要求的集料的质量（g）；

N—不满足一个或两个破碎面要求的集料的质量（g）；

Q—难以判断是否满足具有一个或两个破碎面要求的集料的质量（g）。

5. 粗集料压碎值试验

（1）试验步骤

①将试筒安放在底板上。

②将要求质量的试样分 3 次（每次数量大体相同）均匀装入试模中，每次均

将试样表面整平，用金属棒的半球面端从石料表面上均匀捣实 25 次。最后用金属棒作为直刮刀将表面仔细整平。

③将装有试样的试模放到压力机上，同时将压头放入试筒内集料面上，注意使压头摆平，勿楔挤试模侧壁。

④开动压力机，均匀地施加荷载，在 10min 左右的时间内达到总荷载 400kN，稳压 5s，然后卸荷。

⑤将试模从压力机上取下，取出试样。

⑥用 2.36mm 标准筛筛分经压碎的全部试样，可分几次筛分，均需筛到 1min 内无明显的筛出物为止。

⑦称取通过 2.36mm 筛孔的全部细料质量（m_1），准确至 1g。

（2）计算

石料压碎值按式（40）计算，精确至 0.1%。

$$Q'_a = \frac{m_1}{m_0} \times 100\%\tag{40}$$

式中 Q'_a—石料压碎值（%）；

m_0—试验前试样质量（g）；

m_1—试验后通过 2.36mm 筛孔的细料质量（g）。

6. 粗集料冲击值试验

（1）试验步骤

①用铲将集料的 1/3 从量筒上方不超过 50mm 处装入量筒，用捣棒半球形端将集料捣实 25 次，每次捣实应从量筒上方不超过 50mm 处自由落下，落点应在集料表面均匀分布。用同样方法，再装入 1/3 集料并捣实，然后再装入另 1/3 集料并捣实。3 次盛料完成后，用捣棒在容器顶滚动，除去多余的集料，对阻碍棒滚动的集料用手除去，并外加集料填满空隙。

②将量筒中盛满的集料倒于天平中，称取集料质量（m）（准确到 0.1g），并以此进行试验。

③将冲击试验仪置于试验室坚硬地面上并在仪器底座下放置铸铁垫块。

④将称好的集料倒入仪器底座上的金属冲击杯中，并用捣杆单独捣实 25 次，以便压实。

⑤调整锤击高度，使冲击锤在集料表面以上 380mm ± 5mm。

⑥使锤自由落下连续锤击集料 15 次，每次锤击间隔不少于 1s，第一次锤击后，对落高不再调整。

⑦筛分和称量，将杯中击碎的集料倒至洁净的浅盘上，并用橡胶锤锤击金属

杯外面，用硬毛刷刷内表面，直至集料细颗粒全部落在浅盘上为止。

将冲击试验后的集料用 2.36mm 筛筛分，分别称取保留在 2.36mm 筛上及筛下的石屑质量（m_1、m_2），准确至 0.1g。如 m_1+m_2 与 m 之差超过 1g，则试验无效。

⑧用相同质量（m）的试样，进行第二次平行试验。

（2）计算

集料的冲击值按式（41）计算：

$$AIV = \frac{m_2}{m} \times 100\% \tag{41}$$

式中：AIV—集料的冲击值（%）；

m—试样总质量（g）；

m_2—冲击破碎后通过 2.36mm 筛的试样质量（g）。

7．粗集料磨耗试验（道路试验）

（1）试验步骤

①分别称出 2 块试件的质量（m_1），准确至 0.1g。在操作之前应使机器在溜砂状态下空转一圈，以便在转盘上留有一层砂。

②将 2 块试件分别放入 2 个托盘内，注意确保试件与托盘之间紧密配合。称出试件、托盘和配重的质量，并将合计质量调整到 2kg ± 10g。

③将试件连同托盘放入磨耗机内，使其径向相对，试件中心到研磨转盘中心的距离为 260mm，集料裸露面朝向转盘；然后将相应的配重放在试件上。

④以 28 ~ 30r/min 的转速转动转盘 100r，同时将符合如上要求的研磨石英砂装入料斗，使其连续不断地留在试件前面的转盘上。溜砂宽度要能覆盖整个试件的宽度，溜砂速率为 700 ~ 900g/min（料斗溜砂缝隙为 1.3mm）。

用橡胶刮片将砂清除出转盘，刮片的安装要使得橡胶边轻轻地立在转盘上，刮片宽度应与研磨转盘的外缘环部宽度相等。

⑤使集料斗中回收的砂过 1.18mm 的筛，重复数次，直至整个试验完成时废弃。

⑥取出试件，检查有无异常情况。

⑦重复上述步骤，再磨 400r。可分 4 个 100r 重复 4 次磨完，也可连续一次磨完。在做连续磨时必须经常掀起磨耗机的盖子观察溜砂情况是否正常。

⑧转完 500r 后从磨耗机内取出试件，拿开托盘，用毛刷清除残留的砂，称出试件的质量（m_2），准确至 0.1g。

如果由于集料易磨耗而磨到砂浆衬，要中断试验，记录转数。相反，有些非常硬的集料可能会划伤研磨盘，在这种情况下应对研磨转盘进行刨削处理。

（2）计算

每块试件的集料磨耗值按式（42）进行计算。

$$AAV = \frac{3(m_1 - m_2)}{p_s} \tag{42}$$

式中：AAV—集料的道端磨耗值；

m₁—磨耗前试件的质量（g）；

m₂—磨耗后试件的质量（g）；

pₛ—集料的表干密度（g/cm³）。

用 2 块试件的试验平均值作为集料磨耗值，如果单块试件磨耗值与平均值之差大于后者的 10%，则试验重做，并以 4 块试件的平均值作为集料磨耗值的试验结果。

二、细集料技术性质及其试验检测

（一）细集料的技术性质

1. 物理常数

细集料的物理常数主要有表观密度、堆积密度和空隙率等，其含义与粗集料完全相同。细集料的物理常数的计算方法与粗集料相同。

2. 级配

级配是集料各级粒径颗粒的分配情况，砂的级配可通过筛分试验评定。对水泥混凝土用细集料可采用干筛法，如果需要也可采用水洗法筛分；对沥青混合料及基层用细集料必须用水洗法筛分。

筛分试验是将预先通过 9.5mm 筛（水泥混凝土用天然砂）或 4.75mm 筛（沥青路面及基层用的天然砂、石屑、机制砂等）的试样，称取 500g，置于一套孔径 为 4.75mm、2.36mm、1.18mm、0.6mm、0.3mm、0.15mm、0.075mm 的 方孔 筛上，分别求出试样存留在各筛上的筛余量，按下述方法计算级配参数。

（1）分计筛余百分率

某号筛上的筛余量占试样总量的百分率，按式（43）计算。

$$a_i = \frac{m_i}{M} \times 100\% \tag{43}$$

式中：a_i—某号筛的分计筛余百分率（%）；

m_i—存留在某号筛的质量（g）；

M—试样总质量（g）。

（2）累计筛余百分率

某号筛的分计筛余百分率与大于该号筛的各筛的分计筛余百分率之总和，按式（44）计算。

$$A_i = a_1 + a_2 + \cdots + a_i \tag{44}$$

式中：A_i—累计筛余百分率（%）；

a_1、a_2…、a_i—4.75mm、2.36mm…至计算的某号筛的分计筛余百分率（%）。

（3）通过百分率

通过某号筛的质量占试样总质量的百分率，亦即100%与累计筛余百分率之差，按式（45）计算。

$$P_i = 100\% - A_i \tag{45}$$

式中：P_i—通过百分率（%）；

A_i—累计筛余百分率（%）。

3. 粗度

粗度是评价细集料粗细程度的指标，通常用细度模数表示。细度模数按式（46）计算：

$$M_X = \frac{(A_{2.36} + A_{1.18} + A_{0.6} + A_{0.3} + A_{0.15}) - 5A_{4.75}}{100\% - A_{4.75}} \tag{46}$$

式中：M_X—细度模数；

$A_{4.75}$、$A_{2.36}$…$A_{0.15}$—4.75mm、2.36mm…、0.15mm各筛的累计筛余百分率（%）。

细度模数越大表示细集料越粗。砂的粗度按细度模数可分为下列三级：

M_X=3.1 ～ 3.7 粗砂

M_X=2.3 ～ 3.0 中砂

M_X=1.6 ～ 2.2 细砂

4. 细集料的棱角性

细集料的棱角性由在一定条件下测定的空隙率表征。天然砂、人工砂和石屑等细集料的棱角性对沥青混合料的内摩擦角和抗变形能力及水泥混凝土的和易性有着显著的影响。当空隙率较大时，意味着细集料有着较大的内摩擦角。

5. 含泥量和泥块含量

存在于集料中或包裹在集料颗粒表面的泥土会降低水泥的水化反应速度，妨碍集料与水泥（或沥青）间的黏结能力，显著影响混合料的整体强度与耐久性，应对其含量加以限制。

（二）细集料技术性质检验

1．含水率试验

（1）试验步骤

由来样中各取约 500g 的代表性试样两份，分别放入已知质量（m_1）的干燥容器中称重，记下每盘试样与容器的总质量（m_2），将容器连同试样放入温度为的烘箱中烘干至恒重，称烘干后的试样与容器的总质量（m_3）。

（2）计算

按式（47）计算细集料的含水率，精确至 0.1%。

$$w = \frac{m_2 - m_3}{m_3 - m_1} \times 100\%$$（47）

式中：w—细集料的含水率（%）；

m_1—容器质量（g）；

m_2—未烘干的试样与容器总质量（g）；

m_3—烘干后的试样与容器总质量（g）。

以两次试验结果的算术平均值为测定值。

2．含泥量试验（筛洗法）

（1）试验步骤

①取烘干的试样一份置于筒中，并注入洁净的水，使水面高出砂面约 200mm，充分拌和均匀后，浸泡 24h，然后用手在水中淘洗试样，使尘屑、淤泥和黏土与砂粒分离，并使之悬浮水中，缓缓地将混浊液倒入 1.18mm 至 0.075mm 的套筛上，滤去小于 0.075mm 的颗粒。试验前筛子的两面应先用水湿润，在整个试验过程中注意避免砂粒丢失。

②再次加水于筒中，重复上述过程，直至筒内砂样洗出的水清澈为止。

③用水冲洗剩留在筛上的细粒，并将 0.075mm 筛放在水中（使水面略高出筛中砂粒的上表面）来回摇动，以充分洗除小于 0.075mm 的颗粒；然后将两筛上筛余的颗粒和筒中已经洗净的试样一并装入浅盘，置于温度为 105℃ ±5℃ 的烘箱中烘干至恒重，冷却至室温，称取试样的质量（m_1）。

（2）计算

砂的含泥量按式（48）计算，精确至 0.1%。

$$Q_n = \frac{m_0 - m_1}{m_0} \times 100\%$$（48）

式中：Q_n—砂的含泥量（%）；

m_0——试验前的烘干试样质量（g）；

m_1——试验后的烘干试样质量（g）。

以两个试样试验结果的算术平均值作为测定值。两次结果的差值超过 0.5% 时，应重新取样进行试验。

3. 砂当量试验

（1）试验步骤

①用冲洗管将冲洗液加入试管，直到最下面的 100mm 刻度处（约需 80mL 试验用冲洗液）。

②把相当于 120g ± 1g 干料重的湿样用漏斗仔细地倒入竖立的试筒中。

③用手掌反复敲打试筒下部，以除去气泡，并使试样尽快润湿，然后放置 10min。

④在试样静止 10min ± 1min 后，在试筒上塞上橡胶塞堵住试筒，用手将试筒横向水平放置，或将试筒水平固定在振荡机上。

⑤开动机械振荡器，在 30s ± 1s 的时间内振荡 90 次。用手振荡时，仅需手腕振荡，不必晃动手臂，以维持振幅 230mm ± 25mm，振荡时间和次数与机械振荡器同。然后将试筒取下竖直放回试验台上，拧下橡胶塞。

⑥将冲洗管插入试筒中，用冲洗液冲洗附在试筒壁上的集料，然后迅速将冲洗管插到试筒底部，不断转动冲洗管使附在集料表面的土粒杂质浮游上来。

⑦缓慢匀速向上拔出冲洗管，当冲洗管抽出液面，且保持液面位于 380mm 刻度线时，切断冲洗管的液流，使液面保持在 380mm 刻度线处，然后开动秒表，在没有扰动的情况下静置 20min ± 15s。

⑧如图 1-3 所示，在静置 20min 后，用尺测量从试筒底部到絮状凝结物上液面的高度（h_1）。

⑨将配重活塞徐徐插入试筒里，直至碰到沉淀物时，立即拧紧套筒上的固定螺钉。将活塞取出，用直尺插入套筒开口中，量取套筒顶面至活塞底面的高度 h_2，准确至 1mm。同时记录试筒内的温度，准确至 1℃。

⑩按上述步骤进行 2 个试样的平行试验。

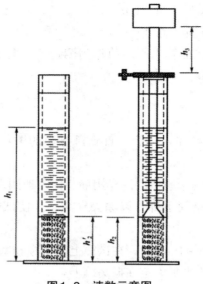

图1-3 读数示意图

（2）计算

试样的砂当量值按式（49）计算。

$$SE = \frac{h_1}{h_2} \times 100\% \qquad (49)$$

式中：SE—试样的砂当量（%）；

h_2—试筒中用活塞测定的集料沉淀物的高度（mm）；

h_1—试筒中絮凝物和沉淀物的总高度（mm）。

一种集料应平行测定2次，取2个试样的平均值，并以活塞测得砂当量为准，以整数表示。

4. 泥块含量试验

（1）试验步骤

①取试样一份200g（m_1）置于容器中，并注入洁净的水，使水面至少超出砂面约200mm，充分拌和均匀后，静置24h，然后用手在水中捻碎泥块，再把试样放在0.6mm筛上，用水淘洗至水清澈为止。

②筛余下来的试样应小心地从筛里取出，并在105℃±5℃的烘箱中烘干至恒重，冷却至室温后称量（m_2）。

（2）计算

砂中泥块含量按式（50）计算，精确至0.1%。

$$Q_k = \frac{m_1 - m_2}{m_1} \times 100\%$$
（50）

式中：Q_k——砂中大于 1.18mm 的泥块含量（%）；

m_1——试验前存留于 1.18mm 筛上的烘干试样量（g）；

m_2——试验后的烘干试样量（g）。

取 2 次平行试验结果的算术平均值作为测定值，2 次结果的差值如超过 0.4%，应重新取样进行试验。

5. 有机质含量试验

（1）目的与适用范围

用于评定天然砂中的有机质含量是否达到影响水泥混凝土品质的程度。

（2）试验步骤

①向 250mL 量筒中倒入试样至 103mL 刻度处，再注入浓度为 3% 的氢氧化钠溶液至 200mL 刻度处，剧烈摇动后静置 24h。

②比较试样上部溶液和新配制标准溶液的颜色。盛装标准溶液与盛装试样的量筒规格应一致。

③若试样上部的溶液颜色浅于标准溶液的颜色，则试样的有机质含量鉴定合格；如两种溶液的颜色接近，则应将该试样（包括上部溶液）倒入烧杯中，再将烧杯放在温度为 60 ~ 70℃的水槽锅中加热 2 ~ 3h，然后再与标准溶液比色。

如溶液的颜色深于标准色，则应按下法做进一步试验：

取试样一份，用 3% 氢氧化钠溶液洗除有机杂质，再用洁净水淘洗干净，至试样用比色法试验时溶液的颜色浅于标准色，然后用经洗除有机质和未洗除有机质的试样以相同的配合比分别配成流动性基本相同的两种水泥砂浆，测定其 7d 和 28d 的抗压强度，如未经洗除砂的砂浆强度不低于经洗除有机质后的砂的砂浆强度的 95%，则此砂可以采用。

6. 云母含量试验

（1）试验步骤

称取经缩分的试样 50g，在温度为 105℃ ±5℃ 的烘箱中烘干至恒重，冷却至室温后，先筛去大于 4.75mm 和小于 0.3mm 的颗粒，然后根据砂的粗细不同称取试样 10 ~ 20g（m_0），放在放大镜下观察，用钢针将砂中所有云母全部挑出，称量所挑出的云母质量（m_1）。

（2）计算

砂中云母含量按式（51）计算，精确至 0.1%。

$$Q_e = \frac{m_1}{m_0} \times 100\% \tag{51}$$

式中：Q_e—砂中云母质量（%）；

m_0—烘干试样质量（g）；

m_1—挑出的云母质量（g）。

7. 轻物质含量试验

（1）试验步骤

①将上述试样 1 份（m_0）倒入盛有重液（约 500mL）的量杯中，用玻璃棒充分搅拌，使试样中轻物质与砂分离，静置 5min 后，将浮起的轻物质连同部分重液倒入网篮中。轻物质留在网篮中，而重液则通过网篮流入另一容器。倾倒重液时应避免带出砂粒，一般当重液表面与砂相距 20～30mm 时即停止倾倒。流出的重液倒回盛试样的量杯中，重复上述过程，直至无轻物质浮起为止。

②用清水洗净留存于网篮中的轻物质，然后将它倒入烧杯，在 105℃的烘箱中烘干至恒重，用感量为 0.01g 的天平称量轻物质与烧杯的总质量（m_1）。

（2）计算

砂中轻物质的含量按式（52）计算，精确至 0.1%。

$$Q_g = \frac{m_1 - m_2}{m_0} \times 100\% \tag{52}$$

式中：Q_g—砂中轻物质的含量（%）；

m_1—烘干的轻物质与烧杯的总质量（g）；

m_2—烧杯的质量（g）；

m_0—试验前烘干的试样质量（g）。

以 2 份试样试验结果的算术平均值作为测定值。

8. 膨胀率试验

（1）试验步骤

①测定烘干砂的堆积密度（或紧装密度）。

②测定试样砂的堆积密度（或紧装密度）。

③测定相应状态砂的含水率。

（2）计算

砂的膨胀率按式（53）计算，精确至 1%。

$$P = \frac{p_d(100\% + w)}{p_w} - 100\% \tag{53}$$

式中：P—砂的膨胀率（%）；

p_d—干砂堆积密度（kg/m³）；

p_w—试样砂堆积密度（kg/m³）；

w—试样砂含水率（%）。

以 2 次试验结果的算术平均值作为测定值。

9. 棱角性试验（间隙率法）

（1）试验步骤

①称取细集料接受容器的干质量 m。

②在容器中加满水，称取圆筒加水的质量 m_1，标定容器的容积 $V=m_1-m_0$，此时可忽略温度对水密度的影响。

③将现场取来的细集料试样，按照最大粒径的不同选择 2.36mm 或 4.75mm 的标准筛过筛，除去大于最大粒径的部分。通常对天然砂或 0 ~ 3mm 规格的机制砂、石屑采用 2.36mm 筛，对 0 ~ 5mm 机制砂、石屑可采用 4.75mm 筛。

④取约 2kg 试样放在搪瓷盘中，加水浸泡 24h，仔细淘洗，使泥土和粉尘悬浮在水中。分数次缓缓地将悬浮浊液通过 1.18mm、0.075mm 套筛，倒去悬浮的浑水，并用洁净的水冲洗集料，仔细冲走小于 0.075mm 部分。将 1.18mm 及 0.075mm 筛上部分均倒回搪瓷盘中，放入 105℃ ±5℃烘箱中烘干至恒重，冷却后适当拌和均匀，按分料器法或四分法称取 190g ± 1g 的试样不少于 3 份。

⑤将漏斗与圆筒接好，成一整体。在漏斗下方放置接受容器。用一小块玻璃板堵住开口处。

⑥将试样从圆筒中央上方（高度与筒顶齐平）徐徐倒入漏斗，表面尽量倒平。

⑦取走堵住漏斗开启门的小玻璃板。漏斗中的细集料随即通过漏斗开口处流出，进入接受容器中。

⑧用带刃的直尺轻轻刮平容器表面，不加任何振动。

⑨称取容器与细集料的总质量 m_2，准确至 0.1g。

⑩测定细集料的毛体积相对密度 γ_b。

⑪平行试验 3 次，以平均值作为细集料棱角性的试验结果。

（2）计算

按式（54）和式（55）计算容器中细集料的松装密度和间隙率，精确至小数点后 1 位，间隙率即为细集料的棱角性。

$$\gamma_{fa} = \frac{m_2 - m_0}{m_1 - m_0} \tag{54}$$

$$U = \left(1 - \frac{\gamma_{fa}}{\gamma_b}\right) \times 100\%$$ （55）

式中：γ_{fa}—细集料的松装相对密度；

m_0—容器空质量（g）；

m_1—容器与水的总质量（g）；

m_2—容器与细集料的总质量（g）；

U—细集料的间隙率，即棱角性（%）；

γ_b—细集料的毛体积相对密度。

第三节　石灰与水泥技术性质及其试验检测

一、石灰技术性质及其试验检测

（一）石灰的技术性质

1. 有效氧化钙和氧化镁含量

石灰产生黏结性的有效成分是活性氧化钙和氧化镁，它们的含量是评价石灰质量的主要指标，其含量越高，活性越高，质量也越好。有效氧化钙、氧化镁的含量可用化学分析法测定。

2. 未消化残渣含量

生石灰经标准条件消解后，存留在 5mm 圆筛孔上的残渣含量（按百分率计）称为未消化残渣含量。未消化残渣含量综合反映石灰中过火石灰和欠火石灰的数量，未消解颗粒含量越多，表明石灰质量越差。

3. CO_2 含量

石灰中 CO_2 含量反映了石灰中欠火石灰的数量，CO_2 含量越高，表明石灰中未完全分解的碳酸钙比例越高，有效氧化钙、氧化镁含量越低，影响石灰的胶结能力。

4. 细度

细度与石灰的活性有关，石灰越细，其活性越大。石灰粉中较大的颗粒包括未消化的过火石灰、含有碳酸钙的欠火石灰等。现行标准以 0.9mm 和 0.125mm 的筛余百分率控制磨细石灰粉和消石灰粉的细度。

5. 游离水含量

游离水是指消石灰粉中化学结合水以外的水，石灰消化的实际需水量约为理论需水量的 2 倍，多余的水残留于氢氧化钙中，在石灰的硬化过程中，这些水分的蒸发将引起体积显著收缩，易出现干缩裂缝，从而影响其使用质量。

（二）石灰技术指标检测

1. 有效氧化钠含量的测定

（1）试验步骤

①称取约 0.5g（用减量法称，准确至 0.0005g）试样，放入干燥的 250mL 具塞三角瓶中，取 5g 蔗糖覆盖在试样表面，投入干玻璃珠 15 粒。迅速加入新煮沸并已冷却的蒸馏水 50mL，立即加塞振荡 15min（如有试样结块或附着于瓶壁现象，则应重新取样）。

②打开瓶塞，用水冲洗瓶塞及瓶壁，加入 2 ～ 3 滴酚酞指示剂，以 0.5N 盐酸标准溶液滴定（滴定速度以每秒 2 ～ 3 滴为宜），至溶液的粉红色显著消失并在 30s 内不再复现即为终点。

③读出中和后盐酸滴定管的读数，减去初读数，即为实际消耗的盐酸体积（mL）。

（2）试验结果计算整理

有效氧化钙的百分含量（X_1）按式（56）计算：

$$X_1 = \frac{V \times N \times 0.028}{G} \times 100\% \qquad (56)$$

式中：V—滴定时消耗盐酸标准溶液的体积（mL）；

0.028—氧化钙毫克当量；

G—试样质量（g）；

N—盐酸标准溶液的当量浓度。

对同一石灰样品，至少应对 2 个试样进行 2 次测定，并取 2 次测定结果的平均值作为最终结果。

2. 氧化镁的测定

（1）试验步骤

①采用与有效氧化钙测定相同的方法，用称量瓶称取约 0.5g（准确至 0.0005g）试样，放入 250mL 烧杯中，用蒸馏水湿润，加 30mL 的 1：10 盐酸，用表面皿盖住烧杯，加热近沸并保持微沸 8 ～ 10min。用吸管吸取蒸馏水洗净表面皿，洗液冲入烧杯中。冷却后把烧杯内的沉淀及溶液移入 250mL 容量瓶中，加水至刻度，仔细摇匀静置。

②待溶液沉淀后，用移液管吸取 25mL 溶液，置于 250mL 三角瓶中，加 50mL 蒸馏水稀释。然后顺序加酒石酸钾钠溶液 1mL、三乙醇胺溶液 5mL，再加

入氢氧化铵—氯化铵缓冲溶液 10mL、酸性铬兰 K—萘酚绿 B 指示剂约 0.1g，此时溶液呈酒红色。

③用 EDTA 二钠标准溶液滴定至溶液由酒红色变为纯蓝色即为滴定终点，记录 EDTA 标准溶液耗用体积 V_1。

④再从前述同一容量瓶中，用移液管吸取 25mL 溶液，置于 300mL 三角瓶中，加 150mL 蒸馏水稀释。然后依次加入三乙醇胺溶液 5mL、20% 氢氧化钠溶液 5mL，放入约 0.1g 钙指示剂。此时溶液呈酒红色。

⑤用 EDTA 二钠标准溶液滴定，直至溶液由酒红色变为纯蓝色即为滴定终点，记录耗用 EDTA 二钠标准溶液体积 V_2。

（2）试验结果计算整理

氧化镁的百分含量 X_2 按式（57）计算：

$$X_2 = \frac{T_{MgO} \cdot (V_1 - V_2) \times 10}{G \times 1000} \times 100\% \tag{57}$$

式中：T_{MgO}—EDTA 二钠标准溶液对氧化镁的滴定度；

V_1—滴定钙、镁含量消耗 EDTA 二钠标准溶液体积（mL）；

V_2—滴定钙消耗 EDTA 二钠标准溶液体积（mL）；

10—总溶液对分取溶液的体积倍数；

G—试样质量（g）。

对同一石灰样品至少应对 2 个试样进行 2 次测定。取 2 次测定结果的平均值作为最终结果。

二、水泥技术性质及其试验检测

（一）通用硅酸盐水泥的技术性质

1. 化学性质

测定水泥的化学指标主要是用于控制水泥中有害的化学成分不能超过一定的限量，否则即意味着对水泥性能和质量可能产生有害或潜在的影响。

（1）MgO 含量

在水泥熟料中，常含有少量未与其他矿物结合的游离氧化镁，它是高温煅烧时形成的方镁石结晶，水化速度很慢，通常要经历几个月甚至几年才明显水化，生成物氢氧化镁体积膨胀，在水泥石内产生膨胀应力，引起水泥的体积安定性不良。

（2）SO$_3$ 含量

三氧化硫主要来自石膏或生产水泥的矿化剂。生产水泥时掺入适量石膏会起有缓凝的作用，但过量的石膏会引起硬化后水泥石体积膨胀，导致结构物破坏。

为保证水泥的使用质量，要求水泥中氧化镁、三氧化硫的含量不得超过规定限量。

（3）烧失量

烧失量是指水泥在一定温度、时间内加热后烧失的数量，水泥锻烧不佳或受潮后，都会导致烧失量增加。

（4）不溶物

不溶物是指水泥在盐酸中溶解保留下来的不溶性残留物，不溶物过多，将影响水泥的活性。

（5）碱含量

水泥熟料中含有少量的碱性氧化物（Na_2O 及 K_2O），会与集料中的活性 SiO_2 或活性碳酸盐发生化学反应，其生成物附着在集料与水泥石的界面上，遇水膨胀，可引起水泥石胀裂，破坏混凝土结构，这种反应称为碱集料反应。

水泥中碱含量按 $Na_2O+0.658K_2O$ 计算值表示。若使用活性集料，用户要求提供低碱水泥时，水泥中的碱含量应不大于 0.60% 或由供需双方商定。

2．物理性质

（1）细度

细度是指水泥颗粒的粗细程度。一般情况下，水泥颗粒越细，其总表面积越大，与水反应时接触的面积也越大，水化反应速度就越快，所以相同矿物组成的水泥，细度越大，凝结硬化速度越快，早期强度越高。一般认为，水泥颗粒粒径小于 $40\mu m$ 时才具有较大的活性。但水泥颗粒太细，在空气中的硬化收缩也较大，使混凝土发生裂缝的可能性增加，此外，水泥颗粒细度提高会导致粉磨能耗增加，生产成本提高。为充分发挥水泥熟料的活性，改善水泥性能，同时考虑能耗的节约，要合理控制水泥细度。水泥细度可用下列方法表示：

①筛析法：以 $8\mu m$ 或 $45\mu m$ 方孔筛上的筛余百分率表示。筛析法分负压筛法和水筛法两种，鉴定结果发生争议时，以负压筛法为准。

②比表面积法：以每千克水泥所具有的总表面积（m^2）表示。比表面积采用勃氏法测定。

我国现行国家标准《通用硅酸盐水泥》规定，硅酸盐水泥和普通硅酸盐水泥的细度以比表面积表示，不小于 $300m^2/kg$；矿渣硅酸盐水泥、火山灰质硅酸盐水泥、粉煤灰硅酸盐水泥和复合硅酸盐水泥以筛余量表示，$80\mu m$ 方孔筛筛余不大于 10% 或 $45\mu m$ 方孔筛筛余不大于 30%。

（2）标准稠度用水量

在测定水泥的凝结时间和安定性时，为使其测定结果具有可比性，必须采用标准稠度的水泥净浆进行测定。现行国家标准《水泥标准稠度用水量、凝结时间、安定性检验方法》规定，以标准法维卡仪的试杆沉入净浆距底板的距离为 6mm±1mm 时的水泥浆的稠度作为标准稠度。水泥净浆达到标准稠度时所需的拌和水量称为标准稠度用水量。

（3）凝结时间

凝结时间是指水泥从加水时至水泥浆失去可塑性所需的时间。凝结时间分为初凝时间和终凝时间。初凝时间是从水泥加水时至水泥浆开始失去可塑性所经历的时间；终凝时间是从水泥加水时至水泥浆完全失去可塑性所经历的时间。凝结时间以试针沉入水泥标准稠度净浆至一定深度所需的时间表示。现行国家标准规定：将标准稠度的水泥净浆装入凝结时间测定仪的试模中，以标准试针（分初凝用试针和终凝用试针）测试。当试针沉至距底板 4mm±1mm 时，为水泥达到初凝状态，由水泥加水时至达到初凝状态所经历的时间作为初凝时间；完成初凝时间测定后，将试模连同浆体翻转 180°，换上终凝试针（终凝针上装有一个环形附件），当试针沉入试体 0.5mm 时，即环形附件开始不能在试体上留下痕迹时，为水泥达到终凝状态，由水泥加水时至达到终凝状态所经历的时间作为水泥的终凝时间。

水泥的凝结时间，对水泥混凝土的施工具有十分重要的意义。水泥的初凝时间不宜过短，以便在施工过程中有足够的时间对混凝土进行搅拌、运输、浇筑和振捣等操作；终凝时间不宜过长，以使混凝土能尽快硬化，产生强度，提高模具周转率，加快施工进度。我国现行国标规定，硅酸盐水泥初凝不得早于 45min，终凝不得迟于 390min；普通硅酸盐水泥、矿渣硅酸盐水泥、火山灰质硅酸盐水泥、粉煤灰硅酸盐水泥和复合硅酸盐水泥初凝不得早于 45min，终凝不得迟于 600min。

（4）体积安定性

水泥的体积安定性是指水泥在凝结硬化过程中体积变化的均匀程度。各种水泥在凝结硬化过程中，都可能产生不同程度的体积变化。如果这种体积变化是轻微的、均匀的，则对建筑物的质量没什么影响，但是如果混凝土硬化后，由于水泥中某些有害成分的作用，在水泥石内部产生了剧烈的、不均匀的体积变化，则会在建筑物内部产生破坏应力，导致建筑物强度降低。

若破坏应力发展到超过建筑物的强度，则会引起建筑物开裂、崩塌等严重质量事故，这种现象称为水泥的体积安定性不良。引起水泥体积安定性不良的主要原因是水泥熟料中游离氧化钙或氧化镁含量过高，以及石膏掺量过多而导致水泥中的三氧化硫含量偏高。

国家标准规定，硅酸盐水泥的体积安定性用沸煮法检验必须合格。沸煮法分雷氏法（标准法）和试饼法（代用法）两种。

（5）强度

强度是水泥技术要求中最基本的指标，它直接反映了水泥的质量水平和使用价值，水泥的强度越高，其胶结能力也越大。硅酸盐水泥的强度主要取决于熟料的矿物组成和水泥的细度，此外还与水灰比、试验方法、试验条件、养护龄期等因素有关。

我国现行标准《通用硅酸盐水泥》规定：水泥的初凝时间、安定性、强度和化学指标中的任何一项不满足要求，即为不合格品。

（二）硅酸盐水泥技术性质检验

1. 水泥细度试验（负压筛法）

（1）试验步骤

①水泥样品应充分拌匀，通过 0.9mm 方孔筛，记录筛余物情况，要防止过筛时混进其他水泥。

②筛析试验前，应把负压筛放在筛座上，盖上筛盖，接通电源，检查控制系统，调节负压至 4000 ~ 6000Pa 范围内。

③称取试样 25g，置于洁净的负压筛中，盖上筛盖，放在筛座上，开动筛析仪连续筛析 2min，在此期间如有试样附着在筛盖上，可轻轻地敲击，使试样落下。筛毕，用天平秤量筛余物。

④当工作负压小于 4000Pa 时，应清理吸尘器内水泥，使负压恢复正常。

（2）结果计算

水泥试样筛余百分率 A 按式（58）计算：

$$A = \frac{m_0}{m} \times 100\% \tag{58}$$

式中：m_0—水泥筛余物的质量（g）；

　　　m—水泥试样的质量（g）。

计算结果精确至 0.1%。

2. 水泥比表面积测定（勃氏法）

（1）试验步骤

①将水泥试样过 0.9mm 方孔筛，在 110℃ ±5℃ 下烘干，并在干燥器中冷却至室温。将冷却到室温的标准试样，倒入 100mL 的密闭瓶内，用力摇动 2min，

将结块成团的试样震碎，使试样松散。静置 2min 后，打开瓶盖，轻轻搅拌，使在松散过程中落到表面的细粉分布到整个试样中。

②校正试验用的标准试样量和被测定水泥的质量，以试料层中的空隙率为 50%±0.5% 为准，按式（59）计算。

$$W = \rho \times V(1-\varepsilon) \tag{59}$$

式中：W—需要的试样质量（kg），精确到 1mg；

p—试样密度（kg/m³）；

V—试料层体积（m³）；

ε —试料层空隙率。

③将穿孔板放入透气圆筒的突檐上，用一根直径比圆筒略小的细棒把一片滤纸送到穿孔板上，边缘压紧。按确定的水泥量称取试样，精确到 0.001g，装入圆筒。轻敲圆筒外壁，使水泥层表面平坦。再放入一片滤纸，用捣器均匀捣实试料直至捣器的支持环紧紧接触圆筒顶边并旋转两周，慢慢取出捣器。

④把装有试料层的透气圆筒连接到压力计上，要保证紧密连接不致漏气，并不振动所制备的试料层。

⑤打开微型电磁泵慢慢从压力计一臂中抽出空气，直到压力计内液面上升到扩大部下端时关闭阀门。当压力计内液体的弯月液面下降到第一个刻线时开始计时，当液体的弯月面下降到第二条刻线时停止计时，记录液面从第一条刻度线到第二条刻度线所需的时间。以秒记录，并记下试验时的温度（℃）。

（2）试验结果计算

①当被测物料的密度、试料层中空隙率与标准试样相同，试验时温度与校准温度差 ≤ 3℃时，按式（60）计算比表面积；试验时温度与校准温度差 ＞ 3℃时，则按式（61）计算比表面积。

$$S_C = \frac{S_S \sqrt{T}}{\sqrt{T_S}} \tag{60}$$

$$S_C = \frac{S_S \sqrt{\eta_S} \sqrt{T}}{\sqrt{\eta} \sqrt{T_S}} \tag{61}$$

式中：S_C—被测试样的比表面积（m²/kg）；

S_S—标准试样的比表面积（m²/kg）；

T—被测试样试验时，压力计中液面从第一条刻度线下降到第二条刻度线所用的时间（s）；

T_S——标准试样试验时，压力计中液面从第一条刻度线下降到第二条刻度线所用的时间（s）；

η——被测试样试验温度下的空气黏度（Pa·s）；

$η_S$——标准试样试验温度下的空气黏度（Pa·s）。

②当被测试样的试料层中空隙率与标准试样试料层中空隙率不同，试验时温度与校准温度差≤3℃时，按式（62）计算比表面积；试验时温度与校准温度差＞3℃时，则按式（63）计算比表面积。

$$S_C = \frac{S_s \sqrt{T}\left(1-\varepsilon_s\right)\sqrt{\varepsilon^3}}{\sqrt{T_S}\left(1-\varepsilon_s\right)\sqrt{\varepsilon_s^3}} \tag{62}$$

$$S_C = \frac{S_s \sqrt{\eta_s}\sqrt{T}\left(1-\varepsilon_s\right)\sqrt{\varepsilon^3}}{\sqrt{\eta}\sqrt{T_S}\left(1-\varepsilon_s\right)\sqrt{\varepsilon_s^3}} \tag{63}$$

式中：ε——被测试样试料层中的空隙率；

p_s——标准试样试料层中的空隙率。

（3）当被测试样的密度和空隙率均与标准试样不同，试验时温度与校准温度差≤3℃时，按式（64）计算比表面积；试验时温度与校准温度差＞3℃时，则按式（65）计算比表面积。

$$S_C = \frac{S_s p_s \sqrt{T}\left(1-\varepsilon_s\right)\sqrt{\varepsilon^3}}{p\sqrt{T_S}\left(1-\varepsilon_s\right)\sqrt{\varepsilon_s^3}} \tag{64}$$

$$S_C = \frac{S_s p_s \sqrt{\eta_s}\sqrt{T}\left(1-\varepsilon_s\right)\sqrt{\varepsilon^3}}{p\sqrt{\eta}\sqrt{T_S}\left(1-\varepsilon_s\right)\sqrt{\varepsilon_s^3}} \tag{65}$$

式中：p——被测试样的密度（g/cm³）；

p_s——标准试样的密度（g/cm³）。

3. 水泥标准稠度用水量试验（标准法）

（1）目的与适用范围

检验水泥的凝结时间与体积安定性时，水泥净浆的稠度会影响试验结果，为使测定结果具有可比性，必须采用标准稠度的水泥净浆进行试验，水泥净浆达到标准稠度时所需的拌和水量称为标准稠度用水量。

水泥浆对标准试杆（或试锥）的沉入具有一定阻力。通过测定不同用水量时水泥净浆的穿透性，可以确定水泥标准稠度净浆中所需加入的水量。

（2）试验步骤

①仪器的校核和调整。检查维卡仪的金属棒能否自由滑动，试杆接触玻璃板时将指针对准零点，检查搅拌机是否运行正常。

②水泥净浆的拌制。用水泥净浆搅拌机搅拌，搅拌锅和搅拌叶片先用湿布擦过，将拌和水倒入搅拌锅内，然后在 5～10s 内小心将称好的 500g 水泥加入水中，防止水和水泥溅出；拌和时，先将锅放在搅拌机的锅座上，升至搅拌位置，启动搅拌机，低速搅拌 120s，停 15s，同时将叶片和锅壁上的水泥浆刮入锅中间，接着高速搅拌 120s 停机。

③标准稠度用水量的测定。拌和结束后，立即取适量水泥浆，一次性将其装入已置于玻璃底板上的试模中，浆体超过试模上端，用宽约 25mm 的直边刀轻轻拍打超出试模部分的浆体 5 次以排除浆体中的空隙，然后在试模上表面约 1/3 处，略倾斜于试模分别向外轻轻锯掉多余净浆，再从试模边沿轻抹顶部一次，使净浆表面光滑。在锯掉多余净浆和抹平的操作过程中，注意不要压实净浆，抹平为一刀抹平，最多不超过两刀；抹平后迅速将试模和底板移到维卡仪上，并将其中心定在试杆下，降低试杆直至与水泥净浆表面接触，拧紧螺钉 1～2s 后，突然放松，使试杆垂直自由沉入水泥净浆中。在试杆停止沉入或释放试杆 30s 时记录试杆距底板的距离，升起试杆后，立即擦净；整个操作应在搅拌后 1.5min 内完成。以试杆沉入净浆并距底板 6mm±1mm 的水泥净料为标准稠度净价，其伴和水量为该水泥的标准稠度用水量（P），以水泥质量的百分比计。

4. 水泥凝结时间测定

（1）目的与适用范围

凝结时间对水泥混凝土的施工具有重要意义，初凝太快，会给施工造成不便；终凝太慢，将影响施工进度。通过测定凝结时间，可掌握水泥使用时的适宜施工过程。凝结时间以试针沉入水泥标准稠度净浆至一定深度所需的时间表示。

（2）试验步骤

①测定前准备工作。调整凝结时间测定仪的试针接触玻璃板时，将指针对准零点。

②试件的制备。以标准稠度的水泥净浆一次装满试模，振动数次刮平，立即放入湿气养护箱中。记录水泥全部加入水中的时间作为凝结时间的起始时间。

③初凝时间的测定。试件在湿气养护箱中养护至加水后 30min 时进行第一次测定。测定时，从湿气养护箱中取出试模放到试针下，降低试针使其与水泥净浆表面接触，拧紧螺丝 1～2s，突然放松，试针垂直自由地沉入水泥净浆。观察试针停止下沉或释放试针 30s 时指针的读数。当试针沉至距底板 4mm±1mm 时，

认为水泥达到初凝状态，以水泥全部加入水中至初凝状态所经历时间为水泥的初凝时间，用"min"表示。

④终凝时间的测定。为了准确观测试针沉入的状况，在终凝针上安装一个环形附件。在完成初凝时间测定后，立即将试模连同浆体以平移的方式从玻璃板取下，翻转180°，直径大端向上、小端向下放在玻璃板上，再放入湿气养护箱中继续养护，临近终凝时间每隔15min测定一次，当试针沉入试体0.5mm时，即环形附件开始不能在试体上留下痕迹时，认为水泥达到终凝状态，以水泥全部加入水中至终凝状态所经历的时间为水泥的终凝时间，用"min"表示。

⑤测定时应注意，最初的测定操作时应用手轻轻扶持金属柱，使其徐徐下降，以防试针撞弯，但结果要以自由下落为准。在整个测试过程中试针沉入的位置至少要距试模内壁10mm，临近初凝时，每隔5min测定一次，临近终凝时每隔15min测定一次，到达终凝时，需要在试体另外两个不同点测试，结论相同时才能确定到达终凝状态。每次测定不能让试针落入原针孔，每次测试完毕需将试针擦净并将试模放回湿气养护箱内，整个测试过程要防止试模受振。

5．水泥安定性试验

（1）目的与适用范围

用于检定由于游离氧化钙而引起水泥体积变化，以表示水泥体积安定性是否合格。安定性的测定有两种方法，即雷氏法和试饼法。雷氏法是标准法，试饼法为代用法，有争议时以雷氏法为准。

（2）试验步骤

①雷氏法

a.测定前的准备工作。每个试样需成型两个试件，每个雷氏夹需配备质量为75～80g的玻璃板两块，凡与水泥净浆接触的玻璃板表面和雷氏夹内表面都要稍稍涂上一层油。

b.雷氏夹试件的成型。以标准稠度用水量加水，按水泥净浆的拌制方法制备标准稠度净浆。将预先准备好的雷氏夹放在已稍擦油的玻璃板上，并立即将已制备好的标准稠度净浆装满雷氏夹。装浆时一只手轻轻扶持雷氏夹，另一只手用宽约10mm的小刀插捣数次，然后抹平，盖上稍涂油的玻璃板，接着立即将试件移至湿气养护箱内养护24h±2h。

c.沸煮。调整好沸煮箱内的水位，使之在整个沸煮过程中都能没过试件，不需中途添补试验用水，同时保证水温在30min±5min内能升至沸腾温度。

d.结果判别。沸煮结束后，立即放掉沸煮箱中的热水，打开箱盖，待箱体冷却至室温，取出试件进行判别。测量雷氏夹指针尖端的距离（C），精确到

0.5mm，当两个试件煮后增加距离（C–A）的平均值不大于 5.0mm 时，即认为该水泥安定性合格当两个试件的（C–A）值相差超过 4.0mm 时，应用同一样品立即重做一次试验。再如此，则认为该水泥安定性不合格。

②试饼法（代用法）

a. 测定前的准备工作。每个样品需准备两块约 100mm × 100mm 的玻璃板，凡与水泥净浆接触的玻璃板都要稍稍涂上一层油。

b. 试饼的成形方法。将制好的标准稠度净浆取出一部分分成两等份，使之呈球形，放在预先准备好的玻璃板上，轻轻振动玻璃板并用湿布擦净的小刀由边缘向中央抹动，做成直径 70 ~ 80mm、中心厚约 10mm、边缘渐薄、表面光滑的试饼，接着将试饼放入湿气养护箱内养护 24h ± 2h。

c. 沸煮。调整好沸煮箱内的水位，使之在整个沸煮过程中都能没过试件，不需中途添补试验用水，同时保证水温在 30min ± 5min 内能升至沸腾温度。

脱去玻璃板，取下试件，用试饼法时，先检查试饼是否完整（如已开裂、翘曲，要检查原因，确定无外因时，该试饼已属不合格品，不必沸煮），在试饼无缺陷的情况下，将试饼放在沸煮箱水中的算板上，然后在 30min ± 5min 内加热至水沸腾并恒沸 3h ± 5min。

d. 结果判别。沸煮结束后，立即放掉沸煮箱中的热水，打开箱盖，待箱体冷却至室温，取出试件进行判别。目测试饼未出现裂缝，用钢直尺检查也没有弯曲（使钢直尺和试饼底部紧靠，以两者间不透光为不弯曲）的试饼为安定性合格，反之为不合格。当两个试饼判别结果有矛盾时，认为该水泥的安定性为不合格。

第四节　沥青技术性质及其试验检测

一、石油沥青主要技术指标

（一）针入度

针入度是表征黏稠石油沥青黏滞性的指标。黏滞性是指沥青在外力作用下抵抗变形的能力。黏滞性的大小与组分及温度有关，当沥青质含量较高，又含有适量的树脂、少量的油分时，则黏滞性较大。在一定温度范围内，温度升高时，黏滞性随之降低。

针入度是在规定温度和时间内，附加一定质量的标准针垂直灌入沥青试样的深度。随着针入度值增大，沥青的黏滞性降低。针入度与沥青路面的力学性质有密切关系，在现阶段仍然是我国划分沥青标号的主要依据。它与沥青的高温稳定性和低温抗裂性能密切相关。

针入度试验是一种用于量测沥青胶结料稠度的经验性试验，通常在25℃的温度下测定针入度，该温度被认为是热拌沥青混凝土路面的平均服务温度。

（二）延度

延度用来表征沥青的塑性。塑性是沥青在外力作用下发生变形时抵抗破坏的能力。

影响沥青塑性大小的因素有组分及温度，沥青中树脂含量高，油分及沥青质含量适当，则塑性较大；当温度升高时，塑性增大。在常温下，塑性好的沥青不易产生裂缝，摩擦时的噪声小，同时它对于沥青在温度降低时抵抗开裂的性能有重要影响。

延度是将沥青试样制成"∞"字形标准试件（中间最小截面为 $1cm^2$），在规定温度下（25℃或15℃）以规定的拉伸速度（5cm/min）拉至断裂时的长度，以 cm 表示。

沥青的延度越大，其塑性越好，柔性和抗断裂性能越好。

（三）软化点

软化点是沥青达到规定条件黏度时的温度，所以软化点既是反映沥青材料热稳定性的指标，也是测青黏滞性的一种度量。

沥青材料是一种非晶质高分子材料，它由液态凝结为固态或由固态熔化为液态时，没有明确的固化点或液化点，通常采用规定条件下的硬化点和滴落点来表示，沥青材料在硬化点至滴落点之间的温度阶段时，是一种黏滞流动状态，在工程实际中为保证沥青不致由于温度升高而产生流动的状态，取滴落点和硬化点之间温度间隔的 87.21% 作为软化点。

沥青软化点一般采用环球法软化点仪测定。将沥青试样装入规定尺寸的铜环内（内径18.9mm），上置标准钢球（重3.5g），浸入水或甘油中，以规定的升温速度（5℃/min）加热，使沥青软化下垂至规定距离时的温度。软化点越高，表明沥青的热稳定性越好。

针入度、延度、软化点是评价黏稠石油沥青路用性能最常用的经验指标，通称"三大指标"。

（四）闪点和燃点

闪点和燃点是表示沥青安全性的指标。沥青材料在使用时需要加热，当加热至一定温度时，沥青材料中挥发的油分蒸气与周围空气组成混合气体，遇火焰则发生闪火现象；若继续加热，油分蒸气的饱和度增加，油分蒸气与空气组成的混合气体遇火焰极易燃烧，引发火灾或改变沥青的性质，所以必须测定沥青的闪点和燃点。

闪点是指沥青加热挥发的气体与空气组成的混合气体在规定条件下与火接触，产生闪光时的温度；燃点是混合气体与火接触时能持续燃烧 5s 以上时的温度。闪点和燃点的温度一般相差 10℃左右，采用开口杯式闪电仪测定。

（五）含蜡量

沥青中的蜡分是指沥青在除去沥青质和胶质之后，在油分中含有的、经冷冻能结晶析出的，熔点在 25℃以上的混合组分，其中主要是高熔点的烃类混合物。蜡组分的存在对沥青的性能有非常不利的影响，主要表现在以下几个方面：

（1）蜡在高温时融化，使沥青的黏度降低，从而降低沥青的高温稳定性，使路面出现车辙。

（2）蜡在低温时结晶析出，分散在其他组分之间，破坏沥青分子之间的紧密联系，使沥青的极限拉伸应变和延度变小，造成沥青低温发脆、开裂，路面抗裂性降低，出现裂缝。

（3）蜡使沥青与集料的亲和力降低，影响沥青与石料的黏附性，在水分作用下，会使路面集料与沥青产生剥落现象，降低水稳定性。

（4）含蜡沥青会使沥青路面的抗滑性降低，影响路面的行车安全。

（5）蜡的结晶或融化会使沥青的一些技术指标的测定出现假象，如测定软化点时，由于蜡的融化需要吸收一部分热量，将使软化点升高。

我国《公路沥青路面施工技术规范》规定，道路石油沥青的含蜡量，A 级不大于 2.2%，B 级不大于 3.0%，C 级不大于 4.5%。

（六）抗老化性能

路用沥青在使用过程中受到储运、加热、拌和、摊铺、碾压、交通荷载以及自然因素的作用，会发生一系列的物理化学变化，导致其性能劣化，这种变化称为沥青的老化。沥青路面应有较长的使用年限，所以沥青材料要具备一定的抗老化性，即耐久性。

目前采用蒸发损失试验和薄膜烘箱试验来估计热拌沥青混合料在拌和装置中发生的短期老化，对加热后的试样按规定方法测定加热质量损失及各项性能指标的变化，以此来评价沥青的抗老化性能。

二、石油沥青技术指标检测

（一）沥青试样准备方法

1. 试验目的

通过规范的试样制备方法，为沥青的各项试验做准备，以确保试验结果的代表性和准确性。适用于黏稠道路石油沥青、煤沥青、聚合物改性沥青等需要加热后才能进行试验的沥青试样，按此方法准备的沥青试样供立即在试验室进行各项试验使用。

2. 方法与步骤

（1）将装有试样的盛样器带盖放入恒温烘箱中，当石油沥青试样含有水分时，烘箱温度调至 80℃ 左右，加热至沥青全部熔化后供脱水用。当石油沥青试样中无水分时，烘箱温度宜为软化点温度以上 90℃，通常为 135℃ 左右。取来的沥青试样不得直接采用电炉或煤气炉明火加热。

（2）当石油沥青试样中含有水分时，将盛样器皿放在可控温的砂浴、油浴、电热套上加热脱水，不得已采用电炉、燃气炉加热脱水时必须加放石棉垫。时间不超过 30min，并用玻璃棒轻轻搅拌，防止局部过热。在沥青温度不超过 100℃ 的条件下，仔细脱水至无泡沫为止，最后的加热温度不宜超过软化点以上 100℃（石油沥青）或 50℃（煤沥青）。

（3）将盛样器中的沥青通过 0.6mm 的滤筛过滤，不等冷却立即一次灌入各项试验的模具中。若温度下降太多，宜适当加热再灌模。根据需要也可将试样分装入擦拭干净并干燥的一个或数个沥青盛样器皿中，数量应满足一批试验项目所需的沥青样品。

（4）在沥青灌模过程中，如温度下降可放入烘箱中适当加热，试样冷却后反复加热的次数不得超过 2 次，以防沥青老化影响试验结果。为避免混进气泡，在沥青灌模时不得反复搅动沥青。

（5）灌模剩余的沥青应立即清洗干净，不得重复使用。

（二）沥青针入度试验

1. 试验步骤

（1）取出达到恒温的盛样皿，并移入水温控制在试验温度 ±0.1℃（可用恒温水槽中的水）的平底玻璃皿中的三脚支架上，试样表面以上的水层深度不少于 10mm。

（2）将盛有试样的平底玻璃皿置于针入度仪的平台上。慢慢放下针连杆，用适当位置的反光镜或灯光反射观察，使针尖恰好与试样表面接触，将位移计或刻度盘指针复位为零。

（3）开始试验，按下释放键，这时计时与标准针落下贯入试样同时开始，至5s时自动停止。

（4）读取位移计或刻度盘指针的读数，准确至0.1mm。

（5）同一试样平行试验至少3次，各测试点之间及与盛样皿边缘的距离不应少于10mm。

每次试验后应将盛有盛样皿的平底玻璃皿放入恒温水槽，使平底玻璃皿中水温保持试验温度。

每次试验应换一根干净的标准针或将标准针取下用蘸有三氯乙烯溶剂的棉花或布揩净，再用干棉花或布擦干。

（6）测定针入度大于200的沥青试样时，至少用3支标准针，每次试验后将针留在试样中，直到3次平行试验完成后，才能将标准针取出。

（7）测定针入度指数W时，按同样的方法在15℃、25℃、30℃（或35℃）3个或3个以上（必要时增加10℃、20℃等）温度条件下分别测定沥青的针入度，但用于仲裁试验的温度条件应为5个。

2. 结果整理

（1）同一试样3次平行试验结果的最大值和最小值之差在下列允许偏差范围内时（表1-9），计算3次试验结果的平均值，取整数作为针入度的试验结果，以0.1mm计。

表1-9　沥青针入度试验精度要求

针入度（0.1mm）	允许差值（0.1mm）	针入度（0.1mm）	允许差值（0.1mm）
0 ~ 49	2	150 ~ 249	12
50 ~ 149	4	250 ~ 500	20

当试验值不符合此要求时，应重新进行试验。

（2）当试验结果小于50（0.1mm）时，重复性试验的允许差为2（0.1mm），复现性试验的允许差为4（0.1mm）。

（3）当试验结果等于或大于50（0.1mm）时，重复性试验的允许误差为平均值的4%，复现性试验的允许差为平均值的8%。

（三）沥青延度试验

1. 试验步骤

（1）将保温后的试件连同底板移入延度仪的水槽中，然后将盛有试样的试模自玻璃板或不锈钢板上取下，将试模两端的孔分别套在滑板及槽端固定板的金属柱上，并取下侧模。水面距试件表面应不小于25mm。

（2）开动延度仪，并注意观察试样的延伸情况。此时应注意，在试验过程中，水温应始终保持在试验温度规定的范围内，且仪器不得有振动，水面不得有晃动，当水槽采用循环水时，应暂时中断循环，停止水流。在试验中，当发现沥青细丝浮于水面或沉入槽底时，则应在水中加入酒精或食盐，调整水的密度至与试样相近后，重新试验。

（3）试件拉断时，读取指针所指标尺上的读数，以cm表示，在正常情况下，试件延伸时应呈锥尖状，拉断时实际断面接近于零。如不能得到这种结果，则应在报告中注明。

2．试验结果整理

（1）同一试样，每次应对不少于3个试件进行平行试验，如3个测定结果均大于100cm，试验结果记作">100cm"；如有特殊需要也可分别记录实测值。3个测定结果中，当有一个以上的测定值小于100cm时，若最大值或最小值与平均值之差满足重复性试验要求，则取3个测定结果的平均值的整数作为延度试验结果，若平均值大于100cm，记作">100cm"；若最大值或最小值与平均值之差不符合重复性试验要求，试验应重新进行。

（2）当试验结果小于100cm时，重复性试验的允许误差为平均值的20%；再现性试验的允许误差为平均值的30%。

（四）沥青软化点试验

1．试验步骤

（1）试样软化点在80℃以下者：

①将装有试样的试样环连同试样底板置于5℃±0.5℃水的恒温水槽中至少15min；同时将金属支架、钢球、钢球定位环等亦置于相同水槽中。

②烧杯内注入新煮沸并冷却至5℃的蒸馏水或纯净水，水面略低于立杆上的深度标记。

③从恒温水槽中取出盛有试样的试样环放置在支架中层板的圆孔中，套上定位环；然后将整个环架放入烧杯中，调整水面至深度标记，并保持水温为5℃±0.5℃。环架上任何部分不得附有气泡。将0～100℃的温度计由上层板中心孔垂直插入，使端部测温头底部与试样环下面齐平。

④将盛有水和环架的烧杯移至放有石棉网的加热炉具上，然后将钢球放在定位环中间的试样中央，立即开动电磁振荡搅拌器，使水微微振荡，并开始加热，使杯中水温在3min内调节至维持每分钟上升5℃±0.5℃。在加热过程中，应记

录每分钟上升的温度值。如温度上升速度超出此范围，则试验应重做。

⑤试样受热软化逐渐下坠，至与下层底板表面接触时，立即读取温度，准确到 ±0.5℃。

（2）试样软化点在80℃以上者：

①将装有试样的试样环连同试样底板置于装有32℃±1℃甘油的恒温槽中至少15min；同时将金属支架、钢球、钢球定位环等亦置于甘油中。

②在烧杯内注入预先加热至32℃的甘油，其液面略低于立杆上的深度标记。

③从恒温槽中取出装有试样的试样环，按上述方法进行测定，准确至1℃。

2. 试验结果整理

（1）同一试样平行试验两次，当两次测定值的差值符合重复性试验允许误差要求时，取其平均值作为软化点试验结果，准确至0.5℃。

（2）试样软化点小于80℃时，重复性试验的允许误差为1℃，再现性试验的允许误差为4℃。

（3）试样软化点等于或大于80℃时，重复性试验的允许误差为2℃，再现性试验的允许误差为8℃。

（五）沥青蒸发损失试验

1. 试验步骤

（1）称取洁净干燥的盛样皿的质量（m_0），准确至1mg。

（2）按规定的方法准备沥青试样。将试样缓缓倾入两个盛样皿中，质量约50g±0.5g，冷却至室温后再称取试样与盛样皿的总质量（m_1），准确至1mg。

（3）将烘箱调成水平，使转盘在水平面上旋转；再将温度计挂在转盘上方，置于转盘边缘内侧20mm，水银球底部在转盘顶面上的6mm处；然后打开烘箱的上下气孔，加热并保持温度在163℃±1℃。

（4）待温度恒定后，将两个已盛试样的盛样皿迅速置于烘箱内，注意观察温度的下降，从温度回升至163℃时开始计算，连续保持5h，但全部时间不得超过5.25h。

（5）加热终了后取出盛样皿，在不落入灰尘的条件下，在室温下冷却，最后称取质量（m_2），准确至1mg。

（6）将盛样皿置于加热炉具上徐徐加热使沥青熔化，并用玻璃棒上下搅匀，按针入度试验方法测定加热后残留物的针入度。如果试样数量未达到针入度试验要求，应增加试样皿数量，然后合并在规定的试样皿中试验。

2. 试验结果计算

（1）沥青试样蒸发损失百分率按式（66）计算：

$$L_b = \frac{m_2 - m_1}{m_1 - m_0} \times 100\%$$ （66）

式中：L_b—试样的蒸发损失（%）；

m_0—盛样皿质量（g）；

m_1—加热前盛样皿与试样的合计质量（g）；

m_2—加热后盛样皿与试样的合计质量（g）。

（2）试样蒸发后残留物的针入度占原试样针入度的百分率按式（67）计算：

$$K_p = \frac{P_2}{P_1} \times 100\%$$ （67）

式中：K_p—针入度比（%）；

P_1—原试样的针入度（0.1mm）；

P_2—蒸发损失后残留物的针入度（0.1mm）。

（3）同一试样平行试验 2 次，2 个盛样皿的蒸发损失百分率之差符合重复性试验的允许误差时，求取其平均值作为试验结果，准确至两位小数。蒸发损失小于 0.5% 时，重复性试验的允许误差为 0.10%，再现性试验的允许误差为 0.20%；蒸发损失等于或大于 0.5% 时，重复性试验的允许误差为 0.20%，再现性试验的允许误差为 0.40%。

第五节　土工合成材料试验检测

一、土工合成材料的种类及特点

土工合成材料种类繁多，可分为土工织物、土工膜、土工特种材料和土工复合材料等类型，在道路工程中有广泛的应用。

（一）土工织物

土工织物是用于岩土工程和土木工程的机织、针织或非织造的可渗透的聚合物材料，主要分为纺织和无纺两类。纺织土工织物通常具有较高的强度和刚度，但过滤、排水性较差；无纺土工织物过滤、排水性能较好且断裂延伸率较高，但强度相对较低。

（二）土工膜

土工膜是由聚合物或沥青制成的一种相对不透水的薄膜，主要由聚氯乙烯（PVC）、氯磺化聚乙烯（CSPE）、高密度聚乙烯（HDPE）和低密度聚乙烯（VLDPE）制成。其渗透性低，常用作液体或蒸汽的阻拦层。

（三）土工特种材料

1. 土工膜袋

土工膜袋是一种由双层聚合化纤织物制成的连续（或单独）袋状材料，根据材质和加工工艺不同，分为机制膜袋和简易膜袋两类，常用于道路护坡或地基处理工程。

2. 土工网

土工网是由平行肋条经以不同角度与其上相同肋条黏结为一体的土工合成材料，常用于软基加固、坡面防护、植草以及用作制造组合土工材料的基材。

3. 土工格栅

土工格栅是由有规则的网状抗拉条带形成的用于加筋的土工合成材料，其质量轻且具有一定柔性，常用作加筋材料，对土起固定作用。主要有聚酯纤维和玻璃纤维两类。

4. 土工网垫和土工格室

土工网垫多为长丝结合而成的三维透水聚合物网垫。土工格室是由土工织物、土工格栅或土工膜、条带聚合物构成的蜂窝状或网格状三维结构聚合物。两者常用于防冲蚀和保土工程。

5. 聚苯乙烯泡沫塑料（EPS）

聚苯乙烯泡沫塑料（EPS），是在聚苯乙烯中添加发泡剂至规定密度，进行预先发泡，再将发泡颗粒放在筒仓中干燥，并填充到模具内加热而成。它质轻、耐热、抗压性能好、吸水率低、自立性好，常用作路基填料。

（四）土工复合材料

土工织物、土工膜、土工格栅和某些特种土工合成材料中的两种或两种以上互相组合起来就成为土工复合材料。土工复合材料可将不同材料的性质结合起来，更好地满足工程需要。例如，复合土工膜就是将土工膜和土工织物按一定要求制成的一种土工织物组合物，同时起到防渗和加筋作用；土工复合排水材料是以无纺土工织物和土工网、土工膜或不同形状的土工合成材料芯材组成的排水材料，常用于软基排水固结处理、路基纵横排水、建筑地下排水管道、集水井、支挡建筑物的墙后排水、隧道排水、堤坝排水设施等。

二、土工合成材料试验检测

（一）单位面积质量测定

1．试验步骤

（1）从样品的长度和宽度方向上均匀裁取试样，试样距样品边幅至少10cm，应尽量避免污渍、折痕、孔洞及其他损伤部分，避免两个以上的试样处在相同的纵向或横向位置上。

（2）试样在标准大气条件下（温度20℃±2℃、相对湿度65%±5%）调湿24h。

（3）试样制备：

①土工织物：用切刀或剪刀裁取面积为10000mm²的试样10块，剪裁和测量精度为1mm。

②对于土工格栅、土工网这类孔径较大的材料，试样尺寸应能代表该种材料的全部结构。可放大试样尺寸，剪裁时应从中间对称剪取，剪裁后应测量试样的实际面积。

（4）将剪裁好的试样按编号顺序逐一在天平上称量，读数精确到0.1g。

2．计算

按式（68）计算每块试样的单位面积质量，保留一位小数。

$$G = \frac{m \times 10^6}{A} \tag{68}$$

式中：G—试样单位面积质量（g/mm²）；

m—试样质量（g）；

A—试样面积（mm²）。

以10块试样单位面积质量的平均值作为测定值，精确到0.1g/m²；同时按式（69）、式（70）分别计算标准差和变异系数。

$$\sigma = \sqrt{\sum_{i=1}^{n}\left(X_i - \overline{X}\right)^2 / (n-1)} \tag{69}$$

$$C_v = \frac{\sigma}{\overline{X}} \times 100\% \tag{70}$$

式中：σ—标准差；

C_V—变异系数；

$\overline{X}$—平均值。

（二）厚度检测

1. 土工织物厚度测定

（1）试验步骤

①从样品的长度和宽度方向上均匀裁取试样，试样距样品边幅至少 10cm，应尽量避免污渍、折痕、孔洞及其他损伤部分，避免两个以上的试样处在相同的纵向或横向位置上。

②试样在标准大气条件下（温度 20℃±2℃、相对湿度 65%±5%）调湿 24h。

③试样制备：采取有代表性的试样 10 块，试样尺寸应不小于基准板的面积。

④擦净基准板和 5N 的压块，压块放在基准板上，调整百分表零点，提起 5N 的压块，将试样自然平放在基准板与压块之间，轻轻放下压块，使试样受到的压力为 2kPa±0.01kPa，放下测量装置的百分表触头，接触后开始计时，30s 时读数，精确至 0.01mm。

⑤重复上述步骤，完成 10 块试样的测试。

（2）试验结果

计算在同一压力下所测定的 10 块试样厚度的算术平均值 δ，以毫米为单位，保留两位小数。

2. 土工膜厚度测定

（1）试验步骤

①沿样品的纵向距端部大约 1m 的位置横向截取试样，试样条宽 100mm，无折痕和其他缺陷。

②试样在标准大气条件下（温度 20℃±2℃、相对湿度 65%±5%）调湿 24h。

③基准板、试样和千分表表头应无灰尘、油污。

④测量前将千分表放置在基准板上校准表读值基准点，测量后检查基准点是否变动。

⑤测量厚度时，要轻轻放下表测头，待指针稳定后读值。

⑥当土工膜（片）宽大于 2000mm 时，每 200mm 测量一点；膜（片）宽在 300～2000mm 时，以大致相等间距测量 10 点；膜（片）宽在 100～300mm 时，每 50mm 测量一点；膜（片）宽小于 100mm 时，至少测量 3 点。对于未裁毛边的样品，应在离边缘 50mm 以外进行测量。

（2）试验结果

试验结果以试样的平均厚度和厚度的最大值、最小值表示，计算到小数点后 4 位。

第二章　桥梁工程材料试验检测

第一节　混凝土的检测

一、一般混凝土拌和物性能试验

（一）坍落度试验

试验步骤如下所述。

（1）湿润坍落度筒及其他用具，并把筒放在不吸水的刚性平板上，然后用脚踩住两边的脚踏板，使坍落度筒在装料时保持位置固定。

（2）把按要求取得的混凝土试件，用小铲分三层均匀地装入筒内，使捣实后每层高度为筒高的1/3左右。每层用捣棒插捣25次。插捣应沿螺旋方向由外向中心进行，各次插捣应在截面上均匀分布。插捣筒边混凝土时，捣棒可以稍稍倾斜。插捣底层时，捣棒应贯穿整个筒深，插捣第二层和顶层时，捣棒应插透本层至下一层的表面。

装捣顶层时，混凝土应装到高出筒口，插捣过程中，如混凝土沉落到低于筒口，则应随时添加。顶层插捣完后，刮去多余的混凝土，并用抹刀抹平。

（3）清除筒边底板上的混凝土后，垂直平稳地提起坍落度筒。坍落度筒的提离过程应在5 ～ 10s内完成。

从开始装料到提坍落度筒的整个过程，应不间断地进行，并应在150s内完成。

（4）提起坍落度筒后，量测筒高与坍落后混凝土试样最高点之间的高度差，即为该混凝土拌和物的坍落度值。

坍落度筒提起后，如混凝土发生崩坍或一边剪坏现象，则应重新取样另行测定。如第二次试验仍出现上述现象，则表示混凝土和易性不好，应予记录备查。

（5）观察坍落后的混凝土试件的黏聚性和保水性。黏聚性的检查方法是用捣棒在已坍落的混凝土锥体侧面轻轻敲打。此时如果锥体逐渐下沉，则表示黏聚性良好，如果锥体倒塌、部位崩裂或出现离析现象，则表示黏聚性不好。

保水性以混凝土拌和物中稀浆析出的程度来评定，坍落度筒提起后如有较多的稀浆从底部析出，锥体部分的混凝土也因失浆而集料外露，则表明此混凝土拌和物的保水性能不好，如坍落度筒提起后无稀浆或仅有少量稀浆自底部析出，则表示此混凝土拌和物保水性能良好。

混凝土拌和物坍落度以 mm 为单位，结果表达精确至 5mm。

（二）维勃稠度试验

试验步骤如下所述：

（1）维勃仪应安放在坚实水平的地面上，用湿布将容器、坍落度筒、喂料斗内壁及其他用具湿润。

（2）将喂料斗提到坍落度筒上方扣紧，校正容器位置，使其中心与喂料斗中心重合，然后拧紧固定螺丝。

（3）将按要求取得的混凝土拌和物试件用小铲分三层，经喂料斗均匀地装入筒内，装料及插捣的方法同坍落度试验方法。

（4）喂料斗转离，垂直地提起与落度筒，此时应注意不使混凝土试样产生横向的扭动。

（5）将透明圆盘转到混凝土圆台体顶面，放松测杆螺丝，降下圆盘，使其轻轻接触到混凝土顶面。拧紧定位螺丝并检查测杆螺丝是否已经完全放松。

（6）在开启振动台的同时用秒表计时，当振动到透明圆盘的底面被水泥浆布满的瞬间停表计时，并关闭振动台。

（7）由秒表读出的时间（s）即为该混凝土拌和物的维勃稠度值。

（三）拌和物表观密度试验

1. 试验步骤

（1）用湿布把容量筒内外擦干净，称出筒质量，精确至 50g。

（2）混凝土的装料及捣实，坍落度不大于 70mm 的混凝土，用振动台振实为宜；大于 70mm 的用捣棒捣实为宜。

采用捣棒捣实时，应根据容量筒的大小决定分层与插捣次数。用 5L 容量筒时，混凝土拌和物应分两层装入，每层的插捣次数应为 25 次。用大于 5L 的容量筒时，每层混凝土的高度不应大于 100mm，每层插捣次数应按每 100cm^2 截面不小于 12 次计算。各次插捣应均匀地分布在每层截面上，插捣底层时捣棒应贯穿整个筒身；插捣第二层时，捣棒应插透本层至下一层的表面。每一层捣完后可把捣棒垫在筒底，将筒左右交替地颠击地面各 15 次。

采用振动台振实时，应一次将混凝土拌和物装到高出容量筒口。装料时可用捣棒稍加插捣，振动过程中如混凝土沉落到低于筒口，则应随时添加，直至表面出浆即停止振动。

（3）用刮尺齐筒口将多余的混凝土拌和物刮去，表面如有凹陷应予填平。将容量筒外壁擦净，称出混凝土与容量筒总质量，精确至 50g。

2．检测结果计算

混凝土拌和物表观密度 γ_h 应按下式计算：

$$p_h = \frac{m_2 - m_1}{V} \times 1000 \qquad (1)$$

式中：p_h—混凝土拌和物表观密度，kg/m^3（精确至 10kg/m^3）；

m_1—容量筒质量，kg；

m_2—容量筒及试样总质量，kg；

V—容量桶容积，L。

（四）拌和物含气量试验（气压法）

1．试验步骤

（1）进行混凝土拌和物含气量测定时，先用湿布把容器和盖的内表面擦净、然后装入混凝土试件进行捣实。

（2）捣实分机械和手工两种形式。坍落度不大于 70mm 的混凝土宜用振动台振实，大于 70mm 时用捣棒捣实。

用捣棒捣实时，将混凝土拌和物分三层装入，每层捣实后的高度约为容器高度的 1/3，每层插捣 25 次。各次插捣应均匀地分布在截面上，插到底层时捣棒应贯穿整个筒身；插捣第二层和顶层时捣棒应插透本层至下一层的表面。每层捣完后可把捣棒垫在容器底部，将容器左右交替地颠击地面各 15 次。

用振动台振实时，一次装混凝土装至高出容器，装料时可用捣棒稍加插捣。振实过程中如混凝土沉落到低于容器口，则应随时添加混凝土，振动至混凝土表面平整、呈现釉光时，即停止振动。

（3）捣实完毕后应立即用刮尺刮平，表面如有凹陷应予填平，然后用抹刀抹平，使表面光滑。如需同时测定混凝土拌和物的表观密度，可在此时称量计算得出。

然后在正对操作阀孔的混凝土表面贴一小片塑料薄膜，擦净法兰盘、放好密封圈，加盖拧紧螺栓。

（4）关闭操作阀，打开进气阀，用气筒打气，使气室内压力略大于 0.1MPa，轻叩表盘使指针稳定，打开排气阀，并用操作阀调整压力，使压力表指针刚好指在 0.1MPa，然后关紧所有阀门。打开操作阀，使气室内的压缩空气进入容器，待压力表指针稳定后，测读表值。

（5）打开排气阀，解除压力，然后重复上述步骤，对已装入容器的试样再一次测读表值。以两次测值平均值，按含气量与压力表读数关系曲线查出相应的含气量值。若两次测值相差大于 0.2%（绝对值）则应进行第三次测定。如第三次测定结果与前两次测定中最接近的值相差仍大于 0.2% 时，则此试验无效。

2. 检测结果计算

混凝土拌和物含气量应按下式计算：

$$A = \overline{A}_0 - A_g \qquad (2)$$

式中：A—混凝土拌和物含气量，%；

$\overline{A}_0$—两次含气量测定的平均值，%；

A_g—集料含气量，%。

二、一般混凝土力学性能试验

（一）立方体抗压强度试验

1. 试验步骤

（1）先将试件擦拭干净，测量尺寸，并检查其外观试件尺寸测量精确至 1mm，并据此计算试件的承压面积如实测尺寸与公称尺寸之差不超过 1mm，可按公称尺寸进行计算试件承压面的不平度应为每 100mm 不超过 0.05mm，承压面与相邻面的不垂直度不应超过 ±1°。

（2）将试件安放在试验机的下压板上，试件的承压面应与成型时的顶面垂直试件的中心应与试验机下压板中心对准开动试验机，当上压板与试件接近时，调整球座，使接触均衡混凝土试件的试验应连续而均匀地加载，加载速度应为：混凝土强度等级低于 C30 时，取 0.3 ~ 0.5MPa/s；混凝土强度等级大于 C30 小于 C60 时，取 0.5 ~ 0.8MPa/S；混凝土强度等级大于 C60 取 0.8 ~ 1.0MPa/s；当试件接近破坏而开始迅速变形时，停止调整试验机油门，直至试件破坏，然后记录破坏荷载。

2. 检测结果计算

混凝土立方体试件抗压强度应按下式计算：

$$f_{CC} = \frac{P}{A} \qquad (3)$$

式中：f_{CC}—混凝土立方体抗压强度，MPa（精确至 0.1MPa）；

P—破坏荷载，N；

A—试件承压面积，mm²。

以三个试件测值的算术平均值作为该组试件的抗压强度值。三个测值中的最大值或最小值中如有一个与中间值的差值超过中间的 15% 时，则将最大及最小值一并舍去，取中间值作为该组试件的抗压强度值；如有两个测值与中间值的差均超过中间值的 15%，则该组试件的试验结果无效。

取 150mm×150mm×150mm 试件的抗压强度为标准值，用其他尺寸试件测得的强度值均应乘以尺寸换算系数，其值为对 200mm×200mm×200mm 试件取 1.05；对 100mm×100mm×100mm 试件取 0.95。

（二）轴心抗压强度试验

1. 试验步骤

（1）先将试件擦拭干净，测量尺寸，并检查其外观。

试件尺寸测量精确至 1mm，并据此计算试件的承压面积。如实测尺寸与公称尺寸之差不超过 1mm，则按公称尺寸计算。试件承压面的不平度应为每 100mm 不超过 0.05mm，承压面与相邻面的不垂直度不应超过 ±1°。

（2）将试件直立放置在试验机的下压板上，试件的轴心应与压力机下压板中心对准。开动试验机，当上压板与试件接近时，调整球座，使接触均衡。

混凝土试件的试验应连续而均匀地加载，其加载速度应为：混凝土强度等级低于 C30 时，取 0.3 ~ 0.5MPa/s；混凝土强度等级大于 C30 小于 C60 时，取 0.5 ~ 0.8MPa/s；混凝土强度等级大于 C60 时，取 0.8 ~ 1.0MPa/s。当试件接近破坏而开始迅速变形时，停止调整试验机油门，直至试件破坏。然后记录破坏荷载。

2. 检测结果计算

混凝土轴心抗压强度应按下式计算：

$$f_{CP} = \frac{P}{A} \tag{4}$$

式中：f_{CP}—混凝土轴心抗压强度，MPa（精确至 0.1MPa）；

P—破坏荷载，N；

A—试件承压面积，mm²。

以三个试件测值的算术平均值作为该组试件的抗压强度值。三个测值中的最大值或最小值中如有一个与中间值的差值超过中间的 15% 时，则将最大及最小值一并舍去，取中间值作为该组试件的抗压强度值，如有两个测值与中间值的差均超过中间值的 15%，则该组试件的试验结果无效。用其他尺寸试件测得的强度值均应乘以尺寸换算系数，对 200mm×200mm 截面试件取 1.05；对 100mm×100mm 截面试件取 0.95。

（三）劈裂抗拉强度试验

1. 试验步骤

（1）先将试件擦拭干净，测量尺寸，并检查其外观，在试件中部画线定出劈裂面的位置，劈裂面应与试件成型时的顶面垂直。

试件尺寸测量精确至1mm，并据此计算试件的承压面积。如实测尺寸与公称尺寸之差不超过1mm，则按公称尺寸计算。

试件承压面积的不平度应为每100mm不超过0.05mm，承压面与相邻面的不垂直度不应超过±1°。

（2）将试件放在试验机下压板与试件之间垫以圆弧形垫条及垫层各一条，垫条应与成型时的顶面垂直。为了保证上、下垫条对准及提高试验效率，可以把垫条安装在定位架上使用。

开动压力试验机，当上压板与试件接近时，调整球座，使接触均衡。

试件的试验应连续而均匀地加载，其加载速度应为：混凝土强度等级低于C30时，取0.02～0.05MPa/s；混凝土强度等级大于C30小于C60时，取0.05～0.08MPa/s；混凝土强度等级大于C60时，取0.08～0.10MPa/s。当试件接近破坏时，停止调整试验机油门，直至试件破坏，然后记录破坏荷载。

2. 检测结果计算

混凝土劈裂抗拉强度应按下式计算：

$$f_{ts} = \frac{2P}{\pi A} = 0.637 \frac{P}{A} \tag{5}$$

式中：f_{ts}—混凝土劈裂抗拉强度，MPa（精确至0.01MPa）；

P—破坏荷载，N；

A—试件劈裂面面积，mm^2。

以三个试件测值的算术平均值作为该组试件的劈裂抗拉强度值。三个测值中的最大值或最小值中如有一个与中间值的差值超过中间值的15%，则将最大值及最小值一并舍除，取中间值作为该组试件的劈裂抗拉强度值。如有两个测值与中间值的差均超过中间值的15%，则该组试件的试验结果无效。

采用100mm×100mm×100mm试件取得的劈裂抗拉强度值，应乘以尺寸换算系数0.85。

采用本方法测得的劈裂抗拉强度值如需换算成轴心抗拉强度，则应乘以换算系数0.9。

（四）抗弯拉强度试验

1．试验步骤

（1）先将试件擦拭干净，量测尺寸并检查其外观。

试件尺寸测量精确至 1mm，并据此进行强度计算。

试件不得有明显缺损。在跨中 1/3 梁的受拉区内，表面不得有直径超过 7mm 并深度超过 2mm 的孔洞。试件承压区及支承区接触线的不平度应为每 100mm 不超过 0.05mm。

（2）按要求调整支承架及压头的位置，其所有间距的尺寸偏差不应大于 ±1mm。试件在试验机的支座上放稳对中，承压面应选择试件成型时的侧面。开动试验机，当加压头与试件快接近时，调整加压头及支座，使接触均衡，如加压头及支座均不能前后倾斜，且各接触不良之处应予以垫平。

试件的试验应连续而均匀地加载，其加载速度应为：混凝土强度等级低于 C30 时，取 0.02 ~ 0.05MPa/s；混凝土强度等级大于 C30 小于 C60 时，取 0.05 ~ 0.08MPa/s；混凝土强度等级大于 C60 时，取 0.08 ~ 0.10MPa/s。当试件接近破坏时，停止调整试验机油门，直至试件破坏，然后记录破坏荷载。

2．检测结果计算

试件破坏时如折断面位于两个集中荷载之间，则抗折强度应按下式计算：

$$f_{\text{f}} = \frac{pl}{bh^2} \tag{6}$$

式中：f_{f}—混凝土抗折强度，MPa（精确至 0.01MPa）；

p—破坏荷载，N；

l—支座间距及跨度，mm；

b—试件截面宽度，mm；

h—试件截面高度，mm。

以 3 个试件测值的算术平均值作为该组试件的抗折强度值。3 个测值中的最大值或最小值中如有一个与中间值的差值超过中间值的 15%，则把最大值及最小值一并舍去，取中间值作为该组试件的抗折强度值。如有两个测值与中间值的差均超过中间值的 15%，则该组试件的试验结果无效。三个试件中如有一个其折断面位于两个集中荷载之外（以受拉区为准），则该试件的试验结果应予舍弃，混凝土抗折强度按另两个试件的试验结果计算。如有两个试件的折断面位于两集中荷载之外，则该组试验无效。

采用 100mm×100mm×400mm 非标准试件时，取得的抗折强度值应乘以尺寸换算系数 0.85。

（五）静力受压弹性模量试验

1. 试验步骤

（1）先将试件擦拭干净，测量尺寸，并检查其外观。

试件尺寸测量精确至1mm，并据此计算试件的承压面积。如实测尺寸与公称尺寸之差不超过1mm，按公称尺寸计算。

试件承压面积的不平度应为每100mm不超过0.05mm，承压面与相邻面的不垂直度不应超过±1°。

（2）取三个试件，按轴心抗压强度的要求测定混凝土的轴心抗压强度。

（3）将测量变形的仪表安装在供测定弹性模量的试件上，仪表应安装在试件成型时两侧面的中线上，并对称于试件的两端。

标准试件的测量标距采用150mm，非标准试件的测量标准距不应大于试件高度的1/2，也不应小于100mm及集料最大粒径的3倍。

在试件上安装好仪表后，应仔细调整试件在试验机上的位置，使其轴心与下压板的中心对准。开动压力试验机，当上压板与试件接近时，调整球座，使接触均衡。

试件应连续均匀地加载到轴心抗压强度值的40%，即达到弹性模量试验的控制荷载值。

加载速度为：混凝土强度等级低于C30时，取0.3～0.5MPa/s混凝土强度等级高于或等于C30时，取0.5～0.8MPa/s；然后以同样的速度卸载至零；如此反复预压三次，如图2-1所示。

在预压过程中，观察试验机及仪表运转是否正常，如有必要应予以调整。

采用100mm×100mm截面非标准试件时，其两侧读得的变形值之差不得大于变形平均值的20%。否则应调整试件位置。

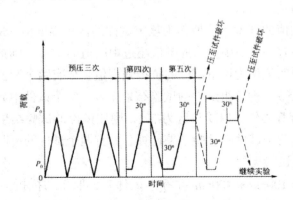

图2-1　弹性模量试验加载制度示意图

（4）预压三次后，用上述同样速度进行第四次加载。先加载到应力为 0.5MPa 的初始荷载值，保持 30s 后分别读取试件两侧仪表的初始读数，然后加载到控制荷载，保持 30s 后读取试件两侧仪表的读数。两侧读数增值的平均值即为该次试验的变形值。

按上述速度卸载到初始荷载，30s 后再读取试件两侧仪表上的初始读数，并按上述方法继续进行第五次加载、持荷、读数，并计算出该次试验的变形值。前后两次试验的变形值相差应不大于 0.00002 的测量标距。否则，应重复上述过程，直到两次相邻加载的变形值相差符合上述要求为止。然后卸除仪表，以同样速度加载至破坏，取得试件的棱柱体抗压强度。

2. 检测结果计算

混凝土的弹性模量值应按下式计算：

$$E_C = \frac{P_a - P_0}{A} \times \frac{L}{\Delta_n} \tag{7}$$

式中：E_C—混凝土弹性模量，MPa（精确至 100MPa）；

P_a—应力为 40% 轴心抗压强度时的荷载，N；

P_0—初始荷载，N；

A—试件承压面积，mm^2；

Δn—最后一次从 P_0 到荷载 P_a 时试件两侧变形差的平均值，mm；

L—测量标距，mm。

弹性模量按三个试件测值的算术平均值计算。如果其中一个试件在测定弹性模量后，发现其抗压强度值与用以决定试验控制荷载的轴心抗压强度值相差超过后者的 20% 时，则弹性模量值按另两个试件测值的算术平均值计算，如有两个试件超过上述规定，则试验结果无效。

三、一般混凝土耐久性能试验

（一）抗冻性能试验（快冻法）

1. 试验步骤

（1）按混凝土试件的制作与养护方法进行试件的制作和养护。试验龄期如无特殊要求一般为 28d。在规定龄期的前 4d，将试件放在（20±3）℃的水中浸泡，水面至少高出试件 20mm（对水中养护的试件，到达规定龄期时，即可直接用于试验）。浸泡 4d 后进行冻融试验。

（2）浸泡完毕，取出试件，用湿布擦去表面水分。按混凝土动弹性模量试验方法测横向基频，并称其质量，作为评定抗冻性的起始值，并作必要的外观描述。

（3）将试件放入橡胶试件盒中，加入清水，使其没过试件顶面约 5mm（如采用金属试件盒，则应在试件的侧面与底部垫放适当宽度与厚度的橡胶板）。将装有试件的试件盒放入冻融试验箱的试件架中。

（4）按规定进行冻融循环试验，应符合下列要求：

①每次冻融循环应在 2 ~ 4h 完成，其中用于融化的时间不得小于整个冻融时间的 1/4；

②在冻结和融化终了时，试件中心温度应分别控制在（−17±2）℃和（5±2）℃。中心温度应以测温标准试件实测温度为准，温度的允许偏差为 ±0.5℃；

③在试验箱内，各个位置上的每个试件从 3℃降至 −16℃所用的时间，不得少于整个受冻时间的 1/2，每个试件从 −16℃升至 3℃所用的时间也不得少于整个融化时间的 1/2，试件内外温差不宜超过 28℃；

④冻和融之间的转换时间不应超过 10min。

（5）通常每隔 25 次冻融循环对试件进行依次横向基频的测试并称重，也可根据试件抗冻性高低来确定测试的间隔次数。测试时，小心地将试件从试件盒中取出，冲洗干净；擦去表面水，进行称重及横向基频的测定，并作必要的外观描述。测试完毕后，将试件调头重新装入试件盒中，注入清水，继续试验。试件在测试过程中，应防止失水，待测试件须用湿布覆盖。

（6）如试验因故中断，应将试件在受冻状态下保存在原试验箱内。如无这一可能，试件处在溶解状态下的时间不宜超过两个循环。在特殊情况下，整个试验过程中超过两个循环周期的次数只允许 1 ~ 2 次。

（7）冻融试验到达以下三种情况的任何一种时，即可停止试验：

①冻融至 300 次循环；

②试件的相对动弹性模量下降 60% 以下；

③试件的质量损失率达 5%。

2．检测结果计算

（1）相对动弹性模量 P 按下式计算：

$$P = \frac{f_n^2}{f_0^2} \times 100\% \tag{8}$$

式中：P—经 n 次冻融循环后试件的相对动弹性模量，%；

f_n—冻融 n 次循环后试件的横向基频，Hz/s；

F_0—试验前的试件横向基频，Hz/s。

将以上 3 个试件的平均值为试验结果。

（2）质量损失率 Wn 按下式计算：

$$W_n = \frac{m_0 - m_n}{m_0} \times 100\%$$ （9）

式中：W_n—n 次冻融循环后的试件质量损失率，%；

m—试件冻融实验前的试件质量，kg；

m_n—n 次冻融循环后的试件质量，kg。

以 3 个试件的平均值作为试验结果。

（3）相对耐久性指数 K_n 按下式计算：

$$K_n = P \times n / 100\%$$ （10）

式中：K_n—经 n 次冻融循环后的试件相对耐久性指数，%；

n—达到规定冻融循环次数；

P—经 h 次冻融循环后三个试件的相对动弹性模量平均值，%。

当 P 小于或等于 60% 或质量损失达 5% 时的冻融循环次数 n，即为试件的抗冻等级。

（二）抗渗性能试验

试验步骤如下所述。

（1）试件养护至试验前一天取出，将表面晾干，然后在其侧面涂一层熔化的密封材料，随即在螺旋或其他加压装置上，将试件压力经烘箱预热过的试件套模中，稍冷却后，即可解除压力，连同试件套模在抗渗仪上进行试验。

（2）试验从水压为 0.1MPa 开始，以后每隔 8h 增加水压 0.1MPa，并随时注意观察试件断面的渗水情况。

（3）当 6 个试件中有 3 个试件断面渗水时，即可停止试验，记下当时的水压。

（4）在试验过程中，如发现水从试件周边渗出，则应停止试验，重新密封。

（5）混凝土的抗渗等级以每组 6 个试件中 4 个试件未出现渗水时的最大水压力计算，其计算式为：

$$S = 10H - 1$$ （11）

式中：S—抗渗等级；

H—6 个试件中 3 个渗水时的水压力，MPa。

（三）碳化试验

1. 试验步骤

（1）将经过处理的试件放入碳化箱内的铁架上，各试件经受碳化的表面之间的间距至少应不少于 50mm。

（2）将碳化箱盖严密封。密封可采用机械办法或油封，但不得采用水封以免影响箱内的湿度调节。开动箱内气体对流装置，徐徐充入二氧化碳，并测定箱内的二氧化碳浓度，逐步调节二氧化碳的流量，使箱内二氧化碳浓度保持在（20±3）%。在整个试验期间可用去湿装置或放入硅胶，使箱内的相对湿度控制在（70±5）% 的范围内。碳化试验应在（20±5）℃的温度下进行。

（3）每隔一定时期对箱内的二氧化碳浓度、温度及湿度做一次测定。一般在第一、二天相隔 2h 测定一次，以后每隔 4h 测定一次，并根据所测得的二氧化碳浓度随时调节其流量。去湿用的硅胶应经常更换。

（4）碳化到了 3d、7d、14d 及 28d 时，各取出试件，破形以测定其碳化深度。棱柱体试件在压力试验机上用劈裂法从一端开始破形，每次切除的厚度约为试件宽度的一半，用石蜡将破形后试件的切断面封好，再放入箱内继续碳化，直到下一个试验期。如采用立方体试件，则在试件中间劈开。立方体试件只做一次检验，劈开后不再放回碳化箱重复使用。

（5）切除所得的试件部分，刮去断面上残存的粉末，随即喷上（或滴上）浓度为 1% 的酚酞酒精溶液（合 20% 的蒸馏水）。经过 30s 后，按原先标画的每 10mm 一个测量点用铁板尺分别测出两侧面各点的碳化深度。如果测点处的碳化分界线上刚好嵌有粗集料颗粒，则可取该颗粒两侧处碳化深度的平均值作为该点的深度值。碳化深度测量精确至 1mm。

2. 检测结果计算

混凝土在各试验龄期时的平均碳化深度应按式（12）计算精确至 0.1mm：

$$\overline{d}_t = \frac{\sum_{i=1}^{n} d_i}{n} \tag{12}$$

式中：$\overline{d}_t$—试件碳化 t 天后的平均碳化深度，mm；

d_i—两个侧面上的各测点的碳化深度，mm；

n—两个侧面上的测点总数。

以在标准条件下 3 个试件碳化 28d 的碳化深度平均值，作为供相互对比用的混凝土碳化值，以此值来对比各种混凝土的抗碳化能力及对钢筋的保护作用。

以各龄期计算所得的碳化深度，绘制碳化时间与碳化深度的关系曲线，以表示在该条件下的混凝土碳化发展规律。

四、一般混凝土的收缩和徐变试验

（一）混凝土的收缩试验

1. 试验步骤

（1）测定代表某一混凝土收缩性能的特征值时，试件应在 3d 龄期（从搅拌混凝土加水时算起）从标准养护室取出并立即移入恒温恒湿室测定其初始长度，此后至少应按以下规定的时间间隔测量其变形读数：1、3、7、14、28、45、60、90、120、150、180（d）（从移入恒温恒湿室内算起）。

测定混凝土在某一具体条件下的相对收缩值时（包括在徐变试验时的混凝土收缩变形测定），应按要求的条件安排试验，对非标准养护试件如需移入恒温恒湿室进行试验，应先在该室内预置 4h，再测其初始值，以使它们具有同样的温度基准。测量时应记下试件的初始干湿状态。

（2）测量前应先用标准杆校正仪表的零点，并应在半天的测定过程中至少再核 1 或 2 次。如复核时发现零点与原值的偏差超过 ±0.1mm，调零后应重新测定。

（3）试件每次在收缩仪上放置的位置、方向，均应保持一致。为此，试件在放置及取出时应轻稳仔细，勿使其碰撞表架及表杆；如发生碰撞，则应取下试件，重新用标准杆复核零点。用接触式引伸仪测定时，也应注意使每次测量时，试件与仪表保持同样的方向性。每次读数应重复 3 次。

（4）试件在恒温恒湿室内应放置在不吸水的搁架上，底面架空，其总支承面积不应大于 100 倍的试件截面边长（mm），相邻试件之间应至少留有 30mm 的间隙。

（5）需要测定混凝土自缩值试件，在 3d 龄期时从标准养护室取出后应立即进行密封处理。可采用金属套或蜡封进行密封，采用金属套时，试件装入后应盖严焊死，不得留有任何能使内外湿度交换的缝隙，外露侧头的周围也应用石蜡反复封堵严实；采用蜡封时至少应涂蜡 3 次，每次涂蜡前应用浸蜡的纱布或蜡纸包缠严实，蜡封完毕后应套以塑料袋加以保护。

自缩试验期间，试件应无质量变化，如在 180d 试验间隙内质量变化超过 10g，该试件的试验结果无效。

2. 检测结果计算

$$\varepsilon_{st} = \frac{L_0 - L_t}{L_b} \times 100\% \tag{13}$$

式中：ε_{st}—试验期为 t 天的混凝土收缩值，t 从测定初始长度时算起；

L_b—试件的测量标距，用混凝土收缩仪测定时等于两测头内侧的距离，即等于混凝土试件的长度（不计测头凸出部分）减去 2 倍测头埋入深度，mm；

L_0—试件长度的初始读数，mm；

L_t—试件在测试期为 t 时测得的长度读数，mm。

作为互相比较的混凝土收缩值，为不密封试件于 3d 龄期自标准养护室移入恒温恒湿室中放置 180d 所测得的收缩值。

取三个试件值的算术平均值作为该混凝土的收缩值，计算精确到 10×10^{-6}。

（二）混凝土的徐变试验

1. 试验步骤

（1）试验前应充分做好准备工作，需要粘贴测头或测点的，应在试验前粘好，仪表安装好后应仔细检查，不得有任何松动或异常现象。加载用的千斤顶、测力计等也应予以检查。

（2）把同条件养护的棱柱体抗压强度试件取出、试压，取得混凝土的棱柱体抗压强度。

（3）把徐变试件放在徐变仪的下压板上，此时试件加载千斤顶、测力计及徐变仪的轴线应重合，再检查变形测量仪表的调零情况，记下初始读数。

（4）试件放好后，开始加载。如无特殊要求，试验时取徐变应力为所测得的棱柱体抗压强度的 40%。如果采用外装仪表或接触式引伸仪，用千斤顶先加压至徐变应力的 20% 进行对中。此时，两侧变形相差应小于其平均值的 10%，如超出此值，应松开千斤顶，重新调整后，再加载到徐变应力的 20%，检查对中的情况。对中完毕后，应立即继续加载直到徐变应力，读出两边的变形值。

此时，两边变形的平均值即为在徐变荷载下的初始变形值。从对中完毕到测初始变形值之间的加载及测量时间不得超过 1min。拧紧承力螺杆上端的螺帽，放松千斤顶，观察两边变形值的变化情况，此时，试件两侧的读数相差应不超过平均值的 10%，否则应予以调整。调整应在试件持荷情况下进行，调整过程中所产生的变形增值应计入徐变变形之中。再加载到徐变应力，检查两侧变形读数，其总和与加载前读数相比，误差不应超过 2%，否则应予以补足。

（5）按下列试验周期（由试件加载时起算）测定混凝土试件的变形值：1、3、7、14、28、45、60、90、120、150、180、360（d）。

在测读变形读数的同时应测定同条件放置收缩试件的收缩值。

（6）试件受压后应定期检查荷载的保持情况，一般在 7、28、60、90（d）各校核一次，如荷载变化大于 2%，应予以补足。

2. 检测结果计算

（1）混凝土徐变值应按下式计算：

$$\varepsilon_{ct} = \frac{\Delta L_t - \Delta L_0}{L_b} - \varepsilon_t \tag{14}$$

式中：ε_{ct}——加载 t 天后的混凝土徐变值；

ΔL_t——加载 t 天后混凝土总的变形值，mm；

ΔL_0——加载时测得的混凝土初始变形值，mm；

L_b——测量标距，mm；

ε_t——同龄期混凝土的收缩值。

作对比用的混凝土徐变值，为经过标准养护的混凝土试件，在 28d 龄期时经受 0.4 倍棱柱体抗压强度的恒定荷载 360d 的徐变值。

（2）混凝土的徐变度应按下式计算

$$C_t = \frac{\varepsilon_{ct}}{\sigma} \tag{15}$$

式中：C_t——加载 t 天时的混凝土徐变度，1/MPa；

σ——徐变应力，MPa。

（3）混凝土的徐变系数应按下式计算：

$$\psi_t = \frac{\varepsilon_{ct}}{\varepsilon_0} \tag{16}$$

式中：ψ_t——加载 t 天时的混凝土徐变系数；

ε_0——混凝土在加载时测得的初始应变值，即 $\varepsilon_0 = \dfrac{\Delta L_0}{L_b}$。

五、泵送混凝土试验

（一）压力泌水试验

1. 试验方法

将混凝土拌和物装入试料筒内，用捣棒由外围向中心均匀插捣 25 次，将压力泌水仪按规定安装完毕。称取混凝土质量 G_0，尽快给混凝土加压至 3.5MPa，立即打开泌水管阀门，同时开始计时，并保持恒压，泌出的水接入 1000mL 量筒内，加压 10s 后读取泌水量 V_{10}，加压 140s 后读取泌水量 V_{140}。

2. 相对泌水率计算

$$S_{10} = \frac{V_{10}}{V_{140}} \tag{17}$$

式中：S_{10}——混凝土加压至 10s 时的相对泌水率；

V_{10}——混凝土加压至 10s 时的泌水量，mL；

V_{140}—混凝土加压至 140s 时的泌水量，mL。

取 3 次试验结果的平均值作为混凝土加压至 10s 时的相对压力泌水率，精确到 1%。

（二）坍落度保留值试验

出盘的混凝土拌和物按一般混凝土坍落度试验的试验方法得到坍落度值 H_0 后，立即将全部物料装入铁桶或塑料桶内，用盖子或塑料布密封。存放 30min 后将桶内物料倒在拌料板上，用铁锹翻拌两次，进行坍落度试验得到 30min 坍落度保留值 H_{30}；再将全部物料装入桶内，密封再存放 30min。用上述方法再测定一次，得出 60min 坍落度保留值 H_{60}。

泵送混凝土拌和物的其他性能试验方法、泵送混凝土力学性能，以及耐久性能试验方法参照与一般混凝土相应的试验方法。

第二节　混凝土外加剂的检测

一、掺外加剂混凝土试验

（一）减水率测定

1. 试验步骤

（1）测定基准混凝土的坍落度，记录达到该对落度时的单位用水量（w_0）；

（2）在水泥用量相同，水泥、砂、石比例保持不变的条件下，测定掺减水剂的混凝土达到与基准混凝土相同斜落度时的单位用水量（w_1）。

2. 检测结果计算

减水率按下式计算：

$$w_R = \frac{w_0 - w_1}{w_1} \times 100\% \tag{18}$$

式中：w_R—减水率，%；

w_0—基准混凝土单位用水量，kg/m^3；

w_1—掺外加剂混凝土单位用水量，kg/m^3。

减水率 w_R 以三批试验的算术平均值计，精确到小数点后一位数。若三批试验的最大值或最小值与平均值之差超过平均值 ±15% 时，取三个值中的中间值为该外加剂的减水率。若三批试验的最大值和最小值与平均值之差均超过平均值的 ±15% 时，则应重做试验。

（二）含气量试验

1. 试验步骤

（1）测试时，每批混凝土拌和物取一个试样；

（2）采用混合式含气量测定仪，混凝土拌和物一次装满并稍高于容器；

（3）在振动台上振动 15 ~ 20s，或用高频插入式振捣器（ϕ25mm，14000次/min）在模型中心垂直插捣 l0s。

2. 检测结果计算

以三个试样的平均值作为测试值。若三个试样中的最大或最小值与平均值之差超过 ±0.5% 时，取三个值中的中间值为测试值。若三个试样的最大值和最小值均超过平均值的 ±0.5% 时，则应重做试验。

（三）泌水率比试验

1. 试验步骤

（1）先称容器质量，然后用湿布润湿容器，将混凝土拌和物一次装入，在振动台上振 20s，抹平（试样表面应比筒口低 2cm），再称筒加试样质量，加盖防止水分蒸发；

（2）吸泌水，自抹面开始计算时间，在前 60min 每隔 10min 吸出泌水一次，以后每隔 20min 吸水一次，直至连续三次无泌出水为止．每次吸水前 5min 应将筒底一侧垫高约 2cm，使筒倾斜以便吸水。每次吸出的水注入带塞的量筒内，最后计算出总的泌水量。

2. 检测结果计算

泌水率按下式计算：

$$B = \frac{V_w}{w / G \times G_w} \times 100\% \tag{19}$$

式中：B—泌水率；

V_w—总泌水量，g；

w—拌和物的用水量，g；

G—拌和物的总质量，g；

G_w—试样质量，g，$G_w = G_1 - G_0$；

G_1—量筒及试样质量，g；

G_0—量筒质量，g。

试验时，每批混凝土拌和物取一个试样，泌水率取三个试样的算术平均值作为测定值。若其中一个值与平均值之差大于平均值的 ±15% 时，取三个值中的中间值为测试值。若最大值和最小值均超过平均值的 ±15% 时，则应重做试验。

泌水率比为掺外加剂混凝土拌和物的泌水率与基准混凝土拌和物的泌水率之比，按下式计算（精确到小数点后一位数）：

$$B_R = \frac{B_t}{B_c} \times 100\%$$ （20）

式中：B_R—泌水率比，%；

B_t—掺外加剂混凝土泌水率，%；

B_c—基准混凝土泌水率，%。

（四）凝结时间差测定

1. 试验步骤

（1）在初次测试贯入阻力前，清除试样表面的泌水，然后：测定贯入阻力值，先用断面为 $1cm^2$ 的贯入度试针，将试针的支承面与砂浆表面接触，在 10s 内缓慢均匀地垂直压入砂浆内部 25mm 深度，记录所需的压力时间（从水泥与水接触开始计算），贯入阻力值达 $3.5N/mm^2$ 以后，换用断面为 $0.2cm^2$ 的贯入度试针，每次测点应避开前一次的测试孔，其净距为试针直径的 2 倍且不小于 15mm，试针距容器边缘不小于 25mm。

（2）在（20 ± 2）℃条件下，普通混凝土贯入阻力初次测试一般在成型后 3 ~ 4h 开始，以后每隔 1h 测定一次。掺早强型减水剂的混凝土一般在成型后 1 ~ 2h 开始，以后每隔半小时测定一次。掺缓凝型减水剂的混凝土，初测可推迟到成型后 4 ~ 6h 或更多，以后每隔 1h 进行一次，直至贯入阻力略大于 $28N/mm^2$。

2. 检测结果计算

贯入阻力按下式计算：

$$R = \frac{P}{A}$$ （21）

式中：R—贯入阻力值，MPa；

P—贯入深度达 2.5cm 时所需的净压力（贯入阻力），N；

A—贯入仪试针的截面积，mm^2。

根据计算结果，以贯入阻力值为纵坐标，测试时间为横坐标，绘制贯入阻力值与时间关系曲线。求出贯入阻力值达到 3.5MPa 时对应的时间，即为初凝时间；贯入阻力达到 28MPa 时对应的时间为终凝时间。

凝结时间差为掺外加剂混凝土拌和物的凝结时间与基准土拌和物的凝结时间之差，按下式计算：

$$\Delta T = T_t - T_c$$ （22）

式中：ΔT—凝结时间差，min；

T_t—掺外加剂混凝土拌和物的初凝或终凝时间，min；

T_c—基准混凝土拌和物的初凝或终凝时间，min。

凝结时间取三个试样的平均值作为测试值。凝结时间试验之差不应大于30min，如果三个数值中有一个与平均值之差大于30min，则取三个值的中间值作为测定值，如果最大值与最小值均与平均值之差大于30min，应重做试验。

二、外加剂匀质性试验

（一）固体含量试验

1．试验步骤

（1）将洁净带盖称量瓶放入烘箱内，于100 ～ 105℃烘30min，取出置于干燥器内，冷却30min后称量，重复上述步骤直至恒重，记为m_0。

（2）将被测试样装入已经恒重的称量瓶内，盖上盖称出试样及称量瓶的总质量m_1。

试样称量：固体产品1.0000 ～ 2.0000g，液体产品3.0000 ～ 5.0000g。

（3）将盛有试样的称量瓶放入烘箱内，开启瓶盖，升温至100 ～ 105℃烘干，盖上盖置于干燥器内冷却30min后称量，重复上述步骤直至恒重，其质量记为m_2。

2．检测结果计算

固体物含量按式（23）计算：

$$固体含量\% = \frac{m_2 - m_1}{m_1 - m_0} \times 100\% \tag{23}$$

式中：m_0—称量瓶的质量，g；

m_1—称量瓶加试样的质量，g；

m_2—称量瓶加烘干后试样的质量，g。

固体含量试验结果取三个试样测定数据的平均值，精确到0.1mg。

（二）密度试验（比重瓶法）

1．试验步骤

（1）校正比重瓶容积：比重瓶依次用水、乙醇、丙酮和乙醚洗涤并吹干，塞子连瓶一起放入干燥器内，取出称量比重瓶称其自重，记为m_1，直至恒重。然后将预先煮沸并经冷却的蒸馏水装入瓶中，塞上塞子，使多余的水分从塞子毛细管流出，用吸水纸吸干瓶外的水（注意不能让吸水纸吸出塞子毛细管里的水，水要保持与毛细管上口相平），立即在天平上称出比重瓶装满水后的质量，记

为 m_2。

比重瓶在 20℃时容积 V 按式（24）计算：

$$V = \frac{m_2 - m_1}{0.9982} \tag{24}$$

式中：m_1—干燥的比重瓶质量，g；

m_2—比重瓶盛满 20℃水的质量，g；

0.9982——20℃时纯水的密度，g/mL。

注意：V 值校正后的比重瓶，在一段时间内使用时，可不必每次都进行校正。

（2）测定外加剂溶液密度 p：将已经校正 V 值的比重瓶洗净、干燥、灌满被测溶液，塞上塞子后浸入（20±1）℃超级恒温器内，恒温 20min 后取出，用吸水纸吸干瓶外的水及由毛细管溢出的溶液后，在天平上称出比重瓶装满外加剂溶液后的质量，记为 m_3。

2．检测结果计算

外加剂溶液的密度按式（25）计算：

$$p = \frac{m_3 - m_1}{V} = \frac{m_3 - m_1}{m_2 - m_1} \times 0.9982 \tag{25}$$

式中：p—20℃时外加剂溶液密度，g/mL 或 kg/m³；

V—20℃时比重瓶的容积，mL；

m_1—空比重瓶的质量，g；

m_2—比重瓶装满 20℃水后的质量，g；

m_3—比重瓶装满 20℃外加剂溶液后的质量，g；

0.9982—20℃时纯水的密度，g/mL。

试验结果取三个试样测定数据的平均值，精确到 0.000lg/mL。

（三）细度试验

1．试验步骤

（1）外加剂试样应充分拌匀并经 100～105℃烘干，称取烘干试样 10g 倒入筛内；

（2）用人工筛样，将近筛完时，必须一手执筛往复摇动、一手拍打，摇动速度每分钟约 120 次，其间，筛子应向一定方向旋转数次，使试样分散在筛布上；

（3）直至每分钟通过的试样不超过 1.05g 时为止，称量筛余物，称准至 0.1g。

2．检测结果计算

细度按式（26）进行计算：

$$筛余 = \frac{m_1}{m_2} \times 100\% \tag{26}$$

式中：m_1——筛余物质量，g；

m_2——试样质量，g。

注意：试验必须保持干燥、洁净，定期检查、校正。

（四）水泥砂浆工作性能试验

1. 试验步骤

（1）基准砂浆流动度用水量的测定

①称取 300g 水泥，750g 标准砂，倒入搅拌锅内，开启搅拌，搅拌 5s 后徐徐加入水，30s 内加完，自开动机器起搅拌 3min，停机，将搅拌叶片提起，并刮下黏附在叶片上的砂浆，取出搅拌锅。

②在拌和砂浆的同时，用湿布抹擦跳桌的玻璃台面、捣棒、截锥圆模及模套内壁，并把它们置于玻璃台面中心，盖上湿布，备用。

③将拌好的砂浆迅速地分两次装入模内，第一次装至截锥圆模容量的三分之二处，并用捣棒自边缘向中心均匀捣 15 次，接着装第二层砂浆，装至高出截锥圆模约 2cm，同样用捣棒捣 10 次。在装胶砂与捣实时，用手将截锥圆模按住，以免产生移动。

④捣好后取下模套，用抹刀将高出截锥圆模的砂浆刮去并抹平，随即将截锥圆模垂直向上提起，以每秒一次的频率使跳桌连续跳动 30 次。

⑤跳动完毕用卡尺量出砂浆底部流动直径，取相互垂直的两个直径的平均值为该用水量时的砂浆流动度，用 mm 表示。

⑥重复上述步骤，直至流动度在（140±5）mm。当砂浆流动度为（140±5）mm 时的用水量，即为基准砂浆流动度的用水量 m_0。

（2）按①的操作步骤测出掺外加剂砂浆流动度达（140±5）mm 时的用水量 m_1。

（3）按①的操作步骤加入推荐掺量的外加剂，测定加入基准砂浆用水量时的砂浆流动度以 mm 表示。

2. 检测结果计算

砂浆减水率按式（27）进行计算：

$$砂浆减水率 = \frac{m_0 - m_1}{m_0} \times 100\% \tag{27}$$

式中：m_0——基准砂浆流动度为 140mm ± 5mm 时的用水量，g；

m_1——掺外加剂的砂浆流动度为 140mm ± 5mm 时的用水量，g。

注意：试样数量不少于三个，结果取平均值，误差 ±5mm；注明所用水泥的强度等级、名称、型号及生产厂；当仲裁试验时，必须采用基准水泥。

（五）水泥净浆流动度试验

1. 试验步骤

（1）将玻璃板放置在水平位置，用湿布将玻璃板、截锥圆模、搅拌器及搅拌锅均匀擦拭，使其表面湿而不带水渍。

（2）将截锥圆放在玻璃板的中央，并用湿布覆盖待用。

（3）称取水泥 300g，倒入搅拌锅内。

（4）加入推荐掺量的外加剂及 87g 或 105g 水，搅拌 3min。

（5）将搅拌好的净浆迅速注入截锥圆模内，用刮刀刮平，将截锥圆模按垂直方向提起，同时开启秒表计时，任水泥浆在玻璃板上流动，至 30s，用直尺量取流淌部分互相垂直的两个方向的最大直径，取平均值作为水泥净浆流动度。

2. 检测结果分析

（1）表达净浆流动度时，需注明用水量，所用水泥的强度等级、名称、型号及生产厂家，外加剂掺量。

（2）试样数量不应少于 3 个，结果取平均值，误差为 ±5mm。

第三节　桥涵用钢的检测

一、桥涵用钢力学试验

（一）拉伸试验

1. 试验步骤

（1）检查试样尺寸，在截取的相当长度试样上标明标距 5d（d 为公称直径），并标注 5mm 或 10mm 的点位。

（2）开机，将试样夹持在试验机夹内，其夹持长度不小于夹头深度的 3/4。选择试验机量程。

（3）关闭回油阀，打开送油阀。试验机夹头的分离速率应尽量保持恒定，并使平行长度的应变速率不超过 0.008mm/s。进入屈服强度后不得调整油门，读取钢筋屈服时的荷载，如图 2-2 所示。过了屈服阶段，可适当加大形变速率。

（4）一直施加试验力，读取试样断裂时的最大试验力。

（5）量取试样段后标距，精确至 0.25mm。

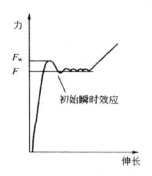

图2-2　钢拉伸试验图

2．检测结果计算

（1）屈服强度计算

有明显屈服现象的金属材料，应测定其屈服点、上屈服点或下屈服点，但有关标准或协议无规定时，一般只测定屈服点或下屈服点。对于无明显屈服的金属材料，规定以产生 0.2% 残余变形的应力值为其屈服极限，称为条件屈服极限或屈服强度。

屈服点、上屈服点或下屈服点分别按式（28）、式（29）和式（30）进行计算：

$$\sigma_B = \frac{F_B}{S_0} \tag{28}$$

$$\sigma_{BU} = \frac{F_{BU}}{S_0} \tag{29}$$

$$\sigma_{BL} = \frac{F_{BL}}{S_0} \tag{30}$$

式中：σ_B—屈服点，MPa；

σB_U—上屈服点，MPa；

σB_L—下屈服点，MPa；

F_B—屈服力，N；

F_{Bu}—上屈服力，N；

F_{BL}—下屈服力，N；

S_0—试件平行长度部分的原始横截面积，mm^2。

（2）抗拉强度计算

抗拉强度按式（31）计算：

$$\sigma_b = \frac{F_b}{S_0} \tag{31}$$

式中：σ_b—抗拉强度，MPa；

F_b—最大拉力，N；

S_0—试件平行长度部分的原始横截面面积，mm^2。

（3）断后伸长率计算

试件拉断后，将其断裂部分在断裂处紧密对接在一起，尽量使其轴线位于一直线上。如拉断处形成缝隙，则此缝隙应计入该试件拉断后的标距内。断后标距 L_1 的测量方法介绍如下。

①直测法：如拉断处到最邻近标距端点的距离大于 $L_0/3$ 时，直接测量标距两端点间的距离。

②移位法：如拉断处到邻近标距端点的距离小于 $L_0/3$ 时，则按下述方法测定 L_1。

在长段上从拉断处 O 取基本等于短段格数，得 B 点，接着取等于长段所余格数（偶数，图 2-3）的一半，得 C 点；或者取所余格数（奇数，图 2-4）分别减 1 与加 1 的一半，得 C 和 C_1 点。

位移后的 L_1 分别为：AB+2BC 和 AB+BC+BC_1，测量断后标距的量具其最小刻度值应不大于 0.1mm。

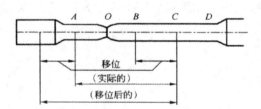

图2-3　长段所余格数为偶数

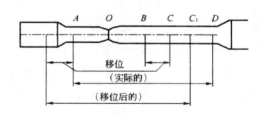

图2-4　长段所余格数为奇数

③断后伸长率按式（32）计：

$$\delta = \frac{L_1 - L_0}{L_0} \times 100\%$$

（32）

式中；δ—断后伸长率，%；

L_1—试件拉断后的标距，mm；

L_0—试件原始标距，mm。

④断面收缩率计算

断面收缩率按式（33）计算：

$$\psi = \frac{S_0 - S_1}{S_0} \times 100\% \qquad (33)$$

式中：ψ—断面收缩率，%；

S_0—试件平行长度部分的原始横截面积；

S_1—试件拉断后缩颈处的最小横截面积。

断后缩颈处最小横截面尺寸的测量应符合表2-1的要求。对于横截面尺寸大于 0.5 ~ 10.0mm 的，允许用最小刻度值不大于 0.02mm 的量具进行测量。面积计算的方法应符合相关规定。

表2-1　横截面尺寸与置距最小刻度值对比表

横截面尺寸（mm）	量距最小刻度值（mm）	横截面尺寸（mm）	量距最小刻度值（mm）
0.1 ~ 0.5	0.001	> 2.0 ~ 10.0	0.01
> 0.5	0.005	> 2.0	0.05

3. 试验结果处理

（1）试验出现下列结果之一者，试验结果无效：

①试件断在机械刻画的标记上或标距外，造成性能不合格；

②操作不当；

③试验记录有误或设备发生故障的试验结果。

（2）遇有试验结果作废时，应补做同样数量试件的试验。

（3）试验后试件出现两个或两个以上的缩颈以及显示出肉眼可见的冶金缺陷（例如分层、气泡、夹渣、缩孔等），应在试验记录和报告中注明。

（二）压缩试验

1. 试验装置和试验方法

试验装置和试验方法基本上与拉伸试验相同，加载方向与拉伸时相反。圆柱形试件的下端应当用球形承垫，当试件两端面稍有不平行时，球形承垫可起调节作用，使压力通过试件的轴线，对于薄板压缩试件，要设计专用夹具，防止试件纵向失稳。铸铁压缩过程的应力 - 应变曲线如图 2-5 所示。用铸铁试件进行压缩试验对，达到最大荷载 P_h 前会出现一定量的塑性变形，然后才发生破裂。

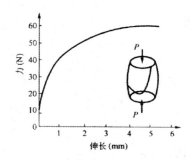

图2-5 铸铁压缩曲线示意图

2. 检测结果计算

铸铁的压缩强度极限 σ_b 是将 P_b 除以试验前试件的横截面面积 A_0，即：

$$\sigma_b = \frac{P_b}{A_0} \tag{34}$$

（三）硬度试验

1. 布氏硬度法

（1）试验应在 10 ~ 30℃温度下进行。

（2）根据试件的硬度、厚度选用钢球直径和试验力，见表2-2。

表2-2 试验所用钢球和试验力一览表

金属种类	硬度范围HB	试件厚度h（mm）	试验力F与钢球直径D的关系	钢球直径d（mm）	试验力FkN（kg·f）	荷载保持时间t（s）
黑色金属	140 ~ 450	6 ~ 3	F=30D²	10	29.42（3000）	10
		4 ~ 2		5	7.355（750）	
		< 2		2.5	1.839（187.5）	
	< 140	> 6	F=10D²	10	9.807（1000）	10
		6 ~ 3		5	2.452（250）	
		< 3		2.5	0.6129（62.5）	

（3）将试件放在支撑台上，加初始荷载使试件与钢球互相接触，必须使所施加作用力与试验平面垂直、平稳均匀地施加负荷，不得受到冲击和振动，按规定

时间持荷。

（4）卸载后，用测微显微镜测量压痕直径，从相互垂直方向各测 1 次（或从直读式硬度机上读出），用钢球直径为 10mm、5mm 或 2.5mm 时，压痕直径测量分别精确到 0.02mm、0.02mm 和 0.01mm。压痕两直径之差应不超过较小直径的 2%，但对显著各向异性材料则不受此限，按有关技术条件规定执行即可。

（5）试验后压痕直径的大小应在 0.25D < d < 0.61D 范围内，否则试验结果无效，另行选择相应的荷载重新试验。

（6）试验后试件边缘及背面呈现变形痕迹时，试验无效，另选择直径较小钢球及相应荷载重新试验。

（7）压痕中心距试件边缘应不小于压痕直径的 2.5 倍，两压痕中心间距不小于压痕直径的 2.5 倍，试验小于 35 的金属时，上述距离分别为压痕直径的 3 倍和 6 倍。

（8）布氏硬度值可根据压痕直径计算。当 > 100 时，硬度值取整数；当 =10 ~ 100 时，计算到小数点后 1 位；当 < 10 时，计算到小数点后两位。

2．洛氏硬度法

（1）试验在 10 ~ 30℃温度下进行。

（2）根据试件的硬度选用试验条件，见表 2-3 所示。

表2-3　试验条件选用一览表

洛氏硬度标尺	采用压实	初始试验力 F_0（N）	主试验力 F_1（N）	总试验力 F（N）	洛氏硬度范围
HRA	金刚石圆锥	98.07	490.3	558.4	20 ~ 88HRA
HRB	1.588 钢球	98.07	882.6	980.7	20 ~ 100HRB
HRC	金刚石圆锥	98.07	1373	1470	20 ~ 70HRC

（3）试件的试验面、支撑面、试验台表面和压头表面应清洁干净。试件应稳固地放置在试台上，以保证在试验过程中不产生位移及变形。在任何情况下，不允许压头与试验台及支座触碰。试件支撑面、支座和试验台工作面上均不得有压痕。试验时，必须保证试验力方向与试件的试验面垂直。在试验过程中，试验装置不应受到冲击和振动。

（4）施加初始试验力时，指针或指示线不得超过硬度计规定范围，否则应卸除初始试验力，在试件另一位置进行试验。

（5）调整示值指示器至零点后，应在 2 ~ 8s 内施加全部主试验力。

（6）应均匀平稳地施加试验力，不得有冲击及振动。

（7）施加主试验力后，总试验力的保持时间应以示值指示器指示基本不变为准。总试验力保持时间推荐如下：

①对于施加主试验力后不随时间继续变形的试件，保持时间为 1 ~ 3s；

②对于施加主试验力后随时间缓慢变形的试件，保持时间为 3 ~ 8s；

③对于施加主试验力后随时间明显变形的试件，保持时间为 20 ~ 25s。

（8）达到要求的保持时间后，在 2s 内平稳地卸除主试验力，保持初始试验力，从相应的标尺刻度上读出硬度值。

（9）两相邻压痕中心间距离至少应为压痕直径的 4 倍，但不得小于 2mm。任一压痕中心距试件边缘距离至少应为压痕直径的 2.5 倍，但不得小于 1mm。

（10）在每个试件上的试验点数应不少于四点（第一点不记）。对大批量试件的检验，点数可适当减少。

（四）冷弯试验

1．试验步骤

（1）试验前，测量试件尺寸是否合格。

（2）选择适当的弯心直径 d。

（3）上升支座使弯心与试件接触，而后均匀加压至规定的角度。

（4）如要弯成两壁平行，可一次绕弯心弯成，亦可用衬垫进行试验。

（5）如需压成两臂接触，可先弯成两臂平行，而后取出改放在压力机上，压至试件面两臂接触为止。

（6）压至规定条件后，检查试件弯曲处外部有无裂纹、起层分化或断裂等情况。

2．试验结果处理

在根据相关弯心直径弯曲 180° 后，钢筋受弯曲部位表面不得产生裂纹。

裂纹是指钢筋上出现开裂，其长度大于 2mm 而小于 5mm，宽度大于 0.2mm，而小于等于 0.5mm。

（五）冲击试验

1．试验步骤

（1）将按规定尺寸加工成的标准试件放在冲击试验机的支架上。

（2）然后将升高到规定角度、具有一定位能的摆锤释放向下摆，将试件冲断。摆锤冲击前后的位置如图 2-6 所示。

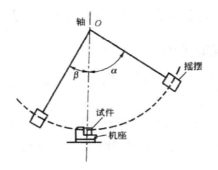

图2-6　冲击试验原理图

2．检测结果计算

试件折断消耗的能量等于摆锤原来的位能（在 α 角处）与其冲断试件后在另一侧扬起位置（在 β 角处）时的位能之差。将冲击试件摆锤消耗的能量 U 除以试件缺口处的截面面积 A 之商定义为材料的冲击韧性 α_k：

$$a_k = \frac{U}{A} \left(N \cdot m / cm^2 \right) \tag{35}$$

（六）疲劳试验

1．试验步骤

测定疲劳极限最常用的方法是，在纯弯曲变形下，测定对称循环的疲劳极限。在荷载作用下试件中间部分为纯弯曲，当试件绕轴线旋转时，每旋转一周，横截面上的点便经受一次对称的应力循环。

（1）试验时通常采用光滑小试件，每组 6～10 根，第一根试件上施加的应力 $\sigma_{max \cdot 1}$ 约等于强度极限 σ_b 的 60% 左右，经过一定循环次数 N_1 后，试件断裂。

（2）然后使第二根试件的 $\sigma_{max \cdot 2}$ 略低于第一根试件的 $\sigma_{max \cdot 1}$，求出第二根试件断裂时的循环次数 N_2。

（3）这样逐步降低最大应力的数值，得出对应于每个 σ_{max} 的试件断裂时的循环次数 N_0。

（4）以 σ_{max} 为纵坐标，N 为横坐标，将试验结果描成一条曲线，称为疲劳曲线。

2．检测结果处理

由疲劳曲线可知：试件断裂前所能经受的循环次数 N，随 σ_{max} 的减小而增大。疲劳曲线最后逐渐趋近于水平，其水平渐近线的纵坐标 σ_{-1} 就是材料的持久极限。显然，持久寿命趋于无限长时，其所对应的最大应力就是材料的持久极限。实际上，试验不可能无限期地进行下去，一般规定一个循环次数 N_0 来代替无限长的持久寿命，该规定的循环次数 N_0 称为循环基数。

二、焊接钢筋试验检测

钢筋接头一般应采用焊接，纵向焊接应优选闪光对焊，也可以采用电弧焊（帮条焊、搭接焊、熔槽帮条焊等）。

钢筋接头的检验：钢筋焊接前必须根据施工条件进行试焊，按不同的焊接方法至少抽取每组 3 个试样进行基本力学性能检验，取样及检验内容应符合表 2-4 和表 2-5 的规定。

表 2-4　钢筋焊接接头的检验标准

	钢筋闪光对焊接头	钢筋电弧焊接头
批量规定	同班组、同一焊工、同一焊接参数以200个同类型结构作一批，或连续焊接在一周内不足200个接头时作一批	300个同类型接头为一批或不足300个作一批
外观验收	每批抽查10%接头，不少于10个 接头无横向裂纹，接头弯折不大于4° 接头处钢筋轴线偏移不大于0.1倍钢筋直径 其中1个接头达不到上述要求时，接头全查 不合格品切除重焊后再次验收	接头处逐个检测 接头处无裂纹，无较大凹陷、焊瘤、接头偏差及缺陷 外观不合格的接头，可修整或补强后再次验收
强度验收	从成品中每批切取3个接头做拉伸试验 （1）3个试件抗拉强度均不得低于该级别钢筋规定的强度 （2）至少有2个试件呈塑性断裂	从成品中每批分别切取3个试件做拉伸试验，3个试件做弯曲试验 （1）3个抗拉试件抗拉强度均不得低于该级别的钢筋规定的强度 （2）至少2个试件断于焊接之外并呈塑性断裂 （3）弯曲试验时，弯心直径从1～4级钢筋分别为2d、4d、5d和7d。弯曲到90°时，接头两侧不得出现宽度大于0.15mm的横向裂纹
复验要求	检验结果有1个试件低于规定指标或有2个试件发生脆性断裂时，应取双倍数量试件复验，其结果仍有1个试件抗拉强度低于指标，或有3个试件呈脆性断裂时，该批接头不合格	检验结果中抗拉强度不低于指标，并至少应有2个试件断于焊接之处，并呈塑性断裂，否则，应取双倍的试件复验，仍有1个试件不合格或3个试件呈脆性断裂，该批接头抗拉强度不合格 弯曲结果如有2个试件不合格，仍取双倍试件复验，其结果仍有3个试件不合格，则该批接头不合格

表2-5 钢筋电弧焊接头尺寸偏差及缺陷允许值

名称	单位	接头形式		
		帮条焊	搭接焊	坡口焊熔槽帮条焊
帮条沿接头中心线纵向偏移	mm	0.5d	—	—
接头处弯折	°	4	4	4
接头处钢筋轴线的偏移	mm	0.1d	0.1d	0.1d
	mm	3	3	3
焊缝厚度	mm	−0.05d	−0.05d	—
焊缝宽度	mm	−0.1d	−0.1d	—
焊缝长度	mm	−0.1d	−0.1d	
横向咬边深度	mm	0.5	0.5	0.5
焊缝气孔及夹渣的数量和大小				
（1）在长2d的焊缝表面上	个	2	2	—
	mm^2	6	6	—
（2）在全部焊缝上	个	—	—	2
	mm^2	—	—	6

第三章　路基土方工程试验检测

第一节　路基土方工程常规试验检测方法

一、基础内容概述

土在道路建设中可被用作建筑材料，作为路基、路面的构筑物；也可作为建筑物地基；还可作为建筑物周围的介质或环境，如隧道、涵洞及地下建筑等。土和建筑是密不可分的，以致人们把建筑行业统称为土木工程。

土是由地壳表面的岩石经过物理风化、化学风化和生物风化作用之后的产物。岩石暴露在大气中，受到温度变化的影响，体积发生胀缩，不均匀的膨胀和收缩使之产生裂缝，同时长期经受风、霜、雨、雪的侵蚀及动植物的破坏，逐渐由整块岩体崩解成大小不等和形状不同的碎块，这个过程称作物理风化。物理风化只改变岩石颗粒的大小和形状，不改变颗粒的成分。物理风化后形成的碎块与氧气、二氧化碳和水接触，经过化学变化，变成更细的颗粒并且其成分也发生改变，产生与原来岩石成分不同的矿物，这个过程称作化学风化。在此基础上，加之生物活动的参与，从而产生有机质的积聚。经过这些风化作用所形成的矿物颗粒堆积在一起，其间贯穿着孔隙，孔隙间存在着水和空气。这种松散的固体颗粒、水和气体的集合体即是土。

土在其形成的过程中还受到重力、流水、冰川和风等自然因素的作用，使之运动、迁移和在不同的自然环境中沉积，形成不同的结构与构造，表现出不同的工程性质。

广泛分布在地壳表面的土，主要特征是分散性、复杂性和易变性。因其是由固体颗粒和孔隙及存在于孔隙中的水和气体的分散体系组成，土颗粒之间没有或只有很弱的连接，因而土的强度低且易变形。由于受不同自然力作用且于不同的环境下沉积，土的分布和性质具有复杂性。由于其分散性，土的性质极易受到外界温度和湿度的影响而发生变化，表现出多变性。土的这些特征无疑都将反映到它的物理、化学和力学性质中。

土由固体颗粒、水和气体三部分组成，通常称之为土的三相组成。土的固相物质包括无机矿物颗粒和有机质，是构成土的骨架的最基本的物质；土的液相指存在于孔隙中的水，按其与土相互作用程度的强弱，分为结合水和自由水两大类；土的气相指充填在孔隙中的气体，包括与大气连通和不连通的两类。随着土中三相物质的质量和体积的比例不同，土的状态和性质也就不同，例如砂土，由土粒和空气组成二相体系的干砂土是松散的，由土粒和水组成的二相体系的饱水砂土也是松散的，而三相体系的湿砂土则具有一定程度的连接性。黏质土随着相系组成的不同，其状态和性质的变化更为明显。

二、土工常规试验项目

在公路工程中，为适应不同工程的需要，需测定土的基本工程性质，土工试验项目可分为下述几个方面：

（1）物理性质试验。如含水率试验、密度试验、颗粒分析试验、相对密实度试验等。

（2）水理性质试验。如界限含水率试验、天然稠度试验、膨胀试验、收缩试验、毛细管水上升高度试验等。

（3）力学性质试验。如击实试验、压缩试验、黄土湿陷试验、直接剪切试验等。

（4）化学性质试验。如酸碱度试验、烧失量试验、有机质含量试验等。

根据不同的研究对象，选择上述试验项目时应有所侧重。

（一）含水率试验

道路工程中测定含水率的标准方法有烘干法、酒精燃烧法、比重法、炒干法、碳化钙气压法、红外线照射法、微波加热法等。

1. 烘干法

（1）目的和适用范围

该试验方法是测定含水率的标准方法，适用于测定黏质土、粉质土、砂类土、有机质土类和冻土土类的含水率。

（2）试验步骤

①取具有代表性试样，细粒土 15 ~ 30g，砂类土、有机质土为 50g，砂砾石为 1 ~ 2kg，放入称量盒内，立即盖好盒盖，称质量。称量时，可在天平一端放上与该称量盒等质量的砝码，移动天平游码，平衡后称量结果减去称量盒质量即为湿土质量。

②揭开盒盖，将试样和盒放入烘箱内，在温度 105 ～ 110℃下恒温烘干。烘干时间对细粒土不得少于 8h，对砂类土不得少于 6h，对含有机质超过 5% 的土，应将温度控制在 65 ～ 70℃的恒温下，以干燥 12 ～ 15h 为好。

③将烘干后的试样和盒取出，放入干燥器内冷却（一般只需 0.5 ～ 1h 即可）。冷却后盖好盒盖，称质量，准确至 0.01g。

（3）结果整理

①按式（3–1）计算含水率：

$$w = \frac{m - m_s}{m_s} \times 100\% \qquad\qquad (1)$$

式中：w—含水率（%），精确至 0.1%；

m—湿土质量（g）；

m_s—干土质量（g）。

②精密度和允许差。

该试验需进行两次平行测定，取其算术平均值，允许平行差值应符合表 3–1 规定。

表3–1　含水率测定的允许平行差值

含水率（%）	允许平行差值（%）	含水率（%）	允许平行差值（%）
5以下	0.3	40以上	≤2
40以下	≤1	对层状或网状构造冻土	<3

2. 酒精燃烧法

（1）目的和适用范围

适用于快速简易测定细粒土（含有机质的除外）的含水率。

（2）试验步骤

①取具有代表性试样（黏质土 5 ～ 10g，砂类土 20 ～ 30g），放入称量盒内，称量湿土的质量，准确至 0.01g。称量时，可在天平一端放上与该称量盒等质量的砝码，移动天平游码，平衡后称量结果减去称量盒质量即为湿土质量。

②用滴管将酒精注入放有试样的称量盒中，直到盒中出现自由液面为止。为使酒精在试样中充分混合均匀，可将盒底在桌面上轻轻敲击。

③点燃盒中酒精，直至火焰熄灭。

④将试样冷却数分钟，按该试验③、④条方法重新燃烧两次。

⑤待第三次火焰熄灭后，盖好盒盖，立即称干土质量 m_s，准确至 0.01g。

（3）结果整理

①按式（1）计算含水率。

②精密度和允许差。

该试验需进行两次平行测定，取其算术平均值，允许平行差值应符合表 3-1 规定。

（4）说明

①在试样中加入酒精，利用酒精在土上燃烧，使土中水分蒸发，将土样烘干，是快速简易测定且较准确的方法之一；适用于在没有烘箱或土样较少的条件下，对细粒土进行含水率测定。

②酒精纯度要求达到 95%。

③取代表性土样时，砂类土数量应多于黏质土。

3．比重法

（1）试验步骤

①取具有代表性砂类土试样 200 ~ 300g，放入土样盘内。

②向玻璃瓶中注入清水至 1/3 左右，然后用漏斗将土样盘中的试样倒入瓶中，并用玻璃棒搅拌 1 ~ 2min，直到所含气体完全排出为止。

③向瓶中加清水至全部充满，静置 1min 后用吸水球吸去泡沫，再加清水使其充满，盖上玻璃片，擦干瓶外壁，称其质量，准确至 0.5g。

④倒去瓶中混合液，洗净，再向瓶中加清水至全部充满，盖上玻璃片，擦干瓶外壁，称其质量，准确至 0.5g。

（2）结果整理

①按式（2）计算含水率：

$$w = \left[\frac{m(G_s - 1)}{G_s(m_1 - m_2)} - 1 \right] \times 100\% \qquad （2）$$

式中：w—砂类土含水率（%），精确至 0.1%；

m—湿土质量（g）；

m_1—瓶、水、土、玻璃片合质量（g）；

m_2—瓶、水、玻璃片合质量（g）；

G_s—砂类土的相对密度。

②精密度和允许差。

该试验需进行两次平行测定，取其算术平均值，允许平行差值应符合表 3-1 规定。

（3）说明

①该法通过测定湿土体积，估计土粒相对密度，间接计算土的含水率。由于试验时没有考虑湿度的影响，所得结果准确度较差。土内气体能否充分排出，直接影响试验结果的精度，故比重法仅适用于砂类土。

②该试验需用的主要设备为容积 500mL 以上的玻璃瓶。

③土样倒入未盛满水的玻璃瓶中后，应用玻璃棒充分搅拌悬液，使空气完全排出，因土内气体能否充分排出会直接影响试验结果的精度。

4. 特殊土的含水率测试方法

（1）含石膏土和有机质土的含水率测定法

当含石膏土和有机质土的烘干温度在 110℃ 时，含石膏土会失去结晶水，含有机质土其有机成分会燃烧，测试结果将与含水率定义不符。这种试样的干燥宜用真空干燥箱在近乎 1 个大气压力作用下将土干燥，或将烘箱温度控制在 60 ~ 70℃，干燥 8h 以上为好。

（2）无机结合料稳定土的含水率测定法

在水泥稳定土中，水泥与水拌和就要发生水化作用，在较高温度下水化作用发生较快。因此，如将水泥混合料放在原为室温的烘箱内，再启动烘箱升温，则在升温过程中水泥与水会发生水化作用而放热，使得出的含水率往往偏小。所以应提前将烘箱升温到 110℃，使放入的水泥混合料一开始就能在 105 ~ 110℃ 的环境下烘干。另外，烘干后冷却时应用硅胶作干燥剂。

（二）土的密度实验

测定密度常用的方法有环刀法、蜡封法、灌砂法、灌水法等。环刀法操作简便而结果准确，在室内和野外普遍采用；不能用环刀削的、坚硬、易碎、含有粗粒、形状不规则的土，可用蜡封法、灌砂法、灌水法，一般在野外应用。

1. 环刀法

（1）试验步骤

①按工程需要取原状土或制备所需状态的扰动土样，整平两端，环刀内壁涂一薄层凡士林，刀口向下放在土样上。

②用修土刀或钢丝锯将土样上部削成略大于环刀直径的土柱，然后将环刀垂直下压，边压边削，至土样伸出环刀上部为止。削去两端余土，使土样与环刀口面齐平，并用剩余土样测定含水率。

③擦净环刀外壁，称取环刀与土合质量 m_1，准确至 0.1g。

（2）结果整理

①按式（3）和式（4）计算湿密度及干密度。

$$p = \frac{m_1 - m_2}{V} \qquad\qquad (3)$$

$$p_d = \frac{p}{1+w} \qquad\qquad (4)$$

式中：p—土的湿密度（g/cm³）；精确至 0.01；

m₁—环刀与土合质量（g）；

m₂—环刀质量（g）；

V—环刀体积（cm³）；

p_d—土的干密度（g/cm³），精确至 0.01；

w—含水率（%）。

②精密度和允许差

该试验需进行两次平行测定，取其算术平均值，其平行差值不得大于 0.03g/cm³。

2. 灌砂法

（1）试验步骤

①在试验地点，选一块约 40cm × 40cm 的平坦表面，并将其清扫干净。将基板放在此平坦表面上。如此表面的粗糙度较大，则将盛有量 m₅（g）的灌砂筒放在基板中间的圆孔上。打开灌砂筒开关，让砂流入基板的中孔内，直到储砂筒内的砂不再下流时关闭开关。取下灌砂筒，并称筒内砂的质量 m₆，准确至 1g。

②取走基板，将留在试验地点的量砂收回，重新将表面清扫干净。将基板放在清扫干净的表面上，沿基板中孔凿洞，洞的直径 100mm。在凿洞过程中，应注意不使凿出的试样丢失，并随时将凿松的材料取出，放在已知质量的塑料袋内，密封。试洞的深度应等于碾压层厚度。凿洞毕，称此塑料袋中全部试样的质量，准确至 1g。减去已知塑料袋质量后，即为试样的总质量 m₁。

③从挖出的全部试样中取有代表性的样品，放入铝盒中，测定其含水率 w。样品数量：对于细粒土，不少于 100g；对于粗粒土，不少于 500g。

④将基板安放在试洞上，将灌砂筒安放在基板中间（储砂筒内放满砂至恒重 m₁），使灌砂筒的下口对准基板的中孔及试洞。打开灌砂筒开关，让砂流入试洞内，关闭开关。小心取走灌砂筒，称量筒内剩余砂的质量 m₄，准确至 1g。

⑤如清扫干净的平坦的表面粗糙度不大，则不需放基板，将灌砂筒直接放在已挖好的试洞上。打开洞的开关，让砂流入试洞内。在此期间，应注意勿碰动灌砂筒。直到储砂筒内的砂不再下流时，关闭开关。小心取走灌砂筒，称量筒内剩余砂的质量 m'_4，准确至 1g。

⑥取出试洞内的量砂，以备下次试验时再用。若量砂的湿度已发生变化或量砂中混有杂质，则应重新烘干、过筛，并放置一段时间，使其与空气的温度达到平衡后再用。

⑦如试洞中有较大孔隙，量砂可能进入孔隙，则应按试洞外形，松弛地放入一层柔软的纱布，然后再进行灌砂工作。

（2）结果整理

①按式（5）和式（6）计算填满试洞所需的质量 m_b（g）：

灌砂时试洞上放有基板的情况：

$$m_b = m_1 - m_4 - (m_5 - m_6) \tag{5}$$

灌砂时试洞上不放基板的情况：

$$m_b = m_1 - m_4' - m_2 \tag{6}$$

式中：m_b——砂的质量（g）；

m_1——灌砂入试洞前筒内砂的质量（g）；

m_2——灌砂筒下部圆锥体内砂的平均质量（g）；

m_4、m_4'——灌砂入试洞后筒内剩余砂的质量（g）；

（m_5-m_6）——灌砂筒下部圆锥体内及基板和粗糙表面间砂的总质量（g）。

②按式（7）计算试验地点土的湿密度：

$$p = \frac{m_t}{m_b} \times p_s \tag{7}$$

式中：p——土的湿密度（g/cm^3），精确至 0.01；

m_t——试洞中取出的全部土样的质量（g）；

m_b——填满试洞所需砂的质量（g）；

p_s——量砂的密度（g/cm^3）。

③按式（8）计算土的干密度：

$$p_d = \frac{p}{1+w} \tag{8}$$

式中：p_d——土的干密度（g/cm^3），精确至 0.01；

p——土的湿密度（g/cm^3）；

w——土的含水率（%）。

④精密度和允许差。

该试验需进行两次平行测定，取其算术平均值，其平行差值不得大于 0.03g/cm^3。

3．蜡封法

（1）试验步骤

①用削土刀切取体积大于 30cm³ 的试件，削除试件表面的松、浮土以及尖锐棱角，在天平上称量，准确至 0.01g。取代表性土样进行含水率测定。

②将石蜡加热至刚过熔点，用细线系住试件浸入石蜡中，使试件表面覆盖一薄层石蜡，若试件蜡膜上有气泡，需用热针刺破气泡，再用石蜡填充针孔，涂平孔口。

③待冷却后，将蜡封试件在天平上称量，准确至 0.01g。

④用细线将蜡封试件置于天平一端，使其浸浮在盛有蒸馏水的烧杯中，注意试件不要接触烧杯壁，称量蜡封试件的水中质量，准确至 0.01g，并测量蒸馏水的温度。

⑤将蜡封试件从水中取出，擦干石蜡表面水分，在空气中称其质量，将其与第③步中称量的质量相比，若质量增加，表明水分进入试件中；若浸入水分质量超过 0.03g，应重做试验。

（2）结果整理

①按式（9）和式（10）计算土的湿密度及干密度：

$$p = \frac{m}{\dfrac{m_1 - m_2}{p_{wt}} - \dfrac{m_1 - m}{p_n}} \tag{9}$$

$$p_d = \frac{p}{1+w} \tag{10}$$

式中：P—土的湿密度（g/cm³），精确至 0.01；

p_d—土的干密度（g/cm³），精确至 0.01；

m—试件的质量（g）；

m_1—蜡封试件的质量（g）；

m_2—蜡封试件水中的质量（g）；

p_{wt}—蒸馏水在时的密度（g/cm³），精确至 0.001；

p_n—石蜡密度（g/cm³），应事先实测，精确至 0.01，一般可采用 0.92g/cm³；

w—土的含水率（%）。

②精密度和允许差。

该试验需进行两次平行测定，取其算术平均值，允许平行差值不得大于 0.03g/cm。

4. 灌水法

（1）试验步骤

①根据试样最大粒径按表3-2确定试坑尺寸。

表3-2 试坑尺寸

试样最大粒径（mm）	试坑尺寸（mm）	
	直径	深度
5 ~ 20	150	200
40	200	250
60	250	300
200	800	1000

②按确定的试坑直径画出坑口轮廓线。将测点处的地表整平，地表的浮土、石块、杂物等应予清除，坑洼不平处用砂铺整。用水准仪检查地表是否水平。

③将座板固定在整平后的地表。将聚乙烯塑料薄膜沿环套内壁及地表紧贴铺好。记录储水筒初始水位高度，拧开储水筒的注水开关，从环套上方将水缓缓注入，至刚满不外溢为止。记录储水筒水位高度，计算座板部分的体积。保持座板固定状态，将薄膜盛装的水排至对该试验不产生影响的场所，然后将薄膜揭离底板。

④在轮廓线内下挖至要求深度，将落于坑内的试样装入盛土容器内，并测定含水率。

⑤用挖掘工具沿座板上的孔挖试坑，为使坑壁与塑料薄膜易于紧贴，对坑壁需加以整修。将塑料薄膜沿坑底、坑壁紧密相贴铺好。

在往薄膜形成的袋内注水时，牵住薄膜的某一部位，一边拉松，一边注水，以使薄膜与坑壁间的空气得以排出，从而提高薄膜与坑壁的密贴程度。

⑥记录储水筒内初始水位高度，拧开储水筒的注水开关，将水缓缓注入塑料薄膜中。当水面接近环套的上边缘时，将水流调小，直至水面与环套上边缘齐平时关闭注水管，持续 3 ~ 5min，记录储水筒内水位高度。

（2）结果整理

①细粒与石料应分开测定含水率，按式（11）求出整体的含水率：

$$w = w_f p_f + w_c(1 - p_f) \tag{11}$$

式中：w—整体含水率（%），精确至0.01；

w_f—细粒土部分的含水率（%）；

w_c—石料部分的含水率（%）；

p_f—细粒料的干质量与全部材料干质量之比。

细粒料与石料的划分以粒径 60mm 为界。

②按式（12）计算座板部分的容积：

$$V_1 = (h_1 - h_2)A_w \tag{12}$$

式中：V_1—座板部分的容积（cm^3），精确至 0.01；

A_w—储水筒断面积（cm^2）；

h_1—储水筒内初始水位高度（cm）；

h_2—储水筒内注水终了时水位高度（cm）。

③按式（13）计算试坑容积：

$$V_P = (H_1 - H_2)A_w - V_1 \tag{13}$$

式中：V_p—试坑容积（cm^3），精确至 0.01；

H_1—储水筒内初始水位高度（cm）；

H_2—储水筒内注水终了时水位高度（cm）；

A_w—储水筒断面积（cm^2）；

V_1—底板部分的容积（cm^3），精确至 0.01。

④按式（14）计算试样湿密度：

$$p = \frac{m_p}{V_p} \tag{14}$$

式中：p—试样湿密度（g/cm^3），精确至 0.01；

m_p—取自试坑的试样质量（g）。

⑤精密度和允许差。

灌水法密度试验应进行两次平行测定，两次测定的差值不得大于 0.03g/cm³，取两次测定的平均值为试验结果。

（三）颗粒分析试验

1．试验步骤

（1）对于无凝聚性的土

①按规定称取试样，将试样分批过 2mm 筛。

②将大于 2mm 的试样按从大到小的次序，通过大于 2mm 的各级粗筛。将留在筛上的土分别称量。

③ 2mm 筛下的土数量过多，可用四分法缩分至 100 ~ 800g。将试样按从大到小的次序通过小于 2mm 的各级细筛。可用摇筛机进行振摇。振摇时间一般为

10 ~ 15min。

④由最大孔径的筛开始，按顺序将各筛取下，在白纸上用手轻叩摇晃，至每分钟筛下数量不大于该级筛余质量的 1% 为止。漏下的土粒应全部放入下一级筛内，并将留在各筛上的土样用软毛刷刷净，分别称重。

⑤筛后各级筛上和筛底土总质量与筛前试样质量之差，不应大于 1%。

⑥如 2mm 筛下的土不超过试样总质量的 10%，可省略细筛分析；如 2mm 筛上的土不超过试样总质量的 10%，可省略粗筛分析。

（2）对于含有黏土粒的砂砾土

①将土样放在橡皮板上，用木碾将黏结的土团充分碾散、拌匀、烘干，然后称重。如土样过多，用四分法称取代表性土样。

②将试样置于盛有清水的瓷盆中，浸泡并搅拌，使粗细颗粒分散。

③将浸润后的混合液过 2mm 筛，边冲边洗过筛，直至筛上仅留 2mm 以上的土粒为止。

然后，将筛上洗净的砂砾风干称重。按以上方法进行粗筛分析。

④通过 2mm 筛的混合液存放在盆中，待稍沉淀，将上部悬液过 0.075mm 洗筛，用带橡皮头的玻璃棒研磨盆内浆液，再加清水，搅拌、研磨、静置、过筛，反复进行，直至盆内悬液澄清。最后，将全部土粒倒在 0.075mm 筛上，用水冲洗，直到筛上仅留下大于 0.075mm 的净砂为止。

⑤将大于 0.075mm 的净砂烘干称重，并进行细筛分析。

⑥将大于 2mm 颗粒及 0.075 ~ 2mm 颗粒的质量从原称量的总质量中减去，即为小于 0.075mm 颗粒的质量。

⑦如果小于 0.075mm 颗粒的质量超过总土质量的 10%，有必要时，将这部分土烘干、取样，另做密度计或移液管分析。

2. 结果整理

（1）按式（15）计算小于某粒径颗粒的质量百分数：

$$X = \frac{A}{B} \times 100\% \tag{15}$$

式中：X—小于某粒径颗粒的质量百分数（%），精确至 0.01；

A—小于某粒径颗粒的质量（g）；

B—试样的总质量（g）。

（2）当小于 2mm 的颗粒用四分法缩分取样时，试样中小于某粒径的颗粒质量占总土质量的百分数为：

$$X = \frac{a}{b} \times p \times 100\%$$

（16）

式中 X—小于某粒径颗粒的质量百分数（%），精确至 0.01；

a—通过 2mm 筛的试样中小于某粒径颗粒的质量（g）；

b—通过 2mm 筛的土样中所取试样的质量（g）；

p—粒径小于 2mm 颗粒的质量百分数（%）。

（3）在半对数坐标纸上，以小于某粒径颗粒的质量百分数为纵坐标，以粒径（mm）为横坐标，绘制颗粒大小级配曲线，求出各粒径颗粒的质量百分数，以整数（%）表示。

（4）必要时按式（17）计算不均匀系数：

$$C_u = \frac{d_{60}}{d_{10}}$$

（17）

式中：C_u—不均匀系数，精确至 0.1 且含两位以上有效数字；

d_{60}—限制粒径，即土中小于该粒径的颗粒质量百分数为 60%（mm）；

d_{10}—有效粒径，即土中小于该粒径的颗粒质量百分数为 10%（mm）。

（5）精密度和允许差。

筛后各级筛上和筛底土总质量与筛前试样质量之差，不应大于 1%。

（四）相对密实度试验

1. 试验步骤

（1）最大孔隙比的测定

①取代表性试样约 1.5kg，充分风干（或烘干），用手搓揉或用圆木棍在橡皮板上碾散，并拌和均匀。

②将锥形塞杆自漏斗下口穿入，并向上提起，使锥体堵住漏斗管口，一并放入体积 1000mL 量筒中，使其下端与量筒底相接。

③称取试样 700g，准确至 1g，均匀倒入漏斗中，将漏斗与塞杆同时提高，移动塞杆使锥体略离开管口，管口应经常保持高出砂面 1～2cm，使试样缓缓且均匀分布地落入量筒中。

④试样全部落入量筒后取出漏斗与锥形塞，用砂面拂平器将砂面拂平，勿使量筒振动，然后测读砂样体积，估读至 5mL。

⑤以手掌或橡皮塞堵住量筒口，将量筒倒转，缓慢地转动量筒内的试样，并回到原来位置，如此重复几次，记下体积的最大值，估读至 5mL。

⑥取上述两种方法测得的较大体积值，计算最大孔隙比。

（2）最小孔隙比的测定

①取代表性试样约4kg，充分风干（或烘干），用手搓揉或用圆木棍在橡皮板上碾散，并拌和均匀。

②分3次倒入容器进行振击，先取上述试样600～800g（其数量应使振击后的体积略大于容器容积的1/3）倒入1000mL容器内，用振动仪以各150～200次/min的速度敲打容器两侧，并在同一时间内，用击锤于试样表面锤击30～60次/min，直至砂样体积不变为止（一般为5～10min）。敲打时要用足够的力量使试样处于振动状态；振击时，粗砂可用较少击数，细砂应用较多击数。

③用电动最小孔隙比试验仪时，当试样同上法装入容器后，开动电机，进行振击试验。

④按上述②方法进行后两次加土的振动和锤击，第三次加土时应先在容器口上安装套环。

⑤最后一次振毕，取下套环，用削土刀修齐容器顶面，削去多余试样，称重，准确至1g，计算其最小孔隙比。

2. 结果整理

（1）按式（18）和式（19）计算最小与最大干密度：

$$p_{d\min} = \frac{m}{V_{\max}} \tag{18}$$

$$p_{d\max} = \frac{m}{V_{\min}} \tag{19}$$

式中：$p_{d\min}$—最小干密度（g/cm³），精确至0.01；

$p_{d\max}$—最大干密度（g/cm³），精确至0.01；

m—试样质量（g）；

$V_{\max}$—试样最大体积（cm³）；

$V_{\min}$—试样最小体积（cm³）。

（2）按式（20）和式（21）计算最大与最小孔隙比：

$$e_{\max} = \frac{p_w G_s}{p_{d\min}} - 1 \tag{20}$$

$$e_{\min} = \frac{p_w G_s}{p_{d\max}} - 1 \tag{21}$$

式中：$e_{\max}$—最大孔隙比，精确至0.01；

$e_{\min}$—最小孔隙比，精确至0.01；

G_s—土粒相对密度

p_{dmin}——最小干密度（g/cm³）；

p_{dmax}——最大干密度（g/cm³）。

（3）计算相对密度，精确至 0.01。

3．精密度和允许误差

最小与最大干密度，均需进行两次平行测定，取其算术平均值，其平行误差值不得超过 0.03g/cm³。

（五）界限含水率试验

1．试验步骤

（1）取有代表性的天然或风干土样进行试验。如土中含大于 0.5mm 的土粒或杂物时，应将风干土样用带橡皮头的研杵研碎或用木棒在橡皮板上压碎，过 0.5mm 的筛。

取 0.5mm 筛下的代表性土样 200g，分开放入 3 个盛土皿中，加不同数量的蒸馏水，土样的含水率分别控制在液限（a 点）、略大于塑限（c 点）和两者的中间状态（b 点）。用调土刀调匀，盖上湿布，放置 18h 以上。a 点的锥入深度应为 20mm ± 0.2mm；c 点的锥入深度应控制在 5mm 以下。对于砂类土，c 点的锥入深度可大于 5mm。

（2）将制备的土样充分搅拌均匀，分层装入盛土杯，用力压密，使空气逸出。对于较干的土样，应先充分搓揉，用调土刀反复压实。试杯装满后，刮成与杯边齐平。

（3）当用游标式或百分表式液限塑限联合测定仪试验时，调平仪器，提起锥杆（此时游标或百分表读数为零），锥头上涂少许凡士林。

（4）将装好土样的试杯放在联合测定仪的升降座上，转动升降旋钮，待锥尖与土样表面刚好接触时停止升降，扭动锥下降旋钮，同时开动秒表，经 5s，松开旋钮，锥体停止下落，此时游标读数即为锥入深度

（5）改变锥尖与土接触位置（锥尖两次锥入位置距离不小于 1cm），重复（3）和（4）步骤，得锥入深度 h_2。h_1、h_2 允许误差为 0.5mm，否则，应重做试验。取 h_1、h_2 平均值作为该点的锥入深度 h。

（6）去掉锥尖入土处的凡士林，取 10g 以上的土样两个，分别装入称量盒内，称质量（准确至 0.01g），测定其含水率 w_1、w_2（计算到 0.1%）。计算含水率平均值 w。

（7）重复以上（2）～（6）步骤，对其他两个土样进行试验，测其锥入度和含水率。

（8）用光电式或数码式液限塑限联合测定仪测定时，接通电源，调平机身，打开开关，提起锥体（此时刻度或数码显示应为零）。将装好土样的试杯放在升

降座上，转动升降旋钮，试杯徐徐上升，土样表面和锥尖刚好接触，指示灯亮，停止转动旋钮，锥体立刻自行下沉，经 5s，自动停止下落，读数窗上或数码管上显示锥入深度。试验完毕，按动复位按钮，锥体复位，读数显示为零。

2. 结果整理

（1）在双对数坐标纸上，以含水率 w 为横坐标，锥入深度 h 为纵坐标，点绘 a、b、c 含水率的图（图 3-1），连此 3 点，应呈一条直线。如 3 点不在同一直线上，要通过 a 点与 b、c 两点连成两条直线，根据液限（a 点含水率）在 h_p-w_L 图上查得 h_p，以此 h_p 再在 ab 及 ac 两直线上求出相应的两个含水率，当两个含水率的差值小于 2% 时，以该两点含水率的平均值 d 与 a 点连成一直线。当两个含水率的差值大于 2% 时，应重做试验。

（2）液限的确定方法

在 h-w 图上，查得纵坐标入土深度 h=20mm 所对应的横坐标的含水率 w，即为该土样的液限 w_L。

（3）塑限的确定方法

根据以上求出的液限，利用液限 w_L 与塑限时入土深度 h_p 的关系曲线（图 3-2），查得 h_p，再由图 3-1 求出入土深度为 h_p 时所对应的含水率，即为该土样的塑限 w_p。查 h_p-w 关系图时，需先通过简易鉴别法及筛分法（详见《公路土工试验规程》土的规程分类）把砂类土与细粒土区别开来，再按这两种土分别采用相应的 h_p-w_L 关系曲线；对细粒土，用双曲线确定 h_p 值；对砂类土，则用多项式曲线确定 h_p 值。

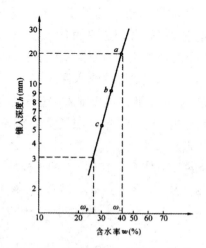

图3-1　锥入深度与含水率（h-w）关系图

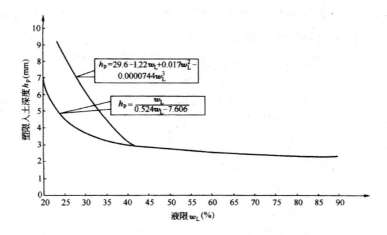

图3-2　h_p-w_L关系曲线

若根据该试验求出的液限，a 点的锥入深度应在 20mm ± 0.2mm 范围内时，应在 ad 线上查得入土深度为 20mm 处相对应的含水率，此为液限 w_L。再用此液限在图 3-2 上找出与之相对应的塑限入土深度 h'_p，然后到 h-w 图 ad 直线上查得与相 h'_p 对应的含水率，此为塑限 w_p。

（4）精密度与允许差

该试验需进行两次平行测定，取其算术平均值，以整数（%）表示。其允许差值为：高液限土小于或等于 2%，低液限土小于或等于 1%。

3. 注意事项

（1）液塑限联合测定时，土体的含水率及密实情况对试验精度影响极大。土样制备时，3 个土样的含水率不宜十分接近，否则不易控制联合测定曲线的走向，影响测定精度。对试验精度最有影响的是靠近塑限的那个试样，测试时可先将试样充分搓揉，再将土块紧密地压入容器刮平待测。当含水率等于塑限时，对控制曲线走向最有利，但此时试样很难制备，必须充分搓揉，使土的断面上无孔隙存在。

（2）土的塑限 w_p 除按双曲线法确定外，也可近似地按经验确定。方法是根据简单鉴别确定土类，对黏质土、粉质土取入土深度为 2.4mm，对可搓成条的砂类土取入土深度为 5mm，对难搓成条的砂类土取入土深度为 10mm，在 h-w 图上找出所对应的含水率，即为该土样的塑限 w_p。

（六）击实试验

1. 目的和适用范围

用标准击实试验方法，在一定夯击功能下测定各种细粒土、含砾土等的含水率与干密度的关系，从而确定土的最佳含水率与相应的最大干密度，借以了解土的压实性能，作为工地土基压实控制的依据。

该试验分轻型击实和重型击实。轻型击实试验适用于粒径不大于 20mm 的土，重型击实试验适用于粒径不大于 40mm 的土。

当土中最大颗粒粒径大于或等于 40mm，并且大于或等于 40mm 颗粒粒径的质量含量大于 5% 时，则应使用大尺寸试筒进行击实试验，或按规定进行最大干密度校正。大尺寸试筒要求其最小尺寸为土样中最大颗粒粒径的 5 倍以上，并且击实试验的分层厚度应为土样中最大粒径的 3 倍以上。单位体积击实功能控制在 2677.2 ～ 2687.0kJ/m³ 范围内。

当细粒土中的粗粒土总含量大于 40% 或粒径大于 0.005mm 颗粒的含量大于土总质量的 70%（即 $d_{30} \leq 0.005mm$）时，还应做粗粒土最大干密度试验，其结果与重型击实试验结果比较，最大干密度取两种试验结果的最大值。

2. 仪器设备

（1）标准击实仪。击实试验方法和相应设备的主要参数应符合表 3-3 的规定。

表 3-3　击实试验方法种类

试验方法	类别	锤底直径（cm）	锤质重（kg）	落高（cm）	试筒尺寸		试验尺寸		层数	每层击数	击实功（kJ/m³）	最大粒径（mm）
					内径（cm）	高度（cm）	高度（cm）	容积（cm³）				
轻型	Ⅰ-1	5	2.5	30	10	12.7	12.7	997	3	27	598.2	20
	Ⅰ-2	5	2.5	30	15.2	17	12	2	177	3	598.2	40
重型	Ⅱ-1	5	4.5	45	10	12.7	12.7	997	5	27	2687.0	20
	Ⅱ-2	5	4.5	45	15.2	17	12	2177	3	98	2677.2	40

（2）烘箱及干燥器。

（3）天平：感量 0.01g。

（4）台秤：称量 10kg，感量 5g。

（5）圆孔筛：孔径 40mm、20mm 和 5mm 各 1 个。

（6）拌和工具：400mm×600mm、深 70mm 的金属盘，土炉。

（7）其他：喷水设备、碾土器、盛土盘、量筒、推土器、铝盒、修土刀、平直尺等。

3. 试样

（1）本试验可分别采用不同的方法准备试样。各方法按表 3-4 准备试料。

表3-4　试料用量

使用方法	类别	试筒内径（cm）	最大粒径（mm）	试料用量（kg）
干土法（试样不重复使用）	b	10	至20	至少5个试样，每个3
		15.2	至40	至少5个试样，每个6
湿土法（试样不重复使用）	e	10	至20	至少5个试样，每个3
		15.2	至40	至少5个试样，每个6

（2）干土法（土不重复使用）。按四分法至少准备5个试样，分别加入不同量的水（按2%～3%含水率递增），拌匀后焖料一夜备用。

（3）湿土法（土不重复使用）。对于高含水率的土，可省略过筛步骤，用手拣除大于40mm的粗石子即可。保持天然含水率的第一个土样，可立即用于击实试验。其余几个试样，将土分成小土块，分别风干，使含水率按2%～3%递减。

4. 试验步骤

（1）根据工程要求，按表3-3规定选择轻型或重型试验方法。根据土的性质（含易击碎风化石数量多少，含水率高低），按表3-4规定选用干土法（试样不重复使用）或湿土法（试样不重复使用）。

（2）将击实筒放在坚硬的地面上，在筒壁上抹一薄层凡士林，并在筒底（小试筒）或垫块（大试筒）上放置蜡纸或塑料薄膜。取制备好的土样分3～5次倒入筒内。小筒按三层法时，每次800～900g（其量应使击实后的试样等于或略高于筒高的1/3）；按五层法时，每次400～500g（其量应使击实后的土样等于或略高于筒高的1/5）。对于大试筒，先将垫块放入筒内底板上，按五层法时，每层需试样900（细粒土）～1100g（粗粒土）；按三层法时，每层需试样1700g左右。整平表面，并稍加压紧，然后按规定的击数进行第一层土的击实，击实时击锤应自由垂直落下，锤迹必须均匀分布于土样表面，第一层击实完后，将试样层面"拉毛"，然后再装入套筒，重复上述方法进行其余各层土的击实。小试筒击实后，试样不应高于筒顶面5mm；大试筒击实后，试样不应高出筒顶面6mm。

（3）修土刀沿套筒内壁削刮，使试样与套筒脱离后，扭动并取下套筒，齐筒顶细心削平试样，拆除底板，擦净筒外壁，称重，准确至1g。

（4）用推土器推出筒内试样，从试样中心处取样测其含水率，精确至0.1%。测定含水率用试样按表3-5的规定取样（取出有代表性的土样）。两个试验含水率的精度应符合精度要求。

表3-5 测定含水率用试样的取样规定

最大粒径（mm）	试样质量（g）	个数
＜5	15～20	2
约5	约50	1
约19	约250	1
约38	约500	1

（5）对于干土法（试样不重复使用）和湿土法（试样不重复使用），将试样搓散，然后按上述方法进行洒水、拌和，每次增加2%～3%的含水率，其中有两个大于和两个小于最佳含水率，所需加水量按式（22）计算：

$$m_w = \frac{m_i}{1+w_i} \times (w-w_i) \tag{22}$$

式中：m_w—所需的加水量（g）；

m_i—含水率w_i时土样的质量（g）；

w_i—土样原有含水率（%）；

w—要求达到的含水率（%）。

按上述步骤进行其他含水率试样的击实试验。

5. 结果整理

（1）按式（23）计算击实后各点的干密度为

$$p_d = \frac{p}{1+w} \tag{23}$$

式中：p_d—干密度（g/cm³），精确至0.01；

p—湿密度（g/cm³）；

w—含水率（%）。

（2）以干密度为纵坐标，含水率为横坐标，绘制干密度与含水率的关系曲线，曲线上峰值点的纵、横坐标分别为最大干密度和最佳含水率。如曲线不能绘出明显的峰值点，应进行补点或重做试验。

（3）按式（24）或式（25）计算饱和曲线的饱和含水率w_{max}，并绘制饱和含水率与干密度的关系曲线图。

$$w_{max} = \left[\frac{G_s p_w (1+w) - p}{G_s p} \right] \times 100\% \tag{24}$$

$$w_{max} = \left(\frac{p_w}{p_d} - \frac{1}{G_s} \right) \times 100\% \tag{25}$$

式中：w_{max}—饱和含水率（%），精确至 0.1；

p—试样的湿密度（g/cm³）；

p_w—水在 4℃时的密度（g/cm³）；

p_d—试样的干密度（g/cm³）；

G_s—试样土粒相对密度，对于粗粒土，则为土中粗细颗粒的混合相对密度；

w—试样的含水率（%）。

（4）当试样中有大于 40mm 颗粒时，应先取出大于 40mm 颗粒，并求得其百分率 p，对小于 40mm 部分做击实试验，按下面公式分别对试验所得的最大干密度和最佳含水率进行校正（适用于大于 40mm 颗粒的含量小于 30% 时）。

最大干密度按式（26）校正：

$$p'_{dm} = \frac{1}{\dfrac{1-p}{p_{dm}} + \dfrac{p}{p_w G'_s}} \tag{26}$$

式中：p'_{dm}—校正后的最大干密度（g/cm³），精确至 0.01；

p_{dm}—用粒径小于 40mm 的土样试验所得的最大干密度（g/cm³）；

p—试样中粒径大于 40mm 颗粒的百分率（%）；

G'_s—粒径大于 40mm 颗粒的毛体积相对密度，精确至 0.01。

最佳含水率按式（27）校正：

$$w'_0 = w_0(1-p) + pw_2 \tag{27}$$

式中：w'_0—校正后的最佳含水率（%），精确至 0.01；

w_0—用粒径小于 40mm 的土样试验所得的最佳含水率（%）；

p—试样中粒径大于 40mm 颗粒的百分率（%）；

w_2—粒径大于 40mm 颗粒的吸水率（%）。

（5）精密度与允许差

含水率需进行两次平行测定，取其算术平均值，其允许平行差值应符合表 3-6 规定。

表3-6　含水率测定的允许平行差值

含水率（%）	允许平行差值（%）	含水率（%）	允许平行差值（%）	含水率（%）	允许平行差值（%）
5以下	0.3	40以下	≤1	40以上	≤2

第二节 土的承载比（CBR）试验

一、基础内容概述

CBR 又称加州承载比，由美国加利福尼亚州公路局首先提出，是评定土基及路面基层材料承载能力的指标。承载能力以材料抵抗局部荷载压入变形的能力表征，并采用高质量标准碎石为标准，以它们的相对比值作为 CBR 值。是指试料在一定面积的贯入杆作用下，贯入量达 2.5mm 和 5.0mm 时，单位压力与标准碎石压入相同贯入量时的标准荷载强度的比值。在国外多采用 CBR 作为路面材料和路基土的设计参数，我国将其作为评定土基和路面材料强度的指标之一。

为了合理地选择路基填料，确保路基的强度和稳定性，《公路路基设计规范》和《公路沥青路面设计规范》中都规定了路基填料的最小强度（即 CBR 值）要求，见表 3-7。在路基施工之前，必须对所用填料进行 CBR 试验。

表3-7 路基填料最小强度（CBR）值

项目分类	路面底面以下深度（m）	填料最小强度CBR值（%）			压实度（%）		
		高速公路、一级公路	二级公路	三、四级公路	高速公路、一级公路	二级公路	三、四级公路
填方路基	0 ~ 0.3	8	6	5	≥96	≥95	≥94
	0.3 ~ 0.8	5	4	3	≥96	≥95	≥94
零填及挖方路基	0 ~ 0.3	8	6	5	≥96	≥95	≥94
	0.3 ~ 0.8	5	4	3	≥96	≥95	≥94

CBR 试验分室内试验和现场试验两种。CBR 试验的基本原理是用一个端部面积为 $19.8cm^2$ 的标准压头以 0.127cm/min 的速度压入土或路面材料中，直至贯入一定深度为止，并记录贯入深度相应的压力值 P，进行 CBR 值计算，其计算公式如下：

$$CBR = \frac{p}{p_s} \times 100\% \qquad (28)$$

式中：p—对应于某一贯入量的土基或路面材料的单位压力（MPa）；

p_s—对应于与上述贯入量相同的标准碎石的标准单位压力（kPa 或 MPa），如

表 3-8 所示。

表3-8　标准荷载与贯入量之间的关系

贯入量（mm）	标准荷载强度（kPa）	标准荷载（kN）
2.5	7000	13.7
5.0	10500	20.3
7.5	13400	26.3
10.0	16200	31.8
12.5	18300	36.0

二、承载比（CBR）试验

（一）目的和适用范围

该试验方法适用于在规定的试筒内制件后，对各种土和路面基层、底基层材料进行承载比试验。试样的最大粒径宜控制在 20mm 以内，最大不得超过 40mm 且含量不超过 5%。

（二）试样

将具有代表性的风干试料（必要时可在 50℃烘箱内烘干），用木碾捣碎，但应注意不得使土或粒料的单个颗粒破碎。土团应捣碎到通过 5mm 的筛孔。

采取有代表性的试料 50kg，用 40mm 筛除大于 40mm 的颗粒，并记录超尺寸颗粒的百分率。将已过筛的试料按四分法取出约 25kg。再用四分法将取出的试料分成 4 份，每份质量约 6kg，供击实试验和制试使用。

在做出实试验的前一天，取有代表性的试料测定其风干含水率。测定含水率用的试样数量可参照表 3-5 中的数量。

（三）试验步骤

（1）称试筒本身质量（m_1），将试筒固定在底板上，将垫块放入筒内，并在垫块上放一张滤纸，安上套环。

（2）将一份试料，按表 3-3 规定的层数和每层的基数进行击实，求试料的最大干密度和最佳含水率。

（3）将其余 3 份试料，按最佳含水率制备 3 个试件。将一份试料平铺于金属盘内，按事先计算得的该份试料应加的水量 [按式（22）计算] 均匀地喷洒试料。

用小铲将试料充分拌和到均匀状态，然后装入密闭容器或塑料口袋内浸润备用。

浸润时间：重黏土不得少于 24h；轻黏土可缩短到 12h；砂土可缩短到 1h；

天然砂砾可缩短到 2h 左右。

制每个试件时，都要取样测定试料的含水率。

（4）将试筒放在坚硬的地面上，取备好的试样分 3 次倒入筒内（视最大粒径而定）。按五层法时，每层需试样 900（细粒土）~ 1100g（粗粒土）；按三层法时，每层需试样 1700g 左右（其量应使出实后的试样高出 1/3 筒高 1 ~ 2mm）。整平表面，并稍加压紧，然后按规定的击实数进行第一层试样的击实，击实时锤应自由垂直落下，锤迹必须均匀分布于试样面上。第一层击实完后，将试样层面进行拉毛，然后再装入套筒，重复上述方法进行其余每层试样的击实。大试筒击实后，试样不宜高出筒高 10mm。

（5）卸下套环，用直刮刀沿试筒顶修平出实的试件，表面不平整处用细料修补。取出垫块，称试筒和试件的质量（m_2）。

（6）泡水测膨胀量的步骤如下：

①在试件制成后，取下试件顶面的破残滤纸，放一张好滤纸，并在上面安装附有调节杆的多孔板，在多孔板上加 4 块荷载板。

②将试筒与多孔板一起放入水槽内（先不放水），并用拉杆将模具拉紧，安装百分表，并读取初始读数。

③向水槽内放水，使水自由进到试件的顶部和底部。在泡水期间，槽内水面应保持在试件顶面以上大约 25mm，通常试件要泡水 4 昼夜（96h）。

④泡水终了时，读取试件上百分表的终读数，并用式（29）计算膨胀量。

$$膨胀量 = \frac{泡水后试件高度变化}{原试件高(120mm)} \times 100\% \tag{29}$$

⑤从水槽中取出试件，倒出试件顶面的水，静置 15min，让其排水，然后卸去附加荷载板和多孔板、底板和滤纸，并称其质量（m_3），以计算试件的湿度和密度的变化。

（7）贯入试验的步骤如下。

①将泡水试验终了的试件置于路面材料强度试验仪的升降台上，调整扁球座，使贯入杆与试件顶面全部接触。在贯入杆周围放置 4 块荷载板。

②先在贯入杆上施加 45N 荷载，然后将测力和测变形的百分表的指针都调至整数，并记录起始读数。

③加荷使贯入杆以 1 ~ 1.25mm/min 的速度压入试件，同时记录 3 个百分表的读数。记录测力计内百分表某些整读数（如 20、40、60……）时的贯入量。并注意使灌入量为 250×10^{-2}mm 时，能有 5 个以上的读数。因此，测力计内百分表的第一个读数对应的贯入量应为 30×10^{-2}mm 左右。

（四）结果整理

（1）以单位压力（p）为横坐标，贯入量（1）为纵坐标，绘制 p–l 关系曲线，如图 3-3 所示。图上曲线 1 是合适的。曲线 2 开始段是凹曲线，需要进行修正。修正时，在变曲率点引一切线，与纵坐标交于 O′ 点，O′ 即为修正后的原点。

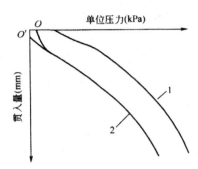

图3-3　荷载压强与贯入量关系曲线

（2）一般采用贯入量为 2.5mm 时的单位压力与标准压力之比作为材料的承载比（CBR），即：

$$CBR = \frac{p}{7000} \times 100\% \qquad (30)$$

式中：CBR—承载比（％），精确至 0.1；

p—单位压力（kPa）。

同时计算贯入量为 5mm 时的承载比：

$$CBR = \frac{p}{10500} \times 100\% \qquad (31)$$

如贯入量为 5 时的承载比大于 2.5mm 时的承载比，则试验要重做。如结果仍然如此，则采用 5mm 时的承载比。

（3）试件的湿密度用式（32）计算：

$$p = \frac{m_2 - m_1}{2177} \qquad (32)$$

式中：p—试件的湿密度（g/cm³），精确至 0.01；

m_2—试筒和试件的合质量（g）；

m_1—试筒的质量（g）；

2177—试筒的容积（cm³）。

（4）试件的干密度用式（33）计算：

$$p_d = \frac{p}{1+w}$$ （33）

式中：P_d—试件的干密度（g/cm^3），精确至 0.01；

w—试件的含水率（%）。

（5）泡水后试件的吸水量按式（34）计算：

$$w_a = m_3 - m_2$$ （34）

式中：w_a—泡水后试件的吸水量（g）；

m_3—泡水后试筒和试件的合质量（g）；

m_2—试筒和试件的合质量（g）。

（6）精密度和允许差：

若根据 3 个平行试验结果计算得的承载比变异系数 C_v 大于 12%，则去掉一个偏离大的值，取其余两个结果的平均值；如 C_v 小于 12%，且 3 个平行试验结果计算得的干密度的偏差小于 0.03g/cm^3，则取 3 个结果的平均值。如 3 个平行试验结果计算得的干密度的偏差超过 0.03g/cm^3，则去掉一个偏离大的值，取其余两个结果的平均值。

第三节 土的回弹模量试验

一、承载办法

（一）目的和适用范围

该试验适用于不同湿度和密度的细粒土。

（二）试样

该试验按击实试验分别采用不同的方法制备试样，根据工程要求选择轻型或重型法，视最大粒径用小筒或大筒进行击实试验，得出最佳含水率和最大干密度，然后按最佳含水率用上述试筒击实制备试件。

（三）试验步骤

（1）安装试样：将试件和试筒的底面放在杠杆压力仪的底盘上；将承载板放在试件中央（位置）并与杠杆压力仪的加压球座对正；将千分表固定在立柱上，将表的测头安放在承载板的表架上。

（2）预压：在杠杆仪的加载架上施加砝码，用预定的最大单位压力 p 进行预压。含水率大于塑限的土，p=50 ~ 100kPa；含水率小于塑限的土，p=100 ~ 200kPa。预压进行 1 ~ 2 次，每次预压 1min。预压后调正承载板位置，并将千分表调到接近满量程的位置，准备试验。

（3）测定回弹量：

将预定最大单位压力分成 4 ~ 6 份，作为每级加载的压力。每级加载时间为 1min 时，记录千分表读数，同时卸载，让试件恢复变形，卸载 1min 时，再次记录千分表读数，同时施加下一级荷载。如此逐级进行加载卸载，并记录千分表读数，直至最后一级加载。为使试验曲线开始部分比较准确，第一、二级荷载可为其他级的一半。试验的最大压力也可略大于预定压力。

（四）结果整理

（1）计算每级荷载下的回弹变形 l：

l= 加载读数 – 卸载读数

（2）以单位压力为横坐标（向右），回弹变形 l 为纵坐标（向下），绘制 p–l 曲线。

（3）按式（35）计算每级荷载下的回弹模量：

$$E = \frac{\pi pD}{4l}\left(1 - \mu^2\right) \tag{35}$$

式中：E—回弹模量（kPa）；

p—承载板上的单位压力（kPa）；

D—承载板直径（cm）；

l—相当于单位压力的回弹变形（cm）；

μ—细粒土的泊松比，取 0.35。

（4）每个试样的回弹模量由 p–l 曲线上直线段的数值确定。

（5）对于较软的土，如果 p–l 曲线不通过原点，允许将初始直线段与纵坐标轴的交点当作原点，修正各级荷载下的回弹变形和回弹模量。

（6）精密度和允许差：

土的回弹量由 3 个平行试验的平均值确定，每个平行试验结果与均值回弹模量相差均不得超过 5%。

二、强度仪法

（一）目的和适用范围

该试验使用不同湿度、密度的细粒土及其加固土。

（二）试样

用上述带螺栓孔的试筒，采用不同的方法击实制备试件，制备方法与击实试验相同。根据工程要求选择轻型或重型法，视最大粒径用小筒或大筒进行击实试验，得出最佳含水率和最大干密度，然后按最佳含水率用上述试筒击实制备试件。

（三）试验步骤

（1）安装试样：将试件和试筒的底面放在强度仪的升降台上；将千分表支杆拧在试筒两侧的螺栓孔上，将承载板放在试件表面中央位置，并与强度仪的贯入杆对正；将千分表和表夹安装在支杆上，并将千分表测头安放在承载板两侧的支架上。

（2）预压：摇动摇把，用预定的试验最大单位压力进行预压。含水率大于塑限的土，p=50 ~ 100kPa；含水率小于塑限的土，p=100 ~ 200kPa。预压进行1 ~ 2次，每次预压1min。预压后调正承载板位置，并将千分表调到接近满量程的位置，准备试验。

（3）测定回弹模量：

①将预定最大单位压力分成4 ~ 6份，作为每级加载的压力。由每级压力计算测力计百分表读数，按照百分表读数逐级加载。

②加载卸载；将预定最大单位压力分成4 ~ 6份，作为每级加载的压力。每级加载时间为1min时，记录千分表读数，同时卸载，让试件恢复变形，卸载1min时，再次记录千分表读数，同时施加下一级荷载。如此逐级进行加载卸载，并记录千分表读数，直至最后一级加载。为使试验曲线开始部分比较准确，第一、二级荷载可为其他级的一半。试验的最大压力也可略大于预定压力。

如果试样较硬，预定的p值可能偏小，此时可不受值p的限制，增加加载级数，至需要的压力为止。

（四）结果整理

（1）计算每级荷载下的回弹变形l：

l= 加载读数 – 卸载读数

（2）以单位压力p为横坐标（向右），回弹变形l为纵坐标（向下），绘制p-l曲线。如图3-4所示。

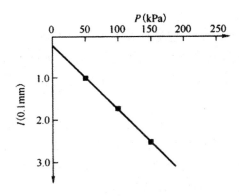

图3-4 单位压力与回弹变形（p-l）的关系曲线

（3）按式（36）计算每级荷载下的回弹模量：

$$E = \frac{\pi p D}{4L}\left(1 - \mu^2\right) \qquad (36)$$

式中：E—回弹模量（kPa）；

p—承载板上的单位压力（kPa）；

D—承载板直径（cm）；

l—相应于单位压力的回弹变形（cm）；

μ—细粒土的泊松比，取 0.35；对于具有一定龄期的加固土，取 0.25 ~ 0.30。

（4）每个试样的回弹模量由 p-l 曲线上直线段的数值确定。

（5）对于较软的土，如果 p-l 曲线不通过原点，允许将初始直线段与纵坐标轴的交点当作原点，修正各级荷载下的回弹变形和回弹模量。

（6）精密度和允许差：

土的回弹模量由 3 个平行试验的平均值确定，每个平行试验结果与均值回弹模量相差均不得超过 5%。

第四节　土的直接剪切试验

一、黏质土的慢剪试验

（一）目的和适用范围

该试验方法适用于测定黏质土的抗剪强度指标。

113

（二）试验步骤

（1）按规定制备试样，每组试样制备不少于 4 个。

（2）对准剪切容器上下盒，插入固定销，在下盒内放透水石和滤纸，将带有试样的环刀刃向上，对准剪盒口，在试样上放滤纸和透水石，将试样小心地推入剪切盒内。

（3）移动传动装置，使上盒前端钢珠刚好与测力计接触，依次加上传压板、加压框架，安装垂直位移量测装置，记录初始读数。

（4）根据工程实际和土的软硬程度施加各级垂直压力，然后向盒内注水，当试样为非饱和试样时，应在加压板周围包以湿棉花。

（5）施加垂直压力，每 1h 记录垂直变形一次。试样固结稳定时的垂直变形值为：黏质土垂直变形每 1h 不大于 0.005mm。

（6）拔去固定销，以小于 2mm/min 的速度进行剪切，并每隔一定时间记录测力计百分表读数，直至剪损。

（7）试样剪损时间可按式（37）估算：

$$t_f = 50t_{50} \tag{37}$$

式中：t_f—达到剪损所经历的时间（min）；

t_{50}—固结度达到 50% 所需的时间（min）。

（8）当测力计百分表读数不变或后退时，继续剪切至剪切位移为 4mm 时停止，记下破坏值。当剪切过程中测力计百分表无峰值时，剪切至剪切位移达 6mm 时停止。

（9）剪切结束，吸去盒内的水，退掉剪切力和垂直压力，移动压力框架，取出试样，测定其含水率。

（三）结果整理

（1）剪切位移按式（38）计算：

$$\Delta l = 20n - R \tag{38}$$

式中：Δl—剪切位移（0.01mm），精确至 0.1；

n—手轮转数；

R—百分表读数。

（2）剪应力按式（39）计算：

$$\tau = CR \tag{39}$$

式中：τ—剪应力（kPa），精确至 0.1；

C—测力计校正系数（kPa/0.01mm）。

（3）以垂直压力 P 为横坐标，抗剪强度 S 为纵坐标，将每一试样的最大抗剪强度点绘在坐标纸上，并连成一直线。此直线的倾角为摩擦角 φ，纵坐标上的截距为凝聚力 c。如图 3-5 所示。

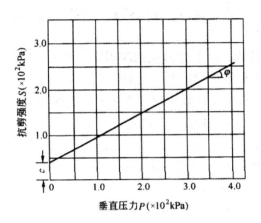

图3-5　抗剪强度与垂直压力的关系曲线

（4）以剪应力 τ 为纵坐标，剪切位移 Δl 为横坐标，绘制 $\tau - \Delta l$ 的关系曲线。如图 3-6 所示。

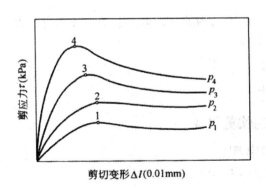

图3-6　剪应力 τ 与剪切位移 Δl 的关系曲线

二、黏质土的固结快剪试验

（一）目的和适用范围

适用于渗透系数小于 10^{-6}cm/s 的黏质土。

（二）试样

同黏质土的慢剪试验。

（三）试验步骤

（1）按规定制备试样，每组试样制备不少于 4 个。

（2）对准剪切容器上下盒，插入固定销，在下盒内放透水石和滤纸，将带有试样的环刀刃向上，对准剪盒口，在试样上放滤纸和透水石，将试样小心地推入剪切盒内。

（3）移动传动装置，使上盒前端钢珠刚好与测力计接触，依次加上传压板、加压框架，安装垂直位移量测装置，记录初始读数。

（4）根据工程实际和土的软硬程度施加各级垂直压力，然后向盒内注水；当试样为非饱和试样时，应在加压板周围包以湿棉花。

（5）施加垂直压力，每 1h 记录垂直变形一次。试样固结稳定时的垂直变形值为：黏质土垂直变形 1h 不大于 0.005mm。

（6）拔去固定销，以 0.8mm/min 的速度进行剪切，在 3 ~ 5min 内减损，并每隔一定时间记录测力计百分表读数，直至剪损。

（7）试样剪损时间可按式（37）估算。

（8）当测力计百分表读数不变或后退时，继续剪切至剪切位移为 4mm 时停止，记下破坏值。当剪切过程中测力计百分表无峰值时，剪切至剪切位移达 6mm 时停止。

（9）剪切结束，吸去盒内的水，退掉剪切力和垂直压力，移动压力框架，取出试样，测定其含水率。

（四）结果整理

同黏质土慢剪试验。

三、黏质土的快剪试验

（一）目的和适用范围

适用于渗透系数小于 10^{-6}cm/s 的黏质土。

（二）试样

同黏质土的慢剪试验。

（三）试验步骤

（1）按规定制备试样，每组试样制备不少于 4 个。

（2）对准剪切容器上下盒，插入固定销，在下盒内放透水石和滤纸，将带有试样的环刀刃向上，对准剪盒口，在试样上放滤纸和透水石，将试样小心地推入剪切盒内。

（3）移动传动装置，使上盒前端钢珠刚好与测力计接触，依次加上传压板、加压框架，安装垂直位移量测装置，记录初始读数。

（4）根据工程实际和土的软硬程度施加各级垂直压力，然后向盒内注水，当试样为非饱和试样时，应在加压板周围包以湿棉花。

（5）施加垂直压力，拔出固定销，以 0.8mm/min 的速度进行剪切。

（6）当测力计百分表读数不变或后退时，继续剪切至剪切位移为 4mm 时停止，记下破坏值。当剪切过程中测力计百分表无峰值时，剪切至剪切位移达 6mm 时停止。

（7）剪切结束，吸去盒内的水，退掉剪切力和垂直压力，移动压力框架，取出试样，测定其含水率。

（四）结果整理

同黏质土慢剪试验。

四、砂类土的直剪试验

（一）目的和适用范围

适用于砂类土。

（二）试样

（1）取过 2mm 筛的风干砂 1200g，并按规定制备砂样。

（2）根据预定的试样干密度称取每个试样的风干砂质量，准确至 0.1g，每个试样的质量按式（40）计算：

$$m = V\rho_d \tag{40}$$

式中：V—试样体积（cm^3）；

p_d—规定的干密度（g/cm^3）；

m—每一试件所需风干砂的质量（g）。

（三）试验步骤

（1）对准剪切容器上下盒，插入固定销，放入透水石。

（2）将试样倒入剪切容器内，放上硬木块，用手轻轻敲打，使试样达到预定干密度，取出硬木块，拂平砂面。

（3）试样剪切按黏质土的固结快剪试验方法进行。

（4）试验结束后，顺次卸除垂直压力、加压框架、钢珠、传压板。清除试样，并擦洗干净，以备下次应用。

（5）砂类土的计算按黏质土慢剪试验进行。

如欲求砂类土在某一干密度下的抗剪强度，则以抗剪强度为纵坐标，垂直压力为横坐标，绘制在一定干密度下的抗剪强度与垂直压力的关系曲线，如图 3-7

所示。

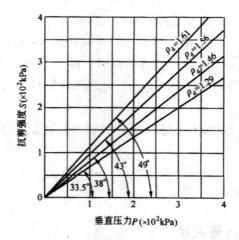

图3-7　抗剪强度与垂直压力的关系曲线

如欲求砂类土在某一垂直压力下的抗剪强度，则以干密度为横坐标，抗剪强度为纵坐标，绘制一定垂直压力下的抗剪强度与干密度的关系曲线，如图 3-8 所示。

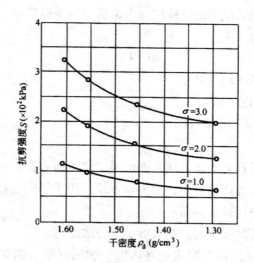

图3-8　抗剪强度与干密度的关系曲线

第五节　土的三轴压缩试验

一、不固结不排水试验

（一）目的和适用范围

不固结不排水（UU）试验在施加周围压力和增加轴向压力直至土样破坏的过程中均不允许试样排水。本试验适用于测定黏质土和砂类土的总抗剪强度参数 c_u、ϕa。

（二）试验步骤

（1）在压力室底座依次放上不透水板、试样及试样帽，将橡皮膜套在试样外，并将橡皮膜两端与底座及试样帽分别扎紧。

（2）装上压力室罩，向压力室内注满纯水，关排气阀，保证压力室内没有残留气泡，并将活塞对准测力计和试样顶部。

（3）关排水阀，开周围压力阀，施加周围压力，周围压力值应与工程实际荷载相适应，最大一级周围压力应与最大实际荷载大致相等。

（4）转动手轮，使试样帽与活塞及测力计接触，装上变形百分表，将测力计和变形百分表读数调至零位。

（三）试样剪切

（1）剪切应变速率宜为每分钟 0.5%～1%。

（2）启动电动机，接上离合器，开始剪切。试样每产生 0.3%～0.4% 的轴向应变，记录一次测力计读数和轴向应变。当轴向应变大于 3% 时，每隔 0.7%～0.8% 的应变值记录一次读数。

（3）当测力计读数出现峰值时，剪切应继续进行至超过 5% 的轴向应变为止。当测力计读数无峰值时，剪切应进行到轴向应变为 15%～20%。

（4）试验结束后，先关闭周围压力阀，关闭电动机，拨开离合器。倒转手轮，然后打开排气孔，排除受压室内的水，拆除试样，描述试样破坏形状，称试样质量，并测定含水率。

（四）结果整理

（1）轴向应变按式（41）计算：

$$\varepsilon_1 = \frac{\Delta h_i}{h_0} \tag{41}$$

式中：ε_1—轴向应变值（%）；

Δh_i—剪切过程中的高度变化（mm）；

h_0—试样的起始高度（mm）。

（2）试样面积的校正按式（42）计算：

$$A_a = \frac{A_0}{1-\varepsilon_1} \qquad (42)$$

式中：A_a—试样的校正断面积（cm^2）；

A_0—试样的初始断面积（cm^2）。

（3）主应力差按式（43）计算：

$$\sigma_1 - \sigma_3 = \frac{CR}{A_a} \times 10 \qquad (43)$$

式中：σ_1—大主应力（kPa）；

σ_3—小主应力（kPa）；

C—测力计校正系数（N/0.01mm）；

R—测力计读数（0.01mm）。

（4）轴向应变与主应力差的关系曲线应在直角坐标纸上绘制。

以（$\sigma_1 - \sigma_3$）的峰值为破坏点，无峰值时，取15%轴向应变时的主应力差值作为破坏点。以法向应力为横坐标，剪应力为纵坐标，在横坐标上以（$\sigma_{1f} + \sigma_{3f}$）/2为圆心，以（$\sigma_{1f} - \sigma_{3f}$）/2为半径（f注脚表示破坏），在$\tau - \sigma$应力平面图上绘制破损应力圆，并绘制不同周围压力下破损应力圆的包线。求出固结不排水强度参数。

二、固结不排水试验

（一）目的和适用范围

固结不排水（CU 或 $\overline{CU}$）试验是使试样先在某一周围压力作用下排水固结，然后在保持不排水的情况下，增加轴向压力直至破坏。适用于测定黏质土和砂类土的总抗剪强度参数C_{CU}、φ_{cu}或有效抗剪强度参数C'、ϕ'及孔隙压力系数。

（二）试样安装

（1）开孔隙水压力阀和排水阀，对孔隙水压力系统及压力室底座充水排气后，关孔隙水压力阀和排水阀。压力室底座上依次放上透水板、滤纸、试样及试样帽。试样周围贴浸湿的滤纸条，套上橡皮膜，将橡皮膜下端与底座扎紧。从试样底部充水，排除试样与橡皮膜之间的气泡，并将橡皮膜上部与试样帽扎紧。降低排水管，使管内水面位于试样中心以下 20 ～ 40cm，吸除余水，关排水阀。需要测定应力应变时，应在试样与透水板之间放置中间夹有硅脂的两层圆形橡皮膜，膜中间应留直径为 1cm 的圆孔排水。

（2）安装压力室罩，充水，提高排水管，保证压力室内没有残留气泡，并将活塞对准测力计和试样顶部。提高排水管，使管内水面与试样高度的中心齐平，记录排水面读数。

（3）开孔隙水压力阀，使孔隙水压力值等于大气压力，关闭孔隙水压力阀。

（4）在压力室底座依次放上不透水板、试样及试样帽，将橡皮膜套在试样外，并将橡皮膜两端与底座入试样帽分别扎紧。

（5）装上压力室罩，向压力室内注满纯水，关排气阀，保证压力室内没有残留气泡，并将活塞对准测力计和试样顶部。

（6）关排水阀，开周围压力阀，施加周围压力，周围压力值应与工程实际荷载相适应，最大一级周围压力应与最大实际荷载大致相等。

（7）转动手轮，使试样帽与活塞及测力计接触，装上变形百分表，将测力计和变形百分表读数调至零位。

（8）调整轴向压力、轴向应变和孔隙水压力为零点，并记下体积变化量管的读数，当需要施加反压力时，按不固结不排水试验的步骤施加。

（三）试样排水固结

（1）开孔隙水压力阀，测定孔隙水压力。开排水阀。当需要测定排水过程时，按 0s、15s、1min、2min、4min、6min、9min、12min、16min、20min、25min、35min、45min、60min、90min、2h、4h、10h、23h、24h 记录排水管水面及孔隙水压力值，直至孔隙水压力消散 95% 以上。固结完成后，关排水阀，记录排水面读数和孔隙水压力读数。

（2）微调压力机升降台，使活塞与试样接触，此时轴向变形百分表的变化值为试样固结时的高度变化。

（四）试样剪切

（1）将轴向测力计、轴向变形百分表和孔隙水压力表读数均调至零位。

（2）选择剪切应变速率，进行剪切。黏质土每分钟应变为 0.055% ～ 0.1%；粉质土每分钟应变为 0.1% ～ 0.5%。

（3）轴向压力、轴向变形和孔隙水压力，按不固结不排水试验的规定进行记录。

（4）试验结束，关电动机和各阀门，开排气阀，排除压力室的水，拆除试样，描述试样破坏形状。称试样质量，并测定含水率。

（五）结果整理

（1）试样固结的高度按式（44）计算：

$$h_c = h_0\left(1 - \frac{\Delta V}{V_0}\right)^{\frac{1}{3}}$$ （44）

式中：$h:c$—试样固结后的高度（cm）；

ΔV—试样固结后与固结前的体积变化（cm^3）；

h_0—试样的起始高度（mm）。

（2）试样固结后的面积按式（45）计算：

$$A_c = A_0\left(1 - \frac{\Delta V}{V_0}\right)^{\frac{2}{3}}$$ （45）

式中：A_c—试样固结后的断面积（cm^2）。

（3）剪切时试样的校正面积按式（46）计算：

$$A_a = \frac{A_c}{1 - \varepsilon_1}$$ （46）

（4）主应力差按不固结不排水试验的方法计算。

（5）有效主应力比按下列公式计算。

①有效大主应力：

$$\sigma_1' = \sigma_1 - u$$ （47）

式中：σ_1'—有效大主应力（kPa）；

u—孔隙水压力（kPa）。

②有效小主应力：

$$\sigma_3' = \sigma_3 - u$$ （48）

③有效主应力比：

$$\frac{\sigma_1'}{\sigma_3'} = 1 + \frac{\sigma_1' - \sigma_3'}{\sigma_3'}$$ （49）

（6）孔隙水压力系数按式（50）和式（51）计算。

①初始孔隙水压力系数：

$$B = \frac{u_0}{\sigma_3}$$ （50）

式中：B—初始孔隙水压力系数；

u_0—初始周围压力产生的孔隙水压力（kPa）。

②破坏时孔隙水压力系数：

$$A_f = \frac{u_f}{B(\sigma_1 - \sigma_3)_f} \tag{51}$$

式中：A_f—破坏时的孔隙水压力系数；

u_f—土样破坏时，主压力差产生的孔隙水压力（kPa）。

（7）绘制轴向应变与主应力差的关系曲线，如图3-9所示。

（8）绘制轴向应变与有效主应力比的关系曲线，如图3-10所示。

（9）绘制轴向应变与孔隙水压力的关系曲线，如图3-11所示。

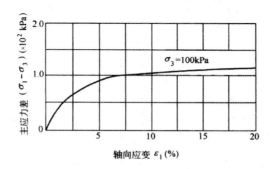

图3-9　主应力差与轴向应变的关系曲线

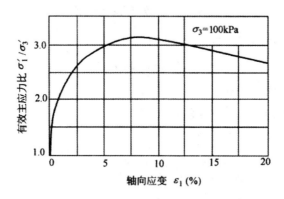

图3-10　有效主应力比与轴向应变的关系曲线

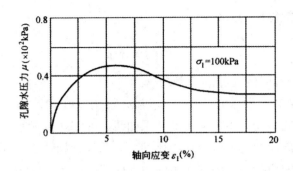

图3-11　孔隙水压力与轴向应变的关系曲线

（10）绘制有效应力路径曲线，并计算有效摩擦角和有效黏聚力。如图 3-12 所示。

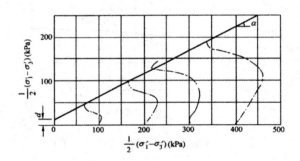

图3-12　有效应力路径曲线

有效摩擦角按式（52）计算：

$$\phi' = \sin^{-1} \tan a \qquad (52)$$

式中：φ'—有效摩擦角；

a—应力路径图上破坏点连线的倾角。

有效黏聚力按式（53）计算：

$$C' = \frac{d}{\cos \phi'} \qquad (53)$$

式中：C'—有效黏聚力（kPa）；

d—应力路径图上破坏点连线在纵坐标上的截距（kPa）。

（11）破坏应力圆、摩擦角和黏聚力按不固结不排水试验的方法绘制和确定。有效摩擦角和有效黏聚力，应根据以（$\sigma'_{1f} + \sigma'_{3f}$）/2 为圆心，（$\sigma'_{1f} - \sigma'_{3f}$）/2 为半径绘制的有效破损应力圆确定。如图 3-13 所示。

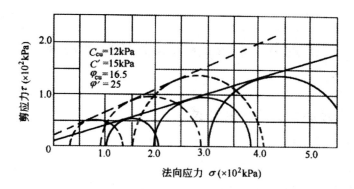

图3-13 固结不排水剪强度包线

三、固结排水试验

（一）目的和适用范围

固结排水试验（CD）是使试样先在某一周围压力作用下排水固结，然后在允许试样充分排水的情况下增加轴向压力直至破坏。适用于测定黏质土和砂类土的抗剪强度参数 C_d 和 φ_d。

（二）试样的安装、固结和剪切

试样的安装、固结和剪切，应按固结不排水试验的相应规定进行。但在剪切过程中应打开排水阀，剪切速率采用每分钟应变 0.003% ~ 0.012%。

（三）结果整理

（1）试样固结后的高度和面积应按固结不排水试验的相应公式计算。

（2）剪切时试样的校正面积按式（54）计算：

$$A_a = \frac{V_c - \Delta V_i}{h_c - \Delta h_i} \tag{54}$$

式中：ΔV_i——剪切过程中试样的体积变化（cm^3）；

Δh_i——剪切过程中试样的高度变化（cm）。

（3）主应力差按不固结不排水试验的公式计算。

（4）有效主应力比和孔隙水压力系数按固结不排水试验的相应公式计算。

（5）轴向应变与主应力差的关系曲线，以及轴向应变与主应力比的关系曲线应按固结不排水试验的相应规定绘制。

（6）破损应力圆、摩擦角和黏聚力按不固结不排水试验的规定绘制和确定。

第六节　软土地基处置及检测技术

一、软土地基处置的一般要求

在软土地基处置中，一般应达到下列要求：

（1）软基处置的施工必须确保施工质量，科学地做好施工组织设计，加强工地技术管理，严格按照有关的操作规程实施，认真做好工程质量检查和验收工作。

（2）软基处置施工前，应先完成下列工作：

①收集并熟悉有关施工图、工程地质报告、土工试验报告和地下管线、构造物等资料。

②编制施工组织设计或施工大纲。

③原材料、半成品、成品的检验。

④施工机械设备的调试。

⑤必要的成桩试验。

（3）软基处治施工前应做好施工期间的排水措施，对常年地表积水、水塘地段，应按设计要求先做好抽水、清淤、回填工作。

（4）软土地基处置材料的选用，应贯彻因地制宜、就地取材的原则。所有运至工地的材料必须分类堆放，妥善保管，按有关标准进行质量检验，不合格材料不得用于工程。

（5）在施工中应遵循"按图施工"的原则和"边观察、边分析"的方法，如发现现场地质情况与设计提供资料不符或原设计的处置方式因故不能实施需改变设计时，应及时报告监理并根据有关规定报请变更设计。

（6）软基处治施工中应认真做好原始记录，积累资料，不断总结经验，提高软基处治施工技术水平。采用新技术、新工艺、新机具、新材料、新测试方法时，必须制定不低于规范水平的质量标准和工艺要求。

（7）软基处置施工，须严格执行有关安全、劳保和环境保护等规定。

二、软土地基处治施工方法及质量要求

（一）基本要求

（1）换填地基的填筑压实要求同土方路基。

（2）抛石挤淤：应使用不易风化的石料抛填，石料尺寸一般不宜小于30cm。方向根据软土下卧地层横坡而定。

（3）砂垫层：砂的规格和质量必须符合设计要求和规范规定，适当洒水，分层压实。砂垫层宽度应宽出路基边角0.5～1.0m，两侧端以片石护砌；砂垫层厚度及其上铺设的反滤层应符合设计要求。

（4）土工布：土工布质量应符合设计要求，在平整的下承层上全断面铺设。土工布应拉直平顺，紧贴下承层；锚固端施工应符合设计要求；接缝搭接黏合强度应符合要求；上、下层土工布的搭接缝应交替错开。

（5）反压护道：填筑材料、护道高度、宽度应符合设计要求，压实度不低于90%。

（6）袋装砂井、塑料排水板：砂的质量、规格、砂袋织物质量和塑料排水板质量必须符合设计要求；砂袋和塑料排水板下沉时不得出现纽结、断裂等现象；井（板）底高程必须符合设计要求，其顶端必须按规范要求伸入砂垫层。

（7）碎石桩：碎石材料应符合规范要求；设置碎石桩时，应严格按试桩结果控制电流和振冲器的留振时间，分批加入碎石，注意振密振实效果，防止发生"断桩"或"颈缩桩"。

（8）砂桩：砂料应符合规定要求；砂的含水率应根据成桩方法合理确定；应确保桩体连续、密实。

（9）粉喷桩：水泥应符合设计要求；根据成桩试验确定的技术参数进行施工；严格控制喷粉时间、停粉时间和水泥喷入量，不得中断喷粉，确保粉喷桩长度。桩身上部范围内必须进行二次搅拌，确保桩身质量；发现喷粉量不足时，应整桩复打；喷粉中断时，复打重叠孔段应大于1m。

（10）软土地基上的路堤，应在施工过程中进行沉降观测和稳定性观测，并根据观测结果对路堤填筑速率和预压期等做必要调整。

（二）实测项目

（1）砂垫层实测项目，见表3-9。

表3-9　砂垫层实测项目

项次	检查项目	规定值或允许偏差	检查方法和频率	权值
1	砂垫层厚度（mm）	不小于设计	每200m检查4处	3
2	砂垫层宽度（mm）	不小于设计	每200m检查4处	1
3	反滤层设置	符合设计要求	每200m检查4处	1
4	压实度（%）	90	每200m检查4处	2

（2）袋装砂井、塑料排水板实测项目，见表3-10。

表3-10 袋装砂井、塑料排水板实测项目

项次	检查项目	规定值或允许偏差	检查方法和频率	权值
1	井（板）间距（mm）	±150	抽查2%	2
2	井（板）长度（mm）	不小于设计	查施工记录	3
3	竖直度（%）	1.5	查施工记录	2
4	砂井直径（mm）	+10，-0	挖验2%	1
5	灌砂量（%）	-5	查施工记录	2

（3）碎石桩（砂桩）实测项目，见表3-11。

表3-11 碎石桩（砂桩）实测项目

项次	检查项目	规定值或允许偏差	检查方法和频率	权值
1	桩距（mm）	±150	抽查2%	1
2	桩径（mm）	不小于设计	抽查2%	2
3	桩长（m）	不小于设计	查施工记录	3
4	竖直度（%）	1.5	查施工记录	2
5	灌石（砂）量	不小于设计	查施工记录	2

（4）粉喷桩实测项目，见表3-12。

表3-12 粉喷桩实测项目

项次	检查项目	规定值或允许偏差	检查方法和频率	权值
1	桩距（mm）	±100	抽查2%	1
2	桩径（mm）	不小于设计	抽查2%	2
3	桩长（m）	不小于设计	查施工记录	3
4	竖直度（%）	1.5	查施工记录	1
5	单桩喷粉量	符合设计要求	查施工记录	3
6	强度（kPa）	不小于设计	抽查5%	3

（三）外观鉴定

（1）砂垫层表面坑洼不平时，每处减1~2分。

（2）袋装砂井、塑料排水板间距均匀。不符合要求时，每处减2分。

（3）碎石桩、粉喷桩间距均匀。不符合要求时，每处减2分。

第四章　路面基层与底基层试验检测

第一节　无机结合料稳定材料取样方法

一、适用范围

适用于无机结合料稳定材料室内试验、配合比设计以及施工过程中的质量抽检等。该方法规范了无机结合料及稳定材料的现场取样操作。

二、分料

可用下列方法将整个样品缩减到每个试验所需材料的合适质量。

1. 四分法

（1）需要时应加清水使主样品变湿。充分拌和主样品：在清洁、平整、坚硬的表面上将试料堆成一个圆锥体，用铲翻动此锥体并形成一个新锥体，这样重复进行3次。在形成一个锥体堆时，铲中的料要放在锥顶，使滑到边部的那部分料尽可能分布均匀，使锥体的中心不移动。

（2）将平头铲反复交错垂直插入最后一个锥体的顶部，使锥体顶变平，每次插入后提起铲时不要带有试料。沿两个垂直的直径，将已变成平顶的锥体料堆分成四部分，尽可能使这四部分料的质量相同。

（3）将对角的一对料（如一、三象限为一对，二、四象限为另一对）铲到一边，将剩余的一对料铲到一块。重复上述拌和以及缩减的过程，直到达到要求的试样质量。

2. 分料器法

如果集料中含有粒径2.36mm以下的细料，材料表面应该是干燥的。将材料充分拌和后通过分料器，保留一部分，将另一部分再次通过分料器。这样重复进行，直到将原样品缩减到需要的质量。

3．料堆取料

在料堆的上部、中部和下部各取一份试样，混合后按四分法分料取样。

4．试验室分料

（1）目标配合比阶段各种石料应逐级筛分，然后按设定级配进行配料。

（2）生产配合比阶段可采用四分法分料，且取料总质量应大于分料取样后每份质量的 4 ~ 8 倍。

5．施工过程中混合料取样

（1）在进行混合料验证时，宜在摊铺机后取料，且取料应分别来源于 3 ~ 4 台不同的料车，然后混合到一起进行四分法取样，进行无侧限抗压强度成型及试验。

（2）在评价施工离散性时，宜在施工现场取料。应在施工现场的不同位置按随机取样原则分别取样，对于结合料剂量还需要在同一位置的上层和下层分别取样，试样应单独成型。

第二节　无机结合料稳定土的击实试验

一、目的和适用范围

适用于在规定的试筒内，对水泥稳定材料（在水泥水化前）、石灰稳定材料及石灰或水泥粉煤灰稳定材料进行击实试验，以绘制稳定材料的含水率 – 干密度关系曲线，从而确定其最佳含水率和最大干密度。

试验集料的公称最大粒径宜控制在 37.5mm 以内（方孔筛）。

试验方法类别：该试验方法分 3 类，各类击实方法的主要参数列于表 4–1。

表4–1　试验方法类别

类别	锤的质量（kg）	捶击面直径（cm）	落高（cm）	试筒尺寸			击层数	每层锤击次数	平均单位击实功（J）	容许最大粒径（mm）
				内径（cm）	高（cm）	容积（cm³）				
甲	4.5	5.0	45	10	12.7	997	5	27	2.687	19.0
乙	4.5	5.0	45	15.2	12.0	2177	5	59	2687	19.0
丙	4.5	5.0	45	15.2	12.0	2177	3	98	2.677	37.5

二、试验准备

（1）将具有代表性的风干试料（必要时，也可以在 501 烘箱内烘干）用木棰捣碎或用木碾碾碎。土团均应捣碎到能通过 4.75mm 的筛孔，但应注意不得使粒料的单个颗粒破碎或不得使其破碎程度超过施工中拌和机械的破碎率。

（2）如试料是细粒土，将已捣碎的具有代表性的土过 4.75mm 的筛备用（用甲法或乙法试验）。

（3）如试料中含有粒径大于 4.75mm 的颗粒，则先将试料过 19mm 的筛，如存留在 19mm 筛上的颗粒的含量不超过 10%，则过 26.5mm 的筛备用（用甲法或乙法试验）。

（4）如试料中粒径大于 19mm 的颗粒含量超过 10%，则将试料过 37.5mm 的筛；如果存留在 37.5mm 筛上的颗粒的含量不超过 10%，则过 53mm 的筛备用（用丙法试验）。

（5）每次筛分后，均应记录超尺寸颗粒的百分含量 P。

（6）在做出实试验的前一天，取有代表性的试料测定其风干含水率。对于细粒土，试样应不少于 100g；对于中粒土，试样应不少于 1000g；对于粗粒土的各种集料，试样应不少于 2000g。

（7）在试验前用游标卡尺准确测量试模的内径、高和垫块的厚度，以计算试筒的容积。

三、试验步骤

（一）准备工作

在试验前应将试验所需的各种仪器设备准备齐全，测量设备应满足精度要求；调试击实仪器，检查其运转是否正常。

（二）甲法

（1）将已筛分的试样用四分法逐次缩减，至最后取出 10 ~ 15kg 试料。再用四分法将已取出的试料分成 5 ~ 6 份，每份试料的干质量为 2.0kg（细粒土）或 2.5kg（各种中粒土）。

（2）预定 5 ~ 6 个不同含水率，依次相差 0.5% ~ 1.5%，且其中至少有两个大于最佳含水率，两个小于最佳含水率。

（3）按预定含水率制备试样。将 1 份试料平铺于金属盘内，用事先计算得的该份试料中应加的水量均匀地喷洒试料，用小铲将试料充分拌和到均匀状态（如为石灰稳定材料、石灰粉煤灰综合稳定材料、水泥粉煤灰综合稳定材料和水泥石灰综合稳定材料，可将石灰、粉煤灰和试料一起拌匀），然后装入密闭容器或塑料口袋内浸润备用。

浸润时间要求：黏质土 12 ～ 24h；粉质土 6 ～ 8h；砂类土、砂砾土、红土砂砾、级配砂砾等可以缩短到 4h 左右；含土很少的未筛分碎石、砂砾和砂可缩短到 2h。浸润时间一般不超过 24h。

应加水量可按式（1）计算：

$$m_w = \left(\frac{m_s}{1+0.01w_n} + \frac{m_c}{1+0.01w_c} \right) \times 0.01w - \frac{m_n}{1+0.01w_n} \times 0.01w_n - \frac{m_c}{1+0.01w_c} \times 0.01w_c \quad (1)$$

式中：m_w—混合料中应加的水量（g）；

m_n—混合料中素土（或集料）的质量（g），其原始含水率为 w_n，即风干含水率（%）；

m_c—混合料中水泥或石灰的质量（g），其原始含水率为 w_c（%）（水泥的 w_c 通常很小，也可以忽略不计）；

w—要求达到的混合料含水率（%）。

（4）将所需要的稳定剂水泥加到浸润后的试料中，并用小铲、泥刀或其他工具充分拌和到均匀状态。水泥应在土样击实前逐个加入。加有水泥的试样拌和后，应在 1h 内完成下述击实试验，拌和后超过 1h 的试样，应予作废（石灰稳定材料和石灰粉煤灰稳定材料除外）。

（5）试筒套环与击实底板应紧密连接。将击实筒放在坚实地面上，用四分法取制备好的试样 400 ～ 500g（其量应使击实后的试样等于或略高于筒高的 1/5）倒入筒内，整平其表面并稍加压紧，然后将其安装到多功能自控电动击实仪上，设定所需锤击次数，进行第 1 层试样的击实。第 1 层击实完后，检查该层高度是否合适，以便调整以后几层的试样用量。用刮土刀或螺丝刀将已击实层的表面"拉毛"，然后重复上述做法，进行其余 4 层试样的击实。最后一层试样击实后，试样超出试筒顶的高度不得大于 6mm，超出高度过大的试件应作废。

（6）用刮土刀沿套环内壁削挖（使试样与套环脱离）后，扭动并取下套环。齐筒顶细心刮平试样，并拆除底板。如试样底面略突出筒外或有孔洞，则应细心刮平或修补。最后用工字形刮平尺齐筒顶和筒底将试样刮平。擦净试筒的外壁，称其质量 m_1。

（7）用脱模器推出筒内试样。自试样内部从上到下取 2 个有代表性的样品（可将脱出试件用锤打碎后，用四分法采取），测定其含水率，精确至 0.1%。2 个试样的含水率的差值不得大于 1%。所取样品的数量见表 4-2（如只取一个样品测定含水率，则样品的质量应为表列数值的 2 倍）。擦净试筒，称其质量 m₂。

表 4-2　测稳定土含水率的样品数量

最大粒径（mm）	样品质量（g）	最大粒径（mm）	样品质量（g）
2.36	约 50	37.5	约 1000
19	约 300		

烘箱的温度应事先调整到 110℃左右，以使放入的试样能立即在 105 ~ 110℃的温度下烘干。

（8）进行其余含水率下稳定材料的击实和测定工作。凡已用过的试样，一律不再重复使用。

（三）乙法

在缺乏内径 10cm 的试筒时，以及在需要与承载比等试验结合起来进行时，采用乙法进行击实试验。该法更适于粒径达 19mm 的集料。

（1）将已过筛的试料用四分法逐次缩减，至最后取出约 30kg 试料。再用四分法将取出的试料分成 5 ~ 6 份，每份试料的干重约为 4.4kg（细粒土）或 5.5kg（中粒土）。

（2）其他试验步骤与甲法相同，但应该先将垫块放入筒内底板上，然后加料并击实。所不同的是，每层需取制备好的试样约 900g（对于水泥或石灰稳定细粒土）或 1100g（对于稳定中粒土），每层的锤击次数为 59 次。

（四）丙法

（1）将已过筛的试料用四分法逐次缩减，至最后取出约 33kg 试料。再用四分法将取出的试料分成 6 份（至少 5 份），每份重约 5.5kg（风干质量）。

（2）预定 5 ~ 6 个不同含水率，依次相差 0.5% ~ 1.5%。在估计的最佳含水率左右可只差 0.5% ~ 1%。

（3）按预定含水率制备试样，与甲法相同。

（4）将混合料拌和均匀，与甲法相同。

（5）将试筒、套环与底板紧密地连接在一起，并将垫块放在筒内底板上。击实筒应放在坚实地面上，取制备好的试样 1.8kg 左右 [其量应使击实后的试样略高于（高出 1 ~ 2mm）筒高的 1/3] 倒入筒内，整平其表面，并稍加压紧。然后将其安装到多功能自控电动击实仪上，设定所需锤击次数，进行第 1 层试样的击实。第 1 层击实完后，检查该层高度是否合适，以便调整以后两层的试样用量。用刮土刀或螺丝刀将已击实层的表面"拉毛"，然后重复上述做法，进行其余两试样的击实。最后一层试样击实后，试样超出试筒顶的高度不得大于6mm，超出高度过大的试件应作废。

（6）用刮土刀沿套环内壁削挖（使试样与套环脱离）后，扭动并取下套环。齐筒顶细心刮平试样，并拆除底板，取走垫块。擦净试筒的外壁，称其质量%。

（7）用脱模器推出筒内试样。在试样内部从上到下取2个有代表性的样品（可将脱出试件用锤打碎后，用四分法采取），测定其含水率，精确至0.1%。两个试样的含水率的差值不得大于1%。所取样品的数量应不少于700g，如只取一个样品测定含水率，则样品的数量应不少于1400g。烘箱的温度应事先调整到110℃左右，以使放入的试样能立即在105～110℃的温度下烘干。擦净试筒，称其质量 m_2。

（8）进行其余含水率下稳定材料的击实和测定。凡已用过的试料，一律不再重复使用。

四、计算与制图

（1）按式（2）计算每次击实后稳定材料的湿密度：

$$p_w = \frac{m_1 - m_2}{V} \qquad (2)$$

式中：p_w—稳定土的湿密度（g/cm³）；

m_1—试筒与湿试样的总质量（g）；

m_2—试筒的质量（g）；

V—试筒的容积（cm³）。

（2）按式（3）计算每次击实后稳定材料的干密度：

$$p_d = \frac{p_w}{1+w} \qquad (3)$$

式中：p_d—试样的干密度（g/cm³）；

w—试样的含水率（%）。

（3）制图

①以干密度为纵坐标、含水率为横坐标，绘制含水率一般密度曲线。曲线必须为凸形的，如试验点不足以连成完整的凸形曲线，则应该进行补充试验。

②将试验各点采用二次曲线方法拟合曲线，曲线的峰值点对应的含水率及干密度即为最佳含水率和最大干密度。

（4）超尺寸颗粒的校正

当试样中大于规定最大粒径的超尺寸颗粒的含量为5%～30%时，按下列各式对试验所得最大干密度和最佳含水率进行校正（超尺寸颗粒的含量小于 5% 时，可以不进行校正）。

①最大干密度按式（4）校正：

$$p'_{dm} = p_{dm}(1-p) + 0.9 \times pG'_a \qquad (4)$$

式中：p'_{dm}—校正后的最大干密度（g/cm³）；

p_{dm}—试验所得的最大干密度（g/cm³）；

p—试样中超尺寸颗粒的百分率（%）；

G'_a—超尺寸颗粒的毛体积相对密度。

②最佳含水率按式（5）校正；

$$w'_0 = w_0(1-p) \times pw_a \qquad (5)$$

式中：w'_0—校正后的最佳含水率（%）；

w_0—试验所得的最佳含水率（%）；

p—试样中超尺寸颗粒的百分率（%）；

w_a—超尺寸颗粒的吸水率（%）。

五、结果整理

应做 2 次平行试验，取 2 次试验的平均值作为最大干密度和最佳含水率。2 次重复性试验最大干密度的差不应超过 0.05g/cm³（稳定细粒土）和 0.08g/cm³（稳定中粒土和粗粒土），最佳含水率的差不应超过 0.5%（最佳含水率小于 10%）和 1.0%（最佳含水率大于 10%）。超过上述规定值，应重做试验，直到满足精度要求。

第三节　无机结合料稳定土中水泥或石灰剂量测定

一、目的和使用范围

适用于在工地快速测定水泥和石灰稳定土中水泥和石灰的剂量，并可用于检查现场拌和和摊铺的均匀性。本办法适用于在水泥终凝之前的水泥含量测定，现场土样的石灰剂量应在路拌后尽快测试，否则需要用相应龄期的 EDTA 二钠标准溶液消耗量的标准曲线确定。本方法也可以用来测定水泥和石灰综合稳定材料中结合料的剂量。

二、试剂

（1）0.1mol/L 乙二胺四乙酸二钠（EDTA 二钠）标准溶液（简称 EDTA 二钠标准溶液）：准确称取 EDTA 二钠（分析纯）37.23g，用 40 ~ 50℃的无二氧化碳蒸馏水溶解，待全部溶解并冷却至室温后，用容量瓶定容至 1000mL。

（2）10% 氯化铵（NH_4Cl）溶液：将 500g 氯化铵（分析纯或化学纯）放在 10L 的聚乙烯桶内，加蒸馏水 4500mL，充分振荡，使氯化铵完全溶解。也可分批在 1000mL 的烧杯内配制，然后倒入塑料桶内摇匀。

（3）1.8% 氢氧化钠（内含三乙醇胺）溶液：用电子天平称 18g 氢氧化钠（分析纯），放入洁净干燥的 1000mL 烧杯中，加入 1000mL 蒸馏水使其全部溶解，待溶液冷却至室温后，加入 2mL 三乙醇胺（分析纯），搅拌均匀后储于塑料桶中。

（4）钙红指示剂：将 0.2g 钙试剂羟酸钠（分子式 $C_{21}H_{13}N_2NaO_7S$，分子量 460.39）与 20g 预先在 105℃烘箱中烘 1h 的硫酸钾混合，一起放入研钵中，研成极细粉末，储于棕色广口瓶中，以防吸潮。

三、准备标准曲线

（1）取样：取工地用石灰和土，风干后用烘干法测其含水率（如为水泥，可假定含水率为 0）。

（2）混合料组成的计算：

①公式：干料质量 = 湿料质量 /（1+ 含水率）。

②计算步骤：

a. 干混合料质量 = 湿混合料质量 /（1+ 最佳含水率）；

b. 干土质量 = 干混合料质量 /（1+ 石灰或水泥剂量）；

c. 干石灰或水泥质量 = 干混合料质量 – 干土质量；

d. 湿土质量 = 干土质量 ×（1+ 土的风干含水率）；

e. 湿石灰质量 = 干石灰质量 ×（1+ 石灰的风干含水率）；

f. 石灰土中应加入的水 = 湿混合料质量 – 湿土质量 – 湿石灰质量。

（3）试样准备

准备 5 种试样，每种 2 个样品（以水泥稳定材料为例），如为水泥稳定中、粗粒土，每个样品取 1000g 左右（如为细粒土，则可称取 300g 左右）准备试验。为了减少中、粗粒土的离散，宜按设计级配单份掺配的方式备料。

5 种混合料的水泥剂量应为：0、最佳水泥剂量 –2%、最佳水泥剂量、最佳水泥剂量 +2% 和最佳水泥剂量 +4%，每种剂量取 2 个（为湿质量）试样，共 10 个试样，并分别放在 10 个大口聚乙烯桶（如为稳定细粒土，可用搪瓷杯或 1000mL 具塞三角瓶；如为粗粒土，可用 5L 的大口聚乙烯桶）内。土的含水率应等于工地预期达到的最佳含水率，土中所加的水应与工地所用的水相同。

（4）取一个盛有试样的盛样器，在盛样器内加入两倍试样质量（湿样质量）体积的 10% 氯化铵溶液（如湿料质量为 300g，则氯化铵溶液为 600mL；如湿料质量为 1000g，则氯化铵溶液为 2000mL）。料为 300g，则搅拌 3min（每分钟 110 ～ 120 次）料为 1000g，则搅拌 5min。如用 1000mL 具塞三角瓶，则手握三角瓶（瓶口向上）用力振荡 3min（每分钟 120 次 ±5 次）以代替搅拌棒搅拌。放置沉淀 10min，然后将上部清液转移到 300mL 烧杯内，搅匀，加盖表面皿待测。

（5）用移液管吸取上层（液面下 1 ～ 2cm）悬浮液 10.0mL 放入 200mL 的三角瓶内，用量筒量取 1.8% 氢氧化钠（内含三乙醇胺）溶液 50mL 倒入三角瓶中，此时溶液 pH 值为 12.5 ～ 13.0（可用 pH12 ～ 14 的精密试纸检验）。然后加入钙红指示剂（质量约为 0.2g），摇匀，溶液呈玫瑰红色。记录滴定管中 EDTA 二钠标准溶液的体积 V_1，然后用 EDTA 二钠标准液滴定，边滴定边摇匀，并仔细观察溶液的颜色；在溶液的颜色变为紫色时，放慢滴定速度，并摇匀；直到纯蓝色为终点，记录滴定管中 EDTA 二钠标准溶液的体积 V_2（以 mL 计，读至 0.1mL）。计算 V_1-V_2，即为 EDTA 二钠标准溶液的消耗量。

（6）对其他几个盛样器中的试样，用同样的方法进行试验，并记录各自 EDTA 二钠标准溶液的消耗量。

（7）以同一水泥或石灰剂量稳定材料 EDTA 二钠标准溶液消耗量（mL）的平均值为纵坐标，以水泥或石灰剂量（%）为横坐标制图。两者的关系应是一条顺滑的曲线，如图 4-1 所示。如素土、水泥或石灰改变，必须重做标准曲线。

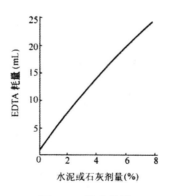

图 4-1　标准曲线

四、试验步骤

（1）选取有代表性的无机结合料稳定材料，对稳定中、粗粒土取试样约3000g，对稳定细粒土取试样约1000g。

（2）对水泥或石灰稳定细粒土，称300g放在搪瓷杯中，用搅拌棒将结块搅散，加10%氯化铵溶液600mL，对水泥或石灰稳定中、粗粒土，可直接称取1000g左右，放入10%氯化铵溶液2000mL，然后如前述步骤进行试验。

（3）利用所绘制的标准曲线，根据EDTA二钠标准液的消耗量，确定混合料中的水泥或石灰剂量。

五、结果整理

本试验应进行两次平行测定，取算术平均值，精确至0.1mL。允许重复性误差不得大于均值的5%，否则，重新进行试验。

第四节　无机结合料稳定材料试件制作方法（圆柱形）

一、适用范围

适用于无机结合料稳定材料的无侧限抗压强度、间接抗拉强度、室内抗压回弹模量、动态模量、劈裂模量等试验的圆柱形试件。

二、试验准备

（1）试件的径高比一般为1∶1，根据需要也可成型1∶1.5或1∶2的试件。试件的成型根据需要的压实度水平，按照体积标准，采用静力压实法制备。

（2）将具有代表性的风干试料（必要时，也可以在50℃烘箱内烘干）用木锤捣碎或用木碾碾碎，但应避免破坏粒料的原粒径。按照公称最大粒径的大一级筛，将土过筛并进行分类。

（3）在做试验的前一天，取有代表性的试料测定其风干含水率。对于细粒土，试样应不少于100g；对于中粒土，试样应不少于1000g；对于粗粒土，试样应不少于2000g。

（4）进行击实试验确定无机结合料稳定材料最佳含水率和最大干密度。

（5）根据击实结果，称取一定质量的风干土，其质量随试件大小而变。对于

φ50mm×50mm 的试件，1个试件需干土 180～210g；对于 φ100mm×100mm 的试件，1个试件需干土 1700～1900g；对于 φ150mmx150mm 的试件，1个试件需干土 5700～6000g。

对于细粒土，一次可称取 6 个试件的土；对于中粒土，一次宜称取 1 个试件的土；对于粗粒土，一次只称取 1 个试件的土。

（6）将准备好的试料分别装入塑料袋中备用。

三、试验步骤

（1）调试成型所需的各种设备，检查是否运行正常；将成型用的模具擦拭干净，并涂抹机油。成形中、粗粒土时，试模筒的数量应与每组试件的个数相配套。上下垫块应与试模筒相配套，上下垫块能够刚好放入试筒内上下自由移动（一般来说，上下垫块直径比试筒内直径小约 0.2mm），且上下垫块完全放入试筒后，试筒内未被上下垫块占用的空间体积能满足径高比为 1：1 的设计要求。

（2）对于无机结合料稳定细粒土，至少应该制备 6 个试件；对于无机结合料稳定中粒土和粗粒土，至少应该分别制备 9 个和 13 个试件。

（3）根据击实结果和无机结合料的配合比按式（1）计算每份料的加水量、无机结合料的质量。

（4）将称好的土放在长方盘（约 400mm×600mm×70mm）内。向土中加水拌料、闷料。对于石灰稳定材料、水泥和石灰综合稳定材料、石灰粉煤灰综合稳定材料、水泥粉煤灰综合稳定材料，可将石灰或粉煤灰和土一起拌和，将拌和均匀后的试料放在密闭容器或塑料袋（封口）内浸润备用。

对于细粒土（特别是黏质土），浸润时的含水率应比最佳含水率小 3%；对于中粒土和粗粒土，可按式（1）计算加水量。对于水泥稳定类材料，加水量应比最佳含水率小 1%～2%。

浸润时间要求为：黏质土 12～24h，粉质土 6～8h，砂类土、砂砾土、红土砂砾、级配砂砾等可以缩短到 4h 左右，含土很少的未筛分碎石、砂砾及砂可以缩短到 2h。浸润时间一般不超过 24h。

（5）在试件成型前 1h 内，加入预定数量的水泥并拌和均匀。在拌和过程中，应将预留的水（对于细粒土为 3%，对于水泥稳定类为 1%～2%）加入土中，使混合料达到最佳含水率。

拌和均匀的加有水泥的混合料应在 1h 内按下述方法制成试件，超过 1h 的混合料应该作废。

其他结合料稳定材料，混合料虽不受此限，但也应尽快制成试件。

（6）用反力架和液压千斤顶，或采用压力试验机制件将试模配套的下垫块放入试模的下部，但外露 2cm 左右。将称量的规定数量的稳定材料混合料分 2 ~ 3 次灌入试模中，每次灌入后用夯棒轻轻均匀插实。如制取 φ50mm×50mm 的小试件，则可以将混合料一次倒入试模中，然后将与试模配套的上垫块放入试模内，也应使其外露 2cm 左右（即上、下垫块露出试模外的部分应该相等）。

（7）将整个试模（连同上、下垫块）放到反力框架内的千斤顶上（千斤顶下应放一扁球座）或压力机上，以 1mm/min 的加载速率加压，直到上、下垫块都压入试模为止。维持压力 2min。

（8）解除压力后，取下试模，并放到脱模器上将试件顶出。用水泥稳定有黏结性的材料（如黏质土）时，制件后可以立即脱模；用水泥稳定无黏结性的细粒土时，最好过 2 ~ 4h 再脱模；对于中、粗粒土的无机结合料稳定材料，也最好过 2 ~ 6h 脱模。

（9）在脱模器上取试件时，应用双手抱住试件侧面的中下部，然后沿水平方向轻轻旋转，待感觉到试件移动后，再将试件轻轻捧起，放置到试验台上。切勿直接将试件向上捧起。

（10）称取试件的质量 m_2，小试件精确至 0.01g，中试件精确至 0.01g，大试件精确至 0.1g 然后用游标卡尺测量试件的高度 h，准确到 0.1mm。检查试件的高度和质量，不满足成型标准的试件作为废件。

（11）试件称量后应立即放在塑料袋中封闭，并用潮湿的毛巾覆盖，移放至养生室。

（12）单个试件的标准质量按式（4-6）计算。

$$m_0 = V \times p_{\max} \times (1 + w_{opt}) \times \gamma \qquad （6）$$

式中：V—试件体积（cm^3）；

w_{opt}—混合料最佳含水率（%）；

$p_{\max}$—混合料最大干密度（g/cm^3）；

γ—混合料压实度标准（%）。

考虑到试件成型过程中的质量损耗，实际操作过程中每个试件的质量可增加 0 ~ 2%，可按式（7）计算。

$$m_0' = m_0 \times (1 + \delta) \qquad （7）$$

式中：m0、m_0'—混合料质量（g）。

四、结果整理

（1）小试件的高度误差范围应为 –0.1 ~ 0.1cm，中试件的高度误差范围应为 –0.1 ~ 0.15cm，大试件的高度误差范围应为 –0.1 ~ 0.2cm。

（2）质量损失：小试件应不超过标准质量 5g，中试件应不超过 25g，大试件应不超过 50g。

第五节　无机结合料稳定材料养生试验方法

一、适用范围

适用于水泥稳定材料类和石灰、二灰稳定材料类的养生。

标准养生是指无机结合料稳定类材料在规定的标准温度和湿度环境下强度增长的过程。

快速养生是为了提高试验效率，采用提高养生温度缩短养生时间的养生方法。

在采用快速养生时，应建立快速养生条件下与标准养生条件下，混合料的强度发展的关系曲线，并确定标准养生的长龄期强度对应的快速养生短龄期。

二、试验步骤

（一）标准养生方法

（1）试件从试模内脱出并量高称质量后，中试件和大试件应装入塑料袋内。试件装入塑料袋后，将袋内的空气排除干净，扎紧袋口，将包好的试件放入养护室。

（2）标准养生的温度为 20℃ ±2℃，标准养生的湿度为 ≥ 95%。试件宜放在铁架或木架上，间距至少 10 ~ 20mm。试件表面应保持一层水膜，并避免用水直接冲淋。

（3）对无侧限抗压强度试验，标准养生龄期是 7d，最后一天浸水。对弯拉强度、间接抗拉强度，水泥稳定材料类的标准养生龄期是 90d，石灰稳定材料类的标准养生龄期是 180d。

（4）在养生期的最后一天，将试件取出，观察试件的边角有无磨损和缺块，并量高称质量，然后将试件浸泡于 20℃ ±2℃的水中，应使水面在试件顶上约

2.5cm。

（二）快速养生方法

1. 快速养生龄期的确定

（1）将一组无机结合料稳定材料，在标准养生条件（温度20℃±2℃，湿度≥95%）下养生（石灰稳定类材料养生180d，水泥稳定类材料养生90d），测试抗压强度值。

（2）将同样的一组无机结合料稳定材料，在高温养生条件（温度60℃±1℃，湿度≥95%）下养生7d、14d、21d、28d等，进行不同龄期的抗压强度试验，建立高温养生条件下强度与龄期的相关关系。

（3）在强度－龄期关系曲线上，找出标准养生长龄期强度对应的高温养生的短龄期，并以此作为快速养生的龄期。

2. 快速养生试验步骤

（1）将高温养护室的温度调至规定的温度60℃±1℃，湿度保持在95%以上，并自动控温控湿。

（2）将制备的试件量高称质量后，小心装入塑料袋内。试件装入塑料袋后，将袋内的空气排除干净，并将袋口扎紧，将包好的试件放入养护箱中。

（3）养生期的最后一天，将试件从高温养护室内取出，晾至室温（约2h），再打开塑料袋取出试件，观察试件有无缺损，量高称质量后，浸入20℃±2℃恒温水槽中，水面高出试件顶2.5cm。浸水24h后，取出试件，用软布擦去可见自由水，量高称质量后，立即进行相关试验。

三、结果整理

（1）如养生期间有明显的边角缺损，试件应予作废。

（2）对养生7d的试件，在养生期间，试件质量损失应符合下列规定：小试件不超过1g，中试件不超过4g，大试件不超过10g。质量损失超过此规定的试件，应予作废。

（3）对养生90d和180d的试件，在养生期间，试件质量的损失应符合下列规定：小试件不超过1g，中试件不超过10g，大试件不超过20g。质量损失超过此规定的试件，应予作废。

第六节　无机结合料稳定材料无侧限抗压强度试验

一、适用范围

适用于测定无机结合料稳定材料（包括稳定细粒土、中粒土和粗粒土）试件的无侧限抗压强度。

二、试件制备和养护

（1）细粒土，试模的直径 × 高 = $\phi 50mm \times 50mm$；中粒土，试模的直径 × 高 = $\phi 100mm \times 100mm$；粗粒土，试模的直径 × 高 = $\phi 150mm \times 150mm$。

（2）按规定方法成型径高比为 1：1 的圆柱形试件。

（3）按规定的标准养生方法进行 7d 的标准养生。

（4）将试件两顶面用刮刀刮平，必要时可用快凝水泥砂浆抹平试件顶面。

（5）为保证试验结果的可靠性和准确性，每组试件的数目要求为：小试件不少于 6 个，中试件不少于 9 个，大试件不少于 13 个。

三、试验步骤

（1）根据试验材料的类型和一般的工程经验，选择合适量程的测力计和压力机。球形支座和上下顶板涂上机油，使球形支座能够灵活转动。

（2）将已浸水 1 昼夜的试件从水中取出，用软布吸去试件表面的水分，并称取试件的质量 m_4。

（3）用游标卡尺测量试件的高度 h_1，准确到 0.1mm。

（4）将试件放到路面材料强度试验仪或压力机上，并在升降台上先放一扁球座，进行抗压试验。试验过程中，应保持加载速率为 1mm/min。记录试件破坏时的最大压力 P（N）。

（5）从试件内部取有代表性的样品（经过打破），测定其含水率 w_1。

四、计算

试件的无侧限抗压强度按式（8）计算。

$$R_c = \frac{P}{A} \tag{8}$$

式中：R_c—试件的无侧限抗压强度（MPa）；

P—试件破坏时的最大压力（N）；

A—试件的截面积（mm²）A=$\pi D^2/4$；

D——试件的直径（mm）。

五、结果整理

（1）抗压强度保留一位小数。

（2）同一组试件试验中，采用3倍均方差方法剔除异常值，小试件可以允许有一个异常值，中试件1～2个异常值，大试件2～3个异常值，异常值数量超过上述规定的试验应重做。

（3）同一组试验的变异系数 C_v（%）符合下列规定，方为有效试验：小试件 $C_v \leqslant 6\%$，中试件 $C_v \leqslant 10\%$，大试件 $C_v \leqslant 15\%$。如不能保证试验结果的变异系数小于规定的值，则应按允许误差10%和90%概率重新计算所需的试件数量，增加试件数量并另做新试验。新试验结果与老试验结果一并重新进行统计评定，直到变异系数满足上述规定。

六、强度评定

如为现场检测，需按下述方法对无侧限抗压强度进行评定。

（1）路段试样的平均强度 $\overline{R}$ 元应满足式（9）的要求。

$$\overline{R} \geq \frac{R_d}{1 - Z_a C_v} \tag{9}$$

式中：R_d—设计抗压强度（MPa）；

C_v—试验结果的偏差系数（以小数计）；

Z_a—标准正态分布表中随保证率而变的系数，对于高速公路、一级公路，保证率95%，Z_a=1.645；对于其他公路，保证率90%，Z_a=1.282。

（2）路段内无机结合料稳定材料强度的评定：评为合格时得满分，不合格时得零分。

第五章 水泥混凝土路面与沥青路面试验检测

第一节 水泥混凝土路面常规试验检测方法

一、水泥混凝土拌和物工作性试验

（一）坍落度试验

试验方法如下所述。

（1）试验前将坍落度筒内外洗净，放在水润湿过的平板上（平板吸水时应垫以塑料布），踏紧脚踏板。

（2）将代表样分三层装入筒内，每层装入高度稍大于筒高的1/3，用捣棒在每一层的横截面上均匀插捣25次，插捣在全部面积上进行，沿螺旋线由边缘至中心。插捣底层时插至底部，插捣上面两层时，应插透本层并插入下层20～30mm。插捣需垂直向下（边缘部分除外），不得冲击。

在插捣顶层时，装入的拌和物应高出坍落筒，插捣过程中随时添加拌和物，当顶层插捣完毕后，将捣棒用锯和滚的动作，清除掉多余的拌和物，用镘刀抹平筒口，刮净筒底周围的混合料，而后立即垂直地提取坍落筒，提筒在5～10s内完成，并使拌和物不受横向和扭力作用。

从开始装筒至提起坍落筒的全过程，应在150s内完成。

（3）将坍落筒放在锥体混凝土试样一旁，筒顶平放木尺，用小钢尺量出木尺底面至试样坍落后的最高点之间的垂直距离，以mm计，精确至1mm，即为该混凝土混合料的坍落度。

（4）若混凝土发生崩坍或一边剪坏现象，则应重新取样另行测定。如第二次试验仍出现上述现象，则表示该混凝土拌和物工作性能不好，应予记录。

（5）当混凝土拌和物的坍落度大于220mm时，用钢尺测量混凝土扩展后最终的最大直径与最小直径，在这两个直径之差小于 50mm 的条件下，用其算术平均值作为坍落扩展度值；否则，此次试验无效。

（二）维勃稠度试验

试验方法如下所述。

（1）将容器用螺母固定在振动台上，放入坍落度筒，把漏斗转到坍落度筒上口，拧紧螺钉，使坍落度筒不能漂离容器底面。

（2）按坍落度试验步骤，分三层装拌和物，每层捣 25 次，捣毕第三层混凝土后，拧松螺钉，把漏斗转回原先位置并将筒模上的混凝土刮平，轻轻提起筒模。

（3）拧紧螺钉，使圆盘顺利滑向容器，开动振动台和秒表，通过透明圆盘观察混凝土的振实情况，到圆盘底面为水泥浆所布满时，即刻停表和关闭振动台，记下秒表所记时间，即为混凝土的维勃稠度。时间精确至 1s。

（4）仪器每测试一次，必须将容器、筒模及透明盘洗净擦干，并在滑棒等处涂薄层黄油，以便下次使用。

二、水泥混凝土立方体抗压强度试验

（一）目的与适用范围

本试验规定了测定混凝土抗压强度的方法，以确定混凝土的强度等级。适用于各类混凝土的立方体试件。

（二）试件成型与养护

（1）将试模内部涂敷一层矿物油脂或其他脱模剂，然后将拌好的混合料装入试模中，并使其稍高出模顶，然后捣实。

（2）混合料捣实可采用下列方式：

①振动法：将试模放在振动台上夹紧，振动至表面呈现水泥浆为止，一般不超过 1.5min。

②插捣法：将混合料分两层装入，用直径 15mm 的圆铁棍以螺旋形从边缘向中心均匀地捣插。插捣次数规定见表 5-1。

表 5-1　人工成型插捣次数

试件尺寸（mm）	每层插捣次数	试件尺寸（mm）	每层插捣次数
100×100×100	12	100×100×400	50
150×150×150	25	150×150×300	75
200×200×200	50	150×150×550	100

（3）用前述方法捣实之后，用镘刀将多余的混合料刮除，使其与模口齐平，抹平表面。用作标准养护的试件成型后应立即用不透水的薄膜覆盖表面，以防止水分蒸发，并在室温（20℃±5℃）的环境中静放1～2昼夜（不得超过2昼夜），然后拆模，做外观检查和编号。当一组（3个试件）中有一个存在蜂窝时，本组试件作废，除特殊情况外重新制作。

（4）将试件在标准养护室内养护至试验时为止。标准养护条件为温度20℃±2℃、相对湿度大于95%。试件宜放在铁架或木架上，彼此间距至少10mm，试件应避免直接用水冲淋，亦可在温度为20℃±2℃的不流动的Ca（OH）$_2$饱和溶液中养护。

（三）试验步骤

（1）取出试件，先检查其尺寸及形状，相对两面应平行，试件承压面的平面度公差不得超过0.000d（d为边长）；试件的相邻面间的夹角应为90°，其公差不得超过0.5°；试件各边长、直径和高的尺寸公差不得超过1mm。

（2）将试件安放在试验机的下压板或垫板上，试件的承压面应与成型时的顶面垂直。试件的中心应与试验机下压板中心对准，开动试验机，当上压板与试件或钢垫板接近时，调整球座，使接触均衡。

（3）在试验过程中连续均匀地加荷。混凝土强度等级小于C30时，加荷速率取0.3～0.5MPa/s；混凝土强度等级大于等于C30且小于C60时，加荷速率取0.5～0.8MPa/s；混凝土强度等级大于等于C60时，加荷速率取0.8～1.0MPa/s。

（4）当试件接近破坏而开始变形时，应停止调整试验机油门，直至试件破坏，记下破坏极限荷载。

（四）试验结果计算

（1）混凝土立方体试件抗压强度按式（1）计算：

$$f_{cu} = \frac{F}{A} \tag{1}$$

式中：f_{cu}——混凝土抗压强度（MPa）；

F——极限荷载（N）；

A——受压面积（mm^2）。

混凝土立方体抗压强度计算应精确至0.1MPa。

（2）以三个试件测值的算术平均值作为测定值。三个测值中的最大值和最小值若有一个与中间值的差超过中间值的15%，则把最大值及最小值一并舍弃，取中间值作为该组试件的抗压强度值；若最大值和最小值与中间值的差值均超过中间值的15%，则该组试验结果无效。

（3）抗压强度以 150mm × 150mm × 150mm 的立方体为标准试件。混凝土强度等级小于 C60 时，非标准试件测得的抗压强度值应乘以尺寸换算系数（表5-2）。当混凝土强度等级大于等于 C60 时，宜采用标准试件；使用非标准试件时，尺寸换算系数应由试验确定。

表5-2　立方体抗压强度尺寸换算系数

试件尺寸（mm）	尺寸换算系数	试件尺寸（mm）	尺寸换算系数
100 × 100 × 100	0.95	200 × 200 × 200	1.05

三、水泥混凝土抗弯拉强度试验

（一）目的与适用范围

本方法规定了测定水泥混凝土抗弯拉极限强度的方法，以提供设计参数，检查水泥混凝土施工品质和确定抗弯拉弹性模量试验加荷标准。

本方法适用于各类水泥混凝土棱柱体试件。

（二）试验准备

（1）试件尺寸应符合表 5-3 的规定，同时在试件长边中部 1/3 区段内表面不得有直径超过 5mm、深度超过 2mm 的孔洞。

表5-3　抗弯拉强度试件尺寸

集料公称最大粒径（mm）	试件尺寸（mm）	备注
31.5	150 × 150 × 550	标准尺寸
	150 × 150 × 600	标准尺寸
26.5	100 × 100 × 400	非标准尺寸

（2）混凝土抗弯拉强度试件应取同龄期者为一组，每组 3 根同条件制作和养护的试件。

（三）试验步骤

（1）试件取出后，用湿毛巾覆盖并及时进行试验，保持试件干湿状态不变。在试件中部量出其宽度和高度，精确至 1mm。

（2）调整两个可移动支座，将试件安放在支座上，试件成型时的侧面朝上，几何对中后，务必使支座及承压面与活动船形垫块的接触面平稳、均匀，否则应垫平。

（3）施加荷载应均匀、连续。当混凝土强度等级小于 C30 时，加荷速度为 0.02 ~ 0.05MPa/s；当混凝土强度等级大于等于 C30 且小于 C60 时，加荷速度为 0.05 ～ 0.08MPa/s ；当混凝土强度等级大于等于 C60 时，加荷速度取 0.08 ～ 0.10MPa/s。当试件接近破坏而开始迅速变形时，应停止调整试验机油门，直至试件破坏，记下破坏极限荷载和试件下边缘断裂的位置。

（四）试验结果计算

（1）当断面发生在两个加荷点之间时，抗弯拉强度按式（2）计算：

$$f_f = \frac{FL}{bh^2} \qquad\qquad （2）$$

式中：f_f—抗弯拉强度（MPa）；

F—试件破坏荷载（N）；

L—支座间距离（mm）；

b—试件截面宽度（mm）；

h—试件截面高度（mm）。

混凝土抗弯拉强度计算应精确至 0.1MPa。

（2）以三个试件测值的算术平均值作为该组试件的抗弯拉强度值。三个测值中的最大值和最小值中如有一个与中间值的差值超过中间值的 15%，则把最大值和最小值一并舍弃，以中间值作为该组试件的抗弯拉强度；如最大值和最小值与中间值之差均超过中间值的 15%，则该组试验结果无效。

（3）三个试件中若有一个断裂面位于加荷点外侧，则混凝土抗弯拉强度值按另外两个试件的试验结果计算。若这两个测值的差值不大于这两个测值中较小值的 15%，则以两个测值的平均值为测试结果，否则结果无效。

如果有两根试件出现断裂面位于加荷点外侧的情况，则该组结果无效。

（4）采用 100mm×100mm×400mm 非标准试件时，在三分点加荷的试验方法同前，但所得的抗弯拉强度值应乘以尺寸换算系数 0.85；当混凝土强度等级大于等于 C60 时，应采用标准试件。

四、混凝土拌和物含气量试验（混合式气压法）

（一）目的和适用范围

测定混凝土拌和物中的含气量，适用于集料粒径不大于 31.5mm、含气量不大于 10% 且有坍落度的混凝土。

（二）试验步骤

1．标定仪器

（1）量钵容积的标定。

先称量含气量测定仪量钵加玻璃板重，然后量钵加满水，用玻璃板沿量钵顶面平推，使量钵内盛满水而玻璃板下无气泡。擦干钵体外表面后连同玻璃板一起称重。两次质量的差值除以该温度下水的相对密度即为量钵的容积 V。

（2）含气量 0% 点的标定。

将量钵加满水，将校正管 b 接在钵盖下面小龙头的端部。将钵盖轻放在量钵上，用夹子夹紧使其气密良好，并用水平仪检查仪器的水平。打开小龙头，松开排气阀，用注水器从小龙头处加水，直至排气阀出水口冒水为止。然后拧紧小龙头和排气阀，此时钵盖和钵体之间的空隙被水充满。用手泵向气室充气，使表压稍大于 0.1MPa，然后用微调阀调整表压使其为 0.1MPa。按下阀门杆 1 ~ 2 次，使气室的压力气体进入量钵内，读压力表读数，此时指针所示压力对应含气量 0%。

（3）含气量 1% ~ 10% 的标定。

含气量 0% 标定后，将校正管 a 接在钵盖小龙头的上端，然后按一下阀门杆，慢慢打开小龙头，量钵中的水就通过校正管 a 流到量筒中。当量筒中的水为量钵容积的 1% 时，关闭小龙头。

打开排气阀，使量钵内的压力与大气压平衡，然后重新用手泵加压，并用微调阀准确地调到 0.1MPa。按 1 ~ 2 次阀门杆，此时测得的压力表读值对应含气量 1%，同样方法可测得含气量 2%、3% ~ 10% 的压力表读值。

以压力表读值为横坐标，含气量为纵坐标，绘制含气量与压力表读值关系曲线。

2. 混凝土拌和物含气量的测定

（1）擦净量钵与钵盖内表面，并使其水平放置。将新拌混凝土拌和物均匀适量地装入量钵内，用振动台振实，振捣时间以 15 ~ 30s 为宜。也可用人工捣实，将拌和物分三层装料，每层插捣 25 次，插捣上层时捣棒应插入下层 10 ~ 20mm。

（2）刮去表面多余的混凝土拌和物，用镘刀抹平，并使其表面光滑无气泡。

（3）擦净钵体和钵盖边缘，将密封圈放于钵体边缘的凹槽内，盖上钵盖，用夹子夹紧，使之气密良好。

（4）打开小龙头和排气阀，用注水器从小龙头处往量钵中注水，直至水从排气阀出水口流出，再关紧小龙头和排气阀。

（5）关好所有的阀门，用手泵打气加压，使表压稍大于 0.1MPa，用微调阀准确地将表压调到 0.1MPa。

（6）按下阀门杆 1 ~ 2 次，待表压指针稳定后，测得压力表读数。并根据仪器标定的含气量与压力表读数关系曲线，得到所测混凝土样品的仪器测定含气量 A 值。

（7）测定集料含气量 C。

（三）试验结果计算

含气量按式（3）计算：

$$A = A_1 - C \qquad\qquad （3）$$

式中：A—混凝土拌和物含气量（％）；

A_1—仪器测定含气量（％）；

C—集料含气量（％）。

以两次测定的平均值作为试验结果。如两次含气量测值相差 0.2％ 以上，需找出原因并重做试验。

第二节　沥青混合料路面试验检测方法

一、沥青混合料取样法

（一）目的和适用范围

用于在拌和厂及道路施工现场采集热拌沥青混合料或常温沥青混合料试样，供施工过程中的质量检验或在试验室测定沥青混合料的各项物理力学性质。

（二）试验步骤

1．确定取样数量

取样数量应符合下列要求：

（1）试样数量根据试验目的确定，宜不少于试验用量的 2 倍。一般情况下可按表 5–4 取样。

表5–4　常用沥青混合料试验项目的样品数量

试验项目	目的	最少试样量（kg）	取样量（kg）
马歇尔试验、抽提筛分	施工质量检验	12	20
车辙试验	高温稳定性检验	40	60
浸水马歇尔试验	水稳定性检验	12	20
冻融劈裂试验	水稳定性检验	12	20
弯曲试验	低温性能检验	15	25

平行试验应加倍取样。在现场取样直接装入试模成型时，也可等量取样。

（2）取样材料用于仲裁试验时，取样数量除应满足上述规定外，还应保留一份有代表性的试样，直到仲裁结束。

2. 取样方法

沥青混合料应随机取样，并具有充分的代表性。用以检查拌和质量（如油石比、矿料级配）时，应从拌和机一次放料的下方或提升斗中取样，不得多次取样混合后使用。用以评定混合料时，必须分几次取样，拌和均匀后作为代表性试样。

（1）在沥青混合料拌和厂取样

在拌和厂取样时，宜将专用的容器（一次可装 5 ~ 8kg）装在拌和机卸料斗下方，每放一次料取一次样，顺次装入试样容器中，每次倒在清扫干净的平板上，连续几次取样，混合均匀，按四分法取样至足够数量。

（2）在沥青混合料运料车上取样

在运料汽车上取沥青混合料样品时，宜在汽车装料一半后，分别用铁锹从不同方向的 3 个不同高度处取样，然后混在一起用手铲适当拌和均匀，取出规定数量。在施工现场的运料车上取样时，应在卸掉一半后从不同方向取样，样品宜从 3 辆不同的车上取样混合使用。在运料车上取样时不得仅从满载的运料车车顶上取样，且不允许只在一辆车上取样。

（3）在道路施工现场取样

在施工现场取样时，应在摊铺后未碾压前，于摊铺宽度两侧的 1/2 ~ 1/3 位置处取样，用铁锹取该摊铺层的料。每摊铺一车料取一次样，连续 3 车取样后，混合均匀按四分法取样至足够数量。

（4）热拌沥青混合料每次取样时，都必须用温度计测量温度，准确至 1℃。

（5）乳化沥青常温混合料试样的取样方法与热拌沥青混合料相同，但宜在乳化沥青破乳水分蒸发后装袋，对袋装常温沥青混合料亦可直接从储存的混合料中随机取样。取样袋数不少于 3 袋，使用时将 3 袋混合料倒出做适当拌和，按四分法取出规定数量试样。

（6）液体沥青常温沥青混合料的取样方法同上。当用汽油稀释时，必须在溶剂挥发后方可封袋保存。当用煤油或柴油稀释时，可在取样后即装袋保存，保存时应特别注意防火安全。其余与热拌沥青混合料同。

（7）从碾压成型的路面上取样时，应随机选取 3 个以上不同地点，钻孔、切割或刨取该层混合料，需重新制作试件时，应加热拌匀按四分法取样至足够数量。

3. 试样的保存与处理

（1）热拌热铺的沥青混合料试样需送至中心试验室或质量检测机构做质量评

定时（如车辙试验），由于二次加热会影响试验结果，必须在取样后趁高温立即装入保温桶内，送试验室后立即成型试件，试件成型温度不得低于规定要求。

（2）热混合料需要存放时，可在温度下降至60℃后装入塑料编织袋内，扎紧袋口，并宜低温保存，应防止潮湿、淋雨等，时间不要太长。

（3）在进行沥青混合料质量检验或进行物理力学性质试验时，当采集的试样温度下降或结成硬块不符合试验要求时，宜用微波炉或烘箱加热至符合压实的温度。通常加热时间不宜超过4h，且只允许加热一次，不得重复加热。不得用电炉或燃气炉明火局部加热。

4．样品的标记

（1）取样后当场试验时，可将必要的项目一并记录在试验记录报告上。试验报告要包括取样时间、地点、混合料温度、取样数量、取样人等栏目。

（2）取样后转送试验室试验或存放后用于其他项目试验时，应附着样品标签，标签应记载下列内容：

①工程名称、拌和厂名称。

②沥青混合料种类及摊铺层次、沥青品种、标号、矿料种类、取样时混合料温度及取样位置或用以摊铺的路段桩号等。

③试样数量及试样单位。

④取样人、取样日期。

⑤取样目的或用途。

二、沥青混合料试件制作方法（击实法）

（一）目的与适用范围

采用标准击实法或大型击实法制作沥青混合料试件，以供试验室进行沥青混合料物理力学性质试验使用。

标准击实法适用于标准马歇尔试验、间接抗拉试验（劈裂法）等所使用的ϕ101.6mm×63.5mm圆柱体试件的成型。大型击实法适用于大型马歇尔试验和ϕ152.4mm×95.3mm的大型圆柱体试件的成型。

沥青混合料试件制作时的条件及试件数量应符合下列规定：

（1）当集料公称最大粒径小于或等于26.5mm时，采用标准击实法。一组试件的数量不少于4个。

（2）当集料公称最大粒径大于26.5mm时，宜采用大型击实法。一组试件的数量不少于6个。

（二）试验方法与步骤

1. 确定制作沥青混合料试件的拌和温度与压实温度

（1）测定沥青的黏度，绘制黏温曲线，按表5-5的要求确定适宜于沥青混合料拌和及压实的等黏温度。

表5-5　沥青混合料拌和及压实的等黏温度

沥青结合料种类	黏度与测定方法	适宜于拌和的沥青结合料黏度（Pa·s）	适宜于压实的沥青结合料黏度（Pa·s）
石油沥青	表观黏度	0.17±0.027	0.17±0.027

（2）当缺乏沥青黏度测定条件时，试件的拌和与压实温度可按表5-6选用，并根据沥青品种和标号做适当调整。针入度小、稠度大的沥青取高限，针入度大、稠度小的沥青取低限，一般取中值。

表5-6　沥青混合料拌和及压实温度参考表

沥青混合料种类	拌和温度℃	压实温度℃
石油沥青	130～160	120～150
煤沥青	90～120	80～110
改性沥青	160～175	140～170

（3）对改性沥青，应根据实际经验、改性剂的品种和用量，适当提高混合料的拌和压实温度。对大部分聚合物改性沥青，需要在普通沥青的基础上提高15～20℃，掺加纤维时，需再提高10℃左右。

（4）常温沥青混合料的拌和及压实在常温下进行。

2. 成型准备工作

（1）按规定方法在拌和厂或施工现场采集沥青混合料试样。将试样置于烘箱中加热或保温，在混合料中插入温度计测量温度，待混合料温度符合要求后成型。需要拌和时可倒入已加热的室内沥青混合料拌和机中适当拌和，时间不超过1min。不得用铁锅在电炉或明火上加热炒拌。

（2）在试验室人工配制沥青混合料时，材料准备按下列步骤进行：

①将各种规格的矿料置于105℃±5℃的烘箱中烘干至恒重（一般不少于4～6h）。

②将烘干分级的粗细集料，按每个试件设计级配要求称其质量，在一金属盘中混合均匀，矿粉单独放入小盆里；然后置于烘箱中预热至沥青拌和温度以上约

15℃（采用石油沥青时通常为163℃；采用改性沥青时通常需180℃）备用。一般按一组试件（每组4～6个）备料，但进行配合比设计时宜对每个试件分别备料。常温沥青混合料的矿料不应加热。

③将按规定方法采集的沥青试样，用烘箱加热至规定的沥青混合料拌和温度，但不得超过175℃。当不得已采用燃气炉或电炉直接加热进行脱水时，必须使用石棉垫隔开。

3．拌制沥青混合料

（1）黏稠沥青混合料。

①用蘸有少许黄油的棉纱擦净试模、套筒及击实座等，置于100℃左右烘箱中加热1h备用。常温沥青混合料用试模不加热。

②将沥青混合料拌和机提前预热至拌和温度以上10℃左右。

③将加热的粗细集料置于拌和机中，用小铲子适当混合，然后加入需要数量的沥青（如沥青已称量在一专用容器内时，可在倒掉沥青后用一部分热矿粉将粘在容器壁上的沥青擦拭掉并一起倒入拌和锅中），开动拌和机，一边搅拌一边使拌和叶片插入混合料中拌和1～1.5min，然后暂停拌和，加入加热的矿粉，继续拌和至均匀为止，并使沥青混合料保持在要求的拌和温度范围内。标准的总拌和时间为3min。

（2）液体石油沥青混合料。

将每个试件的矿料置于已加热至55～100℃的沥青混合料拌和机中，注入要求数量的液体沥青，开动拌和机边加热边拌和，使液体沥青中的溶剂挥发至50%以下。拌和时间应事先通过试拌确定。

（3）乳化沥青混合料。

将每个试件的粗细集料，置于沥青混合料拌和机（不加热，也可用人工炒拌）中，注入计算的用水量（阴离子乳化沥青不加水）后，拌和均匀并使矿料表面完全湿润；再注入设计的沥青乳液用量，在1min内使混合料拌匀，然后加入矿粉后迅速拌和，将混合料拌成褐色为止。

4．成型方法

（1）将拌好的沥青混合料，用小铲适当拌和均匀，称取一个试件所需的用量（标准马歇尔试件约1200g，大型马歇尔试件约4050g）。当已知沥青混合料的密度时，可根据试件的标准尺寸计算并乘以1.03得到要求的混合料数量。当一次拌和几个试件时，宜将其倒入经预热的金属盘中，用小铲适当拌和均匀分成几份，分别取用。在试件制作过程中，为防止混合料温度下降，应连盘放在烘箱中保温。

（2）从烘箱中取出预热的试模及套筒，用蘸有少许黄油的棉纱擦拭套筒、底座及击实锤底面，将试模装在底座上，垫一张圆形的吸油性小的纸，按四分法从四个方向用小铲将混合料铲入试模中，用插刀或大螺丝刀沿周边插捣 15 次，中间 10 次。插捣后将沥青混合料表面整平。对大型马歇尔试件，混合料分两次加入，每次插捣次数同上。

（3）插入温度计至混合料中心附近，检查混合料温度。

（4）待混合料温度符合压实温度要求后，将试模连同底座一起放在击实台上固定。在装好的混合料上面垫一张吸油性小的圆纸，再将装有击实锤及导向棒的压实头插入试模中，开启电机，使击实锤从 457mm 的高度自由落下到击实规定的次数（75 次或 50 次）。对大型马歇尔试件，击实次数为 75 次（相应于标准击实 50 次）或 112 次（相应于标准击实 75 次）。

（5）试件击实一面后，取下套筒，将试模翻面，装上套筒，然后以同样的方法和次数击实另一面。

乳化沥青混合料试件在两面击实后，将一组试件在室温下横向放置 24h，另一组试件置于温度为 105℃ ±5℃的烘箱中养生 24h。将养生试件取出后再立即两面锤击各 25 次。

（6）试件击实结束后，立即用镊子取掉上下面的纸，用卡尺量取试件离试模上口的高度并由此计算试件高度，高度不符合要求时，试件应作废，并按式（4）调整试件的混合料质量，以保证高度符合 63.5mm ± 1.3mm（标准试件）或 95.3mm ± 2.5mm（大型试件）的要求。

$$调整后混合料质量 = \frac{要求试件高度 \times 原用混合料质量}{所得试件的高度} \qquad (4)$$

（7）卸去套筒和底座，将装有试件的试模横向放置冷却至室温后（不少于 12h），置于脱模机上脱出试件。用于现场马歇尔指标检验的试件，在施工质量检验过程中如急需试验，允许采用电风扇吹冷 1h 或浸水冷却 3min 以上的方法脱模，但浸水脱模法不能用于测量密度、空隙率等各项物理指标。将试件小心置于干燥洁净的平面上，供试验用。

三、压实沥青混合料密度试验（表干法）

（一）目的与适用范围

适用于测定吸水率不大于 2% 的各种沥青混合料试件，包括密级配沥青混凝土、抗滑表层混合料、沥青玛蹄脂碎石混合料（SMA）和沥青稳定碎石等沥青混合料试件的毛体积相对密度和毛体积密度。标准温度为 25℃ ±0.5℃。并可用于计算沥青混合料试件的空隙率、矿料间隙率等各项体积指标。

（二）试验步骤

（1）准备试件：可采用室内成型试件，也可采用工程现场钻芯、切割等方法获得的试件。试验前试件宜在阴凉处保存（温度不宜高于35℃），放置于水平的平面上，注意不要使试件产生变形。

（2）选择适宜的浸水天平或电子天平，最大称量应满足试件质量的要求。

（3）除去试件表面的浮粒，称取干燥试件的空气中质量（m_a），根据选择的天平的感量读数，准确至0.1g或0.5g。

（4）使溢流水箱水温保持在25℃±0.5℃。挂上网篮，浸入溢流水箱中，调节水位，将天平调平或复零，把试件置于网篮（注意不要晃动水）浸水中3～5min，称取水中质量（m_w）。若天平读数持续变化，不能很快达到稳定，说明试件吸水较严重，不宜用此法测定，应改用蜡封法测定。

（5）从水中取出试件，用洁净柔软的拧干湿毛巾轻轻擦去试件的表面水（不得吸走空隙内的水），称取试件的表干质量（m_f）。从试件拿出水面到擦拭结束不宜超过5s，称量过程中流出的水不得再擦拭。

（6）对从工程现场钻取的非干燥试件，可先称取水中质量（m_w）和表干质量（m_f），然后用电风扇将试件吹干至恒重（一般不少于12h，当不需进行其他试验时，也可用60℃±5℃烘箱烘干至恒重），再称取空气中质量（m_a）。

（三）试验结果计算

（1）计算试件的吸水率，保留1位小数。

试件的吸水率即试件吸水体积占沥青混合料毛体积的百分率，按式（5）计算：

$$S_a = \frac{m_f - m_a}{m_a - m_w} \times 100\%$$

（5）

式中：S_a—试件的吸水率（%）；

m_a—干燥试件的空气中质量（g）；

m_w—试件的水中质量（g）；

m_f—试件的表干质量（g）。

（2）计算试件的毛体积相对密度和毛体积密度，保留3位小数。

当试件的吸水率$S_a < 2\%$时，其毛体积相对密度和毛体积密度按式（6）和式（7）计算，当吸水率$S_a > 2\%$时，应改用蜡封法测定。

$$\gamma_f = \frac{m_a}{m_f - m_w}$$

（6）

$$p_f = \frac{m_a}{m_f - m_w} \times p_w \tag{7}$$

式中：γ_f—试件的毛体积相对密度，无量纲；

p_f—试件的毛体积密度（g/cm³）；

p_w—25℃时水的密度，取 0.997g/cm³。

（3）试件的空隙率按式（8）计算，保留 1 位小数。

$$VV = \left(1 - \frac{\gamma_f}{\gamma_t}\right) \times 100\% \tag{8}$$

式中：VV—试件的空隙率（%）；

γ_t—沥青混合料理论最大相对密度，无量纲。

（4）其他体积参数指标的计算。

根据上述结果和沥青混合料的配合比，计算沥青体积百分率、矿料间隙率、沥青饱和度和粗集料骨架间隙率等指标，保留 1 位小数。

四、压实沥青混合料密度试验（水中质量法）

（一）目的与适用范围

适用于测定吸水率小于 0.5% 的密实沥青混合料试件的表观相对密度或表观密度，并据此计算沥青混合料试件的空隙率、矿料间隙率等各项体积指标。标准温度为 25℃ ± 0.5℃。

（二）试验步骤

（1）选择适宜的浸水天平或电子天平，最大称量应满足试件质量的要求。

（2）除去试件表面的浮粒，称取干燥试件的空气中质量（m_a），根据选择的天平的感量读数，准确至 0.1g 或 0.5g。

（3）挂上网篮，浸入溢流水箱中，调节水位，将天平调平或复零，把试件置于网篮中（注意不要晃动水），待天平稳定后立即读数，称取水中质量（m_w）。若天平读数持续变化，不能很快达到稳定，说明试件有吸水情况，不宜用此法测定，应改用表干法或蜡封法测定。

（3）对从施工现场钻取的非干燥试件，可先称取水中质量（m_w），然后用电风扇将试件吹干至恒重（一般不少于 12h，当不需进行其他试验时，也可用 60℃ ± 5℃烘箱烘干至恒重），再称取空气中质量（m_a）。

（三）试验结果计算

（1）按式（9）、式（10）计算试件的表观相对密度及表观密度，保留 3 位小数。

$$\gamma_a = \frac{m_a}{m_a - m_w} \qquad\qquad (9)$$

$$p_s = \frac{m_a}{m_a - m_w} \times p_w \qquad\qquad (10)$$

式中：γ_a——在25℃温度条件下试件的表观相对密度，无量纲；

p_s——在25℃温度条件下试件的表观密度（g/cm³）；

m_a——干燥试件的空气中质量（g）；

m_w——试件的水中质量（g）；

p_w——在25℃温度条件下水的密度，取0.997g/cm³。

（2）当试件吸水率小于0.5%时，以表观相对密度代替毛体积相对密度。并计算试件的理论最大相对密度、空隙率、沥青体积百分率、矿料间隙率、粗集料骨架间隙率、沥青饱和度等各项体积指标。

五、压实沥青混合料密度试验（蜡封法）

（一）目的与适用范围

用于测定吸水率大于2%的沥青混凝土或沥青碎石混合料试件的毛体积相对密度或毛体积密度，并计算沥青混合料试件的空隙率、矿料间隙率等各项体积指标。

（二）试验步骤

（1）除去试件表面的浮粒，选择适宜的天平或电子秤（最大称量应满足试件质量的要求），称取干燥试件的空气中质量（m_a），根据选择的天平的感量读数，准确至0.1g或0.5g。当试件为钻芯法取得的非干燥试件时，应用电风扇吹干12h以上至恒重作为空气中质量，但不得用烘干法。

（2）将试件置于冰箱中，在4～5℃条件下冷却不少于30min。将石蜡熔化至熔点以上5.5℃±0.5℃。从冰箱中取出试件立即浸入石蜡液中，至全部表面被石蜡封住后迅速取出试件，在常温下放置30min，称取封蜡试件的空气中质量（m_p）。

（3）挂上网篮，浸入溢流水箱中，调节水位，将天平调平或复零。调整水温并保持温度为25℃±0.5℃。将封蜡试件放入网篮中浸水约1min，读取水中质量（m_c）。

（4）用蜡封法测定时，石蜡对水的相对密度按下列步骤实测确定：

①取一块铅或铁块之类的重物，称取空气中质量（m_g）。

②测定重物在水温 25℃ ±0.5℃的水中质量（ m'_g ）。

③待重物干燥后，按上述试件封蜡的步骤将重物封蜡后测定其空气中质量（ m_d ）及封蜡后在水温 25℃ ±0.5℃的水中质量（ m'_d ）。

④按式（11）计算石蜡对水的相对密度：

$$\gamma_p = \frac{m_d - m_g}{(m_d - m_g) - (m'_d - m'_g)} \tag{11}$$

式中：γ_p—在 25℃温度条件下石蜡对水的相对密度，无量纲；

m_g—重物的空气中质量（g）；

m'_g—重物的水中质量（g）；

m_d—封蜡后重物的空气中质量（g）；

m'_d—封蜡后重物的水中质量（g）。

（三）试验结果计算

（1）按式（12）计算试件的毛体积相对密度，保留 3 位小数。

$$p_f = \frac{m_a}{m_p - m_c - \dfrac{m_p - m_a}{\gamma_p}} \cdot p_w \tag{12}$$

式中：p_f—试件的毛体积密度（ g/cm^3 ）；

m_a—试件的空气中质量（g）；

m_p—封蜡试件的空气中质量（g）；

m_c—封蜡试件的水中质量（g）。

（2）计算试件的理论最大相对密度、空隙率、沥青体积百分率、矿料间隙率、粗集料骨架间隙率、沥青饱和度等各项体积指标。

六、沥青混合料马歇尔稳定度试验

（一）目的与适用范围

该方法适用于马歇尔稳定度试验和浸水马歇尔稳定度试验，以进行沥青混合料的配合比设计或沥青路面施工质量检验。浸水马歇尔稳定度试验（根据需要，也可进行真空饱水马歇尔试验）供检验沥青混合料受水损害时抵抗剥落的能力时使用，通过测试其水稳定性检验配合比设计的可行性。

（二）试验准备和试验步骤

1. 标准马歇尔试验方法

（1）试验准备

①标准击实法成型马歇尔试件，一组试件的数量不得少于 4 个。

②量测试件的直径及高度：用卡尺测量试件中部的直径，用马歇尔试件高度测定器或用卡尺在十字对称的4个方向量测离试件边缘10mm处的高度，准确至0.1mm，并以其平均值作为试件的高度。如试件高度不符合63.5mm±1.3mm或95.3mm±2.5mm的要求或两侧高度差大于2mm，此试件应作废。

③按前述方法测定试件的密度，并计算空隙率、沥青体积百分率、沥青饱和度、矿料间隙率等体积指标。

④将恒温水槽调节至要求的试验温度，黏稠石油沥青或烘箱养生过的乳化沥青混合料为60℃±1℃，空气养生的乳化沥青或液体沥青混合料为25℃，煤沥青混合料为33.8℃±1℃。

（2）试验步骤

①将试件置于已达规定温度的恒温水槽中保温，保温时间标准马歇尔试件30～40min，大型马歇尔试件45～60min。试件之间应有间隔，底部应垫起，距水槽底部不小于5cm。

②将马歇尔试验仪的上下压头放入水槽或烘箱中达到同样温度。将上下压头从水槽或烘箱中取出，擦拭干净内面。为使上下压头滑动自如，可在下压头的导棒上涂少量黄油。再将试件取出置于下压头上，盖上上压头，然后装在加载设备上。

③在上压头的球座上放妥钢球，并对准荷载测定装置的压头

④当采用自动马歇尔试验仪时，将自动马歇尔试验仪的压力传感器、位移传感器与计算机或X-Y记录仪正确连接，调整好适宜的放大比例，压力和位移传感器调零。

⑤当采用压力环和流值计时，将流值计安装在导棒上，使导向套管轻轻地压住上压头，同时将流值计读数调零。调整压力环中百分表，对零。

⑥启动加载设备，使试件承受荷载，加载速度为50mm/min±5mm/min。计算机或记录仪自动记录传感器压力和试件变形曲线，并将数据自动存入计算机。

⑦在试验荷载达到最大值的瞬间，取下流值计，同时读取压力环中百分表读数及流值计的流值读数。

⑧从恒温水槽中取出试件至测出最大荷载值的时间，不得超过30s。

2. 浸水马歇尔试验方法

浸水马歇尔试验方法与标准马歇尔试验方法的不同之处在于，试件在已达规定温度的恒温水槽中保温48h，其余步骤均与标准马歇尔试验方法相同。

3. 真空饱水马歇尔试验方法

试件先放入真空干燥器中，关闭进水胶管，开动真空泵，使干燥器的真空度

达到 97.3kPa（730mmHg）以上，维持 15min，然后打开进水胶管，靠负压进入冷水流使试件全部浸入水中，进水 15min 后恢复常压，取出试件再放入规定温度的恒温水槽中保温 48h，其余均与标准马歇尔试验方法相同。

七、沥青路面芯样马歇尔试验

（一）目的与适用范围

适用于对从沥青路面钻取的芯样进行马歇尔试验，供评定沥青路面施工质量是否符合设计要求或进行路况调查。标准芯样钻孔试件的直径为 100mm，适用的试件高度为 30 ~ 80mm；大型钻孔试件的直径为 150mm，适用的试件高度为 80 ~ 100mm。

（二）试验步骤

（1）按规定的方法用钻孔机钻取压实沥青混合料路面芯样试件。

（2）将芯样试件黏附的黏层油、透层油和松散颗粒等清理干净。对与多层沥青混合料联结的芯样，采用以下方法进行分离：

①在芯样上对不同沥青混合料层间画线做标记，然后将芯样在 0℃以下冷却 20 ~ 25min。

②取出芯样，用宽 5cm 以上的凿子对准层间画线标记处，用锤子敲打凿子，在敲打过程中不断旋转试件，直到试件分开。

③如果以上方法无法将试件分开，特别是层与层之间的界线难以分清时，宜采用切割方法进行分离。切割时需要连续加冷却水切割，并注意切割后的试件不能含有其他层次的混合料。

（3）试件宜在阴凉处存放（温度不宜高于 35℃），且放置在水平的地方，注意不要使试件产生变形。

（4）按前述方法测定试件的密度，并计算空隙率、沥青体积百分率、沥青饱和度、矿料间隙率等体积指标。

（5）用卡尺测定试件的直径，取两个方向的平均值。

（6）测定试件的高度，取 4 个对称位置的平均值，准确至 0.1mm。

八、沥青混合料车辙试验

（一）目的与适用范围

适用于测定沥青混合料的高温抗车辙能力，供沥青混合料配合比设计时的高温稳定性检验使用，也可用于现场沥青混合料的高温稳定性检验。车辙试验的温度与轮压（试验轮与试件的接触压强）可根据有关规定和需要选用，非经注明，试验温度为 60℃，轮压为 0.7MPa。

（二）试验准备

（1）试验轮接地压强测定：在 60T 下，在试验台上放置一块 50mm 厚的钢板，其上铺一张毫米方格纸，上铺一张新的复写纸，以规定的 700N 荷载试验轮静压复写纸，即可在方格纸上得出轮压面积，并由此求得接地压强。当压强不符合 0.7MPa±0.05MPa 时，荷载应予以适当调整。

（2）按轮碾成型法制作标准试件，尺寸为 300mm×300mm×（50～100）mm，也可从路面切割得到所需尺寸的试件。

（3）当直接在拌和场取拌和好的沥青混合料样品制作车辙试验试件检验生产配合比设计或混合料生产质量时，必须将混合料装入保温桶中，在温度下降至成型温度之前迅速送达试验室制作试件。如果温度稍有不足，可放在烘箱中稍事加热（时间不超过 30min）后成型。但不得将混合料放冷却后二次加热重塑制作试件。

（4）试件成型后，连同试模一起在常温条件下放置的时间不得少于 12h。对于聚合物改性沥青混合料试件，放置时间以 48h 为宜，使聚合物改性沥青充分固化后再进行车辙试验，但在室温中放置时间不得长于一周。

（三）试验步骤

（1）将试件连同试模一起，置于已达到试验温度 60℃±1℃ 的恒温室中，保温不少于 5h，也不得超过 12h。在试件的试验轮不行走的部位上，粘贴一个热电偶温度计（也可在试件制作时预先将热电偶导线埋入试件一角），控制试件温度稳定在 60℃±0.5℃。

（2）将试件连同试模移置车辙试验机的试验台上，试验轮在试件的中央部位，其行走方向须与试件的碾压或行车方向一致。开动车辙变形自动记录仪，然后启动试验机，使试验轮往返行走，时间约 1h，或最大变形达到 25mm 时为止。试验时，记录仪自动记录变形曲线及试件温度。

九、沥青混合料中沥青含量试验（离心分离法）

（一）目的与适用范围

测定黏稠石油沥青拌制的沥青混合料的沥青含量（或油石比），适用于热拌热铺沥青混合料路面施工时的沥青用量检测，以评定拌和厂产品质量，也适用于旧路调查时检测沥青混合料的沥青用量，抽提的沥青溶液可用于回收沥青，以评定沥青的老化性质。

（二）试验准备

（1）按沥青混合料取样方法，在拌和厂从运料卡车上采取沥青混合料试样，放在金属盘中适当拌和，待温度稍下降至100T以下时，用大烧杯取混合料试样质量1000～1500g（粗粒式沥青混合料用高限，细粒式用低限，中粒式用中限），准确至0.1g。

（2）若试样是在施工现场用钻机法或切割法取得的，应用电风扇吹风使其完全干燥，置于烘箱中适当加热后呈松散状态后再取样，不得用锤击，以防集料破碎。

（三）试验步骤

（1）向装有试样的烧杯中注入三氯乙烯溶剂，将其浸没，浸泡30min，用玻璃棒适当搅动混合料，使沥青充分溶解。

（2）将混合料及溶液倒入离心分离器，用少量溶剂将烧杯及玻璃棒上的黏附物全部洗入分离容器中。

（3）称取洁净的圆环形滤纸质量，准确至0.01g。注意滤纸不宜多次反复使用，有破损者不能使用，有石粉黏附时应用毛刷清除干净。

（4）将滤纸垫在分离器边缘上，加盖紧固，在分离器出口处放上回收瓶，上口应注意密封，防止流出液呈雾状散失。

（5）开动离心机，转速逐渐增至3000r/min，沥青溶液通过排出口收入回收瓶中，待流出停止后停机。

（6）从上盖的孔中加入新溶剂，数量大体相同，稍停3～5min后，重复上述操作，如此数次直至流出的抽提液呈清澈的淡黄色为止。

（7）卸下上盖，取下圆环形滤纸，在通风橱或室内空气中蒸发干燥，然后放入105℃±5℃的烘箱中干燥，称取质量，其增重部分（m_2）为矿粉的一部分。

（8）将容器中的集料小心取出，在通风橱或室内空气中蒸发后放入105℃±5℃烘箱中烘干（一般需4h），然后放入大干燥器中冷却至室温，称取集料质量（m_1）。

（9）用压力过滤器过滤回收瓶中的沥青溶液，由滤纸的增重（m_3）得出泄漏入滤液中的矿粉质量，无压力过滤器时，也可用燃烧法测定。

（10）用燃烧法测定抽提液中矿粉质量的步骤如下：

①将回收瓶中的抽提液倒入量筒中，准确定量至1mL（V_a）。

②充分搅匀抽提液，取出10mL（V_b）放入坩埚中，在热浴上适当加热，溶液试样呈暗黑色后，置于高温炉（500～600℃）中烧成残渣，取出坩埚冷却。

③向坩埚中按每1g残渣5mL的用量比例，注入碳酸铵饱和溶液，静置1h，

放入 105℃ ±5℃烘箱中干燥。

④取出放在干燥器中冷却，称取残渣质量（％），准确至 1mg。

十、沥青与粗集料的黏附性试验

（一）目的与适用范围

用于测定沥青与粗集料表面的黏附性及评定粗集料的抗水剥离能力。最大粒径大于 13.2mm 的集料用水煮法，最大粒径小于或等于 13.2mm 的集料用水浸法。当同一种原料中既有大于又有小于 13.2mm 的集料时，以大于 13.2mm 的水煮法试验为标准，对细粒式沥青混合料，以水浸法试验为标准。

（二）试验步骤

1. 水煮法（适用于粒径大于 13.2mm 的集料）

（1）将集料过 13.2mm、19mm 的筛，取粒径 13.2 ~ 19mm、形状接近立方体的集料 5 个，用洁净水洗净，在温度为 105℃ ±5℃的烘箱中烘干，放在干燥器中备用。

（2）大烧杯中盛水，并置于加热炉的石棉网上煮沸。

（3）将集料逐个用细线在中部系牢，再置于 105℃ ±5℃的烘箱中 1h。

（4）石油沥青加热至 130 ~ 150℃，逐个用线提起加热的矿料颗粒，浸入沥青中 45s 后，轻轻拿出，使集料颗粒完全为沥青膜所裹覆。

（5）将裹覆沥青的集料颗粒悬挂于试验架上，下面垫一张纸，使多余的沥青流掉，在室温下冷却 15min。

（6）待集料颗粒冷却后，逐个用线提起，浸入盛有煮沸水的大烧杯中央，调整加热炉，使烧杯中的水保持微沸状态，不允许有沸开的泡沫。

（7）浸煮 3min 后，将集料从水中取出，适当冷却，然后放入一个盛有常温水的纸杯或其他容器中，在水中观察集料颗粒上沥青膜的剥落程度，按表 5-7 评定黏附等级。

表 5-7　沥青与集料黏附性等级评定

试验后石料表面上沥青膜剥落情况	黏附性等级
沥青膜完全保存，剥离面积百分率接近于 0	5
沥青膜少部为水所移动，厚度不均匀，剥离面积百分率少于 10%	4
沥青膜局部明显地为水所移动，基本保留在石料表面上，剥离面积百分率少于 30%	3
沥青膜大部为水所移动，局部保留在石料表面上，剥离面积百分率大于 30%	2
沥青膜完全为水所移动，石料基本裸露，沥青全浮于水面上	1

（8）同一试样应平行试验 5 个集料颗粒，并由两名以上经验丰富的试验人员分别评定后，取平均等级作为试验结果。

2. 水浸法（适用于粒径小于 13.2mm 的集料）

（1）将集料过 9.5mm、13.2mm 的筛，取粒径 9.5 ~ 13.2mm、形状规则的集料 200g，用洁净水洗净，并置于温度为 105℃ ±5℃的烘箱中烘干，然后放在干燥器中备用。

（2）以标准方法取沥青试样放入烧杯中，加热至要求的拌和温度。

（3）将煮沸过的热水注入恒温水槽中，并维持温度 80℃ ±1℃。

（4）按四分法称取集料 100g 置于搪瓷盘上，连同搪瓷盘一起放入已升温至沥青拌和温度以上 5℃的烘箱中持续加热 1h。

（5）按每 100g 集料加入沥青 5g ±0.2g 的比例称取沥青，准确至 0.1g，放入小型拌和容器中，置于同一烘箱中加热 15min。

（6）从烘箱中取出拌和容器，将搪瓷盘中的集料倒入拌和容器的沥青中，立即用金属铲均匀拌和 1 ~ 1.5min，使集料完全被沥青膜裹覆。拌和完成后立即将裹有沥青的集料取 20 个，用小铲移至玻璃板上摊开，并在室温下冷却 1h。

（7）将放有集料试样的玻璃板浸入水温 80℃ ±1℃的恒温水槽中，保持 30min，并将剥离及浮于水面的沥青用纸片捞出。

（8）从水中小心取出玻璃板，浸入水槽内的冷水中，仔细观察裹覆集料的沥青薄膜的剥落情况。由两名以上经验丰富的试验人员分别目测，评定剥离面积的百分率，评定后取平均值。

（9）以剥离面积百分率，按表 5-7 评定沥青与集料黏附等级。

第六章 路基路面工程现场检测技术

第一节 路基路面几何尺寸检测

一、纵断面高程测定

（1）将精密水准仪架设在路面平顺处整平，以路线附近的水准点高程为基准，依次将塔尺竖立在中线的测定位置上，测记测定点的高程读数，以 m 计，准确至 0.001m。

（2）连续测定全部测点，并与水准点闭合。

各测点的实测高程 H_{1i} 与设计高程 H_{0i} 之差为：

$$\Delta H = H_{1i} - H_{0i} \tag{1}$$

二、路面横坡测定

对于无中央分隔带的公路，路面横坡是指路拱两侧直线部分的坡度；对于有中央分隔带的公路，路面横坡是指路面与中央分隔带交界处及路面边缘与路肩交界处两点的高程差与水平距离的比值，以%表示。其测定方法如下：

（1）对设有中央分隔带的路面，测定横坡时，将精密水准仪架设在路面平顺处整平，将塔尺分别竖在路面与中央分隔带分界的路缘带边缘 d_1 处以及路面与路肩的交界位置（或外侧路缘石边缘）d_2 处，d_1 和 d_2 测点必须在同一横断面上。测量 d_1 和 d_2 处的高程，记录高程读数，以 m 计，准确至 0.001m。

（2）对无中央分隔带的路面，测定横坡时，将精密水准仪架设在路面平顺处整平，将塔尺分别竖在路拱曲线与直线部分的交界位置 d_1 处以及路面与路肩的交界位置 d_2 处，d_1 和 d_2 测点必须在同一横断面上。测量 d_1 和 d_2 处的高程，记录高程读数，以 m 计，准确至 0.001m。

（3）用钢尺测量两测点的水平距离 B_i，以 m 计。对于高速公路及一级公路，准确至 0.005m；对于其他等级公路，准确至 0.01m。

各测点断面的横坡度 i_{1i} 按式（2）计算，准确至一位小数。按式（3）计算实测横坡 i_{1i} 与设计横坡 i_{01} 之差 Δi_i。

$$i_{1i} = \frac{h_{d1} - h_{d2}}{B_i} \times 100\% \qquad (2)$$

$$\Delta i_i = i_{1i} - i_{0i} \qquad (3)$$

式中：h_{d1}、h_{d2}——各测定断面两测点 d_1 和 d_2 的高程读数。

三、路基路面宽度测定

路基宽度是指行车道与路肩宽度之和，以 m 计，当设有中间带、变速车道、爬坡车道、紧急停车带时，还应包括这些部分的宽度。即路面宽度包括行车道、路缘带、变速车道、爬坡车道、硬路肩和紧急停车带的宽度，以 m 计。其测定方法如下。

用钢尺沿中心线垂直方向水平量取路基路面各部分的宽度，以 m 计。高速公路及一级公路，准确至 0.005m；其他公路，准确至 0.01m。测量时量尺应保持水平，不得将尺紧贴路面量取，也不得使用皮尺。

各测定断面的实测宽度 B_{1i} 与设计宽度 B_{0i} 之差 ΔB_i 为：

$$\Delta B_i = B_{1i} - B_{0i} \qquad (4)$$

四、中线偏位测定

路面实际中心线偏离设计中心线的距离为路面中线偏位，以 mm 计。

（1）对有中线坐标的道路，首先从设计资料中查出待测点 P 的设计坐标，用经纬仪对该设计坐标进行放样，并在放样点 P′ 做好标记，量取 PP′ 的长度，即为中线平面偏位 Δ_{CL}，以 mm 表示，对高速公路及一级公路，准确至 5mm；对其他等级公路，准确至 10mm。

（2）对无中线坐标的低等级道路，应首先恢复交点或转点，实测偏角和距离，然后采用链距法、切线支距法或偏角法等传统方法确定道路中线的设计位置，量取设计位置与施工位置之间的距离，即为中线平面偏位 Δ_{CL}，以 mm 表示，准确至 10mm。

五、相邻板局差测定

将水平尺或 3m 直尺垂直跨越接缝并水平放于高出的一侧，用塞尺量测接缝处两边板块的最大高差，即为该接缝处的相邻板高差 H，以 mm 表示，准确至 0.5mm。若塞尺量程不足，可使用钢直尺量测，准确至 1mm。

六、纵、横缝顺直度测定

（1）将软线对齐 20m 长的纵缝两端并拉直，用钢直尺量测纵缝与软线的最大间距，以 mm 表示，即为该处纵缝顺直度。

（2）将软线沿板宽对齐面板横缝两端并拉直，用钢直尺量测横缝与软线的最大间距，以 mm 表示，即为此板的横缝顺直度。

七、几何数据测试系统测定几何线性试验方法

本方法适用于各类几何数据测试系统在正常行车条件下连续采集路面的横坡、纵坡以及路线的曲率半径（平曲线半径、竖曲线半径）数据。其数据采集、传输、记录和数据处理均由专用软件自动控制进行。测试过程路面应整洁，宜选择风力较小的时间。

几何数据测试系统由承载车、数据采集处理系统和距离测量系统组成。几何数据测试系统承载车辆的车身高度不宜超过 1.7m，车型满足设备制造商的要求，测试系统技术要求和参数应满足相应规范要求。方法与步骤如下。

（一）准备工作

（1）检查轮胎气压，使气压达到车辆正常使用的轮胎气压。

（2）距离标定。承载车每行驶 5000km 或者更换轮胎必须进行距离标定，距离标定长度 1000m，误差 0.1%。

（3）将控制面板电源打开，检查各项控制功能键、指示灯和技术参数选择状态。

（二）测试步骤

（1）打开测试系统，通电预热时间不少于设备操作手册的规定。

（2）每次测试开始前或连续测试长度超过 100km 后，必须按照设备使用手册规定的方法进行系统偏差标定。

（3）按照设备操作手册的规定和测试路段的现场技术要求设置完毕所需的测试状态。

（4）驾驶员以恒定加速度加速至测试速度，测试车速宜为 30 ~ 80km/h。沿正常行车轨迹驶入测试路段，测试过程中驾驶员应沿车道线匀速行驶，不能超车、变线。

（5）进入测试路段后，测试人员在测试过程中必须及时准确地将测试路段的

起终点和其他需要特殊标记的点的位置输入测试数据记录中。

（6）当测试车辆驶出测试路段后，停止车辆，设备操作人员停止数据采集和记录，并恢复仪器各部分至初始状态。

（7）检查测试数据，内容应正常，否则重新测试。

（8）关闭测试系统电源，结束测试。

（9）数据处理。

由于车辆行驶过程中路面状况和外界风力等因素会影响测试结果，因此车辆高度和测试速度应满足规范要求。在实际应用过程中如对结果存在异议，需用标准方法对平面（水准）测量结果进行校核。

八、检测路段几何尺寸评定

根据检测结果算出一个评定路段内测定值的平均值、标准差、变异系数等质量特征值，然后按照数理统计原理计算一个评定路段测定值的代表值：

（1）单侧检验的指标：

$$X' = \overline{X} \pm S \cdot \frac{t_a}{\sqrt{N}} \tag{5}$$

（2）双侧检验的指标：

$$X' = \overline{X} \pm S \cdot \frac{t_{a/2}}{\sqrt{N}} \tag{6}$$

式中：X'——评定路段内测定值的代表值；

$\overline{X}$——评定路段内测定值的平均值；

S——标准差；

t_a，$t_{a/2}$——t 分布中随自由度（N–1）和保证率（或置信度 a）而变化的系数。

无特殊规定时，可疑数据的舍弃以 K 倍标准差作为舍弃标准，即在资料分析中，舍弃那些在范围以外的测定值，然后再重新计算整理。当试验数据 N 为 3、4、5、6 时，K 值分别为 1.15、1.46、1.67、1.82；N 等于或大于 7 时，K 值采用 3。

第二节　路面厚度检测

一、挖坑法测定路面厚度

（1）按随机选点法决定挖坑检查的位置。如为旧路，测点有坑洞等显著缺陷或处于接缝处时，可在其旁边检测。

（2）选一块约 40cm×40cm 的平坦表面作为试验地点，用毛刷将其清扫干净。

（3）根据材料坚硬程度，选择镐、铲、凿子等适当的工具开挖这一层材料，直至层位底面。在便于开挖的前提下，开挖面积应尽量缩小，坑洞大体呈圆形。边开挖边将材料铲出置于方盘内。

（4）用毛刷清扫坑底，作为下一层的顶面。

（5）将一把钢板尺平放横跨于坑的两边，用另一把钢尺或卡尺等量具在坑的中部位置垂直伸至坑底，测量坑底至钢板尺底面的距离，即为检查层的厚度，以 mm 计，精确至 1mm。

二、钻孔取芯法测定路面厚度

（1）按随机选点法决定挖坑检查的位置。如为旧路，测点有坑洞等显著缺陷或处于接缝处时，可在其旁边检测。

（2）按钻取芯样的方法用路面取芯机钻孔，钻孔深度必须达到层厚。

（3）小心取出芯样，清除表面灰土，找出与下层的分界。

（4）用钢板尺或卡尺沿圆周对称的十字方向四处量取表面至上下层界面的高度，取其平均值，即为该层的厚度，准确至 1mm。

施工过程中的简易方法：当沥青混合料尚未冷却时，可根据需要随机选择测点，用大螺丝刀插入一定深度后，用尺量取层厚或挖坑量取沥青层的厚度（必要时用小锤轻轻敲打），但不得使用铁镐等扰动四周的沥青层。厚度以 mm 计，精确至 1mm。

三、填补试坑或钻孔

用挖坑或钻孔方法测定结构层厚度后，所有试坑、钻孔均应用相同材料仔细填补，如有疏忽，易成为隐患而导致开裂，填补试坑或钻孔的步骤如下。

（1）适当清理坑中残留物，钻孔时留下的积水应用棉纱吸干。

（2）对有机结合料稳定层及水泥混凝土路面板，应按相同配比用新拌的材料分层填补并用小锤压实。水泥混凝土中宜掺加少量快凝早强的外掺剂。

（3）对无结合料粒料基层，可用挖坑时取出的材料，适当加水拌和后分层填补，并用小锤击实整平。

（4）对正在施工的沥青路面，用相同级配的热拌沥青混合料分层填补并用加热的铁锤或热夯压实，旧路钻孔也可用乳化沥青混合料修补。

（5）补坑结束时，宜比原面层略鼓出少许，用重锤或压路机压实整平。

四、短脉冲雷达测定路面厚度试验方法

使用雷达进行路基路面物理力学指标的无损检测开始于20世纪80年代后期，欧、美最早应用，我国大约在20世纪90年代初开始应用。雷达检测技术具有无损、快速、简易、精度高的突出优点，在公路工程施工质量检测与监控中，具有广阔的应用前景。

短脉冲雷达是目前国内外已普遍用于测试路面结构层厚度的一种无损测试设备。其沥青面层的测试误差一般可控制在3mm内，其测试效率是传统方法所无法相比的。

雷达检测技术实质上是一种特高频电磁波发射与接收技术，雷达波由自身激振产生，直接向路基路面中发射射频电磁波，通过波的反射与接收获得路基路面的采样信号，再经过硬件与软件及图文显示系统，得到检测结果。

雷达测试系统由承载车、天线、雷达发射接收器和控制系统组成，设备部分如图6-1所示。

图6-1 雷达系统组成图

（一）主要设备及测试系统的技术要求和参数

（1）承载车：设备承载车车型应满足设备制造商的要求。

（2）天线：喇叭形空气耦合天线，带宽能适应所选择的发射脉冲频率。测试路面厚度小于10cm时，宜选用频率大于2GHz的雷达天线；路面厚度10～25cm时，宜选用频率大于1.5GHz的雷达天线；路面厚度大于25cm时，宜选用频率大于1GHz的雷达天线。

（3）收发器：脉冲宽度≤1.0ns，时间信号处理能力可以适应所需的测试深度。

（4）波速标定：应对可能造成波速变化的施工、材料、厚度等因素综合考虑后确定必须进行波速标定的段落单元，通过标定得到其波速值后再计算该路段路面厚度。

（5）距离标定误差：≤0.1%。

（6）最小分辨层厚：≤ 40mm。

（7）设备工作温度：0 ~ 50℃（空气温度）。

（二）方法与步骤

1．准备工作

（1）距离标定：承载车有下列情形之一时需要进行距离标定：承载车行驶超过 20000km；更换轮胎；使用超过 1 年。距离标定根据厂商提供的使用说明进行。

（2）安装雷达天线：将雷达天线按照厂商提供的安装方法牢固安装好，并将天线与主机连接好。

（3）检查连接线安装无误后开机预热，预热时间不得少于厂商规定的时间。

（4）将金属板放置在天线正下方，启动控制软件的标定程序，获取相应参数。

（5）打开控制软件的参数设置界面，根据不同的检测目的，设置采样间隔、时间窗、增益等参数。

2．测试步骤

（1）将承载车停止在起点，开启安全警示灯，启动软件测试程序，令驾驶员缓慢加速车辆到正常检测速度。

（2）检测过程中，操作人员应记录测试线路所遇到的桥梁、涵洞、隧道等构造物的起终点。

（3）当测试车辆到达测定终点后，操作人员停止采集程序。

（4）芯样标定：为了准确反算出路面厚度，必须知道路面材料的介电常数，通常采用在路面上钻芯取样的方法获取路面材料的介电常数。做法是首先令雷达天线在需要标定芯样点的上方采样，然后钻芯，最后将芯样的真实厚度数据输入到计算程序中，反算出路面材料的介电常数或者雷达波在材料中的传播速度。路面材料的介电常数会随集料类型、沥青产地、密度、湿度等而不同，测试过程中应根据实际情况钻取芯样，以保证测试厚度的准确性。

每个波速标定路段单元芯样不宜少于 4 个，且位置均匀分布，各波速变异系数 C_v 不大于 3%。如不能达到，应通过增加芯样个数的方法减小 C_v 值，不能随意舍弃芯样波速值，只有当其显著偏大时方可舍弃。

芯样波速标定时，应选择雷达图像界面清晰、容易辨识、没有突变的路段进行，且钻芯点位与雷达测试点位应一致。

（5）操作人员检查数据文件，文件应完整，内容应正常，否则应重新测试。

（6）关闭测试系统电源，结束测试。

（三）计算

根据雷达波在路面面层中的双程走时以及材料的相对介电常数，用下式确定面层厚度：

$$T = \frac{\Delta t \times c}{2\sqrt{\varepsilon_r}}$$ （7）

式中：T—面层厚度（mm）；

c—电磁波在空气中的传播速度（300mm/ns）；

ε_r—相对介电常数，可以通过路面芯样获得；

△t—雷达波在路面面层中的双程走时时间（ns）。

路面厚度的计算通常先由雷达波识别软件自动识别各层分界线，得到雷达波在各层中的双程走时，然后计算各层厚度。

五、路面结构层厚度评定

路段内路面结构层厚度通过代表值和单个合格值的允许偏差进行评定。厚度代表值为厚度的算术平均值的下置信界限值，即：

$$X_L = \overline{X} - \frac{t_a}{\sqrt{n}} S$$ （8）

式中：X_L—厚度代表值（算术平均值的下置信界限值）；

$\overline{X}$—厚度平均值；

S—标准差；

n—检测点数；

t_a—t 分布表中随测点数和保证率（或置信度 a）而变化的系数。

采用的保证率如下：高速、一级公路：基层、底基层为99%；面层为95%；其他公路：基层、底基层为95%，面层为90%。

当厚度代表值大于等于设计厚度减去代表值允许偏差时，则按单个检查值的偏差不超过单点合格值来计算合格率；当厚度代表值小于设计厚度减去代表值允许偏差时，相应分项工程评为不合格。

沥青面层一般按沥青铺筑层总厚度进行评定，但高速公路和一级公路分2～3层铺筑时，还应进行上面层厚度的检查与评定。

第三节　压实度与回弹弯沉检测

一、压实度检测

（一）现场密度试验检测方法

1. 核子密度仪法

核子密度仪法是利用放射性元素（通常是 γ 射线和中子射线）测量路基土或路面结构层材料的密度。它是现场检测压实度较常用的一种方法，可检测土壤、碎石、土石混合物、沥青混合料和非硬化水泥混凝土等材料，属非破坏性检测，允许对同一个测试位置进行重复测试，并监测密度和压实度的变化，以确定合适的碾压方法，从而达到所要求的压实度。

测定沥青混合料面层的压实密度或硬化混凝土等难以打孔材料的密度时宜使用散射法；测定土基、基层材料等可以打孔材料的密度及含水率时，应使用直接透射法。在表面用散射法测定时，所测定的沥青面层应根据仪器的性能决定最大厚度；测定土基或基层材料的压实密度及含水率时，打洞后用直接透射法测定，测定层的厚度不宜大于 30cm。

（1）测定步骤

①重复标定的步骤，读取核子仪的数值。

②根据相关性标定结果确定材料的湿密度和含水率，并计算干密度及压实度；对于沥青混合料压实层，用所确定的材料湿密度直接计算压实度。

如用散射法时，测定温度应与试验段测定时一致，一组不少于 13 点，取平均值。

（2）安全注意事项

①仪器工作时，所有人员均应退到距仪器 2m 以外的地方。

②仪器不使用时，应将手柄置于安全位置，仪器应装入专用的仪器箱内，放置在符合核辐射安全规定的地方。

③仪器应由经有关部门审查合格的专人保管，专人使用。

测定路面密度及压实度的同时，应记录温度、材料类型、路面的结构层厚度及测试深度等数据和资料。

2. 无核密度仪法

无核密度仪按照工作原理分为电磁法无核密度仪和时域反算法无核密度仪。

目前主要用于检测当日铺筑完工的沥青路面、现场沥青混合料铺筑层的密度及快速检查混合料的离析，不能用于交工验收或质量鉴定。

测试步骤如下所述。

（1）按照随机取样的方法确定测试位置，距路面边缘或其他物体的最小距离不得少于30cm，且表面干燥。

（2）把无核密度仪平稳地置于测试位置上，保证仪器不晃动。当路表结构凸凹不平时，可用细砂填平测试位置的空隙，使路表面平整，能与仪器紧密接触。

（3）开机后应检查仪器的工作状态，如电池电压、内部温度，设置检测日期、时间、测值编号等。

（4）进入测试界面，设置沥青面层厚度、测量单位、最大公称粒径等参数，选择单点测量模式，进入待测状态。

（5）按动测试键，3s后读取数据，并记录。当湿度测值超过10时，数据作废，应重新选点检测。

（6）当采用修正值方法时，显示为原始数据 p_d；当采用相关性公式时，显示为原始数据带入相关性公式所换算的实测密度 p_d，精确至$0.01g/cm^3$。将 p_d 代入压实度计算公式，精确到1%。测定路面密度及压实度的同时，应记录温度、材料类型、路面的结构层厚度及测试深度等数据和资料。

3. 钻芯法测定沥青面层密度

沥青混合料面层的施工压实度是指按规定方法测得的混合料试样的毛体积密度与标准密度之比，以百分率表示。对沥青混合料，国内外均以取样测定作为标准试验方法。

（1）试验方法与步骤

①钻取芯样

按照规定方法钻取路面芯样，芯样直径不宜小于 $\phi100mm$。当一次钻孔取得的芯样包含有不同层位的沥青混合料时，应根据结构组合情况用切割机将芯样沿各层结合面锯开，分层进行测定。钻孔取样应在路面完全冷却后进行，对普通沥青路面通常在第二天取样，对改性沥青及SMA路面宜在第三天以后取样。

②测定试件密度

a. 将钻取的试件在水中用毛刷轻轻刷净黏附的粉尘。如果试件边角有松散颗粒，应仔细清除。

b. 将试件晾干或用电风扇吹干，静置不少于24h，直至恒重。

c. 按现行《公路工程沥青及沥青混合料试验规程》规定的方法测定试件密度 p_s。通常情况下采用表干法测定试件的毛体积相对密度；对吸水率大于2%的试件，宜采用蜡封法测定试件的毛体积相对密度；对吸水率小于 0.5% 特别致密的沥青混合料，在施工质量检验时，允许采用水中重法测定表观相对密度。

（2）计算

①当压实的沥青混合料的标准密度采用马歇尔击实成型试件密度或试验路段钻孔取样密度时，沥青面层的压实度按式（9）计算：

$$K = \frac{p_x}{p_0} \times 100\% \qquad (9)$$

式中：K—沥青面层的压实度（%）；

p_s—沥青混合料芯样试件的表观密度或毛体积密度（g/cm^3）；

p_0—沥青混合料的标准密度（g/cm^3）。

②由沥青混合料实测最大密度计算压实度时，应先按式（10）进行空隙率折算，作为标准密度，再按式（9）计算压实度：

$$p_0 = p_t \times \frac{100 - VV}{100} \qquad (10)$$

式中：p_0—沥青混合料实测的最大密度（g/cm^3）；

p_t—沥青混合料的标准密度（g/cm^3）；

VV—试件的空隙率（%）。

必须注意到在试验检测中，压实度的大小取决于实测的压实密度，同样也与标准密度的大小有关。但目前对标准密度的规定并不统一，有些工程在压实度达不到时便重新进行马歇尔试验，调整标准密度使压实度达到要求，这一做法实际上是弄虚作假。为了防止这种情况，新的检测方法规定了三种标准密度：第一种是马歇尔击实试件密度；第二种是试验路段钻孔取样密度；第三种是由实测最大密度按空隙率折算的标准密度。在进行检测时，应结合工程实际情况，采用相应的标准密度。

（二）压实度检测结果评定

路基、路面压实度以 1 ～ 3km 长的路段为检验评定单元，按要求的检测频率及方法进行现场压实度抽样检查，求算每一测点的压实度 K_i。

检验评定段的压实度代表值 K（算术平均值的下置信界限值）为：

$$K = \bar{k} - \frac{t_a}{\sqrt{n}} S \geq K_0 \qquad (11)$$

式中：$\bar{k}$—检验评定段内各测点压实度的平均值；

t_a—t 分布表中随测点数和保证率（或置信度 a）而变化的系数。

采用的保证率如下：高速公路、一级公路：基层、底基层为 99%；路基、路面面层为 95%；其他公路：基层、底基层为 95%，路基、路面面层为 90%；

S—检测值的标准差；

n—检测点数；

K_0—压实度标准值。

1．路基、基层和底基层

（1）K ≥ K_0，且单点压实度 K_i 全部大于等于规定值减 2 个百分点时，评定路段的压实度合格率为 100%。

（2）K ≥ K_0，且单点压实度 K_i 全部大于等于规定极值时，按测定值不低于规定值减 2 个百分点的测点数计算合格率。

（3）K < K_0，或某一单点压实度 K_i 小于规定极值时，该评定路段压实度不合格，相应分项工程评为不合格。

（4）路堤施工段较短时，分层压实度应点点符合要求且样本数不小于 6 个。

2．沥青面层

（1）K ≥ K_0，且全部测点大于等于规定值减 1 个百分点时，评定路段的压实度合格率为 100%。

（2）K ≥ K_0 时，按测定值不低于规定值减 1 个百分点的测点数计算合格率。

（3）K < K_0 时，该评定路段的压实度不合格，相应分项工程评为不合格。

（三）压实度测试新技术简介

1．振动压路机的压实度连续检测仪

路基压实度传统检验采取随机抽样的方法，通过检测密度来反映压实质量，人工操作，费工费时。而采用振动压路机的机载压实度计，驾驶员可从显示器随时查看压实情况、振动频率、运行速度，能够实现压实质量的实时控制，并能保存数据以备其他试验之用，避免漏检，使欠压、过压问题得以解决。

（1）工作原理

试验表明，土的物理状态、固结压力和应变数量级等因素对其弹性模量都有影响。计算土弹性模量的经验公式为：

$$E_d = 0.23 \frac{(2.5-e)^{1/2}}{1+e} \cdot \sigma_0^{1/3} \cdot \varepsilon_d^{-1} \tag{12}$$

式中：E_d—弹性模量；

e—孔隙比；

ε_0—平均固结压力；

ε_d—应变。

从公式可看出，随着压实度的增加，压实基础的孔隙比减小，基础的弹性模量增加。由刚度和模量的正比关系，可得出刚度也会增加。另外试验证明，随压实度的增加，基础的阻尼会减小。

当基础填料比较疏松、密实度低时，可近似看作是一个松软的弹塑性体。振动轮在其上进行振实作用时，由于地面的弹性刚度小，阻尼较大，地面对振动轮的作用力较小，系统响应值较小。随着压实遍数的增加，填料被逐渐压实，其弹性刚度逐渐增加，阻尼变小，地面对振动轮的作用力变大，系统响应值逐步增大。

计算机仿真表明：振动轮的动力学参数的变化与地面材料的密度变化密切相关，振动轮的垂直加速度与相互作用材料的压实度正相关。

（2）技术要点

在压实前，选择一典型路段进行压实并记录相应的加速度值，利用传统方法测量压实度，对仪器显示值进行标定。

通过经验数据或现场标定后，与传统检测的压实度相比，压实度连续检测仪的误差可以控制在 ±3% 以内。

2. 落锤频谱式路基压实度快速测定仪

落锤频谱式路基压实度快速测定仪是利用落锤的冲击使土体产生反弹力，并利用低频测出土体响应值的一种不测含水率就能得到路基压实度的测试仪器。检测时，不需挖坑，每测一个点只需 2 ~ 3min。该仪器体积小（仪器外形尺寸：320mm × 140mm × 300mm，冲击架高 460mm），质量轻（8.8kg），携带使用方便，既可在施工现场使用，也可在试验室土槽中使用。

（1）工作原理

落锤频谱式路基压实度快速测定仪的原理，如图 6-2 所示。

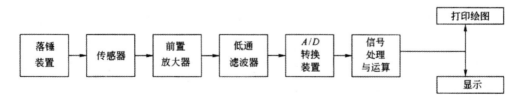

图6-2　落锤频谱式路基压实度快速测定仪原理框图

在已碾压的路基表面上，使落锤自由落下，接触地面时，土体表面随即产生一反弹力。从理论上讲，土体越密实，吸能作用越弱，则反弹力越强。反弹力随即使加速度传感器工作，记录加速度值。经过电荷放大器的前置放大，并以电压信号输出，随即又通过低通滤液器，进入峰值采样保持电路。然后，再由阈值触发电路，进入 10 位数（精度高）A/D 模数转换电路，CPU8098 单片机进行数据处理。最后，由 LED 显示器显示，同时，由 16 针打印机输出压实度数值。

（2）使用技术要点

①压实度曲线标定

路基压实度曲线的标定工作十分重要，应在仪器各部分功能正常的情况下进行。标定工作实质上就是制作标定线，这种工作一般在试验室内进行。

标定时一定要选择工程所使用的土类，而且要具有工程代表性，这是确保标定精度的必要条件。压实度标定就是建立压实度加速度传感器响应值与压实度大小的关系曲线。

②测点数与测点布置

路基压实度测定以两次平均值作为测点压实度数值。如两次压实度测值的相对误差超过 1%，则需要进行第三次实测，利用三次平均值作为压实度最终结果。几次测定测点位置的安排主要取决于落锤的底面直径 d 以及路基土冲击后回弹恢复的时间 t。当 f 在 1min 之内时，要将落锤的位置向旁侧移动 1.5d 的距离做第二次测定；当 t=3min 时，则可在同一位置测定第二次，这样的安排不会引起误差。

二、回弹弯沉检测

（一）贝克曼梁法

1. 目的与适用范围

该方法适用于测定各类路基、路面的回弹弯沉，用以评定其整体承载能力，供路面结构设计使用沥青路面的弯沉以路表温度 20℃时为准，在其他温度（超过 20℃ ±2℃范围）测试时，对厚度大于 5cm 的沥青路面，弯沉值应予温度修正。

2. 准备工作

（1）检查并保持测定用标准车的车况及制动性能良好，轮胎内胎符合规定充气压力。

（2）向汽车车槽中装载铁块或集料，并用地中衡称量后轴总质量，应符合要求的轴重规定，汽车行驶及测定过程中，轴重不得变化。

（3）测定轮胎接地面积：在平整光滑的硬质路面上用千斤顶将汽车后轴顶起，在轮胎下方铺一张新的复写纸，轻轻落下千斤顶，即在方格纸上印上轮胎印痕，用求积仪或数方格的方法测算轮胎接地面积，精确至 $0.1cm^2$。

（4）检查弯沉仪百分表测量灵敏情况。

（5）宜选择无风的测试条件。当在沥青路面上测定时，用路表温度计测定试验时气温及路表温度（一天中气温不断变化，应随时测定），并通过气象台了解前 5d 的平均气温（日最高气温与最低气温的平均值）。

（6）记录沥青路面修建或改建时材料、结构、厚度、施工及养护等情况。

3．测试步骤

（1）在测试路段布置测点，其距离随测试需要而定。测点应在路面行车车道的轮迹带上，并用白油漆或粉笔画上标记。

（2）将试验车后轮轮隙对准测点后 3 ~ 5cm 处的位置上。

（3）将弯沉仪插入汽车后轮之间的缝隙处，与汽车方向一致，梁臂不得碰到轮胎，弯沉仪测头置于测点上（轮隙中心前方 3 ~ 5cm 处），并安装百分表于弯沉仪的测定杆上，百分表调零，用手指轻轻叩打弯沉仪，检查百分表是否稳定回零。弯沉仪可以是单侧测定，也可以双侧同时测定。

（4）测定者指挥汽车缓缓前进，百分表随路面变形的增加而持续向前转动。当表针转动到最大值时，迅速读取初读数 L_1。汽车继续前进，表针反向回转，待汽车驶出弯沉影响半径（3m 以上）后，指挥汽车停车。汽车驶出弯沉影响半径后，读取百分表的终读数 L_2。汽车前进的速度宜为 5km/h 左右。

4．弯沉仪的支点变形修正

（1）当采用长度为 3.6m 的弯沉仪进行弯沉测定时，有可能引起弯沉仪支座处变形，因此测定时应检验支点有无变形。此时应用另一台检验用的弯沉仪安装在测定用弯沉仪的后方，其测点架于测定用弯沉仪的支点旁。当汽车开出时，同时测定两台弯沉仪的弯沉读数，如检验用弯沉仪百分表有读数，应该记录并进行支点变形修正。当在同一结构层上测定时，可在不同的位置测定 5 次，求平均值，以后每次测定时以此作为修正值。支点变形修正原理如图 6-3 所示。

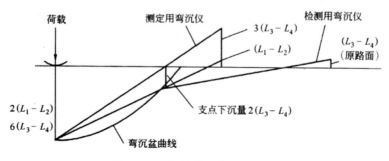

图6-3　弯沉仪支点变形修正原理

（2）当采用长 5.4m 的弯沉仪测定时，可不进行支点变形修正。

5．结果计算及温度修正

（1）测点的回弹弯沉值按式（13）计算：

$$L_T = (L_1 - L_2) \times 2 \qquad (13)$$

式中：L_1—在路面温度为 r 时的回弹弯沉值（0.01mm）；

L_1—车轮中心临近弯沉仪测头时百分表的最大读数（0.01mm）；

L_2—汽车驶出弯沉影响半径后百分表的终读数（0.01mm）。

（2）进行弯沉仪支点变形修正时，路面测点的回弹弯沉值按式（14）计算：

$$L_T = 2(L_1 - L_2) + 6(L_3 - L_4) \qquad (14)$$

式中：L_3—车轮中心临近弯沉仪测头时检验用弯沉仪的最大读数（0.01mm）；

L_4—汽车驶出弯沉影响半径后检验用弯沉仪的终读数（0.01mm）。

（3）沥青面层厚度大于 5cm，且路面温度超过 20℃ ±2℃范围时，回弹弯沉值应进行温度修正。温度修正有两种方法。

①查图法。

测定时沥青层的平均温度按式（15）计算：

$$T = \frac{T_{25} + T_m + T_e}{3} \qquad (15)$$

式中：T—测定时沥青层的平均温度（℃）；

T_{25}—根据 T_0 由图 6-4 得出的路表下 25mm 处的温度（℃）；

T_m—根据 T_0 由图 6-4 得出的沥青层中间深度的温度（℃）；

T_e—根据 T_0 由图 6-4 得出的沥青层底面处的温度（℃）。

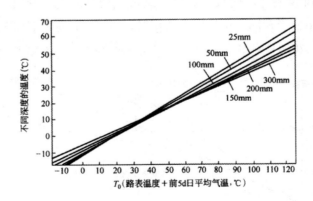

图6-4　沥青面层平均温度的确定

图 6-4 中，T_0 为测定时路表温度与测定前 5d 日平均气温之和，日平均气温为日最高气温与最低气温的平均值。

不同基层的沥青路面弯沉值的温度修正系数 K，根据沥青平均温度 T 及沥青层厚度，分别由图 6-5 及图 6-6 求取。

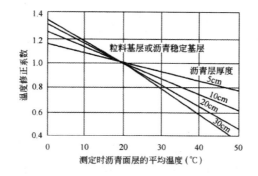

图6-5 路面弯沉温度修正系数曲线（适用于粒料基层或沥青稳定基层）

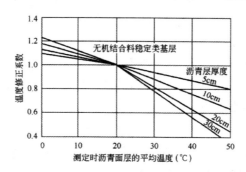

图6-6 路面弯沉温度修正系数曲线（适用于无机结合料稳定的半刚性基层）

沥青路面回弹弯沉按式（16）计算：

$$L_{20} = L_T \times K \tag{16}$$

式中：K—温度修正系数；

L_{20}—换算为20℃的沥青路面回弹弯沉值（0.01mm）；

L_T—测定时沥青面层内平均温度为 T 时的回弹弯沉值（0.01mm）。

②经验计算法。

测定时的沥青面层平均温度 T 按式（17）计算：

$$T = a + bT_0 \tag{17}$$

式中：T—测定时沥青面层平均温度（℃）；

a—系数，a=-2.65+0.52h（h 为沥青面层厚度）；

b—系数，b=0.62-0.008/1；

T_0—测定时路表温度与前5d平均气温之和（℃）。

沥青路面弯沉的温度修正系数 K 按式（18）和式（19）计算：

当 T ≥ 20℃时：

$$K = e^{\left(\frac{1}{T} - \frac{1}{20}\right)h} \qquad\qquad (18)$$

当 T < 20℃时：

$$K = e^{0.002h}(20 - T) \qquad\qquad (19)$$

（二）自动弯沉仪法

1. 目的和适用范围

自动弯沉仪是利用贝克曼梁测定原理快速连续测定的设备，并在标准条件下每隔一定距离连续测定路面的总弯沉并计算总弯沉的平均值，以此作为新建、改建路面工程的质量验收和尚无严重坑槽、车辙等病害的正常通车条件下的旧路面的评价指标，还可为路面养护管理系统提供数据，经过与贝克曼梁法换算后，也可以进行路面结构设计。

自动弯沉仪测定时的速度必须保持稳定，应控制在 3.0 ～ 3.5km/h 范围内。另外，当路面严重损坏、不平整、有坑槽时，测定设备有可能损坏，或者当平曲线半径过小时，都不能检测。

2. 准备工作

（1）位移传感器标定。每次测试之前必须按照设备使用手册规定的方法进行位移传感器的标定，记录标定数据并存档。

（2）检查承载车轮胎气压。每次测试之前都必须检查后轴轮胎气压，应满足 0.70MPa ± 0.05MPa 要求。

（3）检查承载车轮载。一般每年检查一次，如果承载车因改装等原因改变了后轴载，也必须进行此项工作，后轴载应满足 100kN ± 1kN 的要求。

（4）检查测量架的易损部件情况，及时更换损坏部件。

（5）打开设备电源进行检查，控制面板功能键、指示灯、显示器等应正常。

（6）开动承载车试测 2 ～ 3 个步距，观察测试机构，测试机构应正常，否则需要调整。

3. 方法与步骤

（1）测试系统在开始测试前需要通电预热，时间不少于设备操作手册要求，并开启工程警灯和导向标等警告标志。

（2）在测试路段前 20m 处将测量架放落在路面上，并检查各机构的部件情况。

（3）操作人员按照设备使用手册的规定和测试路段的现场技术要求设置完毕所需的测试状态。

（4）驾驶员缓慢加速承载车到正常测试速度，沿正常行车轨迹驶入测试路段。

（5）操作人员将测试路段起终点、桥涵等特殊位置的桩号输入到记录数据中。

（6）当测试车辆驶出测试路段后，操作人员停止数据采集和记录，并恢复仪器各部分至初始状态，驾驶员缓慢停止承载车，提起测量架。

（7）操作人员检查数据文件，文件应完整，内容应正常，否则需要重新测试。

（8）关闭测试系统电源，结束测试。

4．数据处理

（1）采用自动弯沉仪采集路面弯沉盆峰值数据。

（2）数据组中左臂测值、右臂测值按单独弯沉处理。

（3）对原始弯沉测试数据进行温度、坡度、相关性等修正。

5．试验数据处理

从自动弯沉仪的记录数据中按照路面标记点的相应桩号提出各试验点测值，并与贝克曼梁测值一一对应，用数理统计的回归分析方法得到贝克曼梁测值和自动弯沉仪测值之间的相关关系方程，相关系数不得小于0.95。

（三）落锤式弯沉仪法

1．适用范围

该法适用于在落锤式弯沉仪标准质量的重锤落下一定高度发生冲击荷载的作用下，测定路基或路面表面所产生的瞬时变形，即测定在动态荷载作用下产生的动态弯沉及弯沉盆，并可由此反算路基路面各层材料的动态弹性模量，作为设计参数使用，所测结果经转换至回弹弯沉值后可用于评定道路承载能力。

2．准备工作

（1）调整重锤的质量及落高，使重锤的质量及产生的冲击荷载符合第2条的要求。

（2）在测试路段的路基或路面各层表面布置测点，其位置或距离随测试需要而定。当在路面表面测定时，测点宜布置在行车道的轮迹带上。测试时，还可利用距离传感器定位。

（3）检查FWD的车况及使用性能，各项指标符合仪器规定要求。

（4）将FWD牵引至测定地点，打开仪器，进入工作状态。牵引FWD行驶的速度不宜超过50km/h。

（5）对位移传感器按仪器使用说明书进行标定，使之达到规定的精度要求。

3．检测步骤

（1）承载板中心位置对准测点，承载板自动落下，放下弯沉装置的各个传感器。

（2）启动落锤装置，落锤瞬即自由落下，冲击力作用于承载板上，又立即自动提升至原来位置固定。同时，各个传感器检测结构层表面变形，记录系统将位移信号输入计算机，并得到峰值，即路面弯沉，同时得到弯沉盆。每一测点重复测定应不少于3次，除去第一个测定值，取以后几次测定值的平均值作为计算依据。

（3）提起传感器及承载板，牵引车向前移动至下一个测点，重复上述步骤，进行测定。

（4）数据整理，出具检测报告。

4．数据处理

数据整理和检测报告同自动弯沉仪法。如与贝克曼梁弯沉仪进行了对比试验，还应报告相关关系式、相关系数、换算的回弹弯沉。

（四）激光式高速弯沉仪

1．准备工作

（1）检查承载车载荷，调整胎压、轮胎间隙、当量圆直径等参数，应符合BZZ-100的要求。

（2）用手动及配套工具检测和调校检查激光动态弯沉仪的承载车和传感器性能，各项指标应符合仪器说明书规定的要求。

（3）定期（一般1年）检查测距、测速、测温、定姿等传感器的标定参数，如进行了长时间长距离的检测或承载车及传感器改装调整后，也必须及时检查。

（4）开启设备的全部系统进行检查，计算机、软件采集与计算、警示灯应正常。

（5）开动激光式高速路面弯沉测定仪，进行实际弯沉路测，检查验证系统是否正常。

2．测试步骤

（1）测试系统在开始测试前需要提前通电预热，保证设备舱内达到要求的温度，并开启警示灯及导向灯等警告标志。

（2）到达测试路段前，放下距离测试轮，操作人员按照设备使用手册的规定和测试路段的现场技术要求设置所需的测试状态。

（3）驾驶员加速测试车辆到正常车速，沿正常行车轨迹驶入测试路段，保持正常行驶。

（4）操作人员在车辆到达测试路段起点前开始测量，确保至少有200m的有效路段，并在车辆到达测试路段起点时进行标记。在测试路段中如遇桥面、路面条件差或偏离当前测试路段等特殊位置，应做相应的标记来记录桩号等信息。

（5）当测试车辆到达测试路段终点时，操作人员应做终点标记，在车辆驶离终点至少200m后停止数据采集，并将系统各部分恢复至准备状态。

（6）操作人员检查测试数据，文件应完整，数据结果应正常，否则需要重新测试。

（7）关闭测试系统电源，结束测试。

3. 数据处理

通过专用的数据处理软件和计算模型对采集到的数据进行处理，同时按贝克曼梁测定路基路面回弹弯沉试验方法及自动弯沉仪测定路面弯沉试验方法进行温度、坡度和相关性等修正，根据实际需要，得到要求段长的路面弯沉值、弯沉盆曲线、弯沉平均值、标准差、代表值、测试时路面温度及温度修正值。

（五）弯沉值评定

（1）每一双车道评定路段（不超过1km）检查80～100个点，多车道公路必须按车道数与双车道之比，相应增加测点。

弯沉代表值（弯沉测量值的上波动界限），按式（20）计算：

$$l_r = \overline{l} + Z_a S \qquad (20)$$

式中 l_r——弯沉代表值（0.01mm）；

$\overline{l}$——实测弯沉的平均值（0.01mm）；

S——标准差；

Z_a——与要求保证率有关的系数，见表6-1。

表6-1 Z_a值

层位	Z_a	
	高速公路、一级公路	二、三级公路
沥青面层	1.645	1.5
路基、柔性基层	2.0	1.645

（2）当路基和柔性基层、底基层的弯沉代表值不符合要求时，可将超出 $\overline{l}$ ±（2～3）S 的弯沉特异值舍弃，重新计算平均值和标准差。对舍弃的弯沉值大于 $\overline{l}$ +（2～3）S 的点，应找出其周围界限，进行局部处理。

（3）用两台弯沉仪同时进行左右轮弯沉值测定时，应按两个独立测点计，不能采用左右两点的平均值。

（4）弯沉代表值大于设计要求的弯沉值时，相应分项工程为不合格。

（5）测定时的路表温度对沥青面层的弯沉值有明显影响，应进行温度修正。当沥青层厚度小于或等于50mm时，或路表温度在20℃±2℃时，可不进行温度修正。在非不利季节测定时，应考虑季节影响系数。

第四节 强度和回弹模量检测

一、回弹模量检测

（一）承载板测定土基回弹模量试验方法

1. 目的和适用范围

适用于在现场土基表面，通过用承载板逐级加载、卸载的方法，测出每级荷载相应的土基回弹变形值，通过计算求得土基的回弹模量值，作为路面设计参数使用。现场测定级配碎（砾）石、沥青稳定碎石等柔性基层回弹模量可参照执行。

回弹模量是土基强度的一种表示方法，根据弹性半空间体上布氏理论，土基回弹模量可由式（21）求得：

$$E_0 = \frac{\pi}{4} D \left(1 - \mu_0^2\right) \times \frac{p_i}{l_i} \qquad (21)$$

式中：E_0—土基回弹模量（MPa）；

μ_0—泊松比；

D—承载板直径（30cm）；

p_i—承载板单位压力（MPa）；

l_i—相应于荷载的回弹变形（cm）。

2. 方法与步骤

（1）准备工作

①根据需要选择有代表性的测点，测点应位于水平的路基上，土质均匀，不含杂物。

②仔细平整土基表面，撒干燥洁净的细砂填平凹处，砂子不可覆盖全部土基表面，避免形成一层。

③安置承载板，并用水平尺进行校正，使承载板处于水平状态。

④将试验车置于测点上，在加劲小梁中部悬挂垂球测试，使之恰好对准承载

板中心，然后收起垂球。

⑤在承载板上安装千斤顶，上面衬垫钢圆筒、钢板，并将球座置于顶部与加劲横梁接触，用测力环时，应将测力环置于千斤顶与横梁中间，千斤顶及衬垫物必须保持垂直，以免加压时千斤顶倾倒发生事故并影响测试数据的准确性。

⑥安放弯沉仪，将两台弯沉仪的测头分别置于承载板立柱的支座上，百分表对零或使指针置于其他合适的初始位置上。

（2）测试步骤

①用千斤顶开始加载，注视测力环或压力表，至预压 0.05MPa，稳压 1min，使承载板与土基紧密接触，同时检查百分表的工作情况是否正常，然后放松千斤顶油门卸载，稳压 1min 后，将指针对零或记录初始读数。

②测定土基的压力－变形曲线，用千斤顶加载，采用逐级加载卸载法，用经过标定的压力表或测力环控制加载量，各级压力加载大小见表 6-2。荷载小于 0.1MPa 时，每级增加 0.02MPa，以后每级增加 0.04MPa 左右。为了使加载和计算方便，加载数值可适当调整为整数，每次加载至预定荷载（P）后，稳定 1min，立即读记两台弯沉仪百分表数值，然后轻轻放开千斤顶油门卸载至 0，待卸载稳定 1min 后再次读数。每次卸载后百分表不再对零。当两台弯沉仪百分表读数之差小于平均值的 30% 时，取平均值，如超过 30% 则应重测。回弹变形值超过 1mm 时，即可停止加载。

表6-2　加载表

压强（MPa）	荷载（kN）	压强（MPa）	荷载（kN）
0.04	2.462	0.18	11.081
0.06	3.694	0.22	13.543
0.08	5.925	0.26	16.006
0.10	6.156	0.30	18.473

③各级荷载的回弹变形和总变形，按以下方法计算：

回弹变形 L=（加载后读数平均值－卸载后读数平均值）× 弯沉仪杠杆比

总变形 L'=（加载后读数平均值－加载前初始读数平均值）× 弯沉仪杠杆比

④测定总影响量：最后一次加载卸载循环结束后，取走千斤顶，重新读取百分表初读数，然后将汽车开出 10m 以外，读取终读数，两只百分表的初、终读数差之平均值即为总影响量。

⑤在试验点下取样，测定材料含水率，取样数量如下：

最大粒径不大于 5mm，试样数量约 120g；

最大粒径不大于 25mm，试样数量约 250g；

最大粒径不大于 40mm，试样数量约 500g。

⑥在紧靠试验点旁边的适当位置，用灌砂法或环刀法等测定土基的密度。

3．计算

（1）各级压力的回弹变形值加上该级的影响量后，则为计算回弹变形值。表 6-3 是以后轴重 60kN 的标准车为测试车的各级荷载影响量的计算值。当使用其他类型的测试车时，各级压力下的影响量 a_i 按式（22）计算：

$$a_i = \frac{(T_1 - T_2)\pi D^2 p_i}{4T_1 Q} \times a \qquad （22）$$

式中：T_1—测试车前后轴距（m）；

T_2—加劲小梁距后轴距离（m）；

D—承载板直径（m）；

Q—测试车后轴重（N）；

p_i—改级承载板压力（Pa）；

a—总影响量（0.01mm）；

a_i—该级压力的分级影响量（0.01mm）。

表6-3　各级荷载影响量（后轴60kN）

承载板压力	0.05	0.10	0.15	0.20	0.30	0.40	0.50
影响量	0.06a	0.12a	0.18a	0.24a	0.36a	0.48a	0.6a

各级荷载的计算（实际）回弹弯沉值按式（23）计算：

$$a_i = \frac{(T_1 - T_2)\pi D^2 p_i}{4T_1 Q} \times a \qquad （23）$$

式中：l_i'—各级荷载的实测回弹弯沉值；

a_i—各级荷载的影响量。

（2）将各级计算回弹变形值点绘于标准计算纸上，排除显著偏离的异常点并绘出顺滑的曲线，如曲线起始部分出现反弯，应按图 6-7 所示修正原点 O，O′ 则是修正的原点。

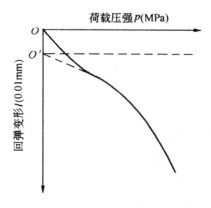

图6-7　修正原点示意图

（3）按式（24）计算相当于各级荷载下的土基回弹模量 E_i 值：

$$E_i = \frac{\pi D}{4} \times \frac{p_i}{l_i}\left(1 - \mu_0^2\right) = 20.7\frac{p_i}{l_i} \tag{24}$$

式中：E_i——土基回弹模量（MPa）；

μ_0——泊松比；

D——承载板直径（30cm）；

p_i——承载板单位压力（MPa）；

l_i——相应于荷载 & 的回弹变形（cm）。

（二）贝克曼梁测定路基路面回弹模量试验方法

1. 目的和适用范围

适用于在土基、厚度不小于1m的粒料整层表面，用弯沉仪测试各测点的回弹弯沉值，通过计算求得该材料的回弹模量值，也适用于在旧路表面测定路基路面的综合回弹模量。

2. 准备工作

选择洁净的路基路面表面作为测点，在测点处做好记号并编号。

4. 测试步骤

按上述方法选择适当的标准车，实测各测点处的路面回弹弯沉值。如在旧沥青路面上测定，应读取温度，并按规定的方法进行弯沉值的温度修正，得到标准温度 20℃时的弯沉值。

3. 计算

（1）计算全部测定值的算术平均值$\overline{l}$、单次测量的标准差 S 和自然误差 r_0：

$$\bar{l} = \frac{\Sigma l_i}{n} \qquad (25)$$

$$S = \sqrt{\frac{\Sigma(l_i - \bar{l})^2}{n-1}} \qquad (26)$$

$$r_0 = 0.675 \times S$$

式中 $\bar{l}$ ——回弹弯沉测定值的平均值（0.01mm）；

S——回弹弯沉测定值的标准差（0.01mm）；

r_0 ——回弹弯沉测定值的自然误差（0.01mm）；

l_i ——各测点的回弹弯沉值（0.01mm）；

n——测点总数。

（2）计算各测点的测定值与算术平均值的偏差值 $d_i = l_i - \bar{l}$ ，并计算较大的偏差与自然误差之比 d_i/r_0 。当某个测点的 d_i/r_0 大于 d/r 的极限值（表6-4）时，应舍弃该测点，然后重新计算所余各测点的算术平均值 $\bar{l}$ 及标准差 S。

表6-4　相应于不同观测次数的d/r极限值

n	5	10	15	20	20
d/r	2.5	2.9	3.2	3.3	3.8

（3）按式（27）计算代表弯沉值：

$$l_r = \bar{l} + S \qquad (27)$$

式中 l_r ——代表弯沉值；

$\bar{l}$ ——舍弃不符合要求的测点后，所余各测点弯沉值的算术平均值；

S——舍弃不符合要求的测点后，所余各测点弯沉值的标准差。

（4）按式（28）计算土基、整层材料的回弹模量或旧路的综合回弹模量：

$$E_1 = \frac{2pr}{l_r}(1 - \mu^2)K \qquad (28)$$

式中： E_1 ——计算的土基、整层材料的回弹模量或旧路的综合回弹模量（MPa）；

p——测定车轮的平均垂直单位压力（MPa）；

r——测定用标准车双圆荷载单轮传压面当量圆的半径（cm）；

μ——测定层材料的泊松比，根据路面设计规范的规定取用；我国土基通常取用 0.35，沥青材料取用 0.25；

K—弯沉系数，为 0.712。

（三）落球仪测定土质路基回弹模量试验方法

1. 目的与适用范围

适用于快速测定黏土、粉土、砂石土、砾石土土质路基的回弹模量。测试材料的最大粒径应小于 10cm，测试深度不大于 25cm。

2. 准备工作

（1）选择测试区域，在测试区域做好标记并编号，每车道可 10 ~ 20m 设一测区，测区应满足以下条件：

①表面无明显积水或潮湿现象（高含水率）。

②土基面坡度小于 10°。

③表面无明显碎石等杂物。

④表面观察填筑材料较为均匀。

⑤附近无影响测试的施工作业、磁场、静电等。

（2）根据现场连接好仪器设备。

（3）调试仪器设备，确定运行正常。

（4）准确填写现场检测记录表，测试过程中有任何特殊情况需要注明。

3. 测试步骤

（1）将落球仪置于测点区域，调节限位支架以保证球冠底部距测试对象表面的距离为 0.50m。若不采用限位支架，则应用直尺量测球冠底部距测试对象表面的高度并保证其为 0.50m。一人手扶仪器手柄垂直提升至限定位置即可，松开把手，让球体做自由落体运动，并与测试面碰撞，设备自动采集并输出碰撞过程相关参数，确定采集信号正常后保存采集数据。每个测点测试 1 次，在同一位置不能重复测试。

（2）每个测区至少保存 7 个有效采集数据（即 7 个测点），各测点间间距应大于 50cm，并避开明显的大粒径填料。测点布置可参考图 6-8 所示。

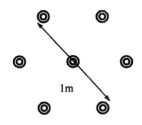

图 6-8　测点布置示意图

（3）观察测试波形。理想的测试波形近似为半个正弦波。如果波形不完整，应对测试参数进行适当的调整（如调整触发电压水平）。如果噪声太大（如毛刺太多），可在激振点铺一层报纸或塑料薄膜，以减少土体材料与球体的摩擦静电。

（4）数据解析：首先进行数据解析设定，应根据记录设定球体的质量、半径、模量、泊松比，及其下落高度。其次应根据记录设定测试材料的种类，并根据材料种类选取合适的材料泊松比和修正系数。

（5）结果保存：数据解析完成后，应进行结果一览，确定结果完整无误后，进行结果数据保存。

（四）动力锥贯入仪测定路基路面回弹模量试验方法

1. 目的和适用范围

适用于动力锥贯入仪（DCP）现场快速测定或评估无结合料材料路基、路面的强度。

2. 方法与步骤

（1）准备工作

①利用当地材料进行对比试验，建立现场 CBR 值或强度与用 DCP 测定的贯入度 D_d 或贯入阻力 Q_d 之间的相关关系。测点数宜不少于 15 个，相关系数应不小于 0.95。

②放入落锤，将仪器的导向杆与探杆在联轴器处紧固连接，保证不会松动。

③将 DCP 竖直立于硬地（如混凝土）上，然后记录零读数。

④根据需要选择有代表性的测点，测点应位于平整的路基、路面基层、面层上。如果要探测的层位上面有难以穿透的坚硬结构层，应钻孔或刨挖至其顶面。

（2）测试步骤

①将 DCP 放至测点位置。一人手扶仪器手柄，使探杆保持竖直。一人提起落锤至导向杆顶端，然后松开，使之呈自由落体下落。如果试验中探杆稍有倾斜，不可扶正，如果倾斜较大，造成落锤不是自由落体，则该点试验应废弃。

②读取贯入深度。每贯入约 10mm 读一次数，记录锤击数和贯入量（mm）。

③连续锤击、测量，直到需要的结构层深度。当材料层坚硬，贯入量低到连续锤击 10 次而无变化时，可以停止试验或钻孔透过后继续试验。

④将落锤移走，从探坑中取出 DCP 仪器。

二、土基现场CBR测试方法

1. 目的和适用范围

适用于在现场测定各种土基材料的现场 CBR 值，同时也适合于基层、底基层砂性土、天然砂砾、级配碎石等材料值的试验。所用试样的最大集料粒径宜小于 19.0mm，最大不得超过 31.5mm。

2. 准备工作

（1）将试验地点直径约 30cm 范围的表面找平，用毛刷刷净浮土。如表面为粗粒土，应撒布少许洁净的干砂填平，但不能覆盖全部土基，避免形成一层。

（2）装置测试设备，设置贯入杆及千斤顶，千斤顶顶在汽车后轴上且调节至高度适中，贯入杆应与土基表面紧密接触。

（3）安装贯入量测定装置，将支架平台、百分表（或两台贝克曼梁弯沉仪）并安装好。

3. 测试步骤

（1）在贯入杆位置安放 4 块 1.25kg 的分开成半圆的承载板（共 5kg）。

（2）贯入试验前，先在贯入杆上施加 45N 荷载后，将测力计及贯入量百分表调零，记录初始读数。

（3）起动千斤顶，使贯入杆以 1mm/min 速度压入土基。当相应贯入量为 0.5mm、1.0mm、1.5mm、2.0mm、2.5mm、3.0mm、4.0mm、5.0mm、7.5mm、10.0mm 及 12.5mm 时，分别读取测力计读数。根据情况，也可在贯入量达 6.5mm 时结束测试。

用千斤顶连续加载，两个贯入量百分表及测力计均应在同一时刻读数，当两个百分表读数差值不超过平均值的 30% 时，以其平均值作为贯入量，当两个百分表读数差值超过平均值的 30% 时，应停止试验。

（4）卸除荷载，移去测定装置。

（5）在试验点下取样，测定材料含水率。取样数量如下：

最大粒径不大于 5mm，试样数量约 120g；

最大粒径不大于 25mm，试样数量约 250g；

最大粒径不大于 40mm，试样数量约 500g。

（6）在紧靠试验点旁边的适当位置，用灌砂法或环刀法等测定土基的密度。

4. 计算

（1）将贯入试验得到的各等级荷载数除以贯入断面积（19.625cm²），得各级压强（MPa），绘制荷载压强—贯入量曲线，如图 6-9 所示。当图中曲线在起点处有明显凹凸时，应在曲线的拐弯处做切线延长进行修正，以与坐标轴相交的点 O′ 作原点，得到修正后的压强—贯入量曲线。

（2）从压强—贯入量曲线上读取贯入量为 2.5mm 及 5.0mm 时的荷载压强 P_1，计算现场 CBR 值。CBR 一般以贯入量为 2.5mm 时的测定值为准，当贯入量为

5.0mm 时的 CBR 大于 2.5mm 时，应重做试验。如重做试验仍然如此，则以贯入量 5.0mm 时的为准。

$$现场 CBR = \frac{P_1}{P_0} \times 100\%$$ （29）

式中：P_1—荷载压强（MPa）；

P_0—标准压强，当贯入量为 2.5mm 时为 7MPa，当贯入量为 5.0mm 时为 0.5MPa。

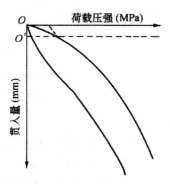

图6-9　荷载压强—贯入关系曲线示意图

第五节　路面平整度检测

一、3m直尺测定平整度试验方法

3m 直尺测定法有单尺测定最大间隙和等距离（1.5m）连续测定两种。两种方法测定的路面平整度有较好的相关关系，前者常用于施工时质量控制和检查验收，单尺测定时要计算出测定段的合格率；等距离连续测试也同样可用于施工质量检查验收，要算出标准差，用标准差来表示平整程度。

（一）目的与适用范围

通过测定 3m 直尺基准面距离路表面的最大间隙来表示路面的平整度，以mm 计。适用于成型后的路基或路面各层表面的平整度检测，以评定路基路面的施工质量。

（二）准备工作

（1）按有关规范选择测试路段。

（2）测试路段的测试地点选择：对于沥青路面施工过程中的质量检测，测试地点应选在接缝处，以单杆测定评定；除高速公路以外，可用于其他等级公路路基路面工程质量检查验收或进行路况评定，每200m测2处，每处连续测量10尺。除特殊需要者外，应以行车道一侧车轮轮迹（距车道线0.8 ~ 1.0m）作为连续测定的标准位置，如图6-10所示。对旧路已形成车辙的路面，应取车辙中间位置为测定位置，用粉笔在路面上做好标记。

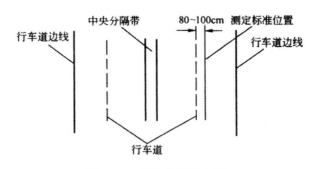

图6-10 测点位置示意图

（3）清扫路面测定位置处的碎石、杂物等。

（三）测试步骤

（1）在施工过程中检测时，根据需要确定方向，将3m直尺摆在测试地点的路面上。

（2）目测3m直尺底面与路面之间的间隙情况，初步确定间隙最大的位置。

（3）将有高度标线的塞尺塞进间隙处，量记最大间隙的高度（mm），准确到0.2mm（图6-11）；或者用深度尺在最大间隙位置量测直尺上顶面距地面的深度，该深度减去尺高即为测试点的最大间隙的高度，准确至0.5mm。

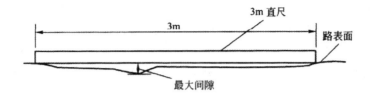

图6-11 3m直尺测平整度示意图

（四）数据处理与评定

单杆检测路面的平整度时，以3m直尺与路面的最大间隙为测定结果；连续测定10尺时，判断每个测定值是否合格，根据要求计算合格百分率，并计算10

个最大间隙的平均值。

$$合格率（\%）=\frac{合格尺数}{总测尺数}×100\%\qquad（30）$$

二、连续式平整度仪测定平整度试验方法

（一）目的和适用范围

用连续式平整度仪量测路面的平整度标准差（σ），以表征路面的平整度，以 mm 计。

适用于测定路表面的平整度，评定路面的施工质量和使用质量，但不适用于在已有较多坑槽、破损严重的路面上测定。

（二）准备工作

（1）选择测试路段。

（2）进行施工过程中质量检测时，测试地点根据需要决定；进行路面工程质量检查验收或路况评定时，通常以行车道一侧车轮轮迹带作为连续测定的标准位置。对旧路已形成车辙的路面，取车辙中间位置为测定位置。当以内侧轮迹带（或外侧轮迹带）作为测定位置时，测定位置距车道标线 80 ~ 100cm。

（3）清扫路面测定位置处的碎石、杂物等。

（4）检查仪器检测箱各部分是否完好、灵敏，并将各连接线接妥，安装记录设备。

（三）测试步骤

（1）将连续式平整度仪置于测试路段路面起点上，保证测定轮位置在轮迹带 0.8 ~ 1.0m 的范围内。

（2）在牵引汽车的后部，将连续式平整度仪与牵引汽车连接好，按照仪器使用手册依次完成各项操作。

（3）启动牵引汽车，沿道路纵向行驶，横向位置保持稳定。

（4）确认连续式平整度仪工作正常。牵引连续式平整度仪应保持匀速且直线行驶，速度宜为 5km/h，最大不得超过 12km/h。

在测试路段较短时，亦可用人力拖拉平整度仪测定路面的平整度，但拖拉时应保持匀速前进。

（四）检测数据处理与评定

（1）连续式平整度测定仪测定后，按每 10cm 间距采集的位移值自动计算每 100m 计算区间的平整度标准差（mm），还可以记录测试长度（m）。

（2）每一计算区间的路面平整度以该区间测定结果的标准差表示：

$$\sigma_i = \sqrt{\frac{\Sigma(d_i - d)^2}{n-1}} \qquad (31)$$

式中：σ_i——各计算区间的平整度标准差；

d_i——以 100m 为一个计算区间，每隔一定距离（自动采集间距为 10cm，人工采集间距为 1.5m）采集的路面凹凸偏差位移值（mm）；

$\overline{d}$——采集的路面凹凸偏差位移值的平均值（mm）：

$$\overline{d} = \frac{\Sigma d_i}{n} \qquad (32)$$

n——计算区间用于计算标准差的测试数据个数。

（3）计算一个评定路段内各区间平整度标准差的平均值、标准差、变异系数及合格率。

三、车载式颠簸累积仪测定平整度试验方法

（一）目的和适用范围

适用于测定新、改建路面工程质量和在无严重坑槽、车辙等病害的正常行车条件下连续采集路段平整度数据。

（二）准备工作

（1）测试车辆有下列条件之一，在正常状态下行驶超过 20000km；标定的时间间隔超过 1 年；减振器、轮胎等发生更换、维修，都应进行仪器测值与国际平整度指数 IRI 的相关性标定，相关系数 R 的平方应不低于 0.99。

（2）检查测试车轮胎气压，应达到车辆轮胎规定的标准气压，车胎应清洁，不得黏附杂物，车上载重、人数以及分布应与仪器相关性标定试验时一致。

（3）距离测量系统需要现场安装的，根据设备操作手册说明进行安装，确保紧固装置安装牢固，螺栓无松动。

（4）检查测试系统，各部分应符合测试要求，不应有明显的可视性破损。

（5）打开系统电源，启动控制程序，检查系统各部分的工作状态。

（三）检测步骤

（1）测试开始之前应让测试车以测试速度行驶 5 ~ 10km，按照设备操作手册规定的预热时间对测试系统预热。

（2）测试车停在测试起点前 300 ~ 500m 处，启动平整度测试系统程序，按照设备操作手册的规定和测试路段的现场技术要求设置所需的测试状态。

（3）驾驶员在进入测试路段前应保持标定时的车速，沿正常行车轨迹驶入测试路段。

（4）进入测试路段后，测试人员启动系统的采集和记录程序，在测试过程中必须及时准确地将测试路段的起终点和其他需要特殊标记的位置输入测试数据记录中。

（5）当测试车辆驶出测试路段后，测试人员停止数据采集和记录，并恢复仪器各部分至初始状态。

（6）测试人员检查数据文件，文件应完整，内容应正常，否则需要重新测试。

（7）关闭测试系统电源，结束测试。

（四）计算

颠簸累积仪直接测试输出的颠簸累积值 VBI，要按照相关性标定试验得到相关关系式，并以 100m 为计算区间换算成 IRI（以 m/km 计）。

四、车载式激光平整度仪测定平整度试验方法

（一）目的和适用范围

适用于新、改建路面工程质量验收和在无严重坑槽、车辙等病害及无积水、无积雪、无泥浆的正常通车条件下连续采集路段平整度数据。

（二）准备工作

（1）设备安装到承载车上以后，应按规定进行相关性试验。

（2）根据设备操作手册的要求对测试系统各传感器进行校准。

（3）检查测试车轮胎气压，应达到车辆轮胎规定的标准气压，车胎应清洁，不得黏附杂物。

（4）距离测量装置需要现场安装，应根据设备操作手册说明进行安装，确保机械紧固装置安装牢固，螺栓无松动。

（5）检查测试系统，各部分应符合测试要求，不应有明显的可视性破损。

（6）打开系统电源，启动控制程序，检查各部分的工作状态。

（三）检测步骤

（1）测试开始之前应让测试车以测试速度行驶 5 ~ 10km，按照设备使用说明规定的预热时间对测试系统预热。

（2）测试车停在测试起点前 50 ~ 100m 处，启动平整度测试系统程序，按照设备操作手册的规定和测试路段的现场技术要求设置所需的测试状态。

（3）驾驶员应按照设备操作手册要求的测试速度驾驶测试车，宜在 50 ~ 80km/h，避免急加速和急减速，急弯路段应放慢车速，沿正常行车轨迹驶入测试路段。

（4）进入测试路段后，测试人员启动系统的采集和记录程序，在测试过程中必须及时准确地将测试路段的起终点和其他需要特殊标记的位置输入测试数据记录中。

（5）当测试车辆驶出测试路段后，测试人员停止数据采集和记录，并恢复仪器各部分至初始状态。

（6）测试人员检查数据文件，文件应完整，内容应正常，否则需要重新测试。

（7）关闭测试系统电源，结束测试。

（四）计算

激光平整度仪采集的数据是路面相对高程值，应以100m为计算区间长度，用IRI的标准计算程序计算IRI值，以m/km计。

应当注意，不能直视激光孔或观察通过抛光物面或镜面反射回来的激光束，防止损伤眼睛。只能通过一张红外线显示卡或光谱变换眼镜才可以观察光束的存在与否。

五、手推式断面仪测定平整度试验方法

（一）目的和适用范围

适用于新、改建路面工程质量验收和在路面状况良好的无积水、无积雪、无泥浆的正常通车条件下连续采集路段平整度数据。

（二）准备工作

（1）注意检查机械部分，看部件有无松动或损坏及污物，检查测脚是否有丢失或损坏、黏附物等。

（2）将各种数据线连接后，打开电源，仪器初始化，液晶显示器点亮，几秒后发出两次"嘀嘀"声，显示器变暗后，开始测试。

（3）检查电池蓄电情况。若长时间使用，确保内部电池电量充足，且备好备用电池；要检查电池电压显示值是否稳定。

（4）预热不少于10min（一般10～20min）。

（5）使用前须进行系统标定。

（三）系统标定

1. 环境偏差标定

（1）准备工作：

①选择一个平整洁净的场地。

②连接并检查仪器是否正常。

③打开开机键，启动系统预热 10 ~ 20min。

（2）标定步骤：

①按照仪器说明书启动校准模式。

②将标定小平台安放在沿仪器前进方向方便操作的合适位置，将连接好的测定梁从仪器移至标定平台上，准备好后，按照仪器说明书进行测量，得到第一个偏移值。

③将测定梁旋转 180°，放在标定平台上，此时标定平台的位置固定不变。准备好后按照说明书完成一系列的测量后，得出第二个偏移值。

④两次测得的偏移值将全部显示在屏幕上，如果两次测量值在要求范围之内，则按下确认键，完成保存。

⑤为了确保系统稳定，重复步骤②~④。连续两次测得偏移值的误差应该保持在要求范围之内。

⑥当测得值稳定后，按下确认键完成保存，并将测量梁重新安装到仪器上。

2. 场地偏差标定

（1）准备工作：

①在待测路面上选取一段长度 50m 的路，用粉笔（或其他）标出其轨迹。

②打开开关键，启动系统预热 10 ~ 20min。

（2）标定步骤：

①将仪器准确地放置在起点位置，并做好标记。

②启动测量功能键，握住手柄以一定步行速度水平匀速向前推，测量至终点时，松开手柄锁住测量轮，并记下终点位置。

③将仪器的前轮抬起，掉头将仪器放在标记好的终点位置，松开手柄及测量轮，沿原轨迹向着起点位置推，测量至起点时，松开手柄锁住测量轮，结束测量。

④如果前后测得的偏移值在要求范围内，按确认键保存测量值；否则，按退出键回到数据功能菜单。

⑤重复以上步骤①~③，如果最后一次测量后的断面高度在 ±1mm 之内，表示通过标定；否则，重复以上步骤①~④。

仪器放置较长时间、行驶较长距离以及环境、温度、湿度等都会影响其动态性能，因此使用前必须对其进行系统标定以保证测试结果的准确性。

（四）测试步骤

（1）测试前先清扫待测路面，并且确保测定轮和测定梁两端的测脚上无黏附物。

（2）在待测路面行车轨迹线附近标记起始点的位置，并用粉笔（或其他）做好直线标记。

（3）将连接好的设备停放在起始点，启动程序，然后按照设备操作手册上的规定和测试路段的现场技术要求，设置所需的测试状态。在主菜单上选择测量键选项，开始采集数据。

（4）试验操作人员双手握住手柄，将仪器以一定步行速度水平匀速缓慢向前推，注意前进速度不能过快，且不要在手柄上施加垂直力，以免引起误差。当设备到达终点时，待测定梁提起后停止，锁住测定轮。

（5）结束采集，按确认键保存文件；操作人员检查数据文件是否完整，内容是否正常，否则需要重新测试。

（6）选择数据项，查看其断面图，并且计算输出 IRI 值；随后进行重复检测时，仪器必须严格沿同一条直线推进，以保证检测结果有良好的重复性。

（7）关闭电源，结束测试。

（五）试验数据处理

输出数据包括路面相对高程和国际平整度指数 IRI 值，分别以 mm 和 m/km 计，可根据需要选择相应数据。

六、平整度指标间相互关系的建立

（一）国际平整度指数

平整度测定的方法和仪器很多，相应的指标也各不相同。为了使采用不同的方法和仪器测定的结果可以相互比较，需要寻找一个标准的（或通用的）平整度指标，它同其他平整度指标应有良好的相关关系。同时，采用反应类平整度仪测定时，为使测定结果具有时间稳定性，必须经常进行标定，而标定曲线的精度取决于标定路段采用的平整度指标同反应类测定系统的相关性。

国际平整度指数（IRI）是一项标准化的平整度指标。它同反应类平整度测定系统类似，但是采用的是数学模型模拟 1/4 车轮（即单轮，类似于拖车）以规定速度行驶在路面断面上，分析行驶距离内动态反应悬挂系统的累积竖向位移量。标准的测定速度为 80km/h，其测定结果的单位为 m/km。

（二）颠簸累积仪测值与国际平整度指数 IRI 相关关系试验

由于颠簸累积仪测值受测试速度等因素影响，因此测试系统的每一种实际采用的测试速度都应单独进行标定，建立相关关系公式。标定过程及分析结果应详细记录并存档。

1. 试验条件

（1）按照 IRI 值每段相差大于 1.0 的标准选择不少于 4 段不同平整度水平的路段，且路段应有足够加速或减速长度。根据实际测试道路 IRI 的分布情况，可以增加某些范围内的标定路段。

（2）每路段长度不小于 300m。

（3）每一段内的平整度应均匀，包括路段前 50m 的引道。

（4）选择坡度变化较小的直线路段，路段交通量小，便于疏导。

（5）标定宜选择在车道的正常行驶轮迹上进行，明确标出标定路段的轮迹、起终点。

2. 试验步骤

（1）距离标定

①依据设备供应商建议的长度，选择坡度变化较小的平坦直线路段，标出起终点和行驶轨迹。

②标定开始之前，应让测试车以测试速度行驶 5 ~ 10km，按照设备操作手册规定的预热时间对测试系统进行预热。

③将测试车的前轮对准起点线，启动距离校准程序，然后令车辆沿着路段轨迹直线行驶，避免突然加速或减速，接近终点时，看指挥人员手势减速停车，确保测试车的前轮对准终点线，结束距离校准程序。重复此过程，确保距离传感器脉冲当量的准确性，应在允许误差范围之内。

颠簸累积仪按选定的测试速度测试每个标定路段的反应值，重复测试至少 5 次，取其平均值作为该路段的反应值。

（2）IRI 值的确定

①以精密水准仪作为标准仪具，分别测量标定路段两个轮迹的纵断高程，要求采样间隔为 250mm，高程测试精度为 0.5mm。然后用 IRI 标准计算程序对每个轮迹的纵断面测量值进行模型计算，得到该轮迹的 IRI 值，两个轮迹 IRI 值的平均值即为该路段的 IRI 值。

②其他符合世界银行 I 类平整度测试标准的纵断面测试仪具也可以作为确定标定路段标准 IRI 值的仪具。

3. 试验数据处理

用数理统计的方法对各标定路段的 IRI 值和相应的颠簸累积仪测值进行回归分析，建立相关关系方程式，相关系数 R 不得小于 0.99。

$$IRI = a + b \cdot VBI_V \tag{33}$$

式中：HU—国际平整度指数（m/km）；

VBI$_v$—测试速度为 v（km/h）时颠簸累积仪测得的颠簸累积值（cm/km）；

a、b—回归系数。

（三）激光平整度仪测值与国际平整度指数 IRI 相关关系试验

（1）试验条件同颠簸累积仪与国际平整度指数 IRI 相关关系试验中所述，但有多个激光头的系统需要分别标定。

（2）试验步骤及数据处理方法同颠簸累积仪与国际平整度指数 IRI 相关关系试验。

第六节　路面抗滑性能检测方法

一、影响路面抗滑性能的因素

（一）车辆

就车辆而言，在潮湿路面上对抗滑能力影响较大的因素是车辆的制动性能、特性及行驶速度。行驶中的车辆在紧急制动时，轮胎与路面之间若仅产生滑动而不产生滚动，则产生的摩擦阻力更大。在路面表面有不同水膜厚度的情况下，轮胎的材料、轮胎的花纹形状及轮胎类型（接触面上的压力分布），尤其是轮胎花纹深度都对抗滑性能有影响。另外，轮胎的尺寸对摩擦系数也有影响，轮胎的直径增加和宽度减小对轮胎的摩擦性能均有某种程度的改善。潮湿路面的摩擦系数受车辆行驶速度影响较大。车速增加，摩擦系数则减小。尤其是当路面具有较小的宏观构造时，车速对潮湿路面的抗滑性影响特别大。

（二）气候

气候影响路面的抗滑性能，其影响主要来自于路面上的水膜及季节性变化。

影响水膜厚度的因素有很多，难于用某一种函数形式来表达，水膜的厚度与路面排水状况、路线设计要素及降雨速度关系密切，对车辆而言，存在一个与轮胎花纹和车速相关的临界水膜厚度，超过此临界值，行车可能产生水漂，此时，路面的抗滑能力将不再起作用。

季节性的影响主要来自于温度及路面的洁净程度。研究表明，轮胎与路面的摩擦力受温度影响较大，随着温度降低，橡胶与轮胎间的摩擦系数将提高。路面表面受粉尘污染，将导致路面构造深度减小，从而使路面抗滑能力降低；清洁路面后可使表面构造深度更新，使抗滑能力有所恢复。

（三）道路

轮胎与路面之间摩擦力的大小除与车辆及气候因素有关外，最重要的就是与道路设计参数、路面材料及构造密切相关。

道路设计参数如平、竖曲线及横坡度均对轮胎与路面之间的摩擦系数具有一定的影响。

微观构造指路面表层石料表面水平方向 0.5mm 以下，垂直方向 0.2mm 以下的表面纹理。不同种类的石料在经磨光后其摩擦力大小有明显的差别，微观构造大的石料其抗滑能力好。在任何条件下，微观构造对路面的抗滑性能均有一定的影响，尤其在低速行车条件下，微观构造对抗滑性的影响更为显著。

宏观构造指路面表层深度大于 0.5mm 的构造即路面表面的凹陷与凸起，也称为表面构造深度。宏观构造主要反映了路面排水能力的大小，对临界水膜厚度有决定性的作用，因此宏观构造对高速行车、潮湿条件下的抗滑性起主要作用。宏观构造的大小决定于路面表面层沥青混合料集料特性，包括颗粒尺寸、级配、形状及棱角性。

（四）各因素的相互作用

上述各因素均对路面抗滑性有一定的影响，但要确定它们综合在一起的影响程度是困难的。在通常情况下，轮胎的磨光会降低微观构造深度，路面的压密会降低宏观构造深度，另外，诸如粉尘污染、汽油等均会降低路面的抗滑性能，不同地区的季节性影响也不一致。

二、路面抗滑性评价方法、指标及标准

抗滑性能测试方法有：制动距离法、偏转轮拖车法（横向摩擦系数测试）、摆式仪法、构造深度测试法（手工铺砂法、电动铺砂法、激光构造深度仪法）。各方法的特点及测试指标简单介绍如下。

（1）制动距离法：测试指标为摩擦系数 f。用一辆四轮小客车或轻货车以一定速度在潮湿路面上行驶，当四个车轮被制动时，测试出从车辆减速滑移到停止的距离，运用动力学原理，算出摩擦系数。此法测试速度快，但在检测时，必须中断交通。

（2）铺砂法（手工和电动两种）：测试指标为构造深度 TD（mm）。将已知体积的砂，摊铺在所要测试的路表的测点上，量取摊平覆盖的面积。砂的体积与所覆盖的平均面积的比值，即为构造深度。此法定点测量，原理简单，且便于携带，结果很直观。适宜于测定沥青路面及水泥混凝土路面表面构造深度，用以评定路面表面的宏观粗糙度、排水性能及抗滑性能。

（3）摆式仪法（人工读值和数显两种）：测试指标为摩阻摆值BPN。摆式仪的摆锤底面装一橡胶滑块，当摆锤从一定高度自由下摆时，滑块面同试验表面接触。由于两者间的摩擦而损耗部分能量，使摆锤只能回到一定高度。表面摩擦阻力越大，回摆高度越小（即摆值越大）。此法定点测量，原理简单，不仅可以用于室内，而且可用于野外测试沥青路面及水泥混凝土路面的抗滑性能。

（4）车载式激光构造深度仪测试法：测试指标也为构造深度TD（mm）。由中子源发射的许多束光线照射到路表面的不同深度处，用200多个二极管接收返回的光束，利用二极管被点亮的时间差算出所测路面的构造深度。此法测试速度快，适宜于测定沥青路面干燥表面的干燥深度，用以评价路面抗滑及排水能力，但不适宜于有较多坑槽、显著不平整或裂缝过多的路段。

（5）摩擦系数测定车：测横向摩擦系数SFC。测试车上装有两只标准试验轮胎，它们对车辆行驶方向偏转一定角度；汽车以一定速度在潮湿路面上行驶时，试验轮胎受到侧向摩阻作用。此摩阻力除以试验轮上的载重，即为横向摩擦系数。

我国《公路沥青路面设计规范》规定：高速公路和一级公路沥青路面面层抗滑性能指标是路面横向力系数和路面宏观构造深度。沥青路面的抗滑性能标准见表6-5。

表6-5　高速公路和一级公路沥青路面抗滑性能技术指标

年平均降雨量（mm）	交工检测指标值	
	横向力系数SFG_{60}	构造深度TD（mm）
＞1000	≥54	≥0.55
500～1000	≥50	≥0.50
250～500	≥45	≥0.45

水泥混凝土路面抗滑标准用构造深度表示：高速公路、一级公路构造深度TD为0.8mm；其他公路TD为0.6mm。

三、手工铺砂法测定路面构造深度

（一）目的与适用范围

路面的宏观构造深度是指一定面积的路表面凹凸不平的开口孔隙的平均深度，是影响抗滑性能的重要因素之一。

适用于测定沥青路面及无刻槽水泥混凝土路面表面构造深度，用以评定路面表面的宏观构造。

（二）准备工作

（1）量砂准备：将洁净的细砂晾干、过筛，取 0.15 ~ 0.3mm 的砂置于适当的容器中备用。

量砂只能在路面上使用一次，不宜重复使用。

（2）对测试路段按随机取样选点的方法决定测点所在横断面位置，测点应选在行车道的轮迹带上，距路面边缘应不小于 1m。

（三）测试步骤

（1）用扫帚或毛刷将测点附近的路面清扫干净，面积不小于 30cm×30cm。

（2）用小铲装砂，向圆筒中注满砂，手提圆筒上方，在硬质路面上轻轻叩打 3 次，使砂密实，补足砂面，用直尺沿筒口一次刮平。注意不可直接用量筒装砂，以免影响量砂密度的均匀性。

（3）将砂倒在路面上，用推平板由里向外重复做摊铺运动。稍稍用力将砂细心地尽可能地向外摊开，使砂填入凹凸不平的路表面的孔隙中。尽可能将砂摊成圆形，并不得在表面上留有浮动的余砂。注意摊铺时不可用力过大或向外推挤。

（4）用钢板尺测量所构成圆的两个垂直方向的直径，取其平均值，准确至 5mm。

（5）按上述方法，同一处平行测定不少于 3 次，3 个测点均位于轮迹带上，测点间距 3 ~ 5m。该处的测定位置以中间测点的位置表示。

路面表面构造深度按式（34）计算：

$$TD = \frac{1000V}{\frac{\pi D^2}{4}} = \frac{31831}{D^2} \tag{34}$$

式中：TD—路面构造深度（mm）；

V—砂的体积，为 25cm³；

D—摊平砂的平均直径（mm）。

每一处均取 3 次路面构造深度的测定结果的平均值作为试验结果，准确至 0.01mm。当平均值小于 0.2mm 时，试验结果以 "< 0.2mm" 表示。同时还要计算每个评定路段路面构造深度的平均值、标准差、变异系数等。

四、电动铺砂仪测定路面构造深度

（一）目的与适用范围

适用于测定沥青路面及无刻槽水泥混凝土路面表面构造深度，用以评定路面表面的宏观构造。

（二）准备工作

（1）量砂准备。

取洁净的细砂晾干，过筛，取 0.15 ~ 0.3mm 的砂置于适当的容器中备用。试验时，量砂只能一次性使用，不得重复使用。

（2）确定路段测点横断面的位置，测点应选在行车道的轮迹带上，距路边缘不小于 1m。

（3）电动铺砂仪标定。

①将铺砂仪平放在玻璃板上，将砂漏移至铺砂仪端部。

②使灌砂漏斗口和量筒口大致齐平。通过漏斗向量筒中缓缓注入准备好的量砂至高出量筒成尖顶状，用直尺沿筒口一次刮平，其容积为 50mL。

③使漏斗口与铺砂仪砂漏上口大致齐平。将砂通过漏斗均匀倒入砂漏，漏斗前后移动，使砂的表面大致齐平，但不得用任何其他工具刮动砂。

④启动开关，使砂漏向另一端缓缓运动，量砂沿砂漏底部成宽 50mm 的带状，如图 6-12 所示，待砂全部漏完后停止。

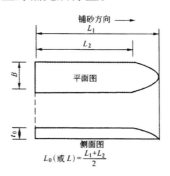

图6-12　决定L₀及L的方法

⑤按图 6-12，由 L_1 及 L_2 的平均值决定量砂的摊铺长度 L_0，准确至 1mm。

$$L_0 = \frac{L_1 + L_2}{2} \qquad （35）$$

⑥重复标定 3 次，取平均值决定 L_0，准确至 1mm。标定应在每次测试前进行，用同一种量砂，由承担测试的同一试验员进行。

铺砂仪在玻璃板上摊铺的量砂厚度 t_0 为：

$$t_0 = \frac{V}{B \cdot L_0} \times 1000 = \frac{1000}{L_0}$$ （36）

式中：t_0—量砂在玻璃板上摊铺的标定厚度（mm）；

V—量砂体积，为 $50cm^3$；

B—铺砂仪铺砂宽度，为 50mm；

L_0—玻璃板上 $50cm^3$ 量砂摊铺的长度（mm）。

（三）测试步骤

（1）将测试地点用毛刷刷净，面积大于铺砂仪。

（2）将铺砂仪沿道路纵向平稳地放在路面上，将砂漏移至端部。

（3）按电动铺砂仪标定步骤②～⑤相同步骤，在测试地点摊铺 $50cm^3$ 量砂，按图 6-12 方法量取摊铺长度 L_1 及 L_2，计算 L，准确至 1mm。

$$L = L_1 + L_2$$ （37）

（4）同一处平行测定不少于 3 次，3 个测点均位于轮迹带上，测点间距 3～5m，该处的测定位置以中间测点的位置表示。

（四）计算

按式（38）计算路面的构造深度 TD：

$$TD = \frac{L_0 - L}{L} \times t_0 = \frac{L_0 - L}{L \cdot L_0} \times 100$$ （38）

式中：TD—路面的构造深度（mm）；

L—路面上 $50cm^3$ 量砂摊铺的长度（mm）；

t_0—铺砂仪在玻璃板上摊铺的量砂厚度（mm）；

L_0—量砂的标定摊铺长度（mm）。

每一处均取 3 次路面构造深度的测定结果平均值作为试验结果，精确至 0.1mm。当平均值小于 0.2mm 时，试验结果以"< 0.2mm"表示。

五、车载式激光构造深度仪测定路面构造深度

（一）目的与适用范围

车载式激光构造深度仪是一种智能化仪器，适用于新、改建路面工程质量验收和在无严重破损病害及没有积水、积雪、泥浆等正常行车条件下连续采集路面构造深度，但不适用于有沟槽构造的水泥路面。

（二）准备工作

（1）设备安装到承载车上以后，应按相关规定进行相关性标定试验。

（2）根据设备操作手册的要求对测试系统各传感器进行自标定。

（3）距离测量装置需要现场安装的，根据设备操作手册说明进行安装，确保机械紧固装置安装牢固。

（4）打开系统电源，启动控制程序，检查各部分的工作状态，并按照设备使用说明规定的预热时间对测试系统预热。

（三）试验步骤

（1）测试车停在测试起点前 50 ~ 100m 处，启动测试系统程序，按照设备操作手册的规定和测试路段的现场技术要求设置所需的测试状态。

（2）驾驶员应按照设备操作手册要求的测试速度驾驶测试车，避免急加速和急减速，急弯路段应放慢车速，沿正常行车轨迹驶入测试路段。

（3）进入测试路段后，测试人员启动控制单元的采集和记录程序，在测试过程中必须及时准确地将测试路段的起终点和其他需要特殊标记的位置输入测试数据记录中。

（4）当测试车辆驶出测试路段后，测试人员停止数据采集和记录，并恢复仪器各部分至初始状态。

（5）检查测试数据文件，文件应完整，内容应正常，否则需要重新测试。

（6）关闭测试系统电源，结束测试。

应当注意，我国公路路面构造深度以铺砂法为标准测试方法。利用激光构造深度仪测出的构造深度与铺砂法测试结果不同，但两者具有良好的相关关系。因此激光构造深度仪所测出的构造深度不能直接用来评定路面的抗滑性能，必须换算成铺砂法的构造深度后，才能判断路面的抗滑性能是否满足要求。

（四）激光构造深度仪测值与铺砂法构造深度值相关关系试验

（1）选择构造深度分别在 0 ~ 0.3、0.3 ~ 0.55、055 ~ 0.8、0.8 ~ 1.2 范围的 4 个各长 100m 的试验路段。试验前将路面清扫干净，并在起终点做上标记。

（2）在每个试验路段上沿一侧行车轮迹用铺砂法测试至少 10 点的构造深度值，并计算平均值。

（3）驾驶测试车以 30 ~ 50km/h 的速度驶过试验路段，并且保证激光构造深度仪的激光传感器探头沿铺砂法所测构造深度的行车轮迹运行，计算试验路段的构造深度平均值。

（4）建立两种方法的相关关系式，要求相关系数 R 不小于 0.97。

六、摆式仪测定路面摩擦系数

（一）目的与适用范围

适用于以人工读值式摆式仪测定沥青路面、标线或其他材料试件的摆式摩擦系数值 BPN，用以评定路面在潮湿状态下的抗滑能力。

（二）准备工作

（1）检查摆式仪的调零灵敏情况，并定期进行仪器的标定。当用于路面工程检查验收时，仪器必须重新标定。

（2）对测试路段按随机取样选点的方法，决定测点所在横断面位置。测点应选在行车车道的轮迹带上，距路面边缘应不小于 lm。并用粉笔做出标记。

（三）试验步骤

（1）清洁路面

用扫帚或其他工具将测点处路面上的浮尘或附着物打扫干净。

（2）仪器调平

①将仪器置于路面测点上，并使摆的摆动方向与行车方向一致。

②转动底座上的调平螺栓，使水准泡居中。

（3）指针调零

①放松紧固旋钮，转动升降旋钮，使摆升高并能自由摆动，然后旋紧紧固旋钮。

②将摆固定在右侧悬臂上，使摆处于水平位置，并把指针拨至右端与摆杆贴紧。

③右手按下释放开关，使摆向左带动指针摆动，当摆达到最高位置后刚开始下落时，用左手将摆杆接住，此时指针应指零。

④指针若不指零，通过转动松紧调节螺母进行调整后，重复前述 3 个步骤，直至指针指零，调零允许误差为 ±1。

（4）校核滑动长度

①让摆处于自然下垂状态，松开固定旋钮，转动升降旋钮使摆下降，并提起举升柄使摆向左侧移动，然后放下举升柄使橡胶片长边下缘轻轻触地，在边侧紧靠橡胶片摆放滑动长度量尺，使量尺左端对准橡胶片触地下缘；再提起举升柄使摆向右侧移动，然后放下举升柄使橡胶片下缘轻轻触地，检查橡胶片下缘应与滑动长度量尺的右端齐平。若齐平，则说明橡胶片两次触地的距离（滑动长度）符合 126mm 的要求。左右两次橡胶片长边边缘应以刚刚接触路面为准，不可借摆的力量向前滑动，以免标定的滑动长度与实际不符。

②橡胶片两次触地与量尺两端若不齐平，通过升高或降低摆或仪器底座的高度进行调整。

微调时，也可旋转仪器底座上的调平螺栓调整仪器底座的高度，该方法比较方便，但需注意保持水准泡居中。

③重复上述动作，直至滑动长度符合 126mm 的要求。

（5）将摆固定在右侧悬臂上，使摆处于水平位置，并把指针拨至右端靠紧摆杆。

（6）用喷水壶浇洒测点，使路面处于湿润状态。

（7）按下右侧悬臂上的释放开关，使摆在路面滑过，当摆杆回落时，用手接住摆杆并读数，但不做记录。

（8）重复（5）和（7）的操作 5 次，并读记每次测定的摆值。

单点测定的 5 个值中最大值与最小值的差值不得大于 3。如差数大于 3，应检查产生的原因，并再次重复上述各项操作，至符合规定为止。

取 5 次测定的平均值作为单点的摆值 BPN_T，取整数。

（9）在测点位置用温度计测记潮湿路表温度，准确至 1℃。

（10）每个测点由 3 个单点组成，即需按以上方法在同一测点处平行测定 3 次，以 3 次测定结果的平均值作为该测点的测值，取整数。

3 个单点均应位于轮迹带上，单点间距离为 3 ~ 5m。该测点的位置以中间单点的位置表示。

（四）抗滑值的温度修正

路面温度为 T（℃）时测得的摆值 BPN_T，必须按式（39）换算成标准温度 20℃时的摆值摆值 BPN_{20}：

$$BPN_{20} = BPN_T + \Delta BPN \qquad （39）$$

式中：BPN_{20}—换算成标准温度 20℃时的摆值（BPN）；

BPN_T—路面温度 T 时测得的摆值（BPN）；

T—测定的路表潮湿状态下的温度（℃）；

ΔBPN—温度修正值，按表 6-6 采用。

表6-6　温度修正值

温度 T（℃）	0	5	10	15	20	25	30	35	40
温度修正值 ΔBPN	−6	−4	−3	−1	0	+2	+3	+5	+7

七、数字式摆式仪测定路面摩擦系数

（一）目的与适用范围

数字式摆式仪适用于测定沥青路面、标线或其他材料试件的摆式摩擦系数值BPN，用以评定路面在潮湿状态下的抗滑能力。

（二）准备工作

同摆式仪法。

（三）试验步骤

（1）清洁路面

用扫帚或其他工具将测点处路面上的浮尘或附着物打扫干净。

（2）仪器调平

①将仪器置于路面测点上，并使摆的摆动方向与行车方向一致。

②转动底座上的调平螺栓，使水准泡居中。

（3）零位标定

①放松紧固旋钮，转动升降旋钮，使摆升高并能自由摆动，然后旋紧紧固旋钮。

②将摆固定在右侧悬臂上，使摆处于水平释放位置。

③打开数字式摆式仪主机电源，设置测试状态为"标定"，按下释放开关，使摆向左摆动，当摆达到最高位置后下落时，用手将摆杆接住，此时数字式摆式仪将自动记录空摆时的初始角度，保存此初始角度，完成零位标定。

（4）校核滑动长度

①让摆处于自然下垂状态，松开固定旋钮，转动升降旋钮使摆下降，并提起举升柄使摆向左侧移动，然后放下举升柄使橡胶片长边下缘轻轻触地，在边侧紧靠橡胶片摆放滑动长度量尺，使量尺左端对准橡胶片触地下缘；再提起举升柄使摆向右侧移动，然后放下举升柄使橡胶片下缘轻轻触地，检查橡胶片下缘应与滑动长度量尺的右端齐平。若齐平，则说明橡胶片两次触地的距离（滑动长度）符合126mm的要求。左右两次橡胶片长边边缘应以刚刚接触路面为准，不可借摆的力量向前滑动，以免标定的滑动长度与实际不符。

②橡胶片两次触地与量尺两端若不齐平，通过升高或降低摆或仪器底座的高度进行调整。

微调时，也可旋转仪器底座上的调平螺栓调整仪器底座的高度，该方法比较方便，但需注意保持水准泡居中。

③重复上述动作，直至滑动长度符合126mm的要求。

（5）将摆固定在右侧悬臂上，使摆处于水平释放位置，设置测试状态为"就绪"。

（6）用喷水壶浇洒测点，使路面处于湿润状态。

（7）按下右侧悬臂上的释放开关，使摆在路面滑过，当摆杆回落时，用手接住摆杆并读数，但不做记录。然后使摆杆重新置于水平释放位置。

（8）重复（5）和（7）的操作5次，并读记每次测定的摆值。

单点测定的5个值中最大值与最小值的差值不得大于3。如差值大于3，应检查产生的原因，并再次重复上述各项操作，至符合规定为止。

取5次测定的平均值作为单点的摆值，取整数。

（9）数字式摆式仪自动记录每次测量时的地面温度，并进行温度修正，输出温度修正前后的测量结果。

（10）每个测点由3个单点组成，即需按以上方法在同一测点处平行测定3次，以3次测定结果的平均值作为该测点的测值，取整数。

3个单点均应位于轮迹带上，单点间距离为3～5m。该测点的位置以中间单点的位置表示。

（四）抗滑值的温度修正

同摆式仪法。

七、单轮式横向力系数测试系统测定路面摩擦系数

（一）目的与适用范围

适用于新、改建路面工程质量验收和在无严重坑槽、车辙等病害的正常行车条件下连续采集路面的横向力摩擦系数。

（二）准备工作

（1）每个测试项目开始前或连续测试超过1000km后，应按照设备使用手册规定的方法进行系统应力传感器的标定，记录标定数据并存档。

（2）检查测试车轮胎气压，应达到车辆轮胎规定的标准气压。

（3）检查测试轮胎磨损情况，当其直径比新轮胎减小达6mm（也即胎面磨损3mm）以上或有明显损伤或裂口时，必须更换新轮胎。更换的新轮胎在正式测试前应试测约2km。

（4）检测测试轮胎气压，应达到（3.5 ± 0.2）kg/cm^2 的要求。

（5）检查测试轮胎固定螺栓，螺栓必须拧紧。将测试轮胎放到正常测试时的位置，检查其是否能够沿两侧滑柱上下自由升降。

（6）根据测试里程向水罐加注足够用量的清洁测试用水。

（7）当出水控制为固定式开关时，需将开关设置在对应的测试速度位置，放下测试轮并检查洒水口出水情况和洒水位置；洒水位置应在测试轮触地面中点沿行驶方向前方（400±50）mm 处，洒水宽度应为中心线两侧各不小于约 75mm。

（8）启动控制单元，检查各项功能和技术参数选择状态是否正常。

（三）检测步骤

（1）正式开始测试前，首先应按设备操作手册规定的时间要求启动控制单元进行通电预热。

（2）进入测试路段前，测试人员设置所需的系统技术参数，并将测试轮胎至少提前 500m 降至路面上进行预跑。

（3）进入测试路段后，驾驶员应保持较为均匀的行车速度，并沿正常行车轨迹行驶。当为固定出水控制方式时，行驶最高速度不得超过出水开关事先设置所对应的速度。

（4）测试过程中，测试人员必须及时准确将测试路段需要标记的起终点和其他特殊点的位置输入测试数据记录中。

（5）测试车辆驶出测试路段后，测试人员停止测试程序，提升起测量轮并恢复仪器各部分至初始状态。

（6）检查数据文件，文件内容应完整正常，否则需要重新测试。

（7）关闭测试系统电源，结束测试。

（四）横向摩擦系数 SFC 值的修正

1. SFC 值的速度修正

以测试结果使用时所需的速度作为标准测试速度，其他测试速度条件下得到的 SFC 值必须通过式（40）转换至标准速度下的等效 SFC 值。

$$SFC_{标} = SFC_{测} - 0.2\,(V_{标} - V_{测}) \tag{40}$$

式中：$SFC_{标}$——标准测试速度下的等效 SFC 值；

$SFC_{测}$——现场实际测试速度条件下的测试 SFC 值；

$V_{标}$——标准测试速度（km/h）；

$V_{测}$——现场实际测试速度。

2. SFC 值的温度修正

测试系统的标准现场测试地面温度范围为 20℃ ±5℃，其他地面温度条件下测试的 SFC 值必须通过表 6-7 转换至标准温度下的等效 SFC 值。系统测试要求控制地面温度在 8 ～ 60℃范围内。

表6-7　温度修正（℃）

温度	10	15	20	25	30	35	40	45	50	55	60
修正	−3	−10	+1	+3	+4	+6	+7	+8	+9	+6	+10

（五）不同类型摩擦系数测试设备间相关关系试验

1. 基本要求

当制动式摩擦系数测试设备或其他类型横向力式测试设备需换算成 SFC 使用时，必须进行相关性试验，建立其他类型测试结果与 SFC 值的相关关系。

2. 试验条件

（1）按 SFC 值 0 ～ 30、30 ～ 50、50 ～ 70、70 ～ 100 的范围选择 A 段不同摩擦系数的路段，路段长度可为 100 ～ 300m。

（2）对比试验路段地面应清洁干燥，地面温度应在 10 ～ 30℃范围内，试验宜选择在晴天无风条件下进行。

3. 试验步骤

（1）测试系统和需要进行对比试验的其他类型设备分别按上述第 3 条的方法及其操作手册规定的程序准备就绪。

（2）两套设备分别以 40km/h、50km/h、60km/h、70km/h、80km/h 的速度在所选择的 4 种试验路段上各测试 3 次，3 次测试的平均值的绝对差值不得大于 5，否则重测。

（3）两种试验设备设置的采样频率差值应不超过一倍，每个试验路段的采样数据量应不少于 10 个。

4. 试验数据处理

（1）分别计算出每种速度下各路段 3 次测试结果的总平均值和标准差，超过 3 倍标准差的值应予以舍弃。

（2）用数理统计的回归分析方法建立试验设备测值与速度的相关关系式，相关系数 R 不得小于 0.95。

（3）建立不同速度下试验设备测值 SFC 的相关关系式，相关系数 R 得小于 0.95。

九、双轮式横向力系数测试系统测定路面摩擦系数

（一）目的与适用范围

适用于新建、改建路面工程的质量验收和在无严重坑槽、车辙等病害的正常行车条件下测定沥青路面或水泥混凝土路面的横向力摩擦系数。

（二）准备工作

（1）进入现场测试前，应进行应力传感器标定。将设备配套提供的标定板放在地面上，人工将测试仪从板上按要求拖拉 3 遍，由系统自动判断标定是否通过，标定通过后才可进行路面测试。

（2）正式开始测试前，设备应预热 10min 左右，并检查汽油机能否正常工作，机油是否需要更换。

（3）检查横向力系数测试轮、距离测试轮（或水车车轮）的轮胎胎压是否满足规定要求，长距离或长时间测试过程中也应补充检查胎压。

（4）降下测试轮，打开水阀检查水流情况是否正常及水流是否符合要求，检查仪表各项指数是否正常，然后升起测试轮。

（5）将牵引车与洒水车（可选）、测试系统及控制线路连接线依次连好，启动主控制单元进入测试状态，同时发动汽油机，打开水阀，准备测试。

（三）检测步骤

（1）将车辆驶向测试路段，提前约 200m 处打开水阀，降下测试轮。测试车速保持 40 ~ 60km/h 范围内匀速状态。

（2）测试过程中，测试人员必须及时准确将测试路段需要标记的起终点和其他特殊点的位置输入测试数据记录中。

（3）驶出测试路段后，停止测试过程，存储数据文件。

（四）数据类型相关性转换

通过本方法得到的直接数据结果应换算为标准 SFC 值后才可进行相关的质量检验和评价。

第七节　路面破损检测

一、沥青路面破损检测

（一）人工检测方法

1. 准备工作

（1）如路面不洁影响检测时，用道路清扫车或扫帚清扫路面。

（2）准备损坏记录表格。

2. 检测步骤

（1）两个检测人员组成一个检测组，沿路肩徒步调查。

（2）量测或收集检测路段的路面长度及宽度。

（3）沿路面仔细观察、量测，并在损坏记录表格上填写路面损坏的桩号、位置、类型及尺寸等信息。根据周围交通状况可目测或采用量尺量测各类损坏，沥青路面具体记录方式为：检测路段的沥青路面各类破损长度或面积，按破损类别分别统计。

裂缝包括纵向裂缝、横向裂缝和不规则裂缝等单根裂缝，主要量测其长度与宽度。缝宽按照该条裂缝宽度最大值计。宽度准确至1mm，长度的调查结果准确至0.01m。

其他类损坏（包括龟裂、块状裂缝、坑槽、沉陷、波浪、壅包、松散、泛油、修补等）：主要量测其面积。按照矩形量测其最外边的长度和宽度，矩形应覆盖该处损坏。调查结果准确至0.0001m²。

（二）图像视频检测方法

1．准备工作

（1）检查摄像设备是否洁净无污物，启动检测设备，调整相机参数或光源使路面图像光亮均匀，无明显亮纹和暗纹。

（2）确定检测路段，要求检测路段无积水、无冰雪、无污染。

2．检测步骤

（1）将检测车辆就位于测定区间起点前一定距离，以保证到达测试区域时能够达到测试要求的稳定车速，启动检测设备并将其调整至工作状态。

（2）设定检测系统参数，输入线路名称、起点桩号、检测车道等信息。

（3）根据交通量、路面状况等实际情况确定检测速度。

（4）检测时应分车道检测，尽量保持检测车中心线与车道中心线重合，测试系统自动记录被检测车道的路面损坏状况。

（5）必须变道行驶时，在保证安全的情况下应尽快回到原检测车道，并记录变道路段起讫桩号等相关信息，及时对变道路段进行补测。

（6）检测人员应实时监控检测系统的工作状况，出现异常时应停止检测，并做好记录，查找原因，待检测系统恢复正常工作状态后方可继续检测。

（三）数据处理

测试沥青路面损坏时，计算评定路段的裂缝总长度、其他路面损坏的总面积，根据需要可计算破损率、裂缝率等指标。

路面的裂缝率是指路面裂缝的总面积与测试路段路面总面积的比值，用 C_k 表示，单位为 m^2/km^2。

沥青路面的裂缝率为：

$$C_k = \frac{C_A + 0.3L}{A} \qquad (41)$$

式中：L—单根裂缝的总长度（m）；

C_A—龟裂及块裂的总面积（m²）；

A—测试路段面积，以 1000m² 计；

0.3—将单根裂缝长度换算成面积的影响系数。

路面的裂缝度是指路面裂缝长度与测试路段路面总面积的比值，用 C_d 表示，单位 m/km²。

在没有龟裂和块裂的路面上，沥青路面横向裂缝或纵向裂缝等单根裂缝应按式（42）、式（43）计算裂缝度，总裂缝度按式（44）计算：

$$C_{1d} = \frac{\Sigma L_1}{A} \qquad (42)$$

$$C_{2d} = \frac{\Sigma L_2}{A} \qquad (43)$$

$$C_d = C_{1d} + C_{2d} + \cdots \qquad (44)$$

式中：C_{1d}—沥青路面横向裂缝的裂缝度（m/km²）；

C_{2d}—沥青路面纵向裂缝的裂缝度（m/km²）；

ΣL_1—横向裂缝总长度（m）；

ΣL_2—纵向裂缝总长度（m）。

计算裂缝度，可将各种单根裂缝（如横向裂缝、纵向裂缝、温缩裂缝、接头裂缝、施工裂缝、反射裂缝等）单独计算。如欲换算成以面积计算的裂缝率，宜将其分别乘以 0.3m 得到。但当将单根裂缝纳入网裂病害用于计算一般公路的好路率时，应遵照《公路技术状况评定标准》的规定，采用 0.2m 的系数。

沥青路面发生各种类型破损的换算面积与检测区域总面积的百分比称为沥青路面的破损率，按式（45）计算：

$$DR = \frac{\Sigma\Sigma A_{ij} \cdot K_{ij}}{A} \times 100\% \qquad (45)$$

式中：DR—沥青路面的破损率（%）；

A_{ij}—沥青路面各种损坏类型严重程度的累积面积（m²），i 表示破损类别，j 表示破损严重程度，可分为轻微、中度、严重三个等级；

K_{ij}—水泥混凝土板各种损坏类型及不同严重程度的权值，根据有关规范规定选用，如无规定时均取为 1；

A—检测路段路面面积（m^2）。

新建沥青混凝土和沥青碎石面层，其表面应平整密实，无明显碾压轮迹，搭接处紧密、平顺，不应有泛油、松散、裂缝、粗细集料集中等现象。对于高速公路和一级公路，有上述缺陷的面积之和不得超过复检面积的0.03%，其他公路不得超过0.05%。

新建沥青贯入式和沥青表面处治面层，表面应平整密实，无明显碾压轮迹，不应有松散、裂缝、油包、油丁、波浪、泛油等现象。有上述缺陷的面积之和不得超过受检面积的0.2%。

在对沥青路面进行损坏调查时，若在路面的相同区域上存在不同等级的单根裂缝损坏，且难以区分，则按照最严重的损坏等级计算；若单根裂缝穿过龟裂或块裂的区域，则该区域里的裂缝长度不算入裂缝计算的总长度内。对于沥青路面中的坑槽、松散、龟裂、块裂损坏，若在路面的相同区域上存在不同等级的坑槽（松散、龟裂、块裂）损坏，且难以区分，则按照最严重的损坏等级计算；若坑槽（块裂）的区域内包含有龟裂损坏，则记录坑槽（块裂）总面积时应减去龟裂的面积。有重复损坏的路面位置，仅统计权重大的损坏，权重小的损坏可不进行统计。由于渠化交通的原因，在不同车道上路面损坏情况会有一定的差异，在进行路面损坏状况统计时可分车道统计。

二、水泥混凝土路面破损检测

（一）检测步骤

具体检测步骤参照沥青混凝土路面破损检测，根据周围交通状况可目测或采用量尺量测各类损坏，应进行下述方面的记录：

裂缝、错台、边角剥落、接缝料损坏、唧泥及裂缝修补等，主要量测其长度。调查结果精确至0.01m。

破碎板、板角断裂、拱起、坑洞、露骨及其修补等，主要量测其面积，按照涉及的板块、板角或包络面积计算。调查结果精确至0.0001m^2。

必要时在损坏位置用粉笔或油漆做标记、拍摄照片或录像，并记录相应的桩号和照片编号。

（二）数据处理

测试水泥混凝土路面损坏时，计算评定路段损坏长度或面积，根据需要可计算破损率、断板率等指标。

水泥混凝土路面的裂缝度及裂缝率为：

$$C_d = \frac{\Sigma L}{A} \tag{46}$$

$$C_k = \frac{\Sigma C_A}{A} \tag{47}$$

式中：C_d—水泥混凝土路面的裂缝度（m/km^2）；

C_k—水泥混凝土路面的裂缝率；

C_A—板角裂缝、D 形裂缝及完全碎裂的总面积，以 $1000m^2$ 计；

ΣL—水泥混凝土路面板纵向、横向开裂的总长度（m）；

A—测试路段的总面积，以 $1000m^2$ 计。

已折断成两块及两块以上的水泥混凝土路面板的块数与路面板总块数的百分比，称为断板率，按式（48）计算：

$$B_d = \frac{D}{S} \times 100\% \tag{48}$$

式中：B_d—水泥混凝土路面的坏板率或断板率（%）；

D—已完全折断成两块及两块以上的水泥混凝土路面板的块数；

S—检测路段的路面板总块数。

水泥混凝土路面的横向伸缩缝、纵向接缝发生破坏的总长度与缝的总长度之比称为坏缝率，按式（49）计算：

$$J_k = \frac{\Sigma J_{1C} + \Sigma J_{2C}}{J_1 + J_2} \tag{49}$$

式中：J_k—水泥混凝土路面的坏缝率（m/km）；

ΣJ_{1C}—水泥混凝土路面横向伸缩缝破坏的总长度（m）；

ΣJ_{2C}—水泥混凝土路面纵向伸缩缝破坏的总长度（m）；

J_1—检测路段横向伸缩缝的总长度，以 1000m 计；

J_2—检测路段纵向伸缩缝的总长度，以 1000m 计。

已发生破损的水泥混凝土路面板的块数与路面板总块数的百分比，称为坏板率，用 B_k 表示。根据需要可按有关规定对各种坏板类型及严重程度取不同的权值按式（50）进行计算：

$$B_k (\%) = \frac{\Sigma\Sigma A_{ij} \cdot K_{ij}}{S} \times 100 \tag{50}$$

式中：A_{ij}—水泥混凝土板各种损坏严重程度的累计换算板数，i 表示破损类别，j 表示破损严重程度，可分为轻微、中度、严重三个等级；

K_{ij}——水泥混凝土板各种损坏类型及不同严重程度的权值，根据有关规范规定选用，如无规定时均取为 1；

S——检测路段路面板总块数。

新建水泥混凝土路面混凝土板的断裂块数，对于高速公路和一级公路不得超过评定路段混凝土板总数的 2‰，其他公路不得超过 4‰。对断裂板应采取适当措施予以处理。混凝土板表面的脱皮、印痕、裂纹、石子外露和缺边掉角等病害现象，对于高速、一级公路，上述缺陷的面积不得超过受检面积的 2‰，其他公路不得超过 3‰，并且要求接缝填筑饱满密实，路面侧石直顺，曲线圆滑。

在对水泥混凝土路面进行损坏调查时，有重复损坏的面板，仅统计权重大的损坏，权重小的损坏可不进行统计。由于渠化交通的原因，在不同车道上路面损坏情况会有一定的差异，在进行路面破损状况统计时可分车道统计。

三、沥青路面车辙测试

（一）目的与适用范围

适用于测定沥青路面的车辙，为评定路面的技术状况提供依据。

（二）方法与步骤

1. 车辙测定的基准测量宽度应符合下列规定：

（1）对高速公路及一级公路，以发生车辙的一个车道两侧标线宽度中点到中点的距离为基准测量宽度。

（2）对二级及二级以下公路，有车道区划线时，以发生车辙的一个车道两侧标线宽度中点到中点的距离为基准测量宽度；无车道区划线时，以形成车辙部位的一个设计车道宽度作为基准测量宽度。

2. 激光车辙仪测试方法

（1）准备工作

①确定检测路段，要求检测路段无积水、无冰雪、无污染。

②将检测设备所有轮胎气压调整为标准气压，检查车辆和检测设备是否正常工作。

③当风速大于 6 级时不宜进行检测。

（2）测试步骤

①将检测车辆就位于测定区间起点前一定距离，以保证到达测试区域时能够达到测试要求的稳定车速，启动检测设备并将其调整至工作状态。

②设定检测系统参数，输入路线名称、路段桩号、检测车道和检测方向等信息。

③根据交通量、路面状况等实际情况确定检测速度。

④检测时应分车道检测，尽量保持检测车中心线与车道中心线重合，测试系统自动记录被检测车道的路面车辙数据。

⑤必须变道行驶时，在保证安全的情况下应尽快回到原检测车道，并记录变道路段起讫桩号等相关信息，及时对变道路段进行补测。

⑥检测人员应实时监控检测系统的工作状况，出现异常时应停止检测，并做好记录，查找原因，待检测系统恢复正常工作状态后方可继续检测。

⑦检测结束后及时保存数据。

⑧系统处理软件按照图6-13规定的模式通过各横断面相对高程计算车辙深度。

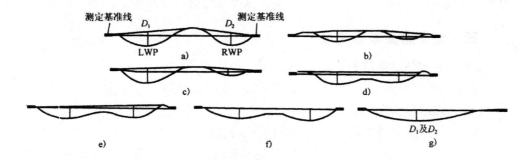

图6-13　不同形状、不同程度的路面车辙示意图

3．横断面尺测试方法

（1）准备工作

①确定检测路段，在检测路段被检车道上每50m作为一测定断面，用粉笔或油漆标记。

在被检车道上按照规定随机选取测定断面，在有特殊需要的路段如交叉口前后可予加密。

②准备车辙记录表格。

（2）测试步骤

①选择需测定车辙的断面，将横断面尺就位于拟测定断面上，方向与道路中心线垂直，两端支脚置于测定车道两侧。

②沿横断面尺每隔200mm一点，将量尺垂直立于路面上，用目平视记录横断面尺顶面与路面之间的距离，准确至1mm，如断面的最高处或最低处明显不在测定点上应加密测点。

③记录测试断面的桩号、位置及不同断面处车辙深度。

④当不需要测定横断面，仅需要测定最大车辙时，亦可用不带支脚的横断面尺架在路面上目测确定最大车辙位置用尺量取。

（三）数据处理

（1）根据检测数据按图6-13的方法画出横断面图及顶面基准线。通常为其中之一种形式。

（2）在横断面图上确定车辙深度 D_1 及 D_2，精确至1mm。以其中最大值作为断面的最大车辙深度。

（3）计算评定路段各测定断面最大车辙深度的平均值作为该评定路段的平均车辙深度。

（4）采用激光车辙仪自动化设备检测路面车辙深度时，应以10m为单元分别计算断面左右车辙深度的平均值，取最大值为车辙深度。输出结果应包括桩号、左车辙、右车辙和车辙深度，并以文本或电子表格格式保存。

四、路面错台测试

（一）目的与适用范围

适用于测定路面在人工构造物端部接头、水泥混凝土路面或桥梁的伸缩缝由于沉降所造成的错台台阶高度，以评价路面行车舒适性能（跳车情况），并作为计算维修工作量的依据。

（二）方法与步骤

1．准备工作

（1）检测前，应对检测部位进行清理，保证无浮砂、污泥、油渍等影响检测结果的污染物。

（2）准备记录表格。

2．检测步骤

选择需要测定的断面，记录位置、桩号，描述错台的情况。路面错台的检测位置宜选在接缝高差最大处，根据需要也可选择其他有代表性的位置；错台的高差测点应靠近接缝处。根据实际情况选择以下测试方法：

（1）直尺法。将直尺垂直跨越接缝并平放于高出的一侧，用塞尺或钢板尺量测接缝间的高差，即为该处的错台高度 D，精确至1mm。

（2）深度尺法。将深度尺垂直置于高出的一侧，将测头顶出至与沉降面接触为止，稳定后读数，即为该处的错台高度 D，准确至1mm。

3．数据处理

（1）直尺法和深度尺法测试结果直接作为错台高度 D，准确至 1mm。

（2）水准仪（全站仪）法需计算接缝间的高程 D_1、D_2 差值的绝对值作为错台高度 D，准确至 1mm。

第七章 排水工程及砌石工程现场检测

第一节 地面排水设施检测方法

一、土沟

（一）基本要求

（1）土沟边坡必须平整、坚实、稳定，严禁贴坡。

（2）沟底应平顺整齐，不得有松散土和其他杂物，排水应畅通。

（二）实测项目

实测项目的具体内容，见表7-1。

表7-1 土沟实测项目

项次	检查项目	规定值或允许偏差	检查方法和频率	权值
1	沟底高程（mm）	+0，−30	水准仪：每200m测4处	2
2	断面尺寸（mm）	不小于设计值	尺量：每200m测2处	2
3	边坡坡度（°）	不陡于设计值	尺量：每200m测2处	1
4	边棱直顺度（mm）	50	尺量：20m拉线，每200m测2处	1

（三）外观鉴定

沟底无明显凹凸不平或阻水现象。不符合要求时，每处减1～2分。

二、浆砌排水沟

（一）基本要求

（1）砌体砂浆配合比准确，砌缝内砂浆均匀饱满，勾缝密实。

（2）浆砌片（块）石、混凝土预制块的质量和规格应符合设计要求。

（3）基础中缩缝应与墙身缩缝对齐。

（4）砌体抹面应平整、压光、直顺，不得有裂缝、空鼓现象。

（二）实测项目

实测项目的具体内容，见表7-2。

表7-2　浆砌排水沟实测项目

项次	检查项目	规定值或允许偏差	检查方法和频率	权值
1	砂浆强度（MPa）	在合格标准内	按《公路工程质量检验评定标准》中的附录F检查	3
2	轴线偏位（mm）	50	经纬仪或尺量：每200m测5处	1
3	沟底高程（mm）	±15	水准仪：每200m测5点	2
4	墙面直顺度（mm）或坡度	30或符合设计要求	尺量：20m拉线，每200m测2处	1
5	断面尺寸（mm）	±30	尺量：每200m测2处	2
6	铺砌厚度（mm）	不小于设计值	尺量：每200m测2处	1
7	基础垫层宽、厚（mm）	不小于设计值	尺量：每200m测2处	1

（三）外观鉴定

（1）砌体内侧及沟底应平顺。不符合要求时，减1～2分。

（2）沟底不得有杂物。不符合要求时，减1～2分。

第二节　地下排水设施检测方法

一、管节预制

（一）基本要求

（1）所用的水泥、砂、石、水、外加剂和掺和料的质量和规格应符合有关规范的要求，按规定的配合比施工。

（2）混凝土应符合耐久性（抗冻、抗渗、抗侵蚀）等设计要求。

（3）不得出现露筋和空洞现象。

（二）实测项目

实测项目的具体内容，见表7-3。

表7-3 管节预制实测项目

项次	检查项目	规定值或允许偏差	检查方法和频率	权值
1	混凝土强度（MPa）	在合格标准内	按《公路工程质量检验评定标准》中附录D检查	3
2	内径（mm）	不小于设计值	尺量：2个断面	2
3	壁厚（mm）	不小于设计壁厚-3	尺量：2个断面	2
4	直顺度（mm）	矢度不大于0.2%管节长	沿管节拉线量，取最大矢高	1
5	长度（mm）	+5，-0	尺量	1

（三）外观鉴定

（1）蜂窝、麻面面积不得超过该面面积的1%。不符合要求时，每超过1%减3分；深度超过10mm的必须处理。

（2）混凝土表面平整。不符合要求时，减1～2分。

二、管道基础及管节安装

（一）基本要求

（1）管材必须逐节检查，不得有裂缝、破损。

（2）基础混凝土强度达到5MPa以上时，才可进行管节铺设。

（3）管节铺设应平顺、稳固，管底不得出现反坡，管节接头处流水面高差不得大于5mm。管内不得有泥土、砖石、砂浆等杂物。

（4）管道内的管口缝，当管径大于750mm时，应在管内做整圈勾缝。

（5）管口内缝砂浆平整密实，不得有裂缝、空鼓现象。

（6）抹带前，管口必须洗刷干净，管口表面应平整密实，无裂缝现象。抹带后应及时覆盖养生。

（7）设计中要求防渗漏的排水管须做渗漏试验，渗漏量应符合要求。

（二）实测项目

实测项目的具体内容，见表7-4。

表7-4 管道基础及管节安装实测项目

项次	检查项目	规定值或允许偏差	检查方法和频率	权值
1	混凝土抗压强度或砂浆强度（MPa）	在合格标准内	按《公路工程质量检验评定标准》中附录D、F检查	3

项次	检查项目		规定值或允许偏差	检查方法和频率	权值
2	管轴线偏位（mm）		15	经纬仪或拉线量：每两井间测3处	2
3	管内底高程（mm）		±10	水准仪：每两井间测2处	2
4	基础厚度（mm）		不小于设计值	尺量：每两井间测3处	1
5	管座	肩宽（mm）	+10，−5	尺量、挂边线：每两井间测2处	1
		肩高（mm）	±10		
6	抹带	宽度	不小于设计值	尺量：按10%抽查	2
		厚度	比小于设计值		

（三）外观鉴定

（1）管道基础混凝土表面应平整密实，侧面蜂窝不得超过该表面面积的1%，深度不超过10mm。不符合要求时，减1～3分。

（2）管节铺设应直顺，管口缝带圈平整密实，无开裂脱皮现象。不符合要求时，每处减1～2分。

（3）抹带接口表面应密实光洁，不得有间断和裂缝、空鼓。不符合要求时，每处减1～2分。

三、检查雨水井砌筑

（一）基本要求

（1）井基础混凝土强度达到5MPa以上时，方可砌筑井体。

（2）砌筑砂浆配合比准确，井壁砂浆饱满，灰缝平整。圆形检查井内壁圆顺，抹面密实光洁，踏步安装牢固。

（3）井框、井盖安装必须平稳，井口周围不得有积水。

（二）实测项目

实测项目的具体内容，见表7-5。

表7-5　检查（雨水）井砌筑实测项目

项次	检查项目	规定值或允许偏差	检查方法和频率	权值
1	砂浆强度（MPa）	在合格标准内	按《公路工程质量检验评定标准》中附录F检查	3
2	轴线偏位（mm）	50	经纬仪：每个检查井检查	1

项次	检查项目	规定值或允许偏差		检查方法和频率	权值
3	圆井直径或方井长、宽（mm）	±20		尺量：每个检查井检查	1
4	井底高程（mm）	±15		水准仪：每个检查井检查	1
5	井盖与相邻路面高差（mm）	雨水井	+0，−4	水准仪、水平尺：每个检查	2
		检查井	+4，−0		

（三）外观鉴定

（1）井内砂浆抹面无裂缝。不符合要求时，减 1 ~ 2 分。

（2）井内平整圆滑，收分均匀。不符合要求时，减 1 ~ 2 分。

四、盲沟

（一）基本要求

（1）盲沟的设置及材料的质量和规格等应符合设计要求和施工规范规定。

（2）反滤层应用筛选过的中砂、粗砂、砾石等渗水性材料分层填筑。

（3）排水层应采用石质坚硬的较大粒料填筑，以保证排水孔隙度。

（二）实测项目

实测项目的具体内容，见表 7-6。

表7-6　盲沟实测项目

项次	检查项目	规定值或允许偏差	检查方法和频率	权值
1	沟底高程（mm）	±15	水准仪：每10 ~ 20m测1处	1
2	断面尺寸（mm）	不小于设计值	尺量：每20m测1处	1

（三）外观鉴定

（1）反滤层应层次分明。不符合要求时，减 1 ~ 2 分。

（2）进出水口应排水通畅。不符合要求时，减 1 ~ 2 分，并及时清理。

五、排水泵站

（一）基本要求

（1）地基应具有足够的承载能力，不应扰动基底土壤。

（2）井壁混凝土要密实，混凝土强度达到合格标准后方可进行下沉。

（3）沉井下沉过程中，应随时注意正位，发现偏位及倾斜时须及时纠正。

（4）沉井封底应密实不漏水。

（5）水泵、管及管件应安装牢固，位置正确。

（二）实测项目

实测项目的具体内容，见表7-7。

表7-7　排水泵站实测项目

项次	检查项目	规定值或允许偏差	检查方法和频率	权值
1	混凝土强度（MPa）	在合格标准内	按《公路工程质量检验评定标准》中附录D检查	2
2	轴线平面偏位（mm）	1%井深	经纬仪：纵、横向各测2处	1
3	垂直度（mm）	1%井深	用垂线检查：纵、横向各测1处	1
4	底板高程（mm）	±50	水准仪：测4处	2

（三）外观鉴定

泵站轮廓线条应清晰，表面应平整。不符合要求时，减1～2分。

第三节　防护工程检测方法

一、坡面防护

（一）植物防护

植物防护，可美化路容，协调环境，调节边坡土的温湿，起到固定和稳定边坡的作用，它对于坡高不大、边坡比较平缓的土质坡面是一种简易有效的防护设施，其方法有种草、铺草皮和植树。土质边坡防护也可采用拉伸网草皮、固定草种布或网格固定撒种的方法，用土工合成材料进行土质边坡防护的边坡坡度宜在1：2.0～1：1.0。

（二）工程防护

当不适宜采用植物防护或考虑就地取材时，采用砂石、水泥、石灰等矿质材料进行坡面防护是常用的防护形式。它主要包括砂浆抹面、勾缝或喷涂以及石砌护坡或护面墙等。

抹面防护，适用于石质挖方坡面，岩石表面易风化，但比较完整，尚未剥落的新坡面。对此应及时予以封面，以预防风化成害。

喷浆施工简便，效果较好。适用于易风化而坡面不平整的岩石挖方边坡，厚度一般为 5 ~ 10cm。喷浆的水泥用量较大，重点工程可选用。

比较坚硬的岩石坡面，为防水渗入缝隙成害，视缝隙深浅与大小，分别予以灌浆、勾缝或嵌补等防护措施。

为防止地面水流或河水冲刷，路基坡面可以使用干砌片石护坡。重要路段或暴雨集中地区的土质高边坡，以及桥涵附近的坡面与岩坡、地面排水沟渠等，也可干砌片石加固。

护面墙是浆砌片石的坡面覆盖层，用于封闭各种软质岩层和较破碎的挖方边坡。要求墙面紧贴坡面，表面砌平。护面墙石料应符合规格，护面墙除自重外，不应承受其他荷重，也不承受墙背土压力。

二、冲刷防护

为了防止流水直接危害沿河、滨海路堤以及海河堤坝护岸边坡和坡脚，必须采取一定的防止冲刷的措施。

堤岸防护直接措施，包括植物防护、石砌防护、抛石与石笼防护，以及必要时设置的支挡（驳岸）等。抛石防护类似在坡脚处设置护脚，不受气候条件限制，路基沉实前后均可施工，季节性浸水或长期浸水亦均可用。抛石垛的边坡坡度，不应陡于抛石浸水后的天然休止角。石笼是用铁丝编制成框架，内填石料，设在坡脚处，以防急流和大风浪破坏堤岸，也可用来加固河床，防止淘刷。铁丝框架可以为箱形或圆形。笼内填石的粒径，最小不小于 4.0cm，一般为 5 ~ 20cm，外层应用大且棱角突出的石料，内层可用较小的石块填充。石笼在坡脚处排列，用于防止冲刷淘底时，应平铺并与坡脚线垂直，而且堤岸一端固定，另一端不必固定，淘刷后可以向下沉落贴于底面；用于防止堤岸边坡冲刷时，则垒码平铺成梯形。单个石笼的大小，以不被相应速度的水流冲动为宜，铺设时须用碎（砾）石垫层铺平，笼底层各角可用铁棒固定于基底。

三、锥、护坡

（一）基本要求

（1）石料的质量和规格应符合有关规定。砂浆所用的水泥、砂、水的质量应符合有关规范的要求，按规定的配合比施工。

（2）锥、护坡基础埋置深度及地基承载力应符合设计要求。

（3）砌体要咬扣紧密，嵌缝饱满密实。

（4）锥、护坡填土密实度应达到设计要求，对坡面刷坡整平后方可铺砌。

（二）实测项目

实测项目的具体内容，见表7-8。

表7-8 锥、护坡实测项目

项次	检查项目	规定值或允许偏差	检查方法和频率	权值
1	砂浆强度（MPa）	在合格标准内	按《公路工程质量检验评定标准》中附录F检查	3
2	顶面高程（mm）	±50	水准仪：每50m检查3点，不足50m时至少测2点	1
3	表面平整度（mm）	30	2m直尺量：锥坡检查3处，护坡每50m检查3处	1
4	坡度	不陡于设计值	尺量：每50m量3处	1
5	厚度（mm）	不小于设计值	尺量：每100m检查3处	2
6	底面高程（mm）	±50	水准仪：每50m检查3点	1

（三）外观鉴定

（1）表面应平整，无垂直通缝。不符合要求时，减 1 ～ 3 分。

（2）勾缝应平顺，无脱落现象。不符合要求时，减 1 ～ 3 分。

四、砌石工程

（一）基本要求

（1）石料的质量和规格及砂浆所用材料的质量和规格应符合设计要求，按规定的配合比施工。

（2）砌块应错缝砌筑、相互咬紧；浆砌时砌块应坐浆挤紧，嵌缝后砂浆饱满，无空洞现象；干砌时应不松动、叠砌和浮塞。

（二）实测项目

实测项目的具体内容，见表7-9和表7-10。

表7-9 浆砌砌体实测项目

项次	检查项目		规定值或允许偏差	检查方法和频率	权值
1	砂浆强度（MPa）		在合格标准内容	按《公路工程质量检验评定标准》中附录F检验	3
2	顶面高程	料、块石	±15	水准仪：每20m检查3点	1
		片石	±20		

项次	检查项目		规定值或允许偏差	检查方法和频率	权值
3	竖直度或坡度	料、块石	0.3%	吊垂线：每20m检查3点	2
		片石	0.5%		
4	断面尺寸（mm）	料石	±20	尺量：每20m检查2处	2
		块石	±30		
		片石	±50		
5	表面平整度（mm）	料石	10	2m直尺量：每20m检查5处×3尺	2
		块石	20		
		片石	30		

表7-10　干砌片石实测项目

项次	检查项目	规定值或允许偏差	检查方法和频率	权值
1	顶面高程（mm）	±30	水准仪：每20m检查3点	1
2	外形尺寸（mm）	±100	尺量：每20m或自然段，长度各3处	2
3	厚度（mm）	±50	尺量：每20m检查3处	3
4	表面平整度（mm）	50	2m直尺量：每20m检查5处×3尺	2

（三）外观鉴定

（1）砌体边缘直顺，外露表面平整。不符合要求时，减1～3分。

（2）勾缝平顺，缝宽均匀，无脱落现象。不符合要求时，减1～3分。

五、导流工程

（一）基本要求

（1）所用材料的质量和规格应符合有关规定。

（2）导流堤（坝）的基础埋置深度及地基承载力应符合设计要求。

（二）实测项目

实测项目的具体内容，见表7-11。

表7-11 导流工程实测项目

项次	检查项目		规定值或允许偏差	检查方法和频率	权值
1	砂浆强度（MPa）		在合格标准内	按《公路工程质量检验评定标准》中附录F检查	3
2	平面位置（mm）		30	经纬仪：按设计图控制坐标检查	2
3	长度（mm）		不小于设计长度-100	尺量：每个检查	1
4	断面尺寸（mm）		不小于设计值	尺量：检查5处	2
5	高程（mm）	基底	不大于设计值	水准仪：检查5点	2
		顶面	±30		

（三）外观鉴定

表面规整，线条直顺，曲线圆滑。不符合要求时，减1~3分。

六、石笼防护

（一）基本要求

（1）所用材料的质量和规格应符合有关规定。

（2）铁丝笼的网眼尺寸应符合设计要求。

（3）石笼的码放或平铺方式应符合设计要求。

（二）实测项目

实测项目的具体内容，见表7-12。

表7-12 石笼防护实测项目

项次	检查项目	规定值或允许偏差	检查方法和频率	权值
1	平面位置（mm）	合设计要求	符经纬仪：按设计图控制坐标检查	1
2	长度（mm）	不小于设计长度-300	尺量：每个（段）检查	1
3	宽度（mm）	不小于设计宽度-200	尺量：每个（段）量5处	1
4	高度（mm）	不小于设计值	水准仪或尺量：每个（段）检查5处	1
5	底面高程（mm）	不高于设计值	水准仪：每个（段）检查5点	1

（三）外观鉴定

表面整齐，线条直顺，曲线圆滑。不符合要求时，减1~2分。

第四节 支挡工程检测方法

一、砌体挡土墙

（一）基本要求

（1）石料或混凝土预制块的质量和规格应符合有关规范和设计要求。

（2）砂浆所用的水泥、砂、水的质量应符合有关规范的要求，按规定的配合比施工。

（3）地基承载力必须满足设计要求。

（4）砌筑应分层错缝。浆砌时坐浆挤紧，嵌填饱满密实，不得有空洞；干砌时不得松动、叠砌和浮塞。

（5）沉降缝、泄水孔、反滤层的设置位置、质量和数量应符合设计要求。

（二）实测项目

实测项目的具体内容，见表 7-13 和表 7-14。

表 7-13 砌体挡土墙实测项目

项次	检查项目		规定值或允许偏差	检查方法和频率	权值
1	砂浆强度（MPa）		在合格标准内	按《公路工程质量检验评定标准》中附录 F 检查	3
2	平面位置（mm）		50	经纬仪：每 20m 检查墙顶外边线 3 点	1
3	顶面高程（mm）		±20	水准仪：每 20m 检查 1 点	1
4	竖直度或坡度（%）		0.5	吊垂线：每 20m 检查 2 点	1
5	断面尺寸（mm）		不小于设计值	尺量：每 20m 量 2 个断面	3
6	底面高程（mm）		±50	水准仪：每 20m 检查 1 点	1
7	表面平整度（mm）	块石	20	2m 直尺量：每 20m 检查 3 处，每处检查竖直和墙长两个方向	1
		片石	30		
		混凝土块、料石	10		

表7-14 干砌挡土墙实测项目

项次	检查项目	规定值或允许偏差	检查方法和频率	权值
1	平面位置（mm）	50	经纬仪：每20m检查3点	2
2	顶面高程（mm）	±30	水准仪：每20m检查3点	2
3	竖直度或坡度（%）	30.5	尺量：每20m吊垂线检查3点	1
4	断面尺寸（mm）	不小于设计值	尺量：每20m检查2处	2
5	底面高程（mm）	±50	水准仪：每20m检查1点	2
6	表面平整度（mm）	50	2m直尺量：每20m检查3处，每处检查竖直和墙长两个方向	1

（三）外观鉴定

（1）砌体表面平整，砌缝完好、无开裂现象，勾缝平顺，无脱落现象。不符合要求时，减1～3分。

（2）泄水孔坡度向外，无堵塞现象。不符合要求时必须进行处理，并减1～3分。

（3）沉降缝整齐垂直，上下贯通。不符合要求时必须进行处理，并减1～3分。

二、悬臂式和扶壁式挡土墙

（一）基本要求

（1）混凝土所用的水泥、石、砂、水和外掺剂的质量和规格应符合有关规范的要求，按规定的配合比施工。

（2）地基强度必须满足设计要求。

（3）不得有露筋和空洞现象。

（4）沉降缝、泄水孔的设置位置、质量和数量应符合设计要求。

（二）实测项目

实测项目的具体内容，见表7-15。

表7-15 悬臂式和扶臂式挡土墙实测项目

项次	检查项目	规定值或允许偏差	检查方法和频率	权值
1	混凝土强度（MPa）	在合格标准内	按《公路工程质量检验评定标准》中附录D检查	2
2	平面位置（mm）	30	经纬仪：每20m检查3点	1

续表

项次	检查项目	规定值或允许偏差	检查方法和频率	权值
3	顶面高程（mm）	±20	水准仪：每20m检查1点	1
4	竖直度或坡度（%）	0.3	吊垂线：每20m检查2点	1
5	断面尺寸（mm）	不小于设计值	尺量：每20m检查2个断面，抽查扶臂2个	2
6	底面高程（mm）	±30	水准仪：每20m检查1点	1
7	表面平整度（mm）	5	2m直尺量：每20m检查2处，每处检查竖直和墙长两个方向	1

（三）外观鉴定

（1）混凝土施工缝平顺。不符合要求时，减 1～2 分。

（2）蜂窝、麻面面积不得超过该面面积的 0.5%。不符合要求时，每超过 0.5% 减 3 分；深度超过 10mm 的必须处理。

（3）混凝土表面出现非受力裂缝，减 1～3 分。裂缝宽度超过设计规定或设计未规定时，超过 0.15mm 必须处理。

（4）泄水孔坡度向外，无堵塞现象。不符合要求时必须处理，并减 1～3 分。

（5）沉降缝整齐垂直，上下贯通。不符合要求时必须处理，并减 1～3 分。

三、锚杆、锚碇板和加筋土挡土墙

（一）基本要求

（1）混凝土所用的水泥、石、砂、水和外掺剂的质量和规格应符合有关规范的要求，按规定的配合比施工。

（2）地基强度应符合设计要求。

（3）锚杆、拉杆或筋带的质量和规格必须满足设计和有关规范的要求，根数不得少于设计数量。

（4）筋带须理顺，放平拉直，筋带与面板、筋带与筋带连接牢固。

（5）混凝土不得出现露筋和空洞现象。

（二）实测项目

实测项目的具体内容，见表 7-16～表 7-18。

表7-16 筋带实测项目

项次	检查项目	规定值或允许偏差	检查方法和频率	权值
1	筋带长度（mm）	不小于设计值	尺量：每20m检查5根（束）	2
2	筋带与面板连接	符合设计要求	目测：每20m检查5处	2
3	筋带与筋带连接	符合设计要求	目测：每20m检查5处	2
4	筋带铺设	符合设计要求	目测：每20m检查5处	1

表7-17 锚杆、拉杆实测项目

项次	检查项目	规定值或允许偏差	检查方法和频率	权值
1	锚杆、拉杆长度	符合设计要求	尺量：每20m检查5根	2
2	锚杆、拉杆间距（mm）	±20	尺量：每20m检查5根	1
3	锚杆、拉杆与面板连接	符合设计要求	目测：每20m检查5处	2
4	锚杆、拉杆防护	符合设计要求	目测：每20m检查10处	2
5	锚杆抗拔力	抗拔力平均值≥设计值，最小抗拔力≥0.9设计值	抗拔力试验：锚杆数1%，且不少于3根	3

表7-18 面板预制实测项目

项次	检查项目	规定值或允许偏差	检查方法和频率	权值
1	混凝土强度（MPa）	在合格标准内	按《公路工程质量检验评定标准》中附录D检查	3
2	边长（mm）	±5或0.5%边长	尺量：长宽各1次，每批抽量查10%	2
3	两对角线差（mm）	10或0.7%最大对角线长度	尺量：每批抽查10%	1
4	厚度（mm）	+5，-3	尺量：检查2处，每批抽查10%	2
5	表面平整度（mm）	4或0.3%边长	2m直尺量：长、宽方向各测1次，每批抽查10%	1
6	预埋件位置（mm）	5	尺量：检查每件，每批抽查10%	1

（三）外观鉴定

（1）预制面板表面平整光洁，线条直顺美观，不得有破损、翘曲、掉角、啃边等现象。不符合要求时，减1~2分。

（2）蜂窝、麻面面积不得超过该面面积的0.5%。不符合要求时，每超过

0.5% 减 2 分；深度超过 10mm 的必须处理。

（3）混凝土表面出现非受力裂缝，减 1～3 分。裂缝宽度超过设计规定或设计未规定时，超过 0.15mm 必须进行处理。

（4）墙面直顺，线形顺适，板缝均匀，伸缩缝贯通垂直。不符合要求时，减 1～3 分。

（5）露在面板外的锚头应封闭密实、牢固、整齐美观。不符合要求时，减 1～5 分。

四、墙背填土

（一）基本要求

（1）墙背填土应采用透水性材料或设计规定的材料，严禁采用膨胀土、高液限黏土、腐殖土、盐渍土、淤泥和冻土块等不良填料。填料中不应含有有机物、冰块、草皮、树根等杂物或生活垃圾。

（2）墙背填土必须和挖方路基、填方路基有效搭接，纵向接缝必须设台阶。

（3）必须分层填筑压实，每层表面平整，路拱合适。

（4）墙身强度达到设计强度 75% 以上时方可开始填土。

（二）实测项目

除距面板 1m 范围以内，压实度实测项目见表 7-19，其他部分填土和其他类型挡土墙填土的压实度要求均与路基相同。

表7-19　锚杆、锚碇板和加筋土挡土墙墙背填土实测项目

项次	检查项目	规定值或允许偏差	检查方法和频率	权值
1	距面板 1m 范围以内压实度（%）	90	按《公路工程质量检验评定标准》中附录 B 检查，每 100m 每压实层测 1 处，并不得少于 1 处	1

（三）外观鉴定

（1）填土表面应平整，边线直顺。不符合要求时，减 1～3 分。

（2）边坡坡面平顺稳定，不得亏坡，曲线圆滑。不符合要求时，减 1～3 分。

五、抗滑桩

（一）基本要求

（1）混凝土所用的水泥、石、砂、水和外掺剂的质量和规格，必须符合设计和有关规范的要求，按规定的配合比施工。

（2）施工中应该核对滑动面位置，如图纸与实际位置有出入，应变更抗滑桩的深度。

（3）做好桩区地面截、排水及防渗，孔口地面上应加筑适当高度的围埝。

（二）实测项目

实测项目的具体内容，见表7-20。

表7-20　抗滑桩实测项目

项次	检查项目		规定值或允许偏差	检查方法和频率	权值
1	混凝土强度（MPa）		在合格标准内	按《公路工程质量检验评定标准》中附录D检查	3
2	桩长（m）		不小于设计值	测量绳：每桩检查	2
3	孔径或断面尺寸（mm）		不小于设计值	探孔器：每桩测量	2
4	桩位（mm）		100	经纬仪：每桩检查	1
5	竖直度（m）	钻孔桩	1%桩长，且不大于500	侧壁仪或吊垂线：每桩检查	1
		挖孔桩	0.5%桩长，且不大于200	吊垂线：每桩检查	
6	钢筋骨架底面高程（mm）		±50	水准仪：测每桩骨架顶面高程后反算	1

（三）外观鉴定

无破损检测桩的质量有缺陷，但经设计单位确认仍可采用时，减3分。

六、挖方边坡锚喷支护

（一）基本要求

（1）锚杆、钢筋和土工格栅的强度、数量、质量和规格，必须符合设计和有关规范的要求。

（2）混凝土及砂浆所用的水泥、石、砂、水和外掺剂，必须符合有关规范的要求，按规定的配合比施工。

（3）边坡坡度、坡面应符合设计要求。岩面应无风化、无浮石，喷射前应用水冲洗干净。

（4）钢筋应清除污锈，钢筋网与锚杆或其他锚固装置连接牢固，喷射时钢筋不得晃动。

（5）锚杆插入锚孔深度不得小于设计长度的95%，孔内砂浆应密实、饱满。

（6）喷射前做好排水设施，对漏水的空洞、缝隙应采取堵水措施，确保支护质量。

（7）钢筋、土工格栅或锚杆不得外露，混凝土不得开裂脱落。

（8）锚索非锚固段套管安装位置必须符合设计要求。

（二）实测项目

实测项目的具体内容，见表7-21。

表7-21　锚喷支护实测项目

项次	检查项目	规定值或允许偏差	检查方法和频率	权值
1	混凝土强度（MPa）	在合格标准内	按《公路工程质量检验评定标准》中附录D检查	3
2	砂浆强度（MPa）	在合格标准内	同上	3
3	锚孔深度（mm）	不小于设计值	尺量：抽查10%	1
4	锚杆（索）间距（mm）	±100	尺量：抽查10%	1
5	锚杆拔力（kN）	拔力平均值≥设计值，最小拔力≥0.9设计值	拔力试验：锚杆数1%，且不少于3根	3
6	喷层厚度（mm）	平均厚度≥设计值，60%检查点的厚度≥设计值；最小厚度≥0.5设计值，且不小于设计规定	尺量（凿孔）或雷达断面仪：每10m检查1个断面，每3m检查1点	2
7	锚索张拉应力（MPa）	符合设计要求	油压表：每索由读数反算	3
8	张拉伸长率（%）	符合设计规定；设计未规定时采用±6	尺量：每索	2
9	断丝、滑丝数	每束1根，且断面不超过钢丝总数的1%	目测：逐根（束）检查	2

（三）外观鉴定

混凝土表面密实，不得有突变；与原表面结合紧密，不应起鼓。不符合要求时，减1～3分。

第五节　砌体工程砂浆强度检测

一、回单法

（一）目的与适用范围

回弹法适用于推定烧结普通砖砌体中的砌筑砂浆强度。检测时，应用回弹仪测试砂浆表面硬度，用酚酞试剂测试砂浆碳化深度，以此两项指标换算为砂浆强度。

测位应选在承重墙的可测面上，并避开洞口及预埋件等附近的墙体。墙面上每个测位的面积宜大于 $0.3m^2$。

不适用于推定高温、长期浸水、化学侵蚀、火灾等情况下的砂浆抗压强度。

（二）测试设备的技术指标

（1）砂浆回弹仪的主要技术性能指标应符合表 7-22 的要求，其示值系统为指针直读式。

表 7-22　砂浆回弹仪技术性能指标

项目	指标	项目	指标
冲击动能（J）	0.196	弹击球面曲率半径（mm）	25
弹击锤冲程（mm）	75	在钢砧上率定平均回弹值	74±2
指针滑块的静摩擦力（N）	0.5±0.1	外形尺寸（mm）	Φ60×280

（2）砂浆回弹仪应每半年校验一次。在工程检测前后，均应对回弹仪在钢砧上做率定试验。

（三）试验步骤

（1）测位处的粉刷层、勾缝砂浆、污物等应清除干净；弹击点处的砂浆表面应仔细打磨平整，并除去浮尘。

（2）每个测位内均匀布置 12 个弹击点。选定弹击点应避开砖的边缘、气孔或松动的砂浆。相邻两弹击点的间距不应小于 20mm。

（3）在每个弹击点上，使用回弹仪连续弹击 3 次，第 1、2 次不读数，仅读记第 3 次回弹值，精确至 1 个刻度。测试过程中，回弹仪应始终处于水平状态，其轴线应垂直于砂浆表面，且不得移位。

（4）在每一测位内，选择 1 ~ 3 处灰缝，用游标尺和 1% 酚酞试剂测量砂浆碳化深度，读数应精确至 0.5mm。

（四）数据分析

（1）从每个测位的 12 个值中，分别剔除最大值、最小值，用余下的 10 个回弹值计算算术平均值，以 R 表示。

（2）每个测位的平均碳化深度应取该测位各次测量值的算术平均值，以 d 表示，精确至 0.5mm。平均碳化深度大于 3mm 时，取 3.0mm。

（3）第 i 个测区第 j 个测位的砂浆强度换算值，应根据该测位的平均回弹值和平均碳化深度值，分别按式（1）~ 式（3）计算。

① d ≤ 10mm 时：

$$f_{2ij} = 13.97 \times 10^{-5} R^{2.57} \tag{1}$$

② 10mm < d < 3.0mm 时：

$$f_{2ij} = 4.85 \times 10^{-4} R^{3.04} \tag{2}$$

③ d ≥ 3.0mm 时：

$$f_{2ij} = 6.34 \times 10^{-5} R^{3.60} \tag{3}$$

式中：f_{2ij}—第 i 个测区第 j 个测位的砂浆强度值（MPa）；

d—第 i 个测区第 j 个测位的平均碳化深度（mm）；

R—第 i 个测区第 j 个测位的平均回弹值。

（4）测区的砂浆抗压强度平均值，按式（4）计算：

$$f_{2i} = \frac{1}{n_1} \sum_{j=1}^{n_1} f_{2ij} \tag{4}$$

二、射钉法

（一）目的与适用范围

适用于推定烧结普通砖和多孔砖砌体中 M2.5 ~ M15 范围内的砌体砂浆强度。检测时，采用射钉枪将射针射入墙体的水平灰缝中，根据射钉的射入量推定砂浆强度。

每个测区的测点，在墙体两面的数量宜各半。

（二）测试设备的技术指标

（1）测试设备包括射钉、射钉器、射钉弹和游标卡尺。

（2）射钉、射钉器和射钉弹的计量性能可按下列方法配套校验。

当有下列情况之一时，应进行标准射入量的测定或校验：

①制定新的射钉测强方程式。

②使用射钉 1000 次后。

③射钉器、射钉弹和射钉的配套性能发生变化后。

④对射钉器、射钉弹或射钉的计量性能产生疑问时。

测定或校验使用的铅制标准靶，为直径约 100mm、厚度不小于 60mm 的铅制铸件，其材质应符合 $GBP_bS_b10-0.2-0.5$ 的规定。

测定或校验方法：

①从配套的同批购入的 1000 发射钉弹和 1000 枚射钉中，各抽 10 发（枚）作为测定或校验样品。

②将抽出的样品（射钉弹和射钉）随机组合，用配套的射钉器将射钉射入铅靶中，并用游标卡尺测定出每一枚射钉的射入量。

③计算平均射入量及其变异系数。

④对校验性测试，应按式（5）计算射入量相对偏差：

$$\lambda = \frac{l - l_k}{l_k} \times 100\% \tag{5}$$

式中：l_k—射钉测强方程的标准射入量（mm）；

l—校验测得的平均射入量（mm）；

λ—射入量偏差（mm）。

其校验结果应符合下列各项指标的规定：在标准靶上的平均射入量为 29.1mm；平均射入量的允许偏差为 ±5%；平均射入量的变异系数不大于 5%。

（三）试验步骤

（1）在各测区的水平灰缝上按规定标出测点位置。测点处的灰缝厚度应不小于 10mm；在洞口附近和经修补的砌体上不应布置测点。

（2）清除测点表面的覆盖层和疏松层，将砂浆表面修理平整。

（3）应事先量测射针的全长 l_1；将射钉射入测点砂浆中，并量测射钉外露部分的长度 l_2。射针的射入量应按式（6）计算：

$$l = l_1 - l_2 \tag{6}$$

对长度指标 l、l_1、l_2 的取值应精确至 0.1mm。

（4）射入砂浆中的射钉，应垂直于砌筑面且无擦靠块材的现象，否则应舍去和重新补测。

（四）数据分析

（1）测区的射钉平均射入量，按式（7）计算

$$l_i = \frac{1}{n_1} \sum_{j=1}^{n_1} l_{ij}$$

（7）

式中：l_i—第 i 个测区的射钉的平均射入量（mm）；

l_{ij}—第 i 个测区的第 j 个测点的射入量（mm）。

（2）测区的砂浆抗压强度，按式（8）计算：

$$f_{2i} = a l_i^{-b}$$

（8）

式中 a，b—射钉常数，按表 7-23 取值。

表 7-23　射钉常数

砖品种	a	b
烧结普通砖	47000	2.52
烧结多孔砖	50000	2.40

第八章　桥梁基础试验检测

第一节　地基承载力试验检测

一、荷载板试验

试验方法及步骤如下所述。

（1）在要建造墩台基础的土层挖试坑，坑底高程与基础底的设计高程相同。当在压缩层范围内有多层不同性质的土时，则应对每一土层各挖一试坑，其坑底要达到该土层的顶面（图8-1）。坑的大小应以试验人员下坑工作不发生困难为原则，且其宽度必须为荷载板宽度的3倍以上。

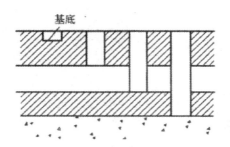

图8-1　荷载板试验的试坑

（2）试验的加载力法见图8-2所示。加载方式分两大类：一类为平台加载装置，见图8-2（a）所示，荷载（钢、铁等物）分级加在平台上；另一类是千斤顶加载装置，见图8-2（b）所示，千斤顶直接压在荷载板上，而千斤顶的反力由上面的重物承受。

（3）加载是分级进行的，视土质的坚实程度，每级荷载相当于估计的地基破坏荷载的1/10～1/15（或相应于基底压应力25～100kPa的荷载），松软的土采用较小值，坚硬的土采用较大值。刚开始加载时，荷载板沉降快，每5～15min

观测沉降量一次。1h 后，沉降迅速减缓，对砂土可每 30min 观测沉降量一次；对黏性土则可每 60min 测一次沉降量。当每一次测出的沉降量不超过 0.1mm 时。即可认为该级荷载的沉降已经稳定，便可加下一级荷载。如此逐级加荷载，直至地基达到破坏为止。

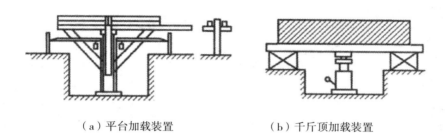

（a）平台加载装置　　　　　　（b）千斤顶加载装置

图 8-2　荷载板试验的加载方法

（4）逐级施加荷载到破坏荷载时，试验就可结束。破坏荷载有时较难确定，一般认为凡满足下列条件之一的荷载即可取为地基破坏荷载：

①荷载板的沉降量超过 40mm，且最后一级荷载施加后的沉降量比前一级的大 5 倍以上；

②最后一级荷载施加后的沉降量虽比前一级的大两倍以上，但沉降在 24h 内仍不停止；

③荷载板的沉降量虽小于 40mm，但荷载板周围的土层面上已有裂纹者。

二、静力触探试验

试验步骤的主要内容如下所述。

（1）先将探头贯入土中 15 ~ 20cm，然后提升 5cm 左右，待仪表无明显温漂后，记录初读数或将仪器调零后再正式贯入，使用自动记录仪时应选择适中的供桥电压。

（2）以（20±5）mm/s 的速度匀速贯入，每隔 0.1 ~ 0.25m 测记一次仪器读数。

（3）贯入过程中，一般每隔 2m 或贯入读数变化较大时，提升探杆 5cm 左右，测定探头不受力时仪器读数（零读数），终孔时也应测记读数。

（4）一般每隔 2 ~ 4m 核对一次贯入实际深度和记录深度。

（5）贯入过程中发生异常，如地锚拔起、探杆打滑或影响正常贯入的其他情况，应予以记录注明并加以处理。

（6）当贯入到预定深度或出现下列情况之一时，可终止试验：

①触探机的负荷达到额定荷载的 120% 时；

②探头贯入阻力达到额定荷载的 120% 时；

③探杆螺纹部分的应力超过容许强度时；

④反力装置失效时。

三、标准贯入试验

试验步骤如下所述。

（1）钻探成孔，为了保证标准贯入试验的钻孔质量，要求采用回转钻进，当钻进至试验高程以上 15cm 处时，应停止钻进，仔细清除孔内残土到试验高程。为保持孔壁稳定，必要时可用泥浆或套管护壁。在地下水位以下钻进时或遇承压含水砂层时，孔内水位或泥浆面应始终高于地下水位足够高度，否则钻孔底涌上土则会降低标准贯入试验的 $N_{63.5}$ 值。当下套管时，要防止套管下过头，套管内的土未清除，会使 $N_{63.5}$ 值增大。

（2）贯入前，先要检查探杆与贯入器接头，以保证它们之间的连接不松脱，然后将标准贯入器放入钻孔内，保持导向杆、探杆和贯入器的垂直度，以保证穿心锤中心施力，贯入器垂直打入。

（3）将贯入器打入土中 15cm，然后再将贯入器继续贯入，记录每打入 10cm 的锤击数，累计打入 30cm 的锤击数即为标准击数 $N_{63.5}$，在不致引起混淆的情况下，可简记为 N。当土层较硬时，若累计击数已达 50 击，而贯入度未达 30cm 时应终止试验，记录实际贯入度以及累计锤击数 n。

（4）拔出贯入器，取出贯入器中的土样，进行鉴别描述或进行土工试验。

重复上述步骤，进行下一深度试验。标准贯入试验可在钻孔全深度范围内等间距进行，间距为 10m 或 20m，也可根据需要仅在砂土、粉土等欲试验的土层范围内等间距进行。

第二节 钻孔灌注桩试验检测

一、成孔质量检测

（一）桩位偏差检查

基桩施工前应按设计桩位平面图落放桩的中心位置，施工结束后应检查中心位置的偏差，并应将其偏差绘制在桩位竣工平面图中，检测时可采用经纬仪对纵、横方向进行量测。桩孔中心位置的偏差要求，对于群桩不得大于100mm，单排桩不得大于50mm。当桩群中设置有斜桩时，应以水平面的偏差值计算。

（二）孔径检查

能否保证基桩的承载能力，桩径是极为关键的因素。要保证桩径满足设计要求，必须检验桩的孔径不小于设计桩径。桩孔径可用专用球形孔径仪、伞形孔径仪和声波孔壁测定仪等测定。孔径仪为伞形孔径仪，其由测头、放大器和记录仪三部分组成。测头为机械式的，测头放入测孔之前，四条测腿合拢并用弹簧锁定，测头放入孔内到达孔底时，四条测腿立即自动张开。当测头往上提升时，由于弹簧力作用，腿端部紧贴孔壁，随着孔壁凹凸不平状态相应张开或收拢，带动密封筒内的活塞杆上下移动，使四组串联滑动电阻来回滑动，将电阻变化转化为电压变化，经信号放大并记录，即可自动绘出孔壁形状而测出孔径尺寸。

（三）桩倾斜度检查

在灌注桩的施工过程中，能否确保基桩的垂直度，是衡量基桩能否有效发挥作用的一个关键因素。因此，必须认真地测定桩孔的倾斜度，一般要求对于竖直桩，其允许偏差不应超过1%，斜桩不应超过设计斜度的±2.5%。

桩倾斜度的检查可采用图8-3所示简易方法。在孔口沿钻孔直径方向设一标尺，标尺上O点与钻孔中心重合，使滑轮、标尺O点和钻孔中心在同一铅垂线上，其高度为H。穿过滑轮的测绳一端连接于用钢筋弯制的圆球（圆球直径比钻孔直径略小些），另一端通过转向滑轮用手拉住。将圆球慢慢放入钻孔中，测读测绳在标尺上的偏距e，则倾斜角 $\alpha = \arctan(e/H)$。该方法所采用的工具简单，操作方便，但测读范围以e值小于钻孔的半径为最大限度。

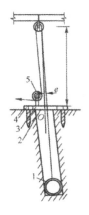

图8-3 桩的倾斜度检查

1—钢筋圆球；2—标尺；3—圆钉；4—木枋；5—导向滑轮

（四）孔底沉淀土厚度检查

测定沉淀土厚度的方法目前还不够成熟，下面介绍几种工程中已试用的方法。

1. 垂球法

垂球法是一种惯用的简易测定沉淀土厚度的方法。其将重约1kg的铜制锥体垂球，顶端系上测绳，把垂球慢慢沉入孔内，凭手感判断沉淀土顶面位置，其施工孔深和量测孔深之差值即为沉淀土厚度。

2. 阻率法

电阻率法沉淀土测定仪由测头、放大器和指示器组成。它是根据介质不同，如水、泥浆和沉淀颗粒具有不同的导电性能，由电阻阻值变化来判断沉淀土厚度。测试时将测头慢慢沉入孔中，观察表头指针的变化，当出现突变时记录深度 h_1，继续下沉测头，指针再次突变记录深度 h_2，直到测头不能下沉为止，记录深度 h_3，设施工深度为 H，各沉淀土厚度为（h_2-h_1）、（h_3-h_2）、（$H-h_3$）……。

3. 电容法

电容法沉淀土厚度测定原理是当金属两极板间距和尺寸不变时，其电容量和介质的电解率成正比关系，水、泥浆和沉淀土等介质的电解率有较明显差异，从而由电解率的变化量测定沉淀土的厚度。

二、灌注桩完整性检测

（一）现场检测及注意事项

现场检测及注意事项如下所述。

（1）被测桩应凿去浮浆，桩头平整。

（2）检测前应对仪器设备进行检查，性能正常方可使用。

（3）每个检测工地均应进行激振方式和接收条件的选择试验，确定最佳激振方式和接收条件。

（4）激振点宜选择在桩头中心部位，传感器应稳固地安置在桩头上，对于大直径的桩可安置两个或多个传感器。

（5）当随机干扰较大时，可采用信号增强方式，进行多次重复激振与接收。

（6）为提高检测的分辨率，应使用小能量激振，并选用高截止频率的传感器和放大器。

（7）判别桩身浅部缺陷，可同时采用横向激振和水平速度型传感器接收，进行辅助判定。

（8）每一根被检测的单桩均应进行二次及以上重复测试。出现异常波形应在现场及时研究，排除影响测试的不良因素后再重复测试。重复测试的波形与原波形具有相似性。

（二）机械阻抗法

现场检测及注意事项如下所述。

（1）桩的振动响应测试点应按下列原则布置：

在桥梁桩基础测试中，可布置1个测点；当布置2个测点时，其测点应位于顺流向的两侧；当布置4个测点时，应在顺流向的两侧和顺桥纵轴方向两侧各布置2个测点。

（2）激振力应位于桩头顶面正中，采用半刚性悬挂时，则粘贴在桩头顶面中心的钢板必须保持水平。

（3）现场测试应按下列步骤进行：

①安装全部测试设备，并应确认各项仪器装置处于正常工作状态；

②在测试前应正确选定仪器系统的各项工作参数，使仪器在设定的状态下进行试验；

③在瞬态激振试验中，重复测试的次数应大于4次；

④在测试过程中应观察各设备的工作状态，当全部设备均处于正常状态，则该次测试有效。

（三）动力参数法

现场检测及注意事项如下所述。

（1）清除桩顶浮浆及破碎部分，桩顶中心部分应凿平，并用黏结剂（如环氧树脂）粘贴一块钢垫块，待其固化后方可施测。

（2）传感器应使用黏结剂（如烧石膏）或采用磁性底座竖向固定在桩顶，预先粘于冲击点与桩身钢筋之间的小钢板上。

（3）将导杆拖入钢垫板的盲孔中，按选定的穿心锤质量（W_0）及落距（H）提起穿心锤任其自由下落，并在撞击垫板后自由回弹再自由下落，以完成一次测试，加以记录，宜重复测试三次，以资比较。

（4）每次激振后，应通过屏幕观察波形是否正常，要求出现清晰而完整的第一次及第二次冲击振动波形；并要求第一次冲击振动波形的振幅值基本保持一致，当不能满足上述要求时，应改变冲击能量，确认波形合格后方可进行记录。

（四）水电效应法

现场检测及注意事项如下所述：

（1）首先平整桩顶面，对于钻孔灌注桩尚需凿去浮浆层，再在桩顶安放一盛水管，管高1m左右，内径可略小于或略大于桩径，管材可选钢筋混凝土（壁厚约 70mm）、钢管（壁厚约 12mm）或砖砌。

（2）管内盛水深 0.8 ~ 1.0mm，水中不应夹杂泥砂等污物，并保证水管与桩顶连接紧密，无渗漏水现象。

（3）在管顶水平横置一杆，悬吊高压放电电极和水听器，并用直尺检查放电电极及水听器的放置位置是否合乎要求，高压放电电极放电时，周围液体发生瞬间热膨胀而形成巨大的冲击波，从而激起桩振动。

（4）水听器接收的信号由记录仪记录下来，再将信号回放，经过快速傅里叶变换处理成为频谱曲线，再根据频谱曲线的线形和特征判断桩身质量及单桩的承载力。

（五）超声脉冲法

现场检测及注意事项如下所述。

（1）该法在检测时需在灌注桩内预埋若干根声测管作为检测通道，声测管宜采用钢管、塑料管或钢质波纹管，其内径宜为 50 ~ 60mm。

（2）将发射探头和接收探头置于声测管中，管内充满清水作为耦合剂，然后通过脉冲信号发生器发生一系列周期性电脉冲，由发射探头将其转换为超声脉冲，穿过待测桩体的混凝土，由接收探头接收，再转换回电信号。

（3）仪器中测量系统测出超声脉冲穿过混凝土所需的时间、接收波幅值、接收脉冲主频率，接收波波形及频谱等参数。

（4）通过数据处理系统，对接收信号的各种参数进行综合判断和分析，确定出混凝土中各种内部缺陷的性质、大小和位置等，并给出混凝土总体均匀性和强度等级评价指标。

（六）钻芯法

现场检测及注意事项如下所述。

（1）用岩芯钻具从桩顶沿桩身直至桩尖下 1.5 倍桩径处钻孔，岩芯直径有 55mm、71mm、91mm 和 100mm 几种，钻进过程，钻头和芯样筒在一定外加压力下同时旋转，使芯样周围磨出一道沟槽，压力水进入芯管和钻头，通过循环水将岩屑带出孔外。

（2）取出的芯样应在样品箱中沿深度编号摆好，岔口对上，以便检验。

（3）强度试样的试件宜采用锯切法，芯样必须有夹紧装置固定，用小型锯切机切割，若没有夹紧装置而只用手扶芯样切割的，则难以保证锯切质量。抗压试件端面平整度及垂直度要求很高，可用研磨或补平方法解决，芯样强度应换算成相应于测试龄期的、边长为 150mm 立方体试块的抗压强度值。

第三节　基桩承载力检测

一、基桩静荷载试验

（一）静压试验

1．加载方法

（1）加载重心应与试桩轴线相一致。加载时应分级进行，使荷载传递均匀，无冲击。加载过程中，应不使荷载超过每级的规定值。

（2）加载分级：每级加载量为预估最大荷载的 1/15 ~ 1/10。当桩的下端埋入巨粒土、粗粒土以及坚硬的黏质土中时，第一级可按 2 倍的分级荷载加载。

（3）预估最大荷载：对施工检验性试验，一般可采用设计荷载的 2 倍。

2．沉降观测

（1）下沉未达稳定不得进行下一级加载。

（2）每级加载的观测时间规定为：每级加载完毕后，每隔 15min 观测一次；累计 1h 后，每隔 30min 观测一次。

3．稳定标准

每级加载下沉量，在下列时间内如不大于 0.1mm 时即可认为稳定：

（1）桩端下为巨粒土、砂类土、坚硬黏质土，最后 30min；

（2）桩端下为半坚硬和细粒土，最后 1h。

4．加载终止条件

（1）总位移量大于或等于 40mm，本级荷载的下沉量大于或等于前一级荷载的下沉量的 5 倍时，加载即可终止。取此终止时荷载小一级的荷载为极限荷载。

（2）总位移量大于或等于 40mm，本级荷载加上后 24h 未达稳定，加载即可终止。取此终止时荷载小一级的荷载为极限荷载。

（3）巨粒土、密实砂类土以及坚硬的黏质土中，总下沉量小于 40mm，但荷载已大于或等于设计荷载乘以设计规定的安全系数，加载即可终止。取此时的荷载为极限荷载。

（4）施工过程中的检验件试验，一般加载应继续到桩的 2 倍的设计荷载为止。如果桩的总沉降量不超过 40mm，及最后一级加载引起的沉降不超过前一级加载引起的沉降量 5 倍，则该桩可以予以检验。

5．确定基桩竖向静压承载力

极限荷载的确定有时比较困难，应绘制荷载—沉降曲线（p–s 曲线）、沉降—时间曲线（s–t 曲线）确定，必要时还应绘制 s–lgt 曲线、s–lgP 曲线（单对数法）、s–[1–P/P$_{max}$] 曲线（百分率法）等综合比较，确定比较合理的极限荷载取值。

6．桩的卸载及回弹量观测

（1）卸载应分级进行，每级卸载量为两个加载级的荷载值，每级荷载卸载后，应观测桩顶的回弹量，观测办法与沉降观测相同。直到回弹稳定后，再卸下一级荷载。回弹稳定标准与下沉稳定标准相同。

（2）卸载到零后，至少在 2h 内每 30min 观测一次，如果桩尖下为砂类土，则开始 30min 内每 15min 观测一次；如果桩尖下为黏质土，则每小时内每隔 15min 观测一次。

（二）静拔试验

1．加载方法

一般采用慢速维持荷载法进行。施加的静拔力必须作用于桩的中轴线，加载应均匀、无冲击。每级加载量不大于预计最大荷载的 1/15 ～ 1/10。

2．位移观测

可按静压试验中沉降观测规定进行。

3．稳定标准

位移量小于或等于 0.1mm/h，即可认为稳定。

4．加载终止条件

勘测设计阶段，总位移大于或等于 25mm，加载即可终止，施工阶段，加载不应大于设计容许抗拔荷载。

5．确定基桩竖向抗拔静载力

（1）绘制单桩竖向抗拔静载试验上拔荷载（U）和上拔量（δ）之间的 U–δ 曲线以及 δ–lgt 曲线；

（2）对于陡变形 U–δ 曲线，取陡升起始点荷载为极限承载力，对于缓变形 U–δ 曲线，根据上拔量和 δ–lgt 曲线变化综合判定，一般取 δ–lgt 曲线显著弯曲的前一级荷载为极限承载力。当在某级荷载下抗拔钢筋断裂时，取其前一级荷载值。

（3）当进行桩身应力、应变量测时，还应根据量测结果整理出有关表格，绘制桩身应力、桩侧阻力随桩顶上拔荷载的变化曲线；必要时绘制桩土相对位移曲线，以了解不同入土深度对抗拔桩破坏特征的影响。

（三）静推试验

1．多循环加卸载试验法

（1）加载分级：可按预计最大试验荷载的 1/15 ~ 1/10，一般可采用 5 ~ 10kN，过软的土可采用 2kN 级差。

（2）加载程序与位移观测：各级荷载施加后，恒载 4min 测读水平位移，然后卸载至零，2min 后测读残余水平位移，至此完成一个加载循序，如此循环 5 次，便完成一级荷载的试验观测。加载时间应尽量缩短，测量位移间隔时间应严格准确，试验不得中途停歇。

（3）加载终止条件，当出现下列情况之一时即可终止加载：

①桩顶水平位移超过 20 ~ 30mm（软土取 40mm）；

②桩身已经断裂；

③桩侧地表出现明显裂纹或隆起。

2．单循环加载试验法

（1）加载分级与多循环加卸载试验方法相同；

（2）加载后测读位移量与静压试验测读的方法相同；

（3）静推稳定标准：如位移量小于或等于 0.05mm/h，可认为稳定；

（4）终止加载条件：勘测设计阶段的试验，水平力作用点处位移量大于或等于 50mm，加载即可终止；施工检验性试验，加载不应超过设计的容许荷载。

二、高应变动力检测法

（一）CASE 法（凯斯法）

检测方法如下所述。

（1）处理桩头：对灌注桩，应清除桩头的松散混凝土，并将桩头修理平整；对于桩头严重破损的预制桩，应用掺早强剂的高强度等级混凝土修补，当修补的混凝土达到规定强度时，才可以进行测试；对桩头出现变形的钢桩也应进行必要的修复和处理。也可在设计时采取下列措施：桩头主筋应全部直通桩底混凝土保护层之下，各主筋应在同一保护层之下，或者在距桩顶一倍桩径范围内，宜用 3 ~ 5mm 厚的钢板包裹，距桩顶 1.5 倍的桩径范围内可设措施筋，箍筋间距不宜大于 150mm。桩顶应设置钢筋网片 2 ~ 3 层，间距 60 ~ 100mm。进行测试的桩应达到桩头顶面水平、平整，桩头中轴线与桩身中轴线重合，桩头截面积与桩身截面积相等等要求。桩顶应设置桩垫，桩垫可用木板、胶合板和纤维板等均质材料制成，在使用过程中应根据现场情况及时更换。

（2）安装传感器：为了减少试验过程中可能出现的偏心锤击对试验结果的影

响，试验时必须对称地安装应变传感器和加速度传感器各两只。

（3）设定现场检测参数：这些参数包括桩长、桩径、桩身的纵波波速值、桩身材料的重度和桩身材料的弹性模量。这些参数可按下面的方法确定。

①对于预制桩可采用建设或施工单位提供的实际桩长和桩截面面积作为设定值，对于灌注桩可按建设或施工单位提供的完整施工记录确定；

②对于钢桩，纵波波速值可设定为 5120m/s；对于混凝土预制桩，可在打入前实测桩身纵波波速作为设定值或者根据桩身混凝土强度等级估算出纵波波速值作为设定值；对于混凝土灌注桩，可根据反射波法测定桩身的纵波波速值作为设定值或者根据桩身混凝土强度等级确定纵波波速值作为设定值；

③对于混凝土预制桩，重度可取为 24.5 ～ 25.5kN/m³；对于钢桩，重度可取为 78.5kN/m³。

④桩身材料的弹性模量可按下式计算：

$$E = \rho C^2 \qquad\qquad (1)$$

式中：E—桩身混凝土弹性模量，MPa；

p—桩身混凝土密度，kg/m³；

C—应力波传播的相速度，m/s。

（二）实测曲线拟合法

1. 适用范围

实测曲线拟合法和 Case 法（凯斯法）的现场测试方法和测试系统完全相同，CASE 法由于分析较为简单，可在现场提交结果，因而也称波动方程实时分析法；而实测曲线拟合法因要进行大量拟合反演运算，一般只能在室内进行。

2. 检测原理

实测曲线拟合法中典型的代表是 Capwapc 法，它是高应变动力试桩中较为常用的方法。它是以波动方程解为基础，主要是将理论计算所得力波 F（t）与速度波 u（t），通过调整土阻力大小与分布及各参数值，来与实测力波与速度波拟合以提供承载力。

3. 拟合规定

（1）实测曲线拟合法所采用的力学模型宜符合下列规定：

①土的力学模型能反映土的实际应力应变性状；

②桩的力学模型能反映桩的实际性状，可采用一维弹性模型。

（2）采用实测曲线拟合法分析计算时应符合下列规定：

①可用实测的速度、力和上行波的其中之一作为边界条件进行拟合；

②曲线拟合时间段长度，不应少于 5L/C，并在 2L/C 时刻后延续时间不应小于 20ms；

③拟合分析选定的参数，必须在岩土工程的合理范围之内。各单元所选用的土的最大弹性位移 S 值不得超过相应桩单元的最大计算位移值；

④拟合完成时应使计算曲线与实测曲线吻合良好；

⑤贯入度的计算值应与实测值吻合良好。

4．分析拟合的步骤

（1）应按照相关规定，正确选取信号，确定平均波速。

（2）根据工程地质勘察报告和施工记录，假定桩和土的力学模型及其模型参数。

（3）利用实测的速度（或力、上行波、下行波）曲线作为输入的边界条件，通过波动方程数学求解，反算桩的力（或速度、下行波、上行波）曲线。

（4）如果计算的曲线与实测的曲线不吻合，说明假设的模型及参数不合理，有针对地调整桩土模型及参数。具体方法如下。

①第一时间段（从冲击脉冲开始到 2L/C 时刻止）主要提供阻力分布信息。在 Quake 值和阻尼值一定的情况下，第一个 2i/C 时段的拟合仅需调整阻力分布。

②第二时间段（以第一段终止点为起点，到 t_r+3ms）中长度 t_r 为冲击波的上升时间，该区段的波主要用于修正桩尖阻力和总阻力（包括静阻力和动阻力）。

③第三时间段（以第一段终点为起点，到 t_r+5ms）的波，主要用于修正阻尼系数。

④第四时间段（以第二时间段终点为起点，区段长度为 20ms）的波主要用于修正土的卸载性质。

（5）再计算，直至计算曲线与实测曲线的吻合程度良好，且难以进一步改善为止。

（6）最后，也应使贯入度的计算值与实测值吻合良好。

经过多次拟合，最终得到桩身剖面形状、土参数分布（如土阻沿桩身分布）和根据桩土参数进行静力分析模拟出的静荷载 – 沉降曲线。此外，由于求解是对整个波动过程进行的，因而还能给出桩身任一深度处的动力学和运动学参量随时间的变化。

第四节　沉井下沉检测

一、沉井侧面摩阻力检测

（一）试验目的

沉井侧面摩阻力检测的目的，就是求算实际沉降系数，从而进一步改善沉井结构及施工工艺。

（二）检测原理

沉井下沉过程中沉井侧面摩阻力现场检测，主要是通过检测沉井下沉过程中沉井侧面摩阻力的动态变化过程，进而求得沉井的沉降系数。

对于钢筋混凝土沉井，其内力或轴力，通常可通过测定井壁受力钢筋的应力，然后根据钢筋与混凝土共同作用、变形协调条件反算得到。钢筋应力一般是通过在受力钢筋中串联连接的钢弦式钢筋计测定。这里只将其有关原理和在沉井侧面摩阻力检测中的应用作以简单说明。根据弦的振动微分方程，可推导出钢弦式传感器中钢弦应力与振动频率的关系：

$$f = \frac{1}{2L}\sqrt{\frac{\sigma}{p}} \tag{2}$$

式中：f—钢弦振动频率，Hz；

L—钢弦长度，m；

p—钢弦的密度，kg/m^3；

σ—钢弦所受的张拉应力，Pa。

钢弦式钢筋计的工作原理是，当其外壳钢管受轴力作用后，引起钢弦张力变化，从而改变其自振频率，由频率仪测得钢弦频率变化，通过标定曲线即可计算得到钢筋所受应力大小。另外，就钢筋混凝土沉井井壁而言，其轴力大小可根据钢筋与混凝土的变形协调假定求算，其算式如下：

$$P_c = \frac{E_c}{E_t}\sigma_t(A - A_t) \tag{3}$$

式中：P_c—轴力，kN；

E_c、E_t—混凝土和钢筋的弹性模量，MPa；

σ_t—检测所得钢筋应力，MPa；

A，A_t—沉井井壁截面面积和钢筋截面面积，$0.1cm^2$。

按上式进行轴力换算时，沉井井壁混凝土浇筑初期应计入混凝土龄期对弹性模量的影响，在现场温度变化幅度较大季节，也需注意较剧烈温差变化对检测数据的影响。钢弦式压力盒与钢弦式钢筋计一样，构造简单、测试结果比较稳定、受温度影响小、易于防潮，可作长期观测；其缺点是灵敏度受压力盒尺寸的限制。

对于式（1），当压力盒型号选择后，L、p为定值，所以，钢弦频率只取决于钢弦上的张拉应力，而钢弦上产生的张拉应力又取决于外来压力P，从而使钢弦频率与薄膜所受压力P的关系如下：

$$f^2 - f_0^2 = kP \qquad (4)$$

式中：f—压力盒受压后钢弦的频率，Hz；

f_0—压力盒未受压时钢弦的频率，Hz；

P—压力盒底部薄膜所受的压力，kN；

k—标定系数，与压力盒构造等有关，各压力盒各不相同。

（三）试验步骤

（1）标定仪具。对于钢筋计和压力盒这类现场检测工作所用的传感器，在使用前都应在室内进行标定。其标定目的是通过试验建立传感器输入量与输出量之间的关系，即求出传感器的输出特性曲线（又称标定曲线）。为此，应做到以下几点：传感器标定应尽量在与其使用条件相似的状态下进行；为减小标定中的偶然误差，应增加重复标定的次数和提高测试精度；在被测定的变化频率较小时，静标定造成的误差可以忽略，所以只做静标定。

实际检测中，钢筋计的标定是在材料试验机上进行的，方法是使钢筋计处于不同数值之拉（或压）状态，同时记录其钢弦频率值，标数次直到读数稳定为止。绘出应力（拉、压）–频率标定曲线。压力盒的标定，一般是将压力盒放入能密封的压力罐中进行。罐内置油或水为介质，分不同压力值作阶段加压，同时读出钢弦频率的变化值，重复数次直至数值稳定为止，然后绘出应力–频率曲线。标定工作关系到检测数据的正确性，工作一定要认真、细致；条件许可时还可做些不同环境温度和使用条件下的修正试验，以提高检测精度。另外，测定频率的频率仪也应规定在使用前或每半年标定一次。

（2）安装测具。钢筋计的安装布置及安装数量，应根据检测的需要决定，但应考虑有备用量。钢筋计应考虑安设在受力情况比较单一（如轴向拉、压或纯弯曲）的部位，以减少分析中的困难。当然，钢筋计布置的数量愈多，测点愈密，数据愈准确，但成本也愈大。在沉井正面阻力现场检测中，所用的测具主要是压力盒。

（3）由埋设在沉井井壁中不同高度上的钢筋计和土压力盒，当沉井下沉至不同深度时，现场实测钢筋计和压力盒的测值变化，求算侧面摩阻力值。

（4）由沉井刃脚踏面安设的土压力盒，测出正面阻力，亦可求得沉井下沉时的综合侧面摩阻力值。因这两项检测都能分别实测得到侧面摩阻力值，故能起到两者相互校核的作用。

二、沉井正面阻力检测

（一）试验目的

沉井下沉时，根据沉井刃脚正面阻力检测可了解沉井下沉过程中沉井刃脚支承情况和正面阻力的变化，从而进一步改善沉井结构设计及下沉工艺。

（二）检测原理

在沉井下沉各阶段除进行上节所述沉井侧面摩阻力检测外，还应利用刃脚上埋设的土压力盒测量土对沉井刃脚的单位正面阻力；再根据同时量测出的刃脚处支承面积，其与土压力盒测得的单位正面阻力之积即为总正面阻力；最后，用沉井重力（扣除浮力）减去总正面阻力，可得到相应的总侧摩擦力。

（三）试验步骤

（1）选择测具：由于钢弦式土压力盒耐久性好，能适应沉井下沉时各种复杂条件，虽其精度相对较差，但在目前沉井下沉正面阻力检测中，仍多用此种土压盒。因正面阻力检测中的土压力盒是典型的埋入式传感器，根据检测经验，可按以下几点选择压力盒结构参数。

①压力盒的外形尺寸应满足厚度与直径之比为 0.1 ～ 2；一般情况下，压力盒直径应大于土颗粒直径的 50 倍，当土介质很密实且具有较好的连续性时，敏感膜直径可以小于上述值。目前，国内外土压盒直径在 20 ～ 900mm 之间，可根据沉井下沉处土质情况选择采用。

②敏感膜直径与外径之比，一般选择大于 0.32，以减小压力盒的埋置误差。

③压力盒的等效变形模量与土介质变形模量之比应大于 5 ～ 10，以减小压力盒与土介质之间的不匹配误差。

④应使土压力盒的质量与它所取代的土体质量相等而达到质量匹配。

最后，在土压盒选择时，应尽量选取刚度大、外形扁、尺寸适中、性能可靠、量程合适，并能满足高、低频特性的压力盒，不必盲目追求高精度，要注意其稳定性和经济性。

（2）测具埋设：土压力盒埋设时，最好加装有沥青囊，以扩大其受力面积，提高检测精度。在沉井正面阻力检测中，压力盒的安装埋设方法是：把刃脚角钢割开一个与压力盒外径相同的圆孔，然后将压力盒镶嵌其上，并使量测敏感膜与刃脚角钢底面在同一平面上。一般情况只需在其侧后面用短钢筋将其沥青囊固定即可。

（3）测量读数：目前，钢弦式土压力盒的实测测读，多是采用配套的频率仪单点手动测量。测读时，只要将土压力盒的两根引出线与频率仪的两根引出线分别相连，读出土压力盒钢弦的振动频率，再根据预先标定好的频率－应力曲线，BP 可推算土压力。

当然，沉井下沉过程正面阻力的检测工作应与沉井下沉同步进行。在土压力盒埋设后，首先测取初读数；沉井下沉过程中，需对每天和每个施工过程进行数据检测。当测试数据变化较大时，检测次数适当增加；而测试数据较稳定时，检测次数可适当减少。

当然，沉井下沉中不论是侧面摩阻力检测还是正面阻力检测，检测频度都是根据沉井下沉深度和不同施工阶段而定的。一般情况下，采用下沉期内每下沉 0.5m 测读一次（每次，每个压力盒分别测读 2 个读数，其误差应小于规定值）的方法测定。另外，对特殊施工阶段，如焊接钢筋和各节混凝土灌注前后都要分别测读。而检测数据测读的时间，应该控制在沉井即将下沉的一瞬间，因为只有此时才能检测到沉井井壁最大侧面摩阻力值。在检测的同时，还要记录下当时沉井刃脚与地层接触面积、沉井偏斜值、沉井下沉深度、土质情况、井内水位，以及气温等边界条件。因为这些资料在分析沉井下沉时土阻力值是十分必要的。

（四）资料分析

由于各种原因，现场沉井下沉正面阻力检测所得的原始数据，都有一定的离散性，必须进行误差分析、回归分析和归纳整理等去粗存精的分析处理后，才能很好地释解检测结果的含义，进而可充分地利用检测分析的成果。总之，检测数据分析中数学处理的目的就是验证、反馈和预报，即：将各种检测数据相互印证，以确认正面阻力检测结果的可靠性；探求沉井刃脚土阻力应力状态、分布规律，以便提供反馈，使沉井的设计和下沉工艺更合理；检测和监视沉井下沉过程中土阻力随时间的变化情况，也可对沉井下沉的最终值和变化速率进行预测和预报。

第九章　桥梁的常规检查

第一节　经常检查

桥梁的经常检查：主要指对桥面设施、上部结构、下部结构及附属构造物的技术状况进行的检查。

桥梁定期检查的时间应符合下列规定。

（1）经常检查的周期根据桥梁技术状况而定，一般每月不少于一次，汛期应加强不定期检查。

（2）经常检查主要由路段检查人员或桥工班或护桥人员进行扫视检查，采用目测方法，也可配以简单工具进行测量，当场填写"桥梁经常检查记录表"，现场要登记所检查项目的缺损类型，估计缺损范围及养护工作量，提出相应的小修保养措施，为编制辖区内的桥梁养护（小修保养）计划提供依据。

经常检查的目的是确保结构功能正常，使结构能得到及时的养护和小修保养或紧急处理，其中如果发现桥梁重要部件存在明显缺损时，应及时向上级提交专项报告。

经常检查一般包括以下内容。

（1）外观是否整洁，有无杂物堆积，杂草蔓生。构件表面的涂装层是否完好，有无损坏、老化变色、开裂、起皮、剥落、锈迹。

（2）桥面铺装是否平整，有无裂缝、局部坑槽、积水、沉陷、波浪、碎边；混凝土桥面是否有剥落、渗漏，钢筋是否漏筋、锈蚀，缝料是否老化、损坏，桥头有无跳车。

（3）排水设施是否良好，桥面泄水管是否堵塞和破损。

（4）伸缩缝是否堵塞卡死，连接部件有无松动、脱落、局部破损。

（5）人行道、缘石、栏杆、扶手、防撞护栏和引道护栏柱有无撞坏、断裂、松动、错位、缺件、剥落、锈蚀等。

（6）观察桥梁结构有无异常变形，异常的竖向振动、横向摆动等情况，然后检查各部件的技术状况，查找异常原因。

（7）支座是否有明显缺陷，活动支座是否灵活，位移量是否正常。支座的经常检查，一般可以每季度一次。

（8）桥位区段河床冲淤变化情况。

（9）基础是否受到冲刷损坏、外露、悬空、下沉，墩台及基础是否受到生物腐蚀。

（10）墩台是否受到船只或漂浮物撞击而受损。

（11）翼墙（侧墙，耳墙）有无开裂、倾斜、滑移、沉降、风化剥落和异常变形。

（12）锥坡、护坡、调治构造物有无塌陷，铺砌面有无缺陷、勾缝脱落、灌木杂草丛生。

（13）交通信号、标志、标线、照明设施以及桥梁其他附属设施是否完好。

（14）其他显而易见的损坏或病害。

其具体检查方式参见定期检查中相关的具体内容。

第二节　定期检查

一、基础内容

桥梁的定期检查：主要是对桥梁主体结构及其附属构造物的技术状况进行的全面检查，并为桥梁养护管理系统搜集结构技术状态的动态数据。

桥梁定期检查的时间应符合下列规定。

（1）定期检查周期根据技术状况确定，最长不得超过三年。新建桥梁交付使用一年后，进行第一次全面检查。临时桥梁每年检查不少于一次。

（2）在经常检查中发现重要部（构）件的缺损明显达到三、四、五类技术状况时，应立即安排一次定期检查。

定期检查通常由具有一定检查经验并受过专门桥梁检查培训以及熟悉桥梁设计、施工等方面知识的检查工程师，按照规定周期，对桥梁主体结构及其附属构造物的技术状况进行定期跟踪的全面检查。以目测观察结合仪器观测进行，必须接近各部件仔细检查其缺损情况。

定期检查的目的是通过对结构物进行彻底的、视觉的和系统的检查，建立结构管理和养护档案，对结构的缺损状况作出评估，评定结构构件和整体结构的技术状况，确定改进工作和特别检查之需求，并确定结构维修、加固或更换的优先排序。

定期检查的主要工作包括如下内容：

（1）现场校核桥梁基本数据；

（2）当场填写"桥梁定期检查记录表"，记录各部件缺损状况并作出技术状况评分；

（3）实地判断缺损原因，确定维修范围及方式；

（4）对难以判断损坏原因和程度的部件，提出特殊检查（专门检查）的要求；

（5）对损坏严重、危及安全运行的危桥，提出限制交通或改建的建议；

（6）根据桥梁的技术状况，确定下次检查时间。

此外，定期检查还应对特大桥、大型桥梁的控制进行检测，主要包括如下工作。

（1）设立永久性观测点，定期进行控制检测。控制检测的项目及永久性观测点见表9-1所示。特大型桥梁或特殊桥梁还可根据养护、管理的需要，增加相应的控制检测项目。

表9-1 各类桥面铺装构造一览表

	检测项目	观测点
1	墩、台身、索塔、锚碇的高程	墩、台身底部（距地面或常水位0.5～2m）、桥台侧墙尾部顶面和锚碇的上下游各1～2点
2	墩、台身、索塔倾斜度	墩、台身底部（距地面或常水位0.5～2m）的上下游两侧各1～2点
3	桥面高程	沿车道两边（靠缘石处），按每孔跨中、L/4、支点等不少于5个位置（10个点），测点应固定于桥面板上
4	拱桥桥台、悬索桥锚碇水平位移	拱座、锚碇的上下游两侧各1点
5	悬索桥索卡滑移	索卡处设1点

（2）新建桥梁交付使用前，公路管理机构应事先要求桥梁建设单位在竣工时设置便于检测的永久性观测点：大桥、特大桥必须设置永久性观测点。测点的编号、位置（距离、高程和地物特征）和竣工测量数据，均应在竣工图上标明，作为验收文件中必要的竣工资料予以归档。

（3）应设而没有设置永久性观测点的桥梁，应在定期检查时按规定补设。测点的布设和首次检测的时间及检测数据等，应按竣工资料的要求予以归档。

（4）桥梁主体结构维修、加固或改建前后，必须进行控制测量，以保持观测资料的连续性。

若控制点有变动，应及时检测，建立基准数据。

（5）桥梁永久性观测点的设置要牢固可靠，当永久控制测点与国家大地测量网联络有困难时，可建立相对独立的基准测量系统。

（6）特大、大、中桥墩（台）旁，必要时可设置水尺或标志，以观测水位和冲刷情况。

二、桥面设施检查

（一）桥面铺装层

桥面铺装层是车辆直接作用的部分，它的主要功能有以下几个：防止桥面板受车辆轮胎或履带的直接磨耗；保护主梁免受雨水侵蚀；分布车轮荷载。因此，桥面铺装层质量的好坏直接影响着行车的舒适、畅通与安全。

1. 桥面铺装层常用形式及构造

目前，桥面铺装层常用形式主要有沥青混凝土铺装和水泥混凝土铺装两种。随着科学技术的发展，最近几年出现了钢纤维混凝土铺装及改性沥青与 SMA 铺装层。

各类型的桥面铺装层的构造如表 9-2 所示。

表9-2 各类桥面铺装构造一览表

桥面铺装形式	桥面铺装组成
沥青混凝土桥面铺装	沥青混凝土、混凝土保护层、钢筋网、防水层、混凝土整平层
水泥混凝土桥面铺装	水泥混凝土、钢筋网、防水层、混凝土整平层
钢纤维混凝土桥面铺装	钢纤维混凝土、钢筋网、防水层、混凝土整平层
改性沥青与SMA桥面铺装	铺装层上面层、黏油层、铺装层下面层、黏油层、防水层、黏结层、钢板防锈层（钢桥面）

常用的改性沥青可分为两类：合成橡胶类和塑性体类。SMA 是一种由沥青、纤维稳定剂、矿粉及少量的细集料组成的沥青玛蹄脂填充间断级配的粗集料骨架间隙而组成的沥青混合料。

2. 桥面铺装层的常见缺陷及检查要点

针对不同类型的桥面铺装层，其常见缺陷及检查要点见表 9-3。

表9-3 各类桥面铺装层常见缺陷及检查要点

桥面铺装形式	常见缺陷	常见缺陷成因分析	检查要点
沥青混凝土桥面铺装	纵裂、横裂、龟裂	施工不当，基层裂缝反射	铺装是否平整，有无跳车现象；是否龟裂；是否松散露骨；是否有车辙、推移波浪等
	老化开裂	沥青材质不良	
	收缩开裂	温度引起的拉应力超过材料的抗拉强度	
	车辙（推移波浪）	在汽车荷载的重复作用下，进一步压实铺装层，使沥青层中材料产生侧向位移而形成的永久变形。一般热稳定性差的面层材料，车辙比较明显	
	磨光、剥落、松散、坑槽	面层混合材料不良，主要是石料的抗磨性能不好，石料与沥青的黏附力不良，碾压不足等	
水泥混凝土桥面铺装	表面裂缝、表面磨耗、露骨、坑槽等	水泥混凝土桥面铺装的常见缺陷中以裂缝最为常见，其主要产生原因是施工过程养护不当、温度应力、材料中的碱—集料反应等	铺装是否平整、是否有裂缝、是否有露骨，关键检测是否存在大面积裂缝或局部裂缝
钢纤维混凝土桥面铺装	表面龟裂网裂、纵裂、横裂）、脱皮或局部破损露骨，表面磨损等	—	表面是否平整，是否有龟裂，表面是否磨耗呈平滑状；此外还要观测铺装层下的排水效果
改性沥青与SMA桥面铺装	车辙、横向变形	—	是否有坑槽、纵裂、横裂、网裂、车辙、松散、不平、磨耗

3．沥青铺装层定期检查要点

对沥青铺装层应观察其是否平整，有无跳车现象；是否有龟裂，是否有松散、露骨，即桥面是否出现锯齿状的粗糙状态；是否有车辙、推移、波浪等现象。同时还要对桥面的平整度、抗滑性能等作相应的检测。

（1）桥面铺装层裂缝的检测

裂缝的长度和宽度可以用直尺进行量测。

（2）桥面铺装层平整度的检测

对于平整度的检测常用的检测方法有 3m 直尺法及连续式平整度仪法。

（3）桥面铺装层车辙的检测

对于桥面铺装层车辙的检测采用的是路面横断面仪或路面横断面尺，来测试沥青路面的车辙情况。

（4）桥面铺装层抗滑性能检测

抗滑性能是指车辆在制动时轮胎沿表面滑动所产生的力。通常抗滑性能被看作是桥面的表面特性，并用轮胎与桥面间的摩阻系数来表示。表面特性通常包括桥面细构造和粗构造。影响抗滑性能的因素有桥面表面特性、桥面潮湿程度和行车速度。检测可以采用构造深度测试法（手工铺砂法、电动铺砂法）、摆式仪法、横向力系统测试法等。

4. 水泥铺装层定期检查要点

对水泥混凝土铺装层应观察其是否平整，是否有裂缝，是否有露骨等现象。其中最关键的是要观察是否有大面积裂缝或局部裂缝（错台）。同时还要对桥面的平整度、抗滑性能等作相应的检测。

（1）桥面铺装层裂缝的检测

裂缝的长度和宽度可以用直尺进行量测。

（2）桥面铺装层平整度的检测

对于水泥混凝土铺装层平整度的检测方法和沥青铺装层一样可以采用 3m 直尺法及连续式平整度仪法。

（3）桥面铺装抗滑性能检测

水泥混凝土铺装层的抗滑性能检测和沥青铺装层一样可以采用构造深度测试法（手工铺砂法、电动铺砂法）、摆式仪法、横向力系统测试法等。

5. 钢纤维铺装层定期检查要点

对于钢纤维混凝土铺装层的定期检查应观察其表面是否平整，是否有龟裂，表面是否脱皮或局部破损露骨，表面是否磨耗呈平滑状态；还应观察铺装层下的排水效果，一旦铺装层下积水，将会影响铺装层本身的使用寿命；同时还要对桥面的平整度、抗滑性能等作相应的检测。

（1）桥面铺装层裂缝的检测

裂缝的长度和宽度可以用直尺进行量测。

（2）桥面铺装层平整度的检测

对于钢纤维混凝土铺装层平整度的检测方法和沥青铺装层一样可以采用 3m 直尺法及连续式平整度仪法。

（3）桥面铺装抗滑性能检测

钢纤维混凝土铺装层的抗滑性能检测和沥青铺装层一样，可以采用构造深度测试法（手工铺砂法、电动铺砂法）、摆式仪法、横向力系统测试法等。

6. 改性沥青混凝土铺装层定期检查要点

改性沥青混凝土铺装层的定期检查应检查桥面铺装是否有坑槽、纵裂、横裂、网裂、车辙、松散、不平、磨耗以及是否有桥头跳车现象等，这些检查一般由目测即可完成。同时还要借助仪器来检测桥面的平整度、抗滑性能等。

（1）桥面铺装层裂缝的检测

裂缝的长度和宽度可以用直尺进行量测。

（2）桥面铺装层平整度的检测

改性沥青混凝土铺装层平整度的检测方法和沥青铺装层一样，可以采用3m直尺法及连续式平整度仪法。

（3）桥面铺装抗滑性能检测

改性沥青混凝土铺装层的抗滑性能检测和沥青铺装层一样，可以采用构造深度测试法（手工铺砂法、电动铺砂法、激光构造深度仪法）、摆式仪法、横向力系统测试法等。

（二）桥面伸缩缝

桥梁伸缩缝装置的主要作用是满足桥梁上部结构的变形需要，并能使车辆平稳地通过桥面。目前常用的伸缩缝按照材料可分为锌铁皮伸缩缝、钢板伸缩缝和橡胶伸缩缝三种。

由于桥面伸缩缝设置在梁端构造薄弱部位，直接承受车辆反复荷载的作用，又多暴露于大自然中受各种自然因素的影响，因此伸缩缝是易损坏、难修补的部位。伸缩缝破损主要原因主要有以下几种：

（1）交通量的增加和汽车载质量的增大，对伸缩缝的撞击及反复荷载作用也随之增大，由于材料的磨损和疲劳，以及混凝土桥面板或梁的结合强度不够，造成伸缩缝装置损坏。

（2）伸缩缝接头为对接时，环氧树脂砂浆的剥落、断损、填缝材料硬化与部分脱落是伸缩缝全面破损的原因。

（3）大跨径桥、斜桥、弯桥的伸缩缝因结构形式、固定方式与梁不吻合，也会造成伸缩缝损坏。

（4）由于安装施工不当，伸缩缝装置和桥面板或与桥台胸墙产生垂直错位，增大车轮的冲击力，这也是伸缩缝和桥面板破坏的原因。

伸缩缝的常见缺陷根据所采用形式的不同而有所区别，现分述如下。

①铁皮伸缩缝使用多年后的损坏形式

a.软性防水材料如沥青砂或聚氯乙烯胶泥等的老化、脱落；

b.伸缩缝凹槽填入其他硬物，不能自由变形；

c.锌铁皮上压填的铺装层如水泥混凝土或沥青混凝土等断裂、剥离；

d.伸缩缝上后铺压填部分发生沉陷，高低不平；

e.由于墩台下沉，出现异常的伸缩，车辆行驶时出现冲击及噪声。

②钢板伸缩缝（包括梳形钢板伸缩缝）的常见缺陷

a.角钢与钢筋混凝土锚固不牢，使钢板松动，在车辆行驶时受到冲击振动，更加速了它的破损；

b.缝内塞进石块或铁夹物，使伸缩缝接头活动异常，不能自由变形；

c.排水管发生破坏损伤或被土砂堵塞；

d.表面钢板焊接部位破坏损伤；

e.梳形钢板伸缩缝在梳齿与承托板的焊接处出现裂缝，更严重者出现剪断现象。

③橡胶伸缩缝（近年来在国外广泛采用的构造）的常见缺陷

a.橡胶条的破坏损伤；

b.橡胶条剥离；

c.在橡胶嵌条连接部位漏水；

d.锚固构件破损、锚固螺栓松脱；

e.伸缩缝构造部位下陷或凸出；

f.车辆行驶时不适，发生噪声。

为了便于养护维修，对于检查应做好记录，建立检查记录档案。有计划、有组织地做好经常的检查工作可以尽早地避免因小的损坏而演变成大的破坏。在日常检查中应着重检查伸缩缝是否堵塞、挤死、失效；各部件的构件是否完好；锚固连接是否牢固，连接是否松动；有无局部破损；密封橡胶带是否老化、失去弹性、异常变形或开裂；伸缩缝是否有不正常的响声或异常的伸缩量；伸缩缝各基本单元间隙是否均匀；钢构件是否锈蚀、变形；伸缩缝处是否平整，有无跳车现象等。

（三）桥面排水措施

桥面排水设施主要是为了迅速排除桥面积水，防止雨水滞留在桥面并渗入梁体而影响桥梁结构的耐久性。

桥面排水分为桥面铺装层表面排水和桥面铺装结构层排水。为了迅速排除桥面积水，除设置桥面纵横坡外，常常需要在桥侧设置一定数量的泄水管。通常当桥面纵坡大于2%而桥长小于50m时，能保证雨水从桥头引道上排出，桥上可不设泄水管。此时可在引道两侧设置流水槽，以免雨水冲刷引道路基。当桥面纵坡大于2%而桥长大于50m时，为防止雨水积滞桥面需要设置泄水管，间距为12～15m。当桥面纵坡小于2%，泄水管就需要设置更密一些，间距宜为6～8m。泄水管的过水面积通常按每平方米桥面不少于2～3cm。泄水管可沿车行道两侧左右对称布置，也可交错排列。

桥梁上常用的泄水管有竖向泄水管道、横向泄水管道和封闭式池水管道等形式。制造泄水管道的材料一般为铸铁、钢、钢筋混凝土以及塑料等。当桥长较短时，纵向排水管的出水口，可以设在桥梁两端的桥台处；对于长大桥，除了在桥台处设置出水口外，还需在某些桥墩处布置出水口，并利用竖向管道将水引到地面。纵向排水管道一般可设在箱梁中或梁肋内侧；竖向排水管道应尽可能布置在墩台壁的预留槽中，或布置在桥墩台内部预留的孔道中。

桥面排水设施的常见缺陷有：桥面积水管、泄水管堵塞，泄水管被截断导致水流方向改变等。对于钢筋混凝土桥梁，桥面积水将使雨水渗入混凝土的细小裂纹中，会使混凝土产生破坏而缩短使用寿命，同时水分还会使钢筋锈蚀；对于钢桥，桥面积水将会加速对梁体表面的侵蚀，使钢梁表面锈蚀。

在检查中，应检查桥面是否有坑槽，是否有积水。泄水管是桥面排水的重要设施，应检查泄水管是否完好、畅通；泄水管的盖板是否损坏、丢失，管口是否被杂草或石块堵塞；管体有无脱落，管口处有无泥石杂物堆积，出水口是否畅通；桥头排水功能是否完好等。

（四）栏杆及防撞护栏

公路桥梁的栏杆及防撞护栏都是桥面上的安全防护设施，栏杆给行人和车辆以视觉上的安全，可以保障行人的安全，但不能抵挡机动车辆的冲撞；护栏则既能保障行人的安全，又能抵挡车辆的冲撞，使车辆不致冲出桥外。但是由于栏杆和防撞护栏长期暴露在自然环境条件下，加之受到人为的或车辆的撞击，出现各种各样的缺陷或损伤是不可避免的。其常见缺陷主要有下列几种情况。

（1）撞坏。多数是在交通事故中被车辆冲撞所致，也有的是车辆在运输超宽物件时不慎碰坏或被船只撞坏等。

（2）缺损。缺乏养护管理，被人偷拆，或者金属、木料栏杆遭到锈蚀、腐烂破坏，造成个别部件缺损。

（3）裂缝。钢筋混凝土栏杆长期外露，混凝土表面常因水分浸入钢筋锈胀而使构件产生裂缝，混凝土保护层出现损坏、剥离、脱落等现象。

（4）变形过大。金属栏杆或护栏的部件虽未造成破坏或缺损，但变形过大，如立柱局部变形或钢质波形板变形过大等。

（5）腐蚀。金属栏杆或护栏，一旦油漆脱落又长期未重新涂刷，将会受到自然环境的侵蚀，使金属腐蚀。

桥梁栏杆、护栏损坏虽然不妨碍交通，但影响桥面美观，使桥上交通缺少安全感，降低交通安全舒适水平。因此，必须加强对桥面栏杆及护栏的日常检查养护工作。主要采用目测法，重点检查栏杆有无断裂、弯曲、混凝土剥落、露筋现象；是否直顺美观；接缝处有无开裂现象；钢栏杆是否有划痕、擦伤、锈蚀，是否有油漆剥落；混凝土表面的蜂窝麻面是否超过表面积的0.5%，深度是否超过l0mm。

（五）桥面照明系统

桥面照明是桥梁工程中的重要组成部分之一，照明条件的好坏，直接影响夜间桥面的行车速度及交通事故潜在发生率。

桥面设置照明的主要目的是使车辆在不使用前大灯的条件下，也能够看清前方桥面（或道路路面）形状、周围交通情况，并能够及时认清前方障碍及各类标志等。因此，具有良好的照明条件不仅可以提高行车速度和提高桥面的利用率，而且还可以减轻或消除驾驶员的紧张与不安全感。对于城市桥梁除了考虑行车安全需要的正常照明外，还需要设置供夜间观赏的立面照明，这种照明会产生较强的艺术效果，所以显得尤为重要。

桥面照明系统在桥面系中处于非常重要的位置，因此桥面照明系统的检查工作要形成制度，由专人认真执行，并做好检查记录。记录要有专用的格式。通常，日常检查主要是对照明系统的状况等进行日常巡视检查，便于及时发现问题进行小修保养。重点检查照明灯具是否损坏，电压是否稳定，灯光亮度和照明效果是否正常；灯柱是否残缺不全，金属灯柱的镀锌层是否脱落；灯杆上标志是否不正或脱落。

（六）桥梁交通标志和标线

交通标志是用图案、符号或文字对过往桥梁的行人和驾驶员（连同车辆）等交通参与者，进行指示、导向、警告、控制和限定的一种交通管理设施，使其获得确切的交通情报，从而达到交通的安全、迅速、低公害与节约能源的目的。

交通标线是由不同颜色不同种类的路面（包括桥面）标线、箭头、文字、立面标记、突起路标和道桥边线轮廓标等所构成的交通安全设施，其主要作用是管制和引导交通，因之又常称其为交通安全控制设施。

交通标线可以和交通标志配合使用，也可以单独使用。交通标志和标线是依据交通法规及国家有关标准制定的，是交通法规的具体体现，也是管理道路交通的安全设施，在交通管理中占有重要的地位。

桥梁交通标志和标线是桥上交通使用的说明书，是一种无声的语言，是保证行车畅通、有序、安全的重要设施，同时还是桥面的装饰工程、形象工程和美化工程。其作用非常重要，是桥梁养护与维修中必不可少的部分。为确保标志和标线的正确性，必须经常对其进行检查。检查所有标志是否齐全完好，所有标线是否清晰，对各种标志、标线、轮廓标等的反光情况还要在夜间进行巡查。巡视检查人员在检查中发现标志、标线遭到损坏或污染，应记录下来并及时反映给桥梁管理有关部门或有关领导。

三、桥梁上部结构检查

（一）桥梁上部结构检查内容

对于桥梁上部结构的经常检查，首先观察桥梁结构有无异常的变形，异常的竖向振动、横向摆动等情况，然后检查各部件的技术状况，查找异常原因。主要针对以下四个方面进行检查。

1. 裂缝检查

其中对于混凝土梁而言，不论是钢筋混凝土还是预应力混凝土都是普遍存在裂缝的。问题的关键在于，这些裂缝的宽度和深度必须在有关规定允许的范围内，否则会影响桥梁的耐久性，甚至影响承载力。因此在桥梁检查中必须针对裂缝作相应的检查。

2. 混凝土状况检查

观察表面混凝土有无裂缝、剥落、渗水、蜂窝、表面风化、表面碳化、碱集料反应引起的整体龟裂等病害，检查过程中需对其劣化程度和范围进行仔细检查。

3. 钢筋锈蚀检查

检查梁体有无诱蚀斑，有无露筋锈蚀，对重点部位可在特殊检查中利用锈蚀分析仪进行检测。

4. 通风排水状况检查

检查箱梁内通风是否良好，主梁排水设施是否正常，箱梁内是否有积水。

（二）各桥型上部结构检查重点

针对不同的桥型，由于其上部结构形式、受力形式、使用材料不同，重点检查的部位也是不同的。各种桥型的重点检查部位如表9-4所示。

表9-4　各类桥型的重点检查部位

桥梁形式	观察检测的重点部件及部位
钢筋混凝土和预应力钢筋混凝土简支梁桥	（1）跨中及1/4跨径截面附近；（2）梁端部；（3）支座
钢筋混凝土和预应力钢筋混凝土连续梁桥	（1）跨中截面及其附近；（2）反弯点处（一般约为跨径1/5处）及其附近；（3）桥墩处梁上部及其附近；（4）梁端部及其附近；（5）支座
钢筋混凝土和预应力钢筋混凝土连续刚构桥	（1）各墩（柱）梁固结区段的梁顶板、中性轴以上的腹板；（2）与梁相固结结墩（柱）的顶、底部（3~5m范围内）；（3）墩（柱）梁固结区段梁的腹板；（4）边跨支撑附近梁的腹板
钢筋混凝土和预应力钢筋混凝土悬臂梁桥、T型刚构桥	（1）支座上方及其附近的梁顶面、中性轴以上的腹板；（2）悬臂梁端部的支承简支挂孔梁的牛腿；（3）简支挂梁跨中
钢桥	（1）铆钉和螺栓连接处；（2）焊缝边缘
拱桥	（1）主拱圈的拱板或拱肋；（2）拱上立柱（或立墙）上下端；（3）双曲拱桥拱肋间横向联结拉杆；（4）系杆拱的系杆
悬索桥和斜拉桥	（1）主缆系统；（2）吊索系统；（3）锚碇及锚碇室；（4）斜拉索；（5）桥塔
通道、跨线桥与高架桥	同以上桥型

1. 钢筋混凝土和预应力混凝土梁式桥

所谓梁式桥，是指结构在垂直荷载作用下，支座只产生垂直反力的无推力梁式体系的桥梁。其上部结构（也就是梁），以受弯为主；下部结构（也就是桥墩和基础），以垂直受压为主。这里所讲的混凝土梁式桥跨包括钢筋混凝土（RC）和预应力混凝土（PC）的简支梁、连续梁、悬臂梁、刚构（架）和T构等。其横截面形式主要依据其跨度大小不同而异，有空心板、矩形板、T梁、工梁和箱形梁等。这些钢筋混凝土和预应力混凝土梁大量用于我国公路、铁路、公铁两用、城市和立交桥中，占桥梁总数的90%以上。因此，这部分桥梁的检查工作显得格外重要。

对于钢筋混凝土和预应力混凝土梁桥定期检查主要包括以下几点。

（1）梁端头、底面是否损坏，箱形梁内是否有积水，通风是否良好。

（2）混凝土有无裂缝、渗水、表面风化、剥落、露筋和钢筋锈蚀，有无碱—集料反应引起的整体龟裂现象。混凝土表面有无严重碳化。

（3）预应力钢束铺固区段混凝土有无开裂，沿预应力筋的混凝土表面有无纵向裂缝。

（4）梁（板）式结构的跨中、支点及变截面处，悬臂端牛腿或中间铰部位，刚构的固结处和桁架节点部位，混凝土是否开裂、缺损和出现钢筋锈蚀。

（5）装配式梁桥应注意检查联结部位的缺损状况。

①组合梁的桥面板与梁的结合部位及预制桥面板之间的接头处混凝土有无开裂、渗水。

②横向联结构件是否开裂，连接钢板的焊缝有无锈蚀、断裂，边梁有无横移或向外倾斜。

以下按表 9-3 桥型分别介绍。

（1）钢筋混凝土及预应力混凝土简支梁桥

钢筋混凝土及预应力混凝土简支梁桥定期检查应注意以下几点。

①依据简支梁的受力特点，跨中截面弯矩最大，端支座处剪力最大，因此，在进行梁体检查时应特别注意此处截面及其附近的梁体状况。

②对于混凝土简支梁定期或在超载重车造成损伤后进行梁体线形的检查，以判断其承载力是否变化，以及支座是否沉降带来竖曲线的变化，是保证桥梁正常运营的重要内容。预应力简支梁有时还会由于徐变不断发生而使拱度不断加大，影响桥梁的线形。

可在桥上建立永久性水准点，使用精密水准仪或全站仪检测墩台顶、梁体支座顶及跨中选定固定点的高程。整理并画出每一联梁的线形。当定期或突发事件后检测结果与该桥初竣工时线形有明显不可恢复的变化时，比如大于 20% 的"塑性"变化，则当进行荷载试验和全面检查，以进一步判断是否有影响承载力及病害发生的原因。否则，可采用调整桥面铺装层厚度或在支座处铺垫的方法保持正常线形。

③对梁体的另一类检查是关于影响耐久性的病害检查。这包括梁体裂缝、保护层病变及钢筋锈蚀。

混凝土梁的裂缝，不论是钢筋混凝土还是预应力混凝土都是普遍存在的。对于钢筋混凝土梁，当钢筋应力达 20 ~ 30MPa 时，混凝土拉应变即达到极限值；而梁在运营活载下钢筋应力可达 100MPa 以上，因此，裂缝出现是必然的。问题的关键在于，这些裂缝的宽度和深度必须在有关规范允许的范围内，否则会影响梁的耐久性，甚至影响承载力。

裂缝检查时首先应注意下述几点：裂缝开始出现的时间，裂缝在梁体上的位置，裂缝的宽度、深度、长度和形状。

影响混凝土梁耐久性的缺陷除裂缝外，还有梁体表面渗漏、风化、保护层剥落、露筋及钢筋锈蚀等。关于保护层剥落或露筋的检查可以用小锤轻击，当有这些病害时，则会有分层和空洞声或脱落。图 9-1 表示由于钢筋锈蚀引起混凝土保护层胀裂或脱落的情况。

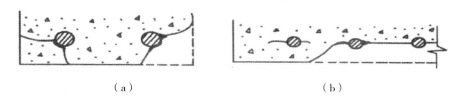

（a）　　　　　　　　　　　　（b）

图9-1　保护层胀裂、掉角和脱落示意图

（2）钢筋混凝土及预应力混凝土连续梁桥

对于钢筋混凝土及预应力混凝土连续梁桥定期检查时应注意以下几点。

①定期检查时，应针对混凝土桥结构常见的一些缺陷进行观察测试。必要时可以借助仪器设备进行进一步的检查，检测方法参见钢筋混凝土及预应力钢筋混凝土简支梁定期检查部分。

②连续梁桥建成三年内每半年或每年，其后每年应检查受拉区的裂缝和其他缺陷。连续梁受拉区主要是：

a. 各中间支座及其附近区段的上翼和中性轴以上的腹板；对箱形梁而言，就是顶板和中性轴以上的腹板。

b. 各跨跨中及其附近区段的中性轴以下的部分；对箱形梁而言，就是底板和中性轴以下的腹板。

c. 建成三年内，每季度于平均最高及最低温度时，检测连续梁各跨跨中挠度、整体线形及高程的变化，有异样变化或承载力不足时，应了解和分析原因，进行处理。而建成后第四年起，则可每年于平均最高与最低气温时各检测一次。

d. 检查预应力混凝土箱梁内通风情况，同时检查是否有因箱体内外温差过大而引起的裂缝。

e. 检查内箱梁泄水孔道是否畅通，以免箱梁体内长期积水造成混凝土侵蚀和钢筋锈蚀。

特别是各中间支座处，因其箱梁底板高程较低，更易积水。

f. 检查预应力混凝土连续梁发生竖向裂缝。如若有裂缝产生，应首先检测裂缝的宽度、长度，对宽度大于0.2mm的裂缝还需检测其深度。根据裂缝的不同情况分别采取下列办法：

裂缝小于等于0.2mm时，应进行封闭处理；

裂缝大于0.2mm时，应采用压力灌浆（环氧树脂胶）；

如裂缝发展严重，则应根据其发生的部位采用相应合适的加固措施。

（3）钢筋混凝土及预应力混凝土连续刚构桥

对于钢筋混凝土及预应力混凝土连续刚构桥定期检查时应注意以下几点。

①对常见缺陷的观察测试

钢筋混凝土及预应力混凝土连续刚构的常见缺陷与一般混凝土桥梁结构的常见缺陷相同，分表层缺陷和内部缺陷两大类。定期性检查时，应针对一些常见缺陷进行观察测试，检测方法参见钢筋混凝土及预应力钢筋混凝土简支梁定期检查部分。

②应注意观察连续刚构的受拉区是否有裂缝和其他缺陷发生，连续刚构的受拉区主要是：

a. 各墩（柱）梁固结区段及其附近的梁顶板、中性轴以上的腹板。

b. 与梁相固结墩（柱）的顶部（3～5m 范围内）。

c. 与梁相固结墩（柱）的底部（3～5m 范围内），但此处常常在水中或覆盖层中，难以观察测试到整个部分。

d. 各跨跨中及其附近区段的底板和中性轴以下的腹板。

③应注意观察墩（柱）梁固结区段内梁的横隔板有无裂缝及其他缺陷发生。

④应注意观察连续刚构因主拉应力过大产生的裂缝和其他缺陷，主要部位是：

a. 墩（柱）梁固结区段梁的腹板；

b. 边跨支撑附近梁的腹板。

⑤检测连续刚构各跨跨中挠度、刚构的整体线形及高程的变化，有异样或承载力不足时，应了解和分析原因，进行处理。

⑥检查预应力混凝土箱梁内通风情况，同时检查是否有因箱体内外温差过大而引起的裂缝。

⑦检查内箱梁泄水孔道是否畅通，以免箱梁体内长期积水造成混凝土侵蚀和钢筋锈蚀。

特别是各中间支座处，因其箱梁底板高程较低，更易积水。

⑧检查预应力混凝土连续刚构发生竖向裂缝。如若有裂缝产生，应首先检测裂缝的宽度、长度，对宽度大于 0.2mm 的裂缝还需检测其深度。根据裂缝的不同情况分别采取下列办法：

a. 裂缝小于等于 0.2mm 时，应进行封闭处理；

b. 裂缝大于 0.2mm 时，应采用压力灌浆（环氧树脂胶）；

c. 如裂缝发展严重，则应根据其发生的部位采用相应合适的加固措施。

（4）钢筋混凝土及预应力混凝土悬臂梁桥、T形刚构桥

对于钢筋混凝土及预应力混凝土悬臂梁桥、T形刚构定期检查时应注意以下几点。

①对常见缺陷的观察测试

钢筋混凝土及预应力混凝土悬臂梁桥、T形刚构的常见缺陷与一般混凝土桥梁结构的常见缺陷相同，分表层缺陷和内部缺陷两大类。定期检查时，应针对这些常见缺陷进行观察测试，检测方法参见钢筋混凝土及预应力钢筋混凝土简支梁定期检查部分。

②对悬臂梁、T形刚构裂缝及线形检测的周期与连续梁桥的相同，可以参见前面钢筋混凝土及预应力钢筋混凝土连续梁部分。

③检查悬臂梁、T形刚构容易产生裂缝和损伤的部位，具体部位如下。

a.受拉区易产生裂缝。其受拉区主要是支座上方及其附近的梁顶面、中性轴以上的腹板。

b.梁的横隔板可能因扭转产生裂缝。

c.简支挂孔梁跨中及其附近区段易产生受拉裂缝，支座处梁体易产生斜裂缝。

d.悬臂梁端部的支承简支挂孔梁的牛腿，顶面因局部应力集中易产生裂缝，两侧面则易产生斜裂缝。

e.悬臂梁端部与简支挂孔梁端部之间，由于混凝土收缩徐变和施工误差等原因，容易形成折角，桥面不平顺，造成车辆冲击颠簸，使伸缩缝乃至梁端局部混凝土损坏。

f.检查预应力混凝土箱梁内通风情况，同时检查是否有因箱体内外温差过大而引起的裂缝。

g.检查内箱梁泄水孔道是否畅通，以免箱梁体内长期积水造成混凝土侵蚀和钢筋锈蚀。

2．钢桥

公路钢桥应用最多的结构形式是钢板梁、钢箱梁、钢桁梁。钢拱桥和钢框架也基本是以钢板梁、钢箱梁和钢桁梁为基本单元组成。

（1）钢板梁

钢板梁是一种同时承受弯曲和剪力的结构。它由上、下翼板和腹板构成工字形。上、下翼板主要承受弯曲，腹板主要承受剪力。

（2）钢箱梁

跨度较大、桥面较宽，由于偏载要求较大抗扭刚度时，则选用钢箱梁。钢箱

梁是板梁进一步加大梁高和翼缘宽度构成板梁的闭合截面形式。为防止腹板板块失稳除如板梁一样设置横肋外，还需沿高度设置多道水平加劲肋，加劲肋的刚度满足板梁极限承载力要求；翼缘为承担局部荷载和传递荷载设计成正交异性板；为了加强抗扭刚度，也为给正变异性桥面板以支撑，箱梁横向设置了横梁或称横隔板。

简支板梁桥的跨距一般在 30m 以下，最大 40m，连续板梁桥可到 65m，简支箱梁可做到跨度 50m 或稍多，连续钢箱梁可做到跨度 80m 或稍多。更大的跨越距离则一般采用桁梁桥形式。

（3）钢桁梁

钢桁梁的基础构件是杆和板梁，主桁、上下平联、桥门架及中间横联均由杆组成；桥面系则由纵、横梁组成。杆的交会处以及杆与梁、梁与梁的交会处，则以节点板及连接板连接。

钢桥检查主要分为以下几个部分：

①构件（特别是受压构件）是否扭曲变形、局部损伤；

②铆钉和螺栓有无松动、脱落或断裂，节点是否滑动、错裂；

③焊缝边缘热影响区有无裂缝或脱开。

④油漆层有无裂纹、起皮、脱落，构件有无锈蚀；

⑤钢箱梁封闭环境的湿度是否符合要求，除湿设施是否工作正常。

下面具体介绍钢桥检查中的两大部分：防腐涂层的检查和裂纹局部变形及缺陷检查。

①钢桥防腐涂层的检查

钢桥表面与周围环境接触时，往往会发生电化学腐蚀和化学腐蚀，使钢桥表面锈蚀。在使用过程中，钢桥所用钢材在锈蚀后，都会造成应力截面减小，表面缺陷增多，承载力及冲击韧性降低，甚至造成脆性断裂。因此，钢桥的锈蚀是造成钢桥使用寿命折减的重要因素，而良好的涂层防护是保证设计寿命和延长使用寿命的有效措施。所以应经常对钢桥进行锈蚀及涂层状况的检查，并及时进行涂层维护，这是钢结构桥梁维修养护的主要工作。

关于涂膜检查和劣化评定介绍如下。

涂层劣化类型包括粉化、起泡、裂纹、脱落、生锈五种，每种类型均分为四个劣化等级：一、二、三、四级。

粉化一级：用力擦涂膜，手指粘有少量颜料粒子；

二级：用力擦涂膜，手指粘有较多颜料粒子；

三级：用力较轻，手指粘有较多颜料粒子；

四级：轻轻一擦，手指粘有大量粒子或漏底。

无粉化时为 0 级。

起泡：涂膜表面出现分布直径不同的膨胀、隆起、点泡或气泡。劣化等级按面积的 0.3%、5%、16%、33% 分为轻（一级）、中等（二级）、轻重（三级）、严重（四级）。

裂纹：涂膜出现裂痕、网状或条状裂纹，并可看见下层或底层。劣化等级按面积分级方式同起泡。

生锈：涂膜出现针状、点状、泡状或片状锈。劣化等级按生锈面积为 0%、0.3%、3%、5% 分为轻微（一级）、中等（二级）、轻重（三级）、严重（四级）。

②钢梁裂纹、局部变形及缺陷检查

a. 旧钢梁铆钉及栓焊高强度螺栓检查

对于仍在营运中的旧铆接钢桥、栓焊梁易于发生铆钉松动、高强度螺栓松动和高强度螺栓的滞后断裂，铆钉螺栓的严重锈蚀。检查时应着重检查以下部位：铆合和螺合板束较厚处，即长铆钉或长螺栓处；已经维修或更换过铆钉和螺栓的连接；纵横梁及横梁与主梁（桁）连接处；承受反复应力的连接；与混凝土桥面板连接的纵横梁上翼缘；易于积水污、积灰尘的隐蔽角落，平、纵连接点，高强度螺栓的滞后断裂可能发生在任何位置。

检查方法：视觉检查和简单的工具量测；铆钉规、塞规、弦线、卡尺、钢尺等；当发现钉头、栓头有流锈痕迹，或油漆开裂，多为松动。

0.2kg 小锤敲击钉头或栓头，听音或触摸判别，哑音或手指感到颤动。空孔处螺栓头已断落。

b. 结构和焊缝处及漏检缺陷检查

应注意的检查部位：对接焊缝处，尤其是不等厚、不等宽对接及焊缝交叉点；受变应力的杆件焊缝过热区、熔合线及热影响区；加劲肋、横隔板、板梁加劲盖板端；联结系节点板端点；构造复杂及断面突变处；纵横梁连接板焊缝；十字交叉焊缝端；经校形、已产生塑性变形处，加固过的地方；斜拉桥锚箱受面外弯曲焊缝及受剪焊缝；箱梁隔板搭接拼接处；U 形肋、T 形肋工地拼接焊缝及与横梁焊接处；桥面板拼接焊缝及纵横焊缝交叉点；方形进入口角上及拼接处；现场烧切、焊接修补处及违反规定采用塞焊、槽焊处；粗加工板边缘、烧切边未加工边缘、铆钉松动孔边；单剪连接端铆钉或端栓栓孔处，设计未熔透焊缝及丁字形熔透及未熔透焊缝处等。

检查方法如下。

目测观察：裂缝处漆膜由于拉伸而有明显痕迹，或流锈。洗除漆膜，用 10

倍放大镜查看确认；超声法检查：疑为裂缝处，洗除漆膜，用超声波探伤仪检查。

c. 塑性变形及其他类型缺陷检查

重点检查部位：运营车辆和航行船舶超限、违章和事故中易于撞损的范围，检修车及检修人员、通行人员所及范围。其他类型缺陷主要指制造、安装过程漏检缺陷：裁切、焊接、矫形、安装等不适处。由于制造安装已经通过检查，此项检查可随带进行，不必刻意安排。

检查方法：利用10cm、30cm或100cm钢板尺或拉线盒、卡尺等人工进行。测出变形范围偏离尺度、是否局部失稳、有否微裂和开裂，以及距离杆端、边缘中轴线尺寸等。

3．拱桥

对于拱桥的检查一般包括以下内容。

（1）主拱圈的拱板或拱肋是否开裂。钢筋混凝土拱有无露筋、钢筋锈蚀。圬工拱桥砌块有无压碎、局部掉块，砌缝有无脱离或脱落、渗水，表面有无苔藓、草木滋生，拱铰工作是否正常。空腹杆的小拱有无较大变形、开裂、错位，立墙或立柱有无倾斜、开裂。

（2）拱上立柱（或立墙）上下端、盖梁和横系梁的混凝土有无开裂、剥落、露筋和锈蚀。中、下承式拱桥的吊杆上下锚固区的混凝土有无开裂、渗水，吊杆锚头附近有无锈蚀现象，外罩是否有裂纹、锚头夹片、楔块是否发生滑移，吊杆钢索有无断丝。采用型钢或钢管混凝土芯的劲性骨架拱桥，混凝土是否沿滑移骨架，出现纵向和横向裂缝。

（3）拱的侧墙与主拱圈间有无脱落，侧墙有无鼓突变形、开裂，实腹拱拱上填料有无沉陷。肋拱桥的肋间横向联结是否开裂、表面剥落、钢筋外露、锈蚀等。

（4）双曲拱桥拱肋间横向联结拉杆是否松动或断裂，拱波与拱肋结合处是否开裂、脱开，拱波之间砂浆有无松散脱落，拱波顶是否开裂、渗水等。

（5）薄壳拱桥壳体纵、横向及斜向是否出现裂缝及系杆是否开裂。

（6）系杆拱的系杆是否开裂、无混凝土包裹的系杆是否锈蚀。

（7）钢管混凝土拱桥裸露部分的钢管及构件检查，参见本章后续有关内容，同时还应检查管内是否填充密实。

对于钢管混凝土系杆拱桥还应对以下关键部位进行重点检查。

（1）钢管混凝土拱肋的检查

①构件是否扭曲变形，局部损伤、腐蚀生锈。

②钢管混凝土拱肋及横向联结系的全部焊缝边缘（热影响区）有无裂纹或脱开。

③涂层有无裂纹、起皮、脱落，构件是否腐蚀生锈。

④在接养大桥以后要对裸露的钢管混凝土做一次全面的探测。以手锤敲击四周，依次延及全拱，以此方法来初测，判断管内混凝土是否填充密实或黏附良好。如出现异声，就可能有空洞存在，或有其他病变。应报请探测处治。

（2）吊杆及锚具的检查

中承式及下承式钢管混凝土拱桥一般采用单根或双根竖直式吊杆。由于桥梁长期处于微震状态，必须对吊杆进行经常检查。第一、第二年内一般可每2个月检查1次，以后每半年检查1次。主要检查如下内容。

①检查吊杆两端的锚固部位，包括吊杆端部及冷铸锚头、横梁锚固构造、吊杆套管等是否有浸水、锈蚀和开裂、松动等；防护套管油漆是否完好，冷铸锚头有无松动、裂缝或破损。

②对吊杆的振动进行观察。观察吊杆振动是否明显（特别是在大风时），减振措施是否损坏失效，防护套是否破坏；当桥上发生6级以上大风后，应检查吊杆有无异常。为了分析吊杆的振动，应记录桥上风力、风速、风向和温度、湿度资料，并进行分析。

③检查吊杆的防护层有无裂纹、破损、老化和积水，重点检查吊杆端部出口处钢管护套以及钢管护套与PE护套连接处的外观情况。检查吊杆的钢管护套有无松动、油漆脱落、锈蚀，套管顶是否密封，连接处有无渗水、漏水等。若套管破裂，吊杆可能会因雨水的渗入而受到腐蚀。

④根据外观检查情况，适时抽检吊杆端部及减振器的防水情况和橡胶老化变质情况。

（3）系杆的检查

系杆应注意检查锚头防护套外部涂层有无损坏，连接是否松动，防护油脂有否向外渗漏，锚头、防护套是否破坏，钢丝是否腐蚀或疲劳断丝。应定期检查系杆预应力束的应力，如发现应力损失超过设计容许值或各束松紧不均匀，应予补拉或调整。

（4）混凝土结构的检查

对混凝土结构（含主桥纵、横梁，拱座处外包混凝土等）主要检查混凝土有无裂缝、渗水、表面风化、剥落、露筋锈蚀等。在日常检查中尤以混凝土结构物的渗水、渗透为最主要项目，并判断损坏情况。应重点检查吊杆锚头附近及横梁预应力束锚头附近有无裂缝，纵横梁固结部分是否开裂。

4. 悬索桥和斜拉桥

悬索桥和斜拉桥的检查主要包括以下内容。

（1）检查索塔高程、塔柱倾斜度、桥面高程及梁体纵向移位，注意是否有异常变位。

（2）检测索体振动频率、索力有无异常变化，索体振动频率观测应在多种典型气候下进行。每观测周期不超过6年。

（3）主梁或加劲梁的检查，按预应力混凝土及钢结构的相应要求进行。

（4）悬索桥的锚碇及锚杆有无异常的拨动，锚头散索鞍有无锈蚀破损，锚室（锚洞）有无开裂、变形、积水，温湿度是否符合要求。

（5）主缆、吊杆及斜拉索的表面封闭、防护是否完好，有无破损、老化。

（6）悬索桥的索鞍是否有异常的错位、卡死、辊轴歪斜，构件是否有锈蚀、破损，主缆索跨过索鞍部分是否有挤扁现象。

（7）悬索桥吊杆上端与主缆索的索夹是否有松动、移位和破损，下端与梁连接的螺栓有无松动。

（8）逐束检测索体是否开裂、膨胀及变形，必要时可剥开护套检查索内干湿情况和钢索的锈蚀情况。检查后应做好保护套剥开处的防护处理。

（9）逐个检查锚具及周围混凝土的情况，锚具是否渗水、锈蚀，是否有锈水流出的痕迹，周围混凝土是否开裂。必要时可打开锚具后盖检查锚杯内是否积水、潮湿，防锈油是否结块、乳化失效，锚杯是否锈蚀。

（10）逐个检查索端出索处钢护筒、钢管与索套管连接处的外观情况。检查钢护筒是否松动脱落、锈蚀、渗水，抽查连接处钢护筒内防水垫圈是否老化失效，筒内是否潮湿积水。

（11）索塔的爬梯、检查门、工作电梯是否可靠安全，塔内的照明系统是否完好。

悬索桥和斜拉桥在结构形式和受力特点上都有各自的不同，下面分开详细介绍悬索桥和斜拉桥的检查要点：

（1）悬索桥

悬索桥结构主要由四部分组成：锚碇、索塔、缆索系统和加劲梁。

①锚碇

锚碇是锚固主缆的结构，它将主缆竖直及水平分力传给地基与基础，它是锚块、锚块基础、主缆锚碇架和锚室的总称。锚碇分为重力式和隧道式两种。隧道式在岩层条件极为良好条件下应用，一般均采用重力式锚碇。钢结构制成的锚碇架，固定埋在锚块混凝土中，主缆靠锚固设备锚在锚碇架上。巨大的锚碇混凝块自重平衡主缆竖向分力、自重与岩层间的摩阻力平衡主缆水平分力，并保持足够的抗滑移安全度。

②索塔

索塔主要由基础、塔身及鞍座构成。塔除承受自身质量，塔本体受风、温度、地震作用外，还要承担缆、加劲梁等悬索桥体系传给它的恒、活载和风、温度、地震等作用。成桥索塔塔底通常为固定，塔顶由缆系住形成可挠性塔，即塔是主要受压和受弯构件。

③缆索系统

缆索系统包括锚固于锚碇并支撑于索塔底主缆和直接将加劲梁悬吊于主缆底吊索。

④加劲梁

悬索桥的加劲梁是悬索桥直接承受车道活载，并经由吊索传给主缆的构体。由于重力式锚碇将张紧的主缆锚固并形成悬索重力刚度，故悬索桥的刚度主要决定于其重力刚度而不决定于加劲梁抗弯刚度。而加劲梁的抗弯刚度基本决定于车道数、吊索间距和抗风要求，不决定于悬索桥的跨径。自锚式悬索桥由于跨度相对较小，加劲梁设计得比较强劲，加劲梁直接承受活载，可达 40% ~ 50% 甚至还要多。

悬索桥的检查工作主要分以下几个部分。

①主缆系统检查

a. 主缆系统的检查依据

为了对金属结构或者构件检查其腐蚀程度并决定其维护方案，在对金属结构及构件检查时，须对其腐蚀程度或涂膜劣化程度进行评定分级，目前参照国内外已有标准划分如下。

钢构件表面锈蚀程度分级：

一级：构件表面无铁锈，保持光泽。

二级：有浮锈或轻微锈蚀，失光泽。

三级：表面少量点蚀，少量锈斑。

四级：表面普遍点蚀，锈斑或锈坑。

高强度镀锌钢丝腐蚀分级：

一级：不规则锌腐蚀亮斑，失泽。

二级：较多锌腐蚀，并有白色腐蚀产物，尚未见铁腐蚀。

三级：锌层减少，偶尔出现铁腐蚀斑点和腐坑。

四级：锌腐蚀被大面积铁腐蚀代替，或开裂。

b. 主缆系统的检查要点

一般性检查借助目测和高倍望远镜（高处）或放大镜（低处），沿主缆全长检查，重点部位可定为散索鞍连接段、主缆鞍座进出口段、主缆跨中最低点、索夹两侧。对行车道净空高度范围，检查涂膜是否机械损伤，其他部位自然劣化，必要时可触摸、摩擦、轻微敲击等。对日常检查发现可疑损伤和劣化处可划定区域进行重点检查。

· 外观检查

以散索鞍为起点沿主缆全长进行涂膜检查，有无粉化、开裂、起泡、脱落和锈蚀，有无机械碰损，并进行检查结果分类评定；尤其对主缆边跨、中跨最低点索夹两侧、主鞍两侧特别注意有无进水的缺陷。

如发现涂膜严重破损或缠丝严重锈蚀或断裂，可能危及主缆钢丝腐蚀，应报请主管部门同意可在破坏处和主边跨主缆最低点打开缠丝，用木楔撑开主缆钢丝进行内部检查，检查主缆截面顶部、两侧和底部钢丝是否锈蚀及锈蚀程度。检查时应采取措施防雨露及冷凝水进入，在复原时，采用吹入干燥空气干燥钢丝。

由散索鞍开始检查锚室内裸露散开丝股，有无钢丝松弛、外鼓和断丝；有无钢丝锈蚀，对腐蚀等级作出评估。

对铺室内锚头、锚板、拉杆和连接器的涂装、锈蚀状况进行检查，必要时作出涂膜劣化及锈蚀等级评定，是否有裂纹出现。

检查锚具内除湿机系统是否运转正常，室内湿度是否在45%~50%范围内，密封门是否密封。检查散索鞍内的主缆丝股，是否有尘污及锈蚀、锌填筑块是否滑移；锚固螺栓有无松动，鞍座油漆有无脱落和锈斑、散索鞍前墙有无开裂漏水，墙外主缆进口防水罩密封是否完好、防水罩本身材质有无老化和开裂等。

检查主鞍座鞍罩内主缆外观，锌块有无滑移，主缆丝有无尘污、锈蚀，紧固螺栓及锚螺栓有无移动，各钢部件有无油漆脱落和锈蚀，密封门橡胶条密封状态是否完好，罩内湿度是否在45%~50%范围内。

· 主缆内力及线形检查

主缆内力检查包括主缆索股内力及锚固拉杆和预应力束锚固系统。锚固拉杆和预应力束系统，在外观检查中如未发现防松标记错动或相应部位油漆涂层开裂，可以认为基本无变化，则主要检查的内容为索股内力。

检查的方法可以采用：千斤顶张拉法、频谱分析法和利用施工时安装的永久弦式传感器读数法。

上述三种方法最好由初始张拉索股开始读取对比及修正数据，以备永久使用。当锚室内无恒温设备时，测试应在温度稳定时进行。

桥建成最初三年，应于最高气温、最低气温时各测一次；三年以后可每年于高温或低温时测一次。也可同时采用两种方法，以便互相校验。

主缆线形检查和主缆索股内力检查一样，是判断主缆内力变化的依据。主缆线形的永久性变化预示着锚碇、主缆锚固系统、主塔及主鞍的病害以及加劲梁恒载的变化。

悬索桥建成的一年应于年最高温度、年最低温度及年平均温度时对主缆进行线形检测。

测量应于桥上无活载和一天内气温稳定时进行。在以后每年可进行一次线形检测，仅测试各跨跨中高程。在发现主塔墩、锚碇有沉降和位移时应同时进行详细线形检测；加劲梁线形有明显变化时，应进行加劲梁详细线形检测；或建成10年以后进行详细线形检测。对于1000m以上跨度悬索桥应进行地球曲率修正。

②吊索系统检查

a.吊索的防腐涂层检查

吊索的防腐涂层检查与主缆系统同时进行，检查方法及结果评定分级标准也同主缆。此外，索夹本身及拉杆等配件漆膜同主缆索鞍及其螺杆；索夹上下接缝及索夹端部与主缆间填缝是否完好；下锚筒及密封盖的密封是否完好（骑挂式吊索）；锚头眼板及销子等涂膜检查销连接吊索；索体PE管是否老化、失去弹性甚至出现环向开裂等。对上述各部位检查做好记录，对涂膜劣化及锈蚀等级作出评定。

b.索夹螺杆内力检查

检查拉杆内力前，应首先检查索夹是否沿主缆滑移。

首先以0.3kg小锤轻轻敲击螺帽，以手指感知是否异常，以判断是否松动和拉杆断面开裂。内力检查和补拧则仍采用液压张拉油缸。检查时首先考虑靠近索塔斜度最大的索夹。

c.吊索内力检查

吊索内力检查一般情况下和主缆线形检查同时进行，当发现索夹有滑移痕迹时，除立即检查索夹内力外，尚需进行吊索内力检查。

检查的一般方法有：频谱法、压力传感器法和压力索力测试仪。

d.吊索断丝及连接件裂纹检查

一般悬索桥投入运营数年后，吊索可能会发生断丝现象，吊索连接件有可能产生裂纹，应进行断丝及裂纹检查。

断丝检测可使用缆索断丝检测仪来进行，裂缝检查首先应查看附件截面突变处、退刀槽、螺纹根部、索夹螺杆连接部分与圆环过渡处。索夹圆弧部分顶点、眼板垂直受力方向的孔边缘等处。当出现裂缝时，此处油漆首先受到拉伸或挤压而呈变形痕迹，或有锈迹，以刮刀刮油漆漆膜会分成两段。继而在怀疑开裂处采用超声仪进一步检测确认。

③锚碇及锚碇室的检查

a.经常检查包括的主要内容

块体周围护坡、排水明沟或暗沟有否坍陷、缺损、沉降；有无垃圾充塞、杂草丛生、步行台阶是否完好等。

室内墙、盖顶有否开裂、渗漏；室内排水沟有否污物堵塞。

风是否良好，除湿设备系统完好及运转正常，锚室内相对湿度是否在45%以下。

室内各种照明、通信标志是否齐全完好，排风是否通畅。

在检查工作时做好详细记录，并提出下一步工作建议。

b.定期检查包括的主要内容

建桥后3年可一年检查一次，此后可2～3年检查一次；检查内容主要针对结构性病害，如截面尺寸的改变、界面相对沉降、变形、构件混凝土的开裂等。

锚碇是否沉降和滑移或转动，按锚碇混凝土块体的组成特点，建立永久性水准点及位移测点，将全站仪摆放在不受锚体影响的永久测站上，每次检查这些固定点高程及位移。

锚室盖板有否开裂漏水；锚室前墙、后壁及侧墙、底板有否开裂渗水；上述各处有否风化、保护层脱落、露筋、空洞、钢筋锈蚀等。

各部混凝土截面突变处有否开裂、漏水；排水沟及回填是否滑移、断裂以致不能有组织排水。

锚墙内的锚杆在墙面处有否拔出、滑移现象，有否沿锚杆渗水致使锚杆锈蚀。

定期检查做好详细记录，对病害部位、病害危害程度及病害原因应作出初步分析、评估和确认，并提出处理建议；不能确认的病害应提交专家组会议研究。

（2）斜拉桥

斜拉桥的主要结构主要由三部分组成：索塔、主梁和斜拉索。

①索塔

索塔是斜拉桥将上部结构的恒载和活载传到地基的构件。

②主梁

主梁是斜拉桥跨越一个空间、直接承受车道活载，并把梁的自重及活载传给索及塔和墩台的构件。

③斜拉索

斜拉索是将主梁自重及车道活载传给索塔的受拉构件。

斜拉桥主要结构特点是主梁由锚固在索塔上的斜拉索作为弹性支撑，即主梁是多点弹性支撑的连续梁、索作为梁的多点中间支撑降低了主梁跨中正弯矩，增加了主梁跨越能力；同时斜拉索的水平力使主梁承受巨大的纵向预压力。悬索桥的吊索虽然是加劲梁的弹性支撑，但吊索力先传至可作为弹性支撑的主缆，因而斜拉桥的结构刚度比悬索桥要大得多。张拉并调整斜拉索的索力，可使主梁处于最佳受力状态。

a.斜拉索的检查

目前采用的斜拉索的防护工艺主要有三种，针对不同的防护工艺的主要病害如下。

·缠色涂层工艺

防腐涂层比较薄弱容易老化，在拉索活载、风振作用下容易破裂；

热铸锚进口处的防腐层容易因为灌锚烧掉，锚口处不密封；

拉索出现尾流弛振。

·PE管内压注水泥浆工艺

沿索体纵向容易产生纵向裂缝。主要由于注浆压力和温度变化引起。

·热挤塑双层PE护层

外护套产生环状开裂或PE层断开，导致水进入索体钢丝锈蚀；

作为减震圈支撑的预埋管端口不密封导致进水。

b.桥塔的检查

·检查主鞍室内及斜拉索锚固区是否清洁，有无油污及尘垢、杂物和积水；主鞍座、附件及锚螺栓、连接螺栓有无松动、断裂、锈蚀；斜拉桥钢锚箱有否裂纹，拉索锚头、大螺母及钢工作平台有无锈蚀；塔内升降梯、照明、通风设备及其他设备及标志是否完好无缺。

·检查主塔混凝土结构部分是否出现裂纹，尤其是斜拉桥桥塔的索锚固区和塔的横梁部位及主塔根部；当发现裂纹时应作详细的记录：裂纹部位、走向、宽度及深度。

·主塔沉降及倾斜检测，应在2～3年进行一次，连同主梁线形一起，并制成曲线图与竣工时高温及低温时测试数据比较，以判断是否在正常范围之内。

·强台风、地震、船舶强烈撞击以后，应进行桥塔全面检查。

·通道、跨线桥与高架桥的结构检查同其他一般公路桥梁。通道还应检查通道内有无积水，机械排水的泵站是否完好。通道、跨线桥与高架桥下的道面是否完好，有无非法占用情况等。

·支座是桥梁的主要连接传递构件，其功能主要是传递上部荷载至下部支撑结构，同时容许上部结构在荷载作用下的轴向变位和转动，其检查要点为：

支座组件是否完好、清洁，有无断裂、错位、脱空；

活动支座是否灵活，实际位移量是否正常，固定支座的锚销是否完好；

支承垫石是否有裂缝；

简易支座的油毡是否老化、破裂或失效；

橡胶支座是否老化、开裂，有无过大的剪切变形或压缩变形，各夹层钢板之间的橡胶层外凸是否均匀；

四氟滑板支座是否脏污、老化，四氟乙烯板是否完好，橡胶块是否滑出钢板；

盆式橡胶支座的固定螺栓是否剪断，螺母是否松动、钢盆外露部分是否锈蚀，防尘罩是否完好；

组合式钢支座是否干涩、锈蚀，固定支座的锚栓是否紧固，销板或销钉是否完好；

摆柱支座各组件相对位置是否准确，受力是否均匀；

辊轴支座的辊轴是否出现不允许的爬动、歪斜；

摇轴支座是否倾斜；

钢筋混凝土摆柱支座的柱体有无混凝土脱皮、开裂、露筋，钢筋及钢板有无锈蚀。

四、桥梁下部结构检查

（一）桥梁墩台

桥墩设置在两桥台之间，支撑着上部结构。桥台设置在桥梁两端，其基本功能在于提供桥梁起点及终点两端点的支撑，稳定两端桥台背后的路基，并支撑上部结构荷载。

绝大多数墩台是由钢筋混凝土、混凝土或砖石砌体建成。墩台容易受到上部结构荷载增加和基础出现缺陷的直接影响。尤其是当基础产生不均匀沉降、滑移、倾斜等现象时，将会使墩台受到影响而产生很大的损坏。

在突然受到船只及漂浮物的撞击等外力作用下，墩台会产生局部破坏，会产生脱落与剥离。还要受干燥、潮湿、寒暑、冻结冰融等气候条件的影响，有时还受到水、海水、工业废水、废气、酸、碱、火热等作用，从而产生裂缝、剥落、锈蚀等病害。此外，材料随使用时间的增长还会老化。

归纳起来，墩台的主要检查内容有以下几点：

（1）台背填土有无沉降裂缝或挤压隆起；

（2）薄壁桥台混凝土有无纵、横向裂缝；

（3）锥坡、护坡有无冲刷、滑坍、沉陷；

（4）翼（耳）墙有无开裂、倾斜、滑移、沉陷；

（5）混凝土墩台及帽梁有无冻胀、风化、开裂、剥落、露筋等；

（6）石砌桥台有无砌块断裂、通缝脱开、变形，砌体泄水孔是否堵塞，防水层是否损坏；

（7）墩台顶面是否清洁，伸缩缝处是否漏水。

（二）桥梁基础

桥梁基础定期检查的主要内容应包括以下几点。

（1）基础有无滑动、倾斜、下沉或冻拔。

（2）检查桩基及其他类型基础的暴露部分有无缺损、开裂、砂浆面层剥落及露筋锈蚀等病害。

（3）应对桥梁墩台基础冲刷、河床断面的变化、主河道的变迁以及流速、流量等情况进行观测，并与当地水文站建立固定联系。

（4）对非嵌岩基础，养护中要特别注意冲刷问题。常年有水的河流，特别是常年可通航的河流，应密切注意水流对基础地基的冲刷。在桥梁建成后三年，每年汛期前后各测一次；以后视冲刷情况，适当延长测量周期，准确掌握基础处河床的冲刷情况。如遇特殊水文年（特大洪水年、最枯水文年及受人工控制对河床变化产生重大影响等）则应适当增加测量次数。

（5）对河床冲淤变化的观测应按有关规定执行。观测范围为主桥全长，在桥梁中线及上、下游 50m 各布设一个断面。

（6）应对水位进行观测，在主墩上游岸侧设一组水尺。在枯水期，每日 8 时观测一次；出现缓慢峰谷时，应在 20 时增测一次。洪水期则应每日 8 时、14 时、20 时各观测一次。当水位急剧涨落时，还需适当增加测量次数。

（7）对覆盖层易冲刷的墩台基础，每年汛前一个月以及汛后，应对基础处冲刷深度进行一次测量，并做好记录。当基础处的局部冲刷线超过设计的允许值时，应立即向原设计单位和主管部门报告并采取有效措施。

（8）对桥梁附近的河床的稳定性应采取措施，以保障桥梁安全和不易被洪水冲毁。

（9）应观测了解有无水污染，必要时对一定范围内水质进行物理和化学测试，防止不良水质侵蚀桥梁墩台及基础。

第三节　桥梁常见病害、检测方式及其成因分析

一、混凝土与预应力混凝土桥梁

（一）主要病害归纳

通常情况下，混凝土与预应力混凝土桥梁病害主要发生在建设年代久、设计荷载较低的一些桥上，当然也有个别新桥由于施工质量较差出现病害。超重车辆是造成桥梁病害的一个重要诱因，而桥梁缺少养护或养护不当更加速了桥梁的损坏。将桥梁病害按发生部位分别在桥梁桥面设施、上部结构、下部结构和基础进行分类如下。

1. 桥面设施

桥头跳车、栏杆、人行道和伸缩缝毁坏是目前普遍存在的通病。而桥面排水不畅、照明系统破坏等现象多由于养护不当引起。

2. 上部结构

钢筋混凝土与预应力混凝土桥梁的常见病害包括支座老化、裂缝、腐蚀、变位、混凝土破损等，其中裂缝是普遍存在的病害。问题的关键在于，这些裂缝的宽度和深度必须在有关规定允许的范围内，否则会影响梁的耐久性，甚至影响承载力。相对于梁桥而言，拱桥病害偏多，其中石拱桥多产生由于基础沉陷而引起的拱圈横向开裂，而位于半填半挖路段的石拱桥则易产生顺桥向裂缝、侧向外倾等；桁架拱桥一般主拱圈矢跨比、断面尺寸均过小，由于荷载的增加，易产生变形，使得拱圈拱腹部位钢筋保护层开裂、脱落，钢筋锈蚀；双曲拱桥除主拱圈易产生类似桁架拱桥的病害外，其拱波一般由于未配置钢筋加上拱肋间的横向联系较弱，而在波顶产生裂缝；此外，拱上填料填筑不当或因桥面漏水使其产生膨胀，则容易造成拱上建筑中侧墙的外倾，严重威胁桥梁的稳定。

3. 下部结构

实体式墩台多由于基础开裂或沉陷而引起的竖向裂缝或倾斜，而柱式或框架式墩台由于受力截面小，在荷载增加过大及基础变位双重影响的情况下，易造成盖梁或立柱产生裂缝，使立柱钢筋锈蚀，因而减小了立柱的有效受力截面，减少其承载能力。

4. 基础

刚性扩大基础由于埋置深度较浅，其病害多为基底部分冲空，基础受剪竖向

开裂或倾斜。对于桩基础而言，由于挖砂及冲刷等原因致使河床面降低，常会导致桩身外露，桩的自由长度加长，使得桥梁墩台的纵横向刚度降低，整体稳定性减弱。此外，一些桩基础，特别是一些打入式混凝土管桩，也出现了由于桩身混凝土质量较差，钢筋裸露锈蚀，而严重影响承载力的现象。

（二）上部结构物病害

1. 裂缝病害

裂缝是钢筋混凝土结构、圬工结构在正常使用过程中的一个相当普遍的现象。就微观角度来讲，混凝土结构内的裂缝是不可避免的，如集料与水泥石黏结面上的裂缝、水泥浆中的裂缝、集料本身的裂缝等。裂缝在规范里是作为正常使用状态中耐久性来评价，因为若构件的裂缝是在规定的容许范围内（强度、刚度、耐久性等），且没有其他额外的特殊因素干扰，一般对结构不会产生大的危害。但是在桥梁结构的实际应用期间内，难免有各种综合因素使得构件的裂缝超限、不断地发展。结构的损坏乃至倒塌往往是从裂缝的扩展开始的，随着时间的延伸桥梁由安全状态逐渐转化为不安全状态，因此结构耐久性问题实质也是安全问题，必须引起重视。表 9-5 所列为各种桥型允许最大裂缝宽度限值。

表9-5　各种桥型允许最大裂缝宽度

结构类型	裂缝种类	允许最大缝宽（mm）	其他要求
钢筋混凝土梁	主筋附近竖向裂缝	0.25	
	腹板斜向裂缝	0.30	
	组合梁结合面	0.50	不允许贯通结合面
	横隔板和梁体端部	0.30	
	支座垫石	0.50	
预应力混凝土梁	梁体竖向裂缝	不允许	
	梁体纵向裂缝	0.20	
圬工拱桥	拱圈横向	0.30	高度小于截面高度一半
	拱圈纵向	0.50	长度小于跨径的1/8
	拱波和拱肋结合处	0.20	

结构类型	裂缝种类			允许最大缝宽（mm）	其他要求
墩台	墩台帽			0.30	不允许贯通墩身截面一半 0.20
	墩台身	经常受侵蚀性水影响	有筋无筋	0.20 0.30	
		常年有水，但无侵蚀性水影响	有筋无筋	0.25 0.35	
		干沟或季节性有水河流		0.40	
	有冻结作用部分			0.20	

（1）裂缝病害的成因

实际上，钢筋混凝土结构裂缝的成因复杂而繁多，甚至多种因素互相影响，但每一条裂缝均有其产生的一种或几种原因。钢筋混凝土桥梁裂缝种类，就其产生的原因，大致可分为荷载裂缝和非荷载裂缝。

①荷载引起的裂缝

桥梁在常规静、动荷载及次应力作用下产生的裂缝称荷载裂缝，归纳起来主要有直接应力裂缝及次应力裂缝两种。

a. 直接应力裂缝是指外荷载引起的直接应力产生的裂缝。裂缝产生的原因如下。

由于设计计算问题而出现的裂缝。例如：结构未计算或漏算；结构计算模式和实际受力不符；结构安全系数不够；设计未考虑施工的可能性；钢筋设置偏少或布置错误；构造处理不当或结构刚度不足等。

在施工阶段由于操作失误而造成的裂缝。随意翻转、起吊、运输、安装；未按设计图纸施工，擅自更改结构施工顺序；对施工机具振动等考虑不周。

在使用阶段各种影响因素产生的裂缝。例如：超过设计荷载的重型车辆过桥；受车辆、船舶的接触、撞击；发生大风、大雪、地震、爆炸等灾害。

b. 次应力裂缝是指由外荷载引起的次生应力产生的裂缝。裂缝产生的原因如下。

在设计外荷载作用下，由于结构物的实际工作状态同常规计算有出入或计算未考虑，从而在某些部位引起次应力导致结构开裂。

桥梁结构中经常需要凿槽、开洞、设置牛腿、跨内截断预应力钢束设置锚头等，在常规计算中难以用准确的图式进行模拟计算，一般根据经验设置受力钢筋。对于局部应力集中等现象尚难有效解决。实际工程中，次应力裂缝是产生荷载裂缝最常见原因。

对于温度变化、材料劣化等并非直接由荷载原因引起的裂缝，习惯上称为非荷载裂缝。

②温度变化引起的裂缝

混凝土具有热胀冷缩性质，当外部环境或结构内部温度发生变化时，混凝土将发生变形，若变形遇到约束，则在结构内将产生应力，当应力超过混凝土抗拉强度时，即产生温度裂缝。

引起温度裂缝的主要因素如下。

a. 年温差。一年四季温度不断变化，但变化相对缓慢，对桥梁结构的影响主要是导致桥梁的纵向位移。一般可通过桥面伸缩缝、支座位移或设置柔性墩等构造措施加以解决，只有当这些设施出现问题导致结构的位移受到限制时才会引起温差裂缝。

b. 日照。桥面板、主梁或桥墩侧面受太阳暴晒后，温度明显高于其他部位，温度梯度呈非线性分布。由于受到自身约束作用，导致局部结构拉应力较大，出现裂缝。日照和骤然降温是导致结构温度裂缝的常见原因。

c. 骤然降温。突降大雨、冷空气袭击、日落等可导致结构外表温度突然下降，但因内部温度变化相对较慢而产生温差裂缝。

d. 水化热。出现在施工过程中，大体积混凝土（厚度超过 2.0m）浇筑之后由于水泥水化放热，致使内部温度很高（可达 70℃以上），内外温差太大，致使表面出现裂缝。

e. 蒸汽养护或冬季施工时措施不当，混凝土骤冷骤热，内外温度不均，易出现裂缝。

f. 试验研究表明，高温下的混凝土强度随温度的升高而明显降低，钢筋与混凝土的黏结力随之下降。由于受热，混凝土体内游离水大量蒸发也可产生急剧收缩而产生裂缝。

③收缩引起的裂缝

混凝土浇筑后，由于自身收缩受到边界约束而产生的拉应力，当其大于混凝土的抗拉强度时就会产生与拉应力方向相垂直的收缩裂缝。收缩裂缝一般易出现在混凝土表面、桥墩底部、装配式桥梁的湿接缝、拱片的横系梁等位置。

④基础变形引起的裂缝

由于基础竖向不均匀沉降或水平方向位移，会使结构物中产生附加应力，当超过结构物材料的抗拉能力时，将导致结构开裂。基础不均匀沉降的主要原因如下。

a. 地质勘察精度不够，试验资料不准。盲目进行设计、施工，这是造成地基不均匀沉降进而出现病害的主要原因。

b. 地基地质差距太大。建造在山区沟谷的桥梁，河沟处的地质与山坡处的相比变化较大，河沟中甚至存在软弱地基，地基土由于不同的压缩性能会引起不同沉降。

c. 结构荷载差异太大。在地质情况较均匀的情况下，当各部分基础荷载差异太大时，也可能引起不均匀沉降。

d. 结构基础类型差别大。同一联桥梁中，若使用基础类型或设计参数差别较大时，也可能引起不均匀沉降。

e. 分期建造的基础。在原有桥梁附近新建桥梁时，新产生的荷载会引起地基土重新固结，有可能产生原有桥梁基础的较大沉降。

f. 地基冻胀。低于零度的条件下含水率较高的地基土因冰冻膨胀；一旦温度回升，冻土融化，地基会出现下沉。

g. 桥梁基础置于滑坡体、溶洞或活动断层等不良地质条件下，可能造成不均匀沉降。

h. 桥梁建成后，原有地质条件变化。大多数天然地基和人工地基浸水后土体强度遇水下降，压缩变形加大。在软土地基中，因人工抽水或干旱季节导致地下水位下降，地基土重新固结下沉，同时对基础的上浮力减小。负摩阻力增加，基础受荷加大。

⑤钢筋锈蚀引起的裂缝

对于钢筋混凝土结构，钢筋置于混凝土中，利用混凝土的碱性在钢筋表面形成保护层。若保护层失去保护作用，钢筋将锈蚀，锈皮会吸湿产生化学反应而膨胀，其体积将膨胀，并推挤混凝土，使混凝土开裂或剥落。

⑥冻胀引起的裂缝

吸水饱和的混凝土出现冰冻时会使混凝土强度降低，并导致裂缝出现。温度低于零度和混凝土吸水饱和是发生冻胀破坏的必要条件。混凝土中集料空隙多、吸水性强，集料中含泥土等杂质过多，水灰比偏大、振捣不密实，养护不力使混凝土早期受冻等情况，均可导致混凝土产生冻胀裂缝。

⑦原材料质量引起的裂缝

混凝土主要由水泥、砂、集料、拌和水及外加剂组成。混凝土所采用材料的质量不合格，可能导致结构出现裂缝。

a.水泥。使用不合格水泥会在早期出现不规则的裂缝。

b.砂、石。砂石含泥量超过规定，不仅降低混凝土的强度和抗渗性，还会使混凝土干燥时产生不规则的网状裂缝；砂石的级配差，有的砂砾过细，用这种材料拌制的混凝土常造成侧面裂缝；碱—集料反应。集料中含有泥性硅化物质与碱性物质相遇，则水、硅反应生成膨胀的胶质，吸水后造成局部膨胀和拉应力，则构件产生爆裂状裂缝，在潮湿的地方较为多见。

c.拌和水及外加剂。拌和水或外加剂中氯化物等杂质含量较高时对钢筋锈蚀有较大影响。采用海水或含碱泉水拌制混凝土，或采用含碱的外加剂，可能增强碱—集料反应的影响。

⑧施工工艺质量引起的裂缝

在混凝土浇筑、构件制作、起模、运输、堆放、拼装及吊装过程中，若施工工艺不合理，施工质量低劣，可能产生各种形式的裂缝。裂缝出现的部位和走向、裂缝宽度因产生原因而异，比较典型且常见的列示如下。

a.钢筋混凝土保护层过厚，或乱踩绑扎的上层钢筋，使承受负弯矩的钢筋保护层加厚，导致构件的有效高度减小，形成与受力钢筋垂直方向的裂缝。

b.混凝土振捣不密实、不均匀，出现蜂窝、麻面、空洞，导致钢筋锈蚀或形成其他荷载裂缝的起源点。

c.混凝土浇筑过快，混凝土流动性较低，在硬化前因混凝土振捣不足，则容易在浇筑数小时后发生塑性收缩裂缝。

d.混凝土搅拌、运输时间过长，水分蒸发过多，引起混凝土坍落度过低，使得在混凝土表面出现不规则的收缩裂缝。

e.混凝土浇筑初期未能有效进行保湿、潮湿养护，使得混凝土与大气接触的表面急剧干燥，会出现不规则的收缩裂缝。

f.用泵送混凝土施工时，为保证混凝土的流动性，增加水和水泥用量，或因其他原因加大了水灰比，可能导致混凝土凝结硬化时收缩量增加，混凝土表面出现不规则裂缝。

g.混凝土分层或分段浇筑时，若接头部位处理不好，易在新旧混凝土和施工缝之间出现裂缝。

h.混凝土若早期受冻，可使构件表面出现裂纹或局部剥落，或脱模后出现空鼓现象。这对混凝土性能影响很大，因此混凝土的浇筑必须杜绝受冻现象。

i.施工时模板刚度不足，在浇筑混凝土时，由于模板刚度不足产生较大变形，会产生与模板变形一致的裂缝。

j.施工时拆模过早，混凝土强度不足，使得构件在自重或施工荷载作用下产生裂缝。

k. 施工前对支架基础压实不足或支架刚度不够，浇筑混凝土后支架不均匀下沉，导致混凝土出现裂缝。

l. 装配式结构，在构件运输、堆放时，支撑垫木不在一条垂直线上，或悬臂过长，或运输过程中剧烈颠簸；吊装时吊点位置不当而引起结构裂缝。

m. 安装顺序不正确，导致结构产生裂缝。

（2）裂缝病害分析

为便于进行裂缝的检测与成因分析，下面对各类常见裂缝的特点作详细介绍。

①荷载裂缝

a. 正截面受弯裂缝

出现在简支体系的梁板跨中底部横向位置，悬臂体系正弯矩最大位置，并逐渐向上发展。

无铰拱拱顶截面底部出现横向通裂；双曲拱拱波中部出现纵向裂缝等。一般是在弯矩最大截面附近从受拉区边沿开始出现与受拉方向垂直的裂缝，逐渐向中和轴方向发展。采用螺纹钢筋时，裂缝间可见较短的次裂缝。当结构配筋较少时，裂缝少而宽，结构可能发生脆性破坏。

b. 斜截面受剪裂缝

出现在构件主应力最大处，如简支体系支点附近处斜向裂缝多属此类。当箍筋太密时发生斜压破坏，沿梁端腹部出现大于45°方向的斜裂缝；当箍筋适当时发生剪压破坏，沿梁端中下部出现约45°方向相互平行的斜裂缝。对于箱梁，在扭矩作用下，也会产生斜截面裂缝。

c. 纵向荷载裂缝

纵向裂缝产生的原因有很多，其中一些是荷载裂缝，另一些是由温度、收缩等非荷载因素引起，这里重点谈纵向荷载裂缝，非荷载裂缝将在后面介绍。

拼装式 T 梁，由于横隔板拼缝处下缘焊接钢板脱焊或湿接板收缩开裂，导致横向整体性差而使桥面产生错动裂缝。

空心板梁由于铰缝构造较小，施工时又不保证混凝土强度，在活载作用下极易剪裂，而造成桥面产生纵向裂缝。

小型箱梁横向湿接板在活载作用下，产生挠曲变形而导致纵裂。

在大跨径桥梁中，超载特别是超重车轴荷载的作用，对横向的影响比纵向更大，这是因为纵向弯矩中，自重占绝大部分；而横向弯矩，主要受活载的影响，轴重超过规范时，很易出现顶板下缘的纵向裂缝。

预应力过大引起的裂缝。很多预应力混凝土变截面连续箱梁桥在中跨附近区域箱梁底板出现较为规则的纵向裂缝，甚至出现底板局部混凝土崩落，引起这一病害的主要原因有如下两个方面。

·设计的箱梁底板压应力尽管均控制在规范允许范围之内，但压应力储备偏高，一般在 15MPa 左右；

·施工对有些钢筋的作用理解上有偏差，认为底板吊筋是作为支撑上下两层钢筋的架立筋处理的，这样会降低底板受力的整体性，在较大压应力、曲率效应和横向泊松效应作用下，底板混凝土会局部分层，导致底板混凝土下凸、开裂甚至失稳崩裂。

支座布置的影响：大跨径连续梁，其支座中心与腹板中心有一定的横向间距。支座反力由腹板传至墩顶。有时如不采取措施，顶板上缘可能出现裂缝。另外，墩上正确的横向支座布置，应该是一个固定、一个滑动，才可避免因温度、收缩或活载作用时出现纵向裂缝。有的设计仅注意纵向支座的固定或滑动类型，但把横向两个支座都布置成固定的，这样在荷载、温度、收缩的作用下很容易导致开裂。

应当看到，也有一些非荷载因素是导致桥梁产生纵向裂缝的原因，如我国过去的桥梁设计规范中规定了翼缘与梁体的其他部位有 5℃的温差。这样的温差偏小。这也是出现纵向裂缝的原因之一。现行《公路桥涵通用设计规范》中已规定了比过去大得多的温度梯度，故该问题可望得到解决。当混凝土梁段分期浇筑时，若其横向收缩受到桥墩或是先浇梁段的限制则可能导致底板中部出现纵向裂缝。此外，一些桥梁由于混凝土水化热的作用也会产生纵向裂缝。因此，对于纵向裂缝的成因应根据情况具体分析。

d. 其他局部受力裂缝

预应力混凝土锚下裂缝：预应力是通过锚具传给混凝土的，因此，锚下的混凝土承受很大的局部压应力，这些部位的应力很复杂，常常伴随着劈拉应力，若混凝土强度未达到要求，或锚下配置的抗拉应力钢筋不足，距锚具一定距离就会出现局部开裂。

组合结构裂缝：在装配组合式结构中，往往由于结合面强度不足，并在结合面未予配筋而在结合面受剪较大处及结合面受拉较大处产生裂缝。这类裂缝必须引起重视，由于结合面产生裂缝后，会造成截面承载能力急剧降低，在做荷载试验时，一般应该对截面进行整体性检测。

桥面板冲剪裂缝：桥面板在局部荷载作用下，出现沿局部荷载周边大体呈45°倾角的放射状裂缝。这种病害常出现在 20 世纪 60、70 年代修建的桥梁中，特别是双曲拱桥，大量采用少筋混凝土微弯板，随着车载重越来越大，导致桥面板冲剪裂缝。

混凝土受压裂缝：钢筋混凝土拱桥由于拱脚产生过大水平位移或船撞，往往引起拱脚下缘处于较高压应力状态，当压应力超过其抗压强度，就会沿受压方向产生多条短而密的裂缝而破坏。

②非荷载裂缝

a. 混凝土收缩裂缝

混凝土由汽、液、固三相组成，其中尚有未水化的水颗粒，还需吸收周围水分。液、固相间的胶凝体，因水分散失，体积会缩小，引起收缩裂缝。混凝土收缩主要有塑性收缩、缩水收缩（干缩）和自身收缩及碳化收缩 4 种。

塑性收缩。发生在施工过程中，混凝土浇筑后 4 ~ 5h，此时水泥水化反应激烈，分子链逐渐形成，混凝土开始失水收缩，同时集料因自重下沉，而此时混凝土尚未硬化，称为塑性收缩。其产生量级可达 1% 左右，具体数值与混凝土流态有很大关系，且仅发生在混凝土浇筑初期。在集料下沉过程中若受到钢筋阻挡，便形成沿钢筋方向的裂缝。

缩水收缩（干缩）。混凝土硬结以后，随着表层水分逐步蒸发，湿度逐步降低，混凝土体积减小，称为缩水收缩。因混凝土表层水分损失快，内部损失慢，因此混凝土表面的收缩变形受到内部混凝土的约束，可能导致表面混凝土受拉开裂。混凝土硬化的后收缩主要就是缩水收缩。如配筋率较大的构件（超过 3%），钢筋对混凝土收缩的约束比较明显，混凝土表面容易出现龟裂裂纹。缩水收缩产生量级可达 0.02% 左右。

自身收缩。自身收缩指混凝土在硬化过程中，水泥与水发生水化反应生成新的物质，导致自身体积缩小。

碳化收缩。这是大气中的二氧化碳与水泥的水化物发生化学反应引起的收缩变形。其中有的在湿度 50% 左右才能发生，且随二氧化碳浓度增加而加快。碳化收缩量级不大，一般可忽略不计。

收缩裂缝的主要表现形式有如下几种。

混凝土构件表面龟裂：裂缝多数是混凝土构件表层由于养护不当，表层失水、干缩所造成。这类裂缝一般不深，多数深度不超过钢筋保护层厚度。

墩台混凝土的竖向收缩裂缝：主要发生于岩石基础上浇筑的墩台混凝土和在早已浇筑好的混凝土承台上再浇筑薄壁混凝土墩身的情况。在岩石基础上浇筑的墩台混凝土，混凝土墩身要收缩，而岩石基础不收缩，由此产生收缩差，岩石基础阻止墩身混凝土收缩而在横向产生拉应力，当该拉应力大于该时段的混凝土极限拉应变就会产生竖向裂缝。这类墩身、台身的竖向裂缝为下宽上细，当台身较厚，由于表层收缩大、内部收缩小，因此显示表层裂缝宽些、内部裂缝细些，一般不贯通。在先浇筑好的混凝土承台上再浇筑薄壁混凝土墩身时。由于先浇混凝土的后期收缩量小于同一时间后浇混凝土的收缩量，导致产生收缩差而产生裂缝。由于墙体薄，故多数裂缝是贯通的。

预制 T 梁由于钢模拆除不及时，造成腹板竖向裂缝。

老桥混凝土腹板的碳化收缩现象：如苏式 T 梁腹板经常发现枣核形裂缝，即两端细，中间粗。裂缝下端细是由于下缘配筋量大，裂缝上端由于逐渐上伸到受压区而消失。裂缝中间粗有两个原因：一是腹板水平钢筋少；二是在原有裂缝基础上，由于碳化收缩而使裂缝宽度增宽。

预制构件拼装湿接头收缩裂缝：此类裂缝会大大减弱桥梁横向整体性，降低结构刚度与承载能力。空心板梁铰缝混凝土收缩产生缝隙后，当桥面铺装钢筋配筋率低时，易造成桥面沿梁长产生顺桥向裂缝，降低横桥向整体性，使荷载横向分布集中，并由此降低桥梁承载能力。

空心板梁封头板砂浆收缩裂缝引起渗水，导致钢筋锈蚀。

桥梁吊杆上端封锚混凝土因收缩裂缝渗水，通过锚头孔隙流水至钢束而锈蚀。

如前所述，由于混凝土刚浇筑、振捣，抹面压光后，混凝土在自重作用下仍有继续下沉收缩趋势，此时受到钢筋阻碍或模板约束，就会产生裂缝。

b. 大体积混凝土水化热引起的裂缝

水泥在水化过程中会产生大量热量。若混凝土结构内部截面和体积庞大，加上混凝土导热性能差，水化产生的热量聚集在混凝土结构内部不易散发，会使得混凝土结构内外由于温差产生膨胀变形不一，在混凝土结构内部产生压力，结构外部产生拉应力，当内外温差过大，超过 20 ~ 25℃时，表层混凝土产生的拉应力超过混凝土极限抗拉强度，混凝土表面将产生裂缝。我国《公路桥涵施工技术规范》在条文 11.6.2 的说明中指出：必须控制大体积混凝土的温差在设计要求之内。当设计无要求时，温差以不超过 25℃为宜，这一要求适用于最小边尺寸在 1 ~ 3m 范围内的大体积混凝土。

c. 集料膨胀引起的裂缝

碱—集料反应产生的膨胀裂缝，一般出现在工程的潮湿部位，缝处有白色、黄色或黑色的碱硅凝胶物质析出，少筋处网裂，近支点处裂缝方向有平行于约束方向的趋势，裂缝两侧一般有高差。集料膨胀病害有两类。

碱—集料反应引起集料膨胀，破坏混凝土并产生裂缝。

含有氧化镁集料、硫酸盐集料或生石灰缓慢水化膨胀而破坏混凝土。这类病害的进展是由表及里的，这是与外界潮气由表面通过毛细孔逐渐渗入有关。

发生所谓碱—集料反应的条件有三点：一是混凝土集料中含有一定量的碱活性二氧化硅，例如白云石、蛋白石等，当其含量大于 5% 时，对混凝土构件可能会产生损害；二是混凝土中碱的含量超过一定量，当超过 3kg/m3 的范围时可能产生危害；第三是潮湿的环境。

集料膨胀病害会产生集料膨胀裂缝后使截面削弱，裂缝处易渗水，锈蚀钢筋。受压区若因集料膨胀而损坏达到一定程度，可能会出现突然破坏。梁端因集料膨胀而损坏，有可能产生斜压破坏形态。更为棘手的是，集料膨胀病害一旦出现则很难根除，因此必须对集料膨胀病害予以重视，应该在施工前控制水泥及添加剂的碱含量，并做好防水隔离。对于已建结构，应加强检查，及时修补，以缓解病害发展速度。可通过下面方法辨别集料膨胀裂缝：

膨胀集料在构件浅层，一般呈网状及放射形裂缝，裂缝交点处为膨胀集料所在位置；

当膨胀集料在钢筋背后，则集料膨胀后，会把钢筋顶弯，此时有可能产生顺钢筋裂缝，但其长度不长，同时可能出现混凝土被冲剪破裂，其裂缝为周边一圈；

混凝土冲剪锥体边缘裂缝的两侧有高差，若内部膨胀集料为弥漫性分布，其内部有可能产生层理状裂缝；

与网状收缩裂缝的区别有两点：一是收缩裂缝一般发生时间较早，多在施工后即发生，而集料膨胀裂缝均在几年之后发生；二是收缩裂缝两侧无高差，而集料膨胀裂缝两侧有高差。

此外，对于较多的集料膨胀类型，从表面也可以大致判别：

石子周围有白色反应环者，多为碱活性集料所产生；

裂缝中渗出乳白色、黄褐色、咖啡色，甚至黑色的碱硅凝胶，用湿布不易擦掉，多为碱—集料反应；

膨胀源呈白色粉团、姜黄色石子多为含氧化镁石子及生石灰吸潮膨胀所致。

d. 钢筋锈蚀引起的裂缝

由于混凝土质量较差或保护层厚度不足，二氧化碳侵蚀碳化至钢筋表面，使钢筋周围混凝土碱度降低。或由于氯化物浸入，钢筋周围氯离子含量较高，均可引起钢筋表面氧化膜破坏，钢筋中铁离子与侵入到混凝土中的氧气和水分发生锈蚀反应，其锈蚀物氢氧化铁体积比原来增长 2 ~ 4 倍，导致保护层混凝土开裂、剥落，沿钢筋纵向产生裂缝，并有锈迹渗到混凝土表面。由于锈蚀，会使钢筋有效断面积减小，钢筋与混凝土握裹力削弱，结构承载力下降，并将诱发其他形式的裂缝，加剧钢筋锈蚀，导致结构破坏。对于钢筋锈蚀，首先要分析是先锈后裂，还是先裂后锈。

先锈后裂：钢筋外表混凝土保护层起保护钢筋作用的机理是因为混凝土保护层具有弱碱性，对钢筋产生碱性保护。但混凝土在外部环境作用下，会与空气中二氧化碳缓慢地发生碳化反应，当保护层全被碳化，当外界有腐蚀物质时，通过毛孔渗入到钢筋表面而锈蚀，从而胀裂混凝土保护层先锈后裂。另外，当混凝土中含有氯离子时，即使混凝土碱度较高，钢筋周围的混凝土尚未碳化，此时钢筋也会出现锈蚀。

先裂后锈：先裂后锈的情况具有多种类型：受力裂缝的裂缝宽度过大，外界腐蚀物质有直接通道而锈蚀筋；酸雨腐蚀先腐蚀混凝土保护层继而锈蚀钢筋；集料膨胀引起混凝土裂缝后再锈蚀钢筋。

钢筋锈蚀引起裂缝形态一般是顺筋向的。对先锈后裂的混凝土构件，实际上在钢筋锈蚀早期，构件内部已有层离裂缝存在，但外部还尚未裂缝，此时可用小锤轻敲听声，有空壳声表示内部已有裂缝起壳，然后凿开检查。对于箍筋锈蚀裂缝，手摸其裂缝边缘会有凸出高差感觉。钢筋锈蚀后，内部混凝土产生层离状态。

（3）钢筋混凝土和预应力混凝土梁式桥中裂缝的分布形态和检查重点

对于裂缝病害，主要有如下检测方式。

①目测：通过肉眼观察裂缝界面、走向、部位、颜色。

②触摸：用手触摸感觉裂缝两侧有无高差。

③勾画：在裂缝边 3 ~ 5mm 处用粉笔或记号笔勾画线，以示醒目和照相记录。

④裂缝宽度测量：裂缝宽度指主筋重心部位的裂缝宽度，主要记录此处的缝宽。检测仪器主要有 20 ~ 40 倍刻度放大镜、宽度对比卡、游标卡尺。

⑤敲击：在裂缝部位用小锤敲击，根据声响判断内部是否为胀裂。

对钢筋混凝土和预应力混凝土梁式桥的检查要点可参见前文相关内容。

①简支梁桥

现将普通钢筋混凝土简支梁常见的裂缝情况归结于表 9-6，预应力混凝土简支梁常见裂缝归结于表 9-7。鉴于梁式桥梁在受力方面的类似性，所以对其他梁式桥型而言，表 9-6 与表 9-7 亦有参考价值。

表9-6　普通钢筋混凝土简支梁常见裂缝

种类	状态
网状裂纹	（1）裂纹多属表面龟裂，无固定规律，其深度不致触及钢筋； （2）裂纹宽度一般很小（0.01～0.05mm），宽度在0.05m时肉眼可见，以手触之有凸起之感
下翼缘受拉区的短细竖向裂纹	（1）裂纹在跨中分布较密（间距0.1～0.2m），两端逐渐减少； （2）裂纹大致与主筋垂直，由下翼缘向上发展，至下梗肋即告终止； （3）裂纹宽度较细，一般在0.03～0.1mm之间，跨度在10m以下的梁，裂纹宽度多在0.03mm以下； （4）裂纹一般在动载作用下变化不大，经过较长时间运营已趋稳定
横隔板处竖向裂纹	（1）裂纹在梁端及腹板变断面的梁上均有发生，由棱角边缘向上延伸，焊缝开裂； （2）裂纹宽度一般为0.2～0.3mm
人行道长悬臂上平面顺梁长纵向梁纹	（1）裂纹一般由梁端向跨中延伸； （2）裂纹宽度一般在0.2mm以上
腹板上竖向裂纹	（1）是运营线上最常见、最严重的一种裂纹，梁的跨度越大，裂纹越宽越长； （2）裂纹在混凝土浇筑两三个月后陆续发生，经荷载作用裂纹发展，数量增多质量好的梁则变化不大），随梁的使用时间增长而逐渐停止发展； （3）跨度12～20m变截面梁普遍存在于腹板较薄部分，在梁半高线附近裂纹宽度较大；跨度6.7～10m等截面梁裂纹较少，多分布在跨间1/4跨长范围内，最宽裂纹在主筋以上部位附近；跨度5.5m以下的梁则少见； （4）Ⅱ形梁一般以外梗外侧为多，当外梗外侧裂纹宽超过0.2～0.3mm时，其内侧均有相应裂纹； （5）变截面梁裂纹由中间向上下两端延伸，等截面梁裂纹由主筋以上向上延伸，上端未到达腹板顶部，外梗外侧面裂纹随使用期增长而增多，其他面变化不大，如外侧侧面裂纹发展过甚，可使内侧重新开裂形成环状或对裂； （6）裂纹宽度一般为0.2mm，最大0.5mm，间距无一定规律
腹板斜裂纹	（1）也是钢筋混凝土梁中最多的一种裂纹，各种跨度均有发生，但10m以下裂纹较少，其倾斜角也较小； （2）斜裂纹在梁每个侧面的分布规律与剪力分布相同； （3）跨度12～20m梁裂纹分布在距支点1m至1/4跨度处，最宽0.4mm（少数），一般宽0.2～0.3mm，与水平轴成45°～60°；跨度8～10m梁端部腹板虽较厚，但有时也有发现； （4）变截面梁斜裂纹在梁半高线附近宽度最大，向两端发展形成枣核状；等截面梁斜裂纹在主筋附近宽度最大； （5）外梗斜裂纹比内梗为多，宽度超过0.2mm者两侧多形成对裂； （6）裂纹间距为0.5～1.0m，裂纹由几条至几十条不等

种类	状态
顺主筋方向的纵向裂纹	（1）裂纹顺主筋方向延伸，长度可发展得很长，最严重的长达跨度之半，宽达4mm； （2）这种裂纹对结构有很大的危害，它破坏钢筋和混凝土的共同作用条件（黏着力），可使钢筋应力骤增，以致突然破坏

表9-7　预应力混凝土简支梁常见裂缝

种类	状态
桥面板横向裂纹	（1）发生在断面削弱部位（中间几个泄水孔），一般比较轻微，严重的可达上梗肋外，个别可裂到腹板中部； （2）有时在1/4跨度附近出现，多数贯通上翼，有些则仅出现在上翼一侧，裂纹状如刀切，一般宽度0.1～0.2mm，个别达到0.8mm； （3）在无外荷载作用的情况下，随着徐变上拱，此种裂纹将继续发展或产生新的裂纹； （4）当桥面铺设上部结构物之后，即处于受压状态，这类裂纹在经过环氧树脂修补之后，在使用过程中不再开裂
沿梁端钢丝束的裂纹	（1）裂纹与钢丝束方向一致，在后张法中通常在端部扩大部分，裂纹比较细小，长度2m以上，宽度0.1～0.2mm，深度约35mm，在厂内时裂纹很少发现，但可能已有微裂，在运营中受各种因素作用而逐渐显露； （2）先张法预应力梁有直线配筋的单向预应力与双向预应力两种，由于钢丝束布置方式的不同，端部裂纹亦不同，裂纹始于张拉端面，近水平状向跨中延伸，通常位于自梁底起50～130mm高度范围内，一般有1～5条，宽度0.1mm，长度延伸至扩大部分变截面处
下翼缘的纵向裂纹	（1）早期生产的预应力梁，沿管道的裂纹相当普遍，1%4年后由于改善梁体的构造以及采用底模振捣和胶管制孔等工艺，梁体质量提高，但仍有不同程度较细小的纵向裂纹； （2）裂纹多发生在端部第一、二节间的下翼缘侧面及梁底或腹板与下翼缘交界处，但也有少数在腹板上； （3）裂纹一般都位于最外一排的钢丝束部位，通常在锚头后面或压浆孔附近首先开裂，然后沿钢丝束走向，继续延伸至第二横隔板为止，个别向跨中延伸
腹板竖向裂纹	（1）厂制过程中的一种主要裂纹，一般出现数量不多，大多在脱模后第二天发生； （2）裂纹长一般在50cm以上，发生在两隔板的中部较多，裂纹宽度为0.05～0.2mm，呈枣核状，中间宽两端窄，裂纹大致由腹板的半高线向上下延伸； （3）有的裂纹通常从上梗肋至下梗肋，个别严重的桥面及梁底部都被裂断，宽度0.2～0.4mm； （4）预施应力后，裂纹大部分闭合，但孔道压浆时还会从裂纹中挤出浆来； （5）仅限于腹板部分的竖向裂纹在静载试验中证明对梁体结构性能无多大影响，但梁底裂通的梁，尤其裂纹处于跨中附近时，则由于丧失下翼缘混凝土本身的抗拉强度，将导致梁体挠曲抗裂性有显著降低

种类	状态
桥面板及下翼缘斜面上的龟裂	（1）裂纹的方向无一定规律，长度不大，但裂纹有的很宽，达1～2mm； （2）下翼缘斜面上，由于水泥砂浆容易聚积该处，龟裂现象较普遍
上翼缘底面竖向裂纹	有这类裂纹的梁片不多。裂纹宽度在0.1mm左右，裂纹不延伸至梁面
上梗肋桥面板底部的纵向裂纹	在第一个节间出现的机会较多，常发生在桥面板底部变坡的折线处，桥面板上却看不到这种裂纹
横隔板裂缝	（1）在厂制过程中已发生一些不规则的裂纹，在拆模过程中往往也有发生，有的出现在横隔板与腹板交接处，长度甚至延伸至隔板与翼底面交接处，裂纹宽0.05～0.2mm，多出现在隔板一侧； （2）运营中的预应力梁有两种横隔板裂纹：一种是横隔板留方孔的，裂纹在方孔下角处的垂直方向，有的裂通，宽度约0.1mm；另一种是整体式横隔板，裂纹由隔板底部垂直向上，运营中有所发展，最长至桥面板交界处，宽度一般小于0.1mm； （3）此种裂纹与普通钢筋混凝土梁的隔板裂纹性质完全一样，由预应力梁的隔板未受到预应力的作用所导致
端部斜向裂缝	（1）这种裂纹近年来发现不多，早期预制梁则较普遍，一般发生在具有梨状内锚的先张法梁内； （2）端部腹板上的斜裂纹少则一两条，多则四五条； （3）裂纹倾斜度以靠近梁端者较大，近跨中者较小，与水平轴倾角成25°～45°； （4）裂纹中间宽两头窄，宽一般0.1mm，严重者0.3mm，长0.5～1.1mm，个别严重者延伸到上梗肋，继续向跨中延伸至第一横隔板以后，方渐趋稳定
板梁底纵向裂缝	（1）一般出现在施工完成阶段，在桥梁并未投入营运期就出现该种裂缝，初期裂缝较窄并伴有渗水析白现象； （2）多发生在底板靠支座及跨中附近，裂缝长度较长，最大缝宽部分在0.2mm以上
T梁马蹄腹板纵向裂缝	裂缝发生的部位都位于T梁腹板、马蹄上的跨中部位，且为纵向裂缝长度较长，一般4～5m，宽度在0.2mm左右

②连续梁桥

目前大量的连续梁桥都使用预应力，因此可参考表 9-7 了解连续梁桥的常见裂缝。除此之外，还存在如下一些其他特有的裂缝。

a. 由于变截面连续箱梁的广泛使用，使得桥梁跨中底板处承受较大的预应力产生的径向力，如果超出混凝土的抗拉强度，就会导致主跨跨中底板面产生多条纵向裂缝。

b. 多数纵向预应力钢筋主要锚固于腹板区域，这使腹板区域产生较大纵向变形，由变形协调将使悬臂端顶板、底板中部产生横向拉应力，再加上荷载作用、孔道削弱截面等因素的影响，当应力超过混凝土抗拉强度时，会使箱梁顶板、底板出现纵向裂缝。

③连续刚构桥

目前我国连续刚构桥普遍存在主梁跨中下挠过大和箱梁梁体裂缝问题，这也是国内大跨径预应力混凝土梁桥存在的主要病害。引发病害的原因十分复杂，就连续刚构桥型而言，病害通常与结构受力和抗力的变化有关。根据结构的受力特性，使主梁产生持续下挠可能与主梁混凝土收缩及徐变、主梁刚度变化等因素有关，箱梁产生裂缝则可能与局部受力、混凝土徐变和收缩、混凝土性能不稳定以及施工质量等因素有关，但两种病害最主要的原因很可能皆是主梁纵向预应力有效性降低。连续刚构桥最常见的几种裂缝如下。

a. 箱梁 0 号梁段裂缝：箱梁 0 号梁段是主墩和箱梁的交接部位，不但结构复杂，而且是全桥受力的主体，同时顶板纵向预应力全部通过该处。在已成的桥梁中，不论是施工过程中，还是在运营阶段，箱梁 0 号梁段是最容易出现开裂的部位。据分析，这些裂缝的产生主要是由于主梁纵向预应力有效性不足、温度内力及混凝土收缩引起的。

b. 箱梁腹板裂缝：箱梁腹板裂缝分为受力裂缝和非受力裂缝两类。非受力裂缝一般为表面裂缝，产生的原因有混凝土收缩和徐变、混凝土性能不稳定、施工质量等。箱梁腹板受力裂缝一般为贯穿性裂缝，常常分布在跨中附近，其主要原因有：纵向预应力有效性降低使截面正应力发生变化、竖向预应力有效性降低以及腹板厚度过大的负误差、纵向预应力筋齿板铺后局部拉应力过大和混凝土强度不足等。

c. 箱梁底板裂缝：箱梁底板的弯曲受力裂缝一般为贯通底板全宽的横向裂缝，通常分布在跨中附近。引起这些裂缝的可能原因主要有：纵向预应力有效性降低、荷载增加、混凝土强度不足等。由此可见，采取提高预应力管道灌浆质量及其检测等多种措施提高预应力有效性是防治连续刚构桥此类病害的主要方法。

d. 桥墩墩身裂缝：除了主梁梁体裂缝外，连续刚构桥常采用双肢薄壁墩和空心薄壁墩，其墩身容易产生表面裂缝、开裂的原因，大多是受混凝土的收缩、日照温差、内外温差等因素的影响。

④悬臂梁桥与 T 构桥

由于悬臂梁桥与 T 构桥主要以承受负弯矩为主，因此其病害也具有一定特点，此类桥梁支点及变截面处，悬臂端牛腿或中间铰部位容易产生结构性裂缝。常见的病害及原因如下。

a. 悬臂根部顶面开裂。主要原因是施工质量差、纵向预应力损失过大又严重超载造成强度不足。

b.悬臂1/2跨附近腹板出现斜裂缝。该处虽不是剪力最大处,但变高度梁的腹板高度变化较大。主要原因为竖向预应力损失较大、腹板抗剪强度不够、超载等。

c.悬臂端部两腹板跨中的牛腿横梁上的竖向裂缝。主要原因是牛腿横梁的横向预应力损失较大、超载等。

d.至于箱梁顶板跨中底面出现纵向裂缝与连续梁等其他箱形梁桥一样有类似的原因,读者可以参阅前面的内容。

过去带挂梁的预应力T形刚构桥是我国大跨度主要的桥型之一,经多年使用,有相当一部分的这类桥梁由于各种原因出现了严重病害而不能正常使用,除了容易出现上述裂缝以外,主梁的刚度下降、纵向预应力损失太多等因素会引起有的T构桥主梁出现悬臂端部牛腿下挠过大的问题。而牛腿较大的变形还会引起桥面不平整及行车时的冲击、振动等,也使得牛腿及其附近部位出现开裂、露筋。由于此类桥型问题较多,目前也较少采用。

2.腐蚀病害

由于钢筋锈蚀引发的裂缝病害前面已经谈了很多,这里重点谈谈钢筋锈蚀与预应力束锈蚀的危害性。

(1)钢筋锈蚀的危害性表现

①黏结力减弱,降低承载能力;

②钢筋截面减小,降低承载能力;

③钢筋锈蚀后易产生应力集中,增加脆性;

④预加应力钢筋锈蚀后,在高应力作用下会加快锈蚀,即所谓应力腐蚀现象。

混凝土的结构性裂缝或非结构性裂缝,如宽度过大,使裂缝直接贯穿混凝土保护层,钢筋直接与外界腐蚀物质接触(如酸雨等),导致钢筋锈蚀并膨胀,导致缝宽加剧或使混凝土剥落,这又进一步加剧了钢筋的腐蚀速率。由此可见,混凝土开裂和钢筋腐蚀是相互促进的。

(2)预应力束锈蚀

对于预应力混凝土桥梁,预应力束的锈蚀对结构更为危险,并且由于后张预应力束位于波纹管中,难以检查发现。预应力束的环境腐蚀有如下两种。

①应力腐蚀:预应力束处于高应力状态,一旦开始锈蚀,其速度会加快。

②氢致腐蚀:氢原子易于弥散进入高拉应力下的钢束,产生腐蚀斑和裂纹。

3．变位

（1）沉降变位

桥梁基础冲刷严重时，可产生较大沉降，将严重改变桥梁线形和内力分布状况。

（2）桥梁下挠

桥梁在运营期中，当挠度及整体线形变化过大时，应引起警觉。其直接影响是行车面不平顺，有时还会导致桥面铺装层损坏。导致这种情况更深层的原因可能是：

①设计者对该桥梁体收缩徐变计算的误差较大，即梁体实际发生的收缩徐变远比计算值大；

②因施工和设计原因，造成预应力损失大；

③施工预应力张拉不足；

④地基基础发生了不均匀沉降；

⑤锚具和预应力筋质量有问题。

4．混凝土破损

混凝土破损的形式主要有：

（1）剥落：混凝土表面水泥砂浆流失，粗集料外露，严重者将暴露钢筋。

（2）剥离：由于钢筋锈蚀或混凝土温度应力超过容许值，混凝土呈片状剥落，流失面积大。

（3）蜂窝：由于漏浆、振捣等原因，水泥砂浆无法充满粗集料间隙，造成混凝土空洞。

（4）析白：混凝土因渗水致使内部氢氧化钙溶解，渗流出混凝土表面，产生白色结晶。

（三）支座病害

1．铸钢支座的缺陷类型

铸钢支座缺陷类型包括钢支座固定螺栓松动、锈蚀、损伤、断裂，锚固件及定位件失效，上下座板变形，活动支座无法活动、位移超限、转角超限和支座垫石部位缺陷等支座上下错位过大，有倾倒脱落的危险，钢部件损伤包括铸铁件及锻钢件裂损、脱焊、锈蚀及支座钢件磨损和发生塑性变形。

支座锚固件及定位件失效，包括销钉剪断、支座锚（螺）栓松动及剪断、牙板挤死与折断、辊轴连杆螺栓剪断等。

活动支座不活动、位移超限和转角超限等缺陷，通常由于设计不当造成，结果常引起锚栓剪断和摇轴或削扁辊轴倾斜度超差不能恢复等损伤。

支撑垫石部位缺陷包括支撑垫石不平、翻浆、积水和开裂等，应采取措施及时修补。

2. 板式橡胶支座缺陷类型

板式橡胶支座性能劣化类型包括橡胶老化开裂、钢板外露、不均匀鼓凸与脱胶、脱空、剪切超限和支座位置串动等。

开裂是指板式橡胶支座表面形成的龟裂裂纹。一般板式橡胶支座经过一定使用年限后，均会出现表面的龟裂裂纹，但裂纹宽度及深度均不大。

钢板外露是指由于橡胶龟裂或支座不佳，使板式橡胶支座内部的钢板裸露。

不均匀鼓凸与蜕变发生在橡胶与钢板黏结破坏时。通常板式橡胶支座在荷载作用下，钢板之间的橡胶向外发生均匀的凸起属正常现象，当橡胶与支座内加劲钢板黏结不良，在荷载作用下发生钢板与橡胶脱胶，引起不均匀鼓凸。

脱空是指板式橡胶支座与桥梁底面及支承垫石顶面之间出现的裂缝大于相应边长的 25%，通常板式橡胶支座使用时，应通过转动计算，使支座顶底面与桥梁全面积接触。局部脱空一方面造成支座压应力增加，另一方面支座脱空部位与外界空气接触，容易产生橡胶老化。

剪切超限是指板式橡胶支座在最高及最低温度条件下的最大恒载剪切变形转角的正切值大于 0.45。

支座位置串动是由于支承垫石不平，造成支座局部承压，引起支座位置串动，严重时可能会造成个别支座脱空。

3. 盆式橡胶支座缺陷类型

盆式橡胶支座缺陷类型包括钢件裂纹和变形、钢件脱焊、锈蚀、聚四氟乙烯滑板磨损、支座位移超限、支座转角超限和锚栓剪断等。

钢件裂纹和变形是指盆式橡胶支座的钢件中出现肉眼可见的裂纹，以及支座钢板在荷载作用下发生翘曲。

钢件脱焊是指支座焊接件及不锈钢板与基层钢板之间的焊缝脱落。

聚四氟乙烯板磨损指盆式橡胶支座中由于聚四氟乙烯板和不锈钢滑板之间平面滑动所产生的磨损。

支座位移超限是由于设计及安装不当造成支座聚四氟乙烯滑出不锈钢板板面范围。

支座转角超限是由于设计及安装不当造成支座转角超过相应荷载作用下最大的预期设计转角。

各类支座还应重点检查以下内容。

（1）平板橡胶支座应重点检查：橡胶支座是否老化、变形，有无不正常的剪切外鼓变形，支座与梁身、支承垫石间是否密贴，四氟板式支座是否脏污、老化、钢板滑动支座是否干涩、锈蚀。

（2）盆式支座的固定螺栓有无剪断，螺母是否松动，电焊是否开裂，四氟板位置是否正常。

（3）辊轴（或摇轴）支座和弧形支座应定期测量其位移值和梁温，位移值不允许超过容许值。弧形支座当发现位移超过限值或固定支座不固定时，应起顶梁身检查活动支座销子有无异常、固定支座安装是否符合标准。测量辊轴（或摇轴）支座位移应安装位移指示标（尺）并检查辊轴有无变形、磨损。对使用年久、铺设无缝线路，位于长大坡道及曲线上的桥梁，应认真检查上下锚栓（特别是弧形支座）有无弯曲断裂，如有剪断，还应检查墩台有无变位。

（4）混凝土支座有无剥落、露筋、锈蚀、碎裂等。

（四）下部结构及基础

1．桥梁墩台

桥墩设置在两桥台之间，支撑着上部结构。桥台设置在桥梁两端，除支撑上部结构外，还起着连接两岸道路的作用。

绝大多数墩台是由钢筋混凝土、混凝土或砖石砌体建成。墩台容易受到上部结构荷载增加和基础出现缺陷的直接影响。尤其是当基础产生不均匀沉降、滑移、倾斜等现象时，将会使墩台受到影响而产生很大的损坏。

在突然受到船只及漂浮物的撞击等外力作用下，墩台会产生局部破坏，出现脱落与剥离。

还要受干燥、潮湿、寒暑、冻结冰融等气候条件的影响，有时还受到水、海水、工业废水、废气、酸、碱、火热等作用，从而产生裂缝、剥落、锈蚀等病害。此外，材料随使用时间的增长还会老化。

归纳起来，墩台缺陷主要有：裂缝、剥落、空洞、钢筋外露、锈蚀、老化、结构的变形移位等。

桥梁墩台常见裂缝有如下几种。

（1）网状裂缝——此种裂缝多发生在常水位以上墩身的向阳部分，裂缝呈网状，裂缝宽度 0.1 ~ 1.0mm，深 1 ~ 1.5cm，长度不等。即网状裂缝细且在墩身表面。

（2）从基础向上发展至墩台身的裂缝——此种裂缝多发生在墩台身的长边（横桥向）中点附近，裂缝下宽上窄。

（3）墩台身的水平裂缝。

（4）桥台翼墙与前墙之联结处断裂

（5）由支撑垫石从下向上发展的裂缝。

（6）墩台顶帽平面水平裂缝——此裂缝在顶帽上平面，顺桥轴线横贯顶帽或沿支撑垫石呈放射状。这种裂缝不论空心墩或实心墩均有发生。

（7）双柱式桥墩承台上的竖向裂缝。

（8）墩台盖梁自上而下的垂直裂缝。

（9）雉墙上的垂直裂缝——支承相邻不等高梁体的墩盖梁的高度是不一样的，即盖梁不等高，呈凸起状，此谓之雉墙。其裂缝多位于雉墙棱角部分及桥墩中线附近，严重时部分混凝土剥落露筋。

（10）墩台镶面石发生裂缝——此多为不规则的裂缝。

（11）悬臂桥墩角隅处的裂缝。

在经常检查中要注意对墩台缺陷的检查，重点检查墩台是否受到生物腐蚀，是否受到船只或漂浮物的撞击损坏，桥台翼墙（侧墙和耳墙）有无开裂、倾斜、滑移、沉降、风化剥落和异常变形。

2. 桥梁基础

桥梁基础有多种分类及各自的特点。由于每类基础所处的条件不尽相同，故所产生的缺陷也不完全相同。但总体而言，它有一定的规律性。常见缺陷介绍如下。

（1）基础沉降

除了坐落在坚硬岩盘上的基础外，由地基的压密下沉而引起的基础沉降对于任何一座桥梁都是难以避免的，在一定范围内这是正常现象，但超出一定的范围则将对桥梁产生有害的影响。

为此，在桥梁施工过程中和运营后相当长的一段时间内，及时地做好基础沉降变位的观测分析工作，以便了解基础的沉降情况及发展趋势，分析沉降和不均匀沉降对桥梁结构的影响，并对有害的基础沉降采取有效的防治措施。

（2）基础的滑移和倾斜

若桥梁建成后，基础处的局部冲刷超过了设计计算值，则基础可能发生滑移和倾斜。有时候由于掏挖河床，减少了桥台台前临河面地基土层的侧向压力，从而使基础产生侧向滑移。还有，若桥台基础建造于软土地基，当台背填土超过一定高度且基础构造处理不当时，作用于台背的水平力增大，将导致地基失稳，产生塑性流动，使桥台产生前移。当基础上下受力不均匀时，台身也随之产生不均匀的滑移，导致基础出现倾斜。

基础产生滑移或倾斜，严重时会导致桥梁结构的破坏，其破坏形式有：

①支座和墩台支承面破坏以及梁从支承面上滑落下来；

②桥面伸缩缝装置被破坏或使伸缩缝宽度减小，伸缩缝装置的功能受损；

③当滑移量过大时，梁端与前墙紧贴，严重时导致前墙破坏或梁局部破碎、压屈。

（3）基础结构的异常应力和开裂

由于受力不均，往往会产生局部异常应力，并导致横向或竖向裂缝。在特殊外荷载的作用下，还会使基础结构物因出现异常应力而产生局部损坏。

对于桥梁下部结构的经常检查，除了要注意对墩台缺陷的检查外，同时还要注意对桥梁基础的检查，并做好经常检查的记录。现将桥梁各类基础常见缺陷归结如表9-8所示。

表9-8　桥梁各类基础常见缺陷表

基础类型			常见的缺陷
浅基础	天然地基上的浅基础		（1）埋置深度浅，易受冲刷而淘空； （2）埋置深度不足，受冻害影响； （3）地基不稳定，易产生滑移或倾斜
	岩石基础		（1）基础置于风化石层上，风化部未处理好，经水流冲刷而淘空或悬空； （2）受地震时的剪切作用，易产生裂缝
	人工地基基础		因处于软弱地基上，在竖向荷载作用下压实沉陷，使基础下沉
桩基础	打入桩	木桩	地下水位下降时，桩身常腐蚀
		钢筋混凝土预制桩	（1）打桩时，桩身受损坏； （2）受水冲刷、浸蚀，产生空洞、剥落等； （3）受船只或其他漂浮物的撞击而损坏
	钻（挖）孔桩		（1）施工时淤泥未完全清除，即灌注混凝土，因而使形成后的桩基产生下沉； （2）施工不当，或受水冲刷，浸蚀而产生空洞、剥落、钢筋外露等； （3）灌注混凝土过程中发生塌孔而未作处理，桩身部分脱空； （4）受外力冲击而产生损坏
	管桩基础		承载力不足而使基础产生下沉
沉井基础			（1）地基下沉时，基础也常发生一些下沉； （2）地基下沉不均时，或桥台台背高填土受地基侧向流动的影响时，基础产生滑移、倾斜

二、钢桥

（一）疲劳病害

疲劳，是指由未超过钢材等金属材料强度极限的重复作用（主要指受拉作用）在结构构件上形成裂纹以及裂纹扩展，并导致结构构件损伤与破坏。

疲劳破坏虽然是结构构件长期损伤的结果，但是破坏前结构没有明显的变形，属于脆性破坏，故疲劳破坏具有很大的危险性。在疲劳破坏的断口上，总是呈现两个区域，一个区域面积较大，表面粗糙，这部分是在疲劳破坏发生时产生的；另一个区域较小，表面光滑，是疲劳破坏发生前，由于裂纹表面受到反复挤压摩擦形成的。通常情况下，疲劳裂缝易出现在产生挠度和位移错动的连接部位、由偏心和振动引起表面变形的部位、制作上需作切口和凹口的应力集中部位等，具体如下列位置。

（1）由于结构构造考虑不当产生的疲劳裂缝。如：横梁切口部、腹板托架、腹板切口部。

（2）在杆件相互连接部位产生挠度与位移错动产生的疲劳裂缝。如：分配横梁、上行线与下行线的连接构件、腹板加劲杆下端、隔板。

（3）梁跨周围发生变化，由于不利条件影响而产生的疲劳裂缝。如：支座局部破坏而在支点下翼缘及腹板产生的疲劳裂缝。

（4）腐蚀引起板材表面变形而产生的疲劳裂缝。如：劳损梁的上翼缘、支点下翼缘、由于板弯曲产生的麻点处。

（5）制造与加工不当造成的疲劳裂缝。如：因补修加工不当，横梁腹板、翼缘盖板、铆接梁腹板、栓钉连接的焊缝处产生疲劳裂缝，对原有裂缝进行修补的部位也有可能重新出现疲劳裂缝。

（6）焊接缺陷引起的疲劳裂缝。如纵焊缝气泡、咬边及熔接不良等。

（二）锈蚀病害

公路钢桥事故的原因比较复杂，钢材锈蚀常常是其中最重要的因素之一。如日本统计的 104 座悬索断桥实例中，有 23 例是与钢材质量和腐蚀有关。因此有必要加强对钢桥锈蚀病害的检测，重点部位是钢桥的腹部、底板和横梁。

钢桥防腐涂层劣化类型包括粉化、起泡、裂纹、脱落、生锈五种。

（三）连接退化

营运中钢桥由于铆钉、螺栓等出现松动或者锈蚀会使得钢桥连接发生退化，此类病害一般出现在：铆合和螺合板束较厚处，即长铆钉或长螺栓处；已经维修或更换过铆钉和螺栓的连接；纵横梁及横梁与主梁（桁）连接处；承受反复应力的连接；与混凝土桥面板连接的纵横梁上翼缘；易于积水污、积灰尘的隐蔽角落，平、纵连接点。

当焊缝出现裂缝等病害时也会导致连接退化，此类病害一般出现在：对接焊缝处，尤其是不等厚、不等宽对接及焊缝交叉点；受变应力的杆件焊缝过热区、熔合线及热影响区；纵横梁连接板焊缝；十字交叉焊缝端；斜拉桥锚箱受面外弯曲焊缝及受剪焊缝；箱梁隔板搭接拼接处；U 形肋、T 形肋工地拼接焊缝及与横梁焊接处；桥面板拼接焊缝及纵横焊缝交叉点；现场烧切、焊接修补处及违反规定采用塞焊、槽焊处；设计未熔透焊缝及丁字形熔透及未熔透焊缝处等。

（四）裂纹

由于钢材质量、结构应力、疲劳等因素的影响，钢桥在施工或者运营过程中会出现裂纹，裂纹的出现可能会造成结构有效截面减小、应力集中、锈蚀加剧等，从而导致更严重的后果，因此，必须加强对裂纹的检测。

第十章　桥梁特殊检查、检测及监测

第一节　桥梁特殊检查

特殊检查是查清桥梁的病害原因、破损程度、承载能力、抗灾能力，确定桥梁技术状况的工作。

特殊检查依据检查工作的性质可划分为现场检查和实验室测试分析两大部分。

从检查方法上可划分为目力检查和简单物理测量方法以及无破损或半破损检查方法。

依据检查目的可划分为应急检查和专门检查两种。

在出现下列情况时应作特殊检查：

（1）对定期检查中难以判明损坏原因和程度的桥梁，有必要使用特殊设备或专门技术对定期检查作补充时；

（2）在进行复杂和昂贵的维修之前，须查出定期检查中未能发现的损坏情况时，或对要求提高载重等级的桥梁；

（3）在发生如洪水灾害、流冰、漂流物和船舶撞击事故、滑坡、地震、风灾及重车过桥等特别事件之后；

（4）需要使用特殊仪器或需作特别详细记录的检查，拟评定结构实际状况时，如桥梁技术状况为四类者；

（5）新建工程中出现质量问题时。

特殊检查应根据桥梁的破损状况和性质，采用仪器设备进行现场测试、荷载试验及其他辅助试验，针对桥梁现状进行验算分析，形成鉴定结论。实施专门检查前，负责检查的工程师应充分收集资料，包括设计资料（设计文件、计算所用的程序、方法及计算结果）、竣工图、材料试验报告、施工记录、历次桥梁定期检查和特殊检查报告，以及历次维修资料等。原始资料如有不全或疑问时，可现场测绘构造尺寸，测试构件材料组成及性能，勘查水文地质情况等。

桥梁特殊检查应根据需要对以下三个方面问题作出鉴定。

（1）桥梁结构材料缺损状况：包括对材料物理、化学性能退化程度及原因的测试鉴定；结构或构件开裂状态的检测及评定，可根据鉴定要求和缺损的类型、位置，选择表面测量、无破损检测和局部取样等有效可靠的方法。试样应在有代表性构件的次要部位获取。

（2）桥梁结构承载能力：包括对结构强度、稳定性和刚度的检算、试验和鉴定；桥梁结构验算及承载力试验应按国家及行业有关标准和技术规范进行。

（3）桥梁防灾能力：包括桥梁抵抗洪水、流冰、风、地震及其他地质灾害等能力的检测，一般采用现场测试与检算的方法，特别重要的桥梁可进行模拟试验。

特殊检查报告包括以下主要内容。

（1）概述检查的一般情况。包括桥梁的基本情况，检查的组织、时间、背景和工作过程等。

（2）概述目前的桥梁技术状况。包括现场调查、试验与检测的项目及方法、检测数据与分析结果和桥梁技术状况评价等。

（3）详细叙述检查部位的损坏程度及原因，并提出结构部件和总体的维修、加固或改建的建议方案。

第二节　桥梁无损检测

一、混凝土无损检测技术

（一）概述

混凝土无损检测技术，是指在不破坏混凝土结构构件的条件下，对其质量进行定量检测的技术。

混凝土无损检测技术研究始于 20 世纪 30 年代，近些年来，由于对于混凝土无损检测的研究工作日益深入，测试技术和测试仪器不断改进和提高，这项新技术的应用也就更为广泛。有不少国家已制定了关于采用无破损试验方法检验混凝土质量的技术规程，并在实际应用中取得了良好的技术与经济效果。我国在 20 世纪 50 年代开始引进瑞士、英国、波兰等国的回弹仪和超声仪，并结合工程应用开展了许多研究工作。经过几十年的研究和工程应用，我国研制了一系列的无损检测仪器设备，结合工程实践进行了大量的应用研究，逐步形成了《回弹法检测混凝土抗压强度技术规程》（以下简称"回弹规程"）、《超声回弹综合法检测混凝土强度技术规程》《后装拔出法检测混凝土强度技术规程》《超声法检测混凝土缺陷技术规程》等技术规程，并由此解决了工程实践中的问题，产生了巨大的社会和经济效益。

无损检测技术与常规的混凝土结构破坏试验相比，具有如下一些特点：

（1）不破坏被检测构件，不影响其使用性能，且简便快速；

（2）可以在构件上直接进行表层或内部的全面检测，对新建工程和既有结构物都适用；

（3）能获得破坏试验不能获得的信息，如能检测混凝土内部空洞、疏松、开裂、不均匀性、表层烧伤、冻害及化学腐蚀等；

（4）可在同一构件上进行连续测试和重复测试，使检测结果有良好的可比性；

（5）测试快速方便，费用低廉；

（6）由于是间接检测，检测结果要受到许多因素的影响，检测精度要差一些。

目前，混凝土无损检测技术主要用于既有构件的强度推定、施工质量检验、结构内部缺陷检测等方面。随着对混凝土制作全过程质量控制要求的不断提高，对既有结构物维修养护的日益重视，无损检测技术在工程建设中会发挥越来越重要的作用。

（二）混凝土无损检测常用方法的分类

根据无损检测技术在公路工程中的检测目的，通常将无损检测方法分为三类：①检测结构构件混凝土强度值；②检测结构构件混凝土内部缺陷，如裂缝、不密实区、孔洞、混凝土结合面质量、损伤层等；③检测混凝土其他性能。

1. 结构混凝土的强度检测

在工程实践中，需要运用无损检测方法推定混凝土的实际强度，主要有如下几种情况。

（1）在施工过程中，由于管理、工艺或意外事故等原因影响了混凝土质量，或预留试块的取样、制作、养护、抗压试验等不符合有关技术规程或标准的规定，以致预留试件的强度不能代表结构混凝土的实际强度时，可以采用无损检测方法推定混凝土强度，作为混凝土合格性评定及验收依据。

（2）当需要了解混凝土在施工期间的强度增长情况，以便进行拆模、吊装、预应力筋张拉或放张等后续工序时，可运用无损检测方法连续监测结构混凝土强度的发展，以便及时调整施工进程。同时，无损检测方法也可作为施工过程中质量控制的重要手段。

（3）对于既有桥梁结构，在使用过程中，有些桥梁已不能满足当前通行荷载的要求，有些桥梁由于各种自然原因而产生不同程度的损伤与破坏，有些桥梁由于设计或施工不当而产生各种缺陷。对于这些桥梁的维修、加固、改建，可通过无损检测方法推定混凝土强度，以便提供加固、改建设计时的基本强度参数和其他设计依据。

混凝土强度的无损检测方法根据原理可分为三种，即半破损法、无破损法和综合法。

（1）半破损法

半破损法是以不影响构件的承载能力为前提，在构件上直接进行局部破坏性试验，或直接钻取芯样进行破坏性试验。属于这类方法的有钻芯法、拔出法、射击法等。这类方法的特点是以局部破坏性试验获得混凝土强度，因而较为直观可靠。其缺点是造成结构物的局部破坏，需进行修补，因而不宜用于大面积的全面检测。

钻芯法是利用专用钻机，从结构混凝土中钻取芯样以检测混凝土强度或观察混凝土内部质量的方法。钻芯法检测混凝土强度具有直观准确的优点，但其缺点是对构件的损伤较大，检测成本较高。因此，一般宜将钻芯法与其他非破损方法结合使用。

拔出法是使用拔出仪器拉拔埋在混凝土表层内的锚固件，将混凝土拔出一锥形体，根据混凝土抗拔力推算其抗压强度的方法。该法分为预埋法和后装法两种，前者是浇筑混凝土时预先将锚杆埋入，后者是在硬化后的混凝土上钻孔，装入（黏结或胀嵌）锚杆。

射击法也称穿透探针法或贯入阻力法，是采用一种称为温泽探针的射击装置，将硬质合金钉打入混凝土中，根据钉的外露长度作为混凝土贯入阻力的度量并以此推算混凝土强度。钉的外露长度愈多，表明其混凝土强度愈高。这种方法适宜于混凝土早期强度发展情况的测定，也适用于同一结构不同部位混凝土强度的相对比较。该法的优点是测量迅速简便，由于有一定的射入深度（20～70mm），受混凝土表面状况及碳化层影响较小，但受混凝土粗集料的影响十分明显。

（2）无破损法

无破损法以混凝土强度与某些物理量之间的相关性为基础，检测时在不影响混凝土任何性能的前提下，测试这些物理量，然后根据相关关系推算被测混凝土的强度。属于这类方法的有回弹法、超声脉冲法、射线吸收与散射法、成熟度法等。这类方法的特点是测试方便、费用低廉，但其测试结果的可靠性主要取决于混凝土的强度与所测试物理量之间的相关性。回弹法是采用回弹仪进行混凝土强度测定，属于表面硬度法的一种。其原理是回弹仪中运动的重锤以一定冲击动能撞击顶在混凝土表面的冲击杆后，测出重锤被反弹回来的距离，以回弹值作为与强度相关的指标，来推定混凝土强度的一种方法。

超声波法检测混凝土强度的基本依据是超声波传播速度与混凝土弹性性质的密切关系。在实际检测中，超声声速又通过混凝土弹性模量与其力学强度的内在联系，与混凝土抗压强度建立相关关系并借以推定混凝土的强度。

成熟度法主要以"度时积" $M(t) = \Sigma(T_s + T_0)\Delta t$ [式中 M（t）为成熟度。T_0 为基准温度，T_s 为时间 Δt 区间内混凝土的平均温度] 作为推定强度的依据，主要用于现场测量控制混凝土早期强度发展状况，一般多作为施工质量控制手段。

射线法主要根据 γ 射线在混凝土中的穿透衰减或散射强度推算混凝土的密实度，并据此推定混凝土的强度。这种方法由于涉及射线防护问题，目前在国内外应用较少。

（3）综合法

所谓综合法就是采用两种或两种以上的无损检测方法，获取多种物理参量，并建立强度与多项物理参量的综合相关关系，以便从不同角度综合评价混凝土的强度。由于综合法采用多项物理参数，能较全面地反映构成混凝土强度的各种因素，并且还能抵消部分影响强度与物理量相关关系的因素，因而它比单一物理量的无损检测方法具有更高的准确性和可靠性。目前已被采用的综合法有超声回弹综合法、超声钻芯综合法、超声衰减综合法等，其中超声回弹综合法已在国内外获得广泛应用。

2. 结构混凝土内部缺陷的检测

所谓混凝土的缺陷，是指混凝土中宏观材质不连续、性能参数有明显变异，而且对结构的承载能力和使用性能产生影响的区域，即使整个结构的混凝土普遍强度已达到设计要求，这些缺陷的存在也会使结构整体承载力严重下降，或影响结构的耐久性。因此，必须探明缺陷的部位、大小和性质，以便采取切实的处理措施，排除工程隐患。混凝土缺陷的成因十分复杂，检测要求也各不相同。混凝土缺陷现象大致有：内部空洞、蜂窝麻面、疏松、断层（桩）、结合面不密实、裂缝、碳化、冻融、化学腐蚀等。

混凝土缺陷的无损检测方法主要有超声脉冲法、脉冲回波法、雷达扫描法、红外热谱法、声发射法等。

超声脉冲法检测内部缺陷分为穿透法和反射法。穿透法是根据超声脉冲穿过混凝土时，在缺陷区的声时、波幅、波形、接收信号的频率等参数所发生的变化来判断缺陷的，因此它只能在结构物的两个相对面上或在同一面上进行测试。目前超声脉冲穿透法已较为成熟，并已普遍用于工程实践，许多国家都已编制了相应的技术规程。反射法则根据超声脉冲在缺陷表面产生反射波的现象进行缺陷判断。由于它不必像穿透法那样在两个测试面上进行，因此对某些只能在一个测试面上检测的结构物（如桩基础、路面等）具有特殊意义，也取得了广泛的工程应用。

脉冲回波法是采用落球、锤击等方法在被测物件中产生应力波，用传感器接收回波，然后采用时域或频域方法分析回波的反射位置，以判断混凝土中缺陷位置的方法。其特点是激励力足以产生较强的回波，因而可检测尺寸较大的构件，如深度达数十米的基桩或厚度较大的混凝土板等。

雷达扫描法是利用混凝土反射电磁波的原理，先向被检测的结构物发射电磁波，在电特性（电容率及电导率）不同的物质界面产生反射波，再根据反射波的性质，分析反射波的影像，便可检测出结构的内部缺陷。其特点是可迅速对被测结构进行扫描，适用于道路、机场等结构物的大面积快速扫测。

红外热谱法是测量或记录混凝土热发射的方法。当混凝土中存在缺陷时，这些有缺陷的部位与正常部位相比，温度上升与下降的状况是不同的，其外表面会产生温度差。所以，从红外线照相机所测得的温度分布图像中，便能推断出缺陷的位置和大小。

声发射法是利用混凝土受力时因内部微小区域破坏而发声的现象，根据声发射信号分析混凝土损伤程度的一种方法，这种方法常用于混凝土受力破坏过程的监视，用以确定混凝土的受力历史和损伤程度。

3. 混凝土其他性能的无损检测方法

除了强度和缺陷检测以外，混凝土还有许多其他性能可用无损检测方法予以测定。其他性能主要是指与结构物使用功能有关的各种性能，如碳化深度、保护层厚度、受冻层深度、含水率、钢筋位置与钢筋锈蚀状况、水泥含量等。现代工程结构物所处的环境越来越复杂，对其他性能的要求越来越高，人们也越来越清楚地认识到其他性能与强度相关性的局限性很大，强度高未必其他性能就好，因此，其他性能的无损检测技术正引起重视。常用的检测方法有共振法、敲击法、磁测法、电测法、微波吸收法、中子散射法、中子活化法、渗透法等。

二、钢结构无损检测

（一）钢材焊缝无损探伤

1. 超声波探伤

（1）探伤原理

人耳可听得见的声波的频率范围是 20Hz 至 20kHz。频率比 20kHz 更高的声波叫超声波。

超声波脉冲（通常为 1.5MHz）从探头射入被检测物体，如果其内部有缺陷，缺陷与材料之间便存在界面，则一部分入射的超声波在缺陷处被反射或折射，则原来单方向传播的超声能量有一部分被反射，通过此界面的能量就相应减少，这时，在反射方向可以接到此缺陷处的反射波；在传播方向接收到的超声能量会小于正常值，这两种情况的出现都能证明缺陷的存在。在探伤中，利用探头接收脉冲信号的性能也可查出缺陷的位置及大小。前者称为反射法，后者称为穿透法。

（2）探伤方法

①脉冲反射法

a. 图 10-1 所示为用单探头（一个探头兼作反射和接收）探伤的原理图。

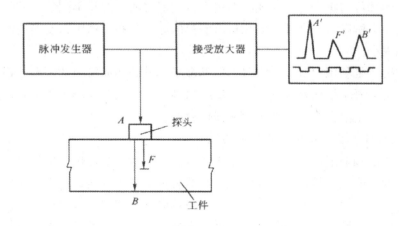

图10-1 脉冲反射法探伤原理

图中脉冲发生器所产生的高频电脉冲激励探头的压电晶片振动，使之产生超声波。超声波垂直入射到工件中，当通过界面 A、缺陷 F 和底面 B 时，均有部分超声波反射回来，这些反射波各自经历了不同的往返路程回到探头上，探头又重新将其转变为电脉冲，经接收放大器放大后，即可在荧光屏上显示出来。其对应个点的波型分别称为始波（A′）、缺陷波（F′）和底波（B′）。当被测工件中无缺陷存在时，则在荧光屏上只能见到始波 A′ 和底波 B′。缺陷的位置（深度 AF）可根据各波型之间的间距之比等于所对应的工件中的长度之比求出，即：

$$AF = \frac{AB}{A'B'} \times A'F' \quad AF = \frac{AB}{A'B'} \times A'F' \tag{1}$$

其中 AB 是工件的厚度，可以测出；A′ B′ 和 A′ F′ 可从荧光屏上读出。

缺陷的大小可用当量法确定。这种探伤方法叫纵波探伤或直探头探伤。振动方向与传播方向相同的波称纵波；振动方向与传播方向垂直的波叫横波。

b. 横波脉冲反射法

当入射角不等于零的超声波入射到固体介质中，且超声波在此介质中的纵波和横波的传播速度均大于在入射介质中的传播速度时，则同时产生纵波和横波。又由于材料的弹性模量 E 总大于剪切模量 G，因而纵波传播速度总大于横波传播速度。根据几何光学的折射规律，纵波折射角也总是大于横波折射角。当入射角取得足够大时，可以使纵波折射角等于或大于 90°，从而使纵波在工件中消失，这时工件中就得到了单一的横波。图 10-2 表示单探头横波探伤的情况。横波入射工件后，遇到缺陷时便有一部分被反射回来，即可以从荧光屏上见到脉冲信号，如图 10-2a 所示；若探头离工件端面很近，会有端面反射（如图 10-2b 所示），因此应该注意与缺陷区分；若探头离工件端面很远且横波又没有遇到缺陷，有可能由于过度衰减而出现图 10-2c 之情况（超声波在传播中存在衰减）。

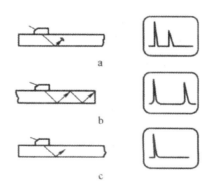

图 10-2　横波脉冲反射法波形示意图

横波探伤的定位在产生中采用标准试块调节或三角试块比较法。缺陷的大小同样用当量法确定。

②穿透法

穿透法是根据超声波能量变化来判断工件内部状况的，它是将发射探头和接收探头分别置于工件的两相对表面。发射探头发射的超声波能量是一定的，在工件不存在缺陷时，由于缺陷的反射使接收到的能量减小，从而断定工件存在缺陷。

根据发射波的不同种类，穿透法有脉冲波探伤法和连续探伤法两种，如图10-3和图10-4所示。

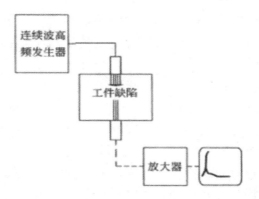

图10-3　脉冲波穿透探伤法示意图

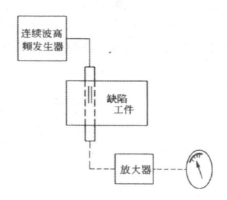

图10-4　连续波穿透探伤法示意图

穿透法探伤的灵敏度不如脉冲反射法高，且受工件形状的影响较大，但较适宜检查成批生产的工件。如板材一类的工件，可以通过接收能量的精确对比而得到高精度，以实现自动化。

2．射线探伤

射线探伤是利用射线可以穿透物质和在物质中有衰减的特性来发现缺陷的一种探伤方法。按探伤所用的射线不同，射线探伤可以分为；x射线、γ射线和高能射线探伤三种。由于显示缺陷的方法不同，每种射线探伤又有电离法、荧光屏观察照相法和工业电视法几种。运用最广的是 x 射线照相法，下面介绍其探伤原理和过程。

（1）x 射线照相法的探伤原理

照相法探伤是利用射线在物质中的衰减规律和对某些物质产生的光化及荧光作用为基础进行探伤的。图 10-5a 所示是平行射线束透过工件的情况。从射线强度的角度看，当照射在工件上射线强度为 J_0，由于工件材料对反射的衰减，穿过工件的射线被弱至 J_c。若工件存在缺陷时，图 10-5a 的 A、B 点因该点的射线透过的工件实际厚度减小，则穿过的射线强度 J_a、J_b 比没有缺陷的 C 点射线强度大一些。从射线对底片的光化作用角度看，射线强的部分对底片的光化作用强烈，即感光量大。感光量较大的底片经暗室处理后变得较黑，如图 10-5b 中 A、B 点比 C 点黑。因此，工件中的缺陷通过射线在底片上产生黑色的影迹，这就是射线探伤照相法的探伤原理。

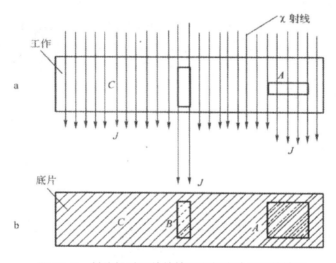

图10-5 射线投过工件的情况和与底片作用的情况

a：射线透视有缺陷的工件的强度变化情况；b：不同射线强度对底片作用的黑度变化情况。

（2）x 射线探伤照相法的工序

确定产品的探伤位置和对探伤位置进行编号。在探伤工作中，抽查的焊缝位置一般选在：

①可能或常出现缺陷的位置；

②危险断面或受力最大的焊缝部位；

③应力集中的位置。

a. 对选定的焊缝探伤位置必须按一定的顺序和规律进行编号，以便容易找出翻修位置。

b. 选取软片、增感屏和增感方式。探伤用的软片一般要求反差高、清晰度高和灰雾少。

增感屏和增感方式可根据软片或探伤要求选择。

c. 选取焦点、焦距和照射方向。照射方向尤其重要，一定选择最佳透照角度。

d. 放置铅字号码、铅箭头及像质计。一定按《金属熔化焊焊接头射线照相》要求放置。

e. 选定曝光规范。曝光规范要根据探伤机型事先作出，探伤时按工件的厚度和材质选取。

f. 进行暗室处理。

g. 焊缝质量的评定。由专业人员按《金属熔化焊焊接头射线照相》进行评定，射线探伤必须由持证的专业人员按《金属熔化焊焊接头射线照相》进行，根据图纸中的技术要求或行业标准确定验收。

（二）漆膜厚度现场检测

漆膜厚度测试一般有两种方法，即杠杆千分尺和磁性测厚仪法。下面介绍磁性测厚仪法的主要步骤。

1. 仪器设备

磁性测厚仪，精确至 $2\mu m$。

2. 检测步骤

（1）调零：取出探头，插入仪器的插座上。将已打磨未涂漆的底板（与被测漆膜底材相同）擦洗干净，把探头放在底板上按下电钮，再按下磁芯，当磁芯跳开时如指针不在零位，应旋动调零电位器，使指针回到零位，需重复数次。如无法调零，需更换新电池。

（2）校正：取标准厚度片放在调零用的底板上，再将探头放在标准厚度片上，按下电钮，再按下磁芯，待磁芯跳开后旋转标准钮，使指针回到标准厚度值上，需重复数次。

（3）测量：取距样板边缘不少于 1cm 的上、中、下三个位置进行测量。将探头放在样板上，按下电钮，再按下磁芯，使之与被测漆膜完全吸合，此时指针缓慢下降，待磁芯跳开表针稳定时，即可读出漆膜厚度。取个点厚度的算术平均值为漆膜的平均厚度值。

三、索的无损检测

（一）索力测试

斜拉索是斜拉桥梁、塔和索体系中的一个重要组成部分，斜拉索索力大小直接影响桥梁上部结构的受力和变形状态。各拉索中的实际力大小的测试就成为斜拉桥施工控制中的一个重要问题。斜拉桥斜拉索索力测定方法有：

（1）电阻应变片测定法；

（2）拉索伸长量测定法；

（3）索拉力垂度关系测定法；

（4）张拉千斤顶测定法；

（5）压力传感器测定法；

（6）振动测定法。

方法（1）～（3）从理论上讲是可行的，但实施中会遇到较多的实际问题，一般不予采用；方法（4）、（5）测定拉索张拉过程的索力变化比较方便，但不能测定成桥后索力；振动测定法实测斜拉索的固有频率，利用索的张力和固有频率的关系计算索力。实测频率仪器配置如图 10-6 所示。

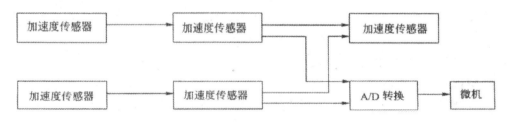

图 10-6　索力仪组成

振动法可采用激振器激振或人工激振，亦可采用环境随机振动法。测试时用索夹或绑带将传感器固定在拉索上，进行激振和信号采集，进行现场分析，可以很方便测求索力。下面介绍其分析原理。

不计算抗弯刚度的拉索的振动微分方程为：

$$\frac{m \partial^2 y}{g \partial t^2} - T \frac{\partial^2 y}{\partial x^2} = 0 \tag{2}$$

式中：y—横坐标（垂直于索的长度方向）；

x—纵向坐标（索的长度方向）；

m—单位索长的质量；

g—重力加速度；

T—索的张力；

t—时间。

假定索的两端固定，由方程（2）可以求出拉索的自振频率为：

$$f_n = \frac{n}{2L}\sqrt{\frac{Tg}{m}} \tag{3}$$

$$T = \frac{4mL^2}{n^2 g} f_n^2 \tag{4}$$

式中：f_n—索的第 n 阶自振频率；

L—索的计算长度；

n—振动阶数。

振动法测定索力经济方便，且精度能够满足工程应用的需要，它不需消耗一次仪表，所有仪器都可以重复作用。国内对振动法测定索力进行了大量的研究，对拉索的抗弯刚度、支承条件、斜度、垂度以及拉索的初应力等影响索力测试的因素进行了分析研究。

考虑抗弯刚度后索的自由振动微分方程为：

$$\frac{m\partial^2 y}{g\partial t^2} + EI\frac{\partial^4 y}{\partial x^4} - T\frac{\partial^2 y}{\partial x^2} = 0 \tag{5}$$

式中：EI—拉索的抗弯刚度；

其余符号意义同前。

假定拉索的边界条件为两端铰接，可由式（5）解的索拉力为：

$$T = \frac{4mL^2}{n^2 g}f_n^2 - \frac{m^2 EI}{L^2}n^2 \tag{6}$$

另外计入索自重时可解得索下端的拉力：

$$T_0 = \frac{4mL^2}{g}\left(\frac{f_n}{n}\right)^2 + \frac{2mL^2}{g}\left(\frac{f_n}{n}\right)^2 \sqrt{1 - \frac{n^2 g^2 \sin^2 a}{16L^2 f_n \pi^2}} \tag{7}$$

式中：α—拉索弦线和水平向的夹角；

T_0—拉索下端的拉力。

经过对斜拉索实例参数分析，式（4）和式（7）计算的结果非常接近，所以计算时可以不计拉索自重和斜度的影响，求得的索力为拉索下端的拉力。

经过按式（4）和式（6）对比分析可知：细长拉索不计抗变刚度时求得的索

力比计入抗弯刚度时偏大，但一般不会超过 2%，对于长度小于 40m 的斜拉索和系杆拱的吊杆有可能超过 5%，此时应计入抗弯刚度的影响。

经理论分析知拉索初应力较小时计算索力应计入垂度影响。斜拉桥施工中斜拉索都要经过几次张拉。第一次张拉索的初应力较小、垂度较大，垂度对实测低阶频率影响较大，为了减小垂度对实测索力的影响，建议采用 4 阶以上频率计算索力。

对拉索两端处理为铰接或固定对索力的影响相差不会超过 5%，随着索长增加和抗弯刚度减小，两种边界条件分析的结果更接近。对于跨径内安装减振器的斜拉索，如索长大于 150m，减振器对索力的影响不会超过 5%；对于一般情况，应在安装减振器前后进行识别，确定安装减振器前后拉索的支承长度；如减振器的支承刚度大于 $1.0 \times 10^4 kN/m$，则减振器可视为拉索的刚性支承。

（二）索的腐蚀与断丝检测

1. 概述

近年来，缆索技术已广泛应用在大跨度桥梁和大型建筑结构领域。其中有悬索桥的主缆、吊索，斜拉桥的斜拉索，拱吊桥的吊索以及大型体育场馆、剧院、展厅的悬索和拉索等。这些缆索主要由高强度热镀锌钢丝和锚具锚固制成。

缆索是斜拉桥和悬索桥的重要组成部分，其造价约占全桥造价的 25% ~ 30%。但是由于缆索受到腐蚀，使很多桥梁都处于非常危险的隐患状态。虽然每一位设计者都考虑了这样或那样的缆索保护措施，但是几乎所有的方法都不同程度地不成功。另一方面在现实桥梁的运营阶段，因为拉索的损伤而导致桥梁进行大规模的维修甚至最终破坏的例子比比皆是。国际桥梁专家在经过两年时间考察了世界范围内半数以上的斜拉桥后，认为除非桥梁缆索腐蚀得以阻止，否则，许多斜拉桥有突然垮掉的危险。因此桥梁的安全性问题，特别是针对缆索的安全日益引起人们的广泛关注。

对缆索损伤的无损检测方法主要包括 5 种：振动法、磁检测法、声学监测法、超声波检测法、布拉格光纤光栅监测法。

2. 检测方法

（1）磁性检测方法：它是基于缆索的磁特性进行，检测缆索缺陷时可以采用两种磁性检测方法，一种是漏磁检测法，主要检测缆索中断丝、锈蚀、斑点等局部缺陷（简称 LF）；另一种是磁桥路检测法，主要检测因缆索磨损、锈蚀等引起其金属截面积总和发生变化的缺陷，可检测断丝和腐蚀。但当拉索直径较大，外部有保护层时，由于磁化效果不好，对芯部中心部位的损伤状况往往检测不出来。

（2）声学监测法：它是采用声发射原理，可用来监测高拉力的钢丝、钢丝束和拉索的断裂。但其传感器必须在断丝发生前便已经安装，因此对于已经发生断丝的缆索系统的断丝检测无能为力。

（3）超声波法检测：此法检测断丝的基本原理是接收断丝部位的反射波，因此应掌握断丝部位的反射特性。出于放射等因素，在芯线中传播的超声波随传播距离的增加而衰减。因此，用反射波检测远离超声波入射端的断丝部位是困难的。同时，通过对腐蚀部位的反射特性实验证明，用反射法检测芯线腐蚀是困难的。

（4）布拉格光纤光栅传感器：它是一种基于干涉原理的光纤传感器。采用布拉格光纤光栅传感器进行断丝监测的优点在于，光栅传感器性能稳定，测量精度高，不受电磁辐射的影响。但其不足也很明显：目前的试验只是用在直径很小的索上，如果索的直径较大，很少的断丝对拉索应力的影响较小；并且实际桥梁中拉索的应力受自然情况的影响，经常发生改变，很难区分到底是什么原因引起拉索应力的变化。

第三节　无损检测新技术

一、基于摄影技术的桥梁表现毁伤的非接触测量系统

在我国桥梁总体快速发展过程中，新桥梁结构形式层出不穷，大跨度桥梁数量的增加导致传统的桥梁检测方法很难适应日益发展的桥梁检测需求。传统的接触式桥梁检测，需要搭设脚手架或者采用桥梁检测车等到达桥梁构件表面进行裂缝、空洞等测量，但是现代斜拉桥与悬索桥的桥塔达到100多米甚至200多米，某些桥塔则达到了300多米，部分拱桥的主拱与连续梁的桥墩高度也达到几十米，增加了搭设脚手架的难度，有时候根本无法实施。

同时，桥梁结构在平时与战时经常出现的表观毁伤形式主要有梁体、桥墩与塔柱等出现裂缝与空洞、钢筋炸断与错位等，为了定量地评估桥梁结构的毁伤程度，就必须测量裂缝的宽度与长度、空洞的大小、炸断钢筋的数量等。对于那些桥面的裂缝、空洞等，侦查人员可以直接利用裂缝比较卡、皮尺等进行测量，但是大量的毁伤是位于桥墩、桥塔以及梁体外部等人员难以直接到达的部位，因此研究一种可以在远距离对毁伤部位进行非接触检测的技术具有重要意义。

由解放军理工大学工程兵学院和扬子大桥股份有限公司共同开发的基于摄影

测量原理的非接触快速检测系统，是在不需要到达构件表面的情况下，在桥面或者桥下地面直接对梁体、桥墩、主塔等构件的外观病害或者毁伤进行检测的系统。目前该系统的深化研究正由江苏省交通科学研究院与前两家单位共同承担。此系统属于无损检测新技术。

桥梁非接触检测系统的硬件部分由 5 个功能模块组成，每个模块可以实现不同的功能，不同模块间可以通过组合实现相应的目的。最后根据不同的应用条件，给出了两套仪器组装方案。

（1）摄影模块：摄影模块主要由尼康单反相机与 CCD 数字摄像机组成，两种相机可以根据使用需求进行切换使用。尼康单反相机主要用于获取桥梁毁伤部位的高分辨率图像，从而为下一步的软件处理准备素材；CCD 数字摄像机模块弥补了单反相机的图像无法在电脑上实时预览的缺陷，可以对桥梁表面进行扫描，检查病害发生情况。

（2）放大望远模块：放大望远模块的主要部件是一个可自动控制转动的 Meade 天文望远镜镜头，焦距近 2m，在连接相机的情况下，可以获得较高的放大倍数，从而实现远距离拍摄的需求。

（3）自动控制模块：自动控制模块主要部件是步进电机，可以通过编程控制二轴旋转台的转动，精度达千分之一弧度。将尼康相机和 CCD 数字相机安装在二轴旋转台上，可以自动控制仪器系统的转动与记录旋转角度，方便现场控制与病害位置的计算。

（4）指示模块：指示模块是一个安装在天文望远镜上的强光激光器，它与摄影镜头同步转动，从而在被拍摄物体表面标示拍摄的部位。

（5）光线增强模块：光线增强模块是一个和相机快门同步控制的闪光灯，在阴暗天气下可以增强被拍摄物体表面的光度，提高拍摄效果，满足特殊情况下的使用要求。

硬件系统各个模块的组合方式有两种：一种是尼康单反相机 +CCD 数字相机 + 步进电机 + 激光器的方案，用于梁体与桥墩的全景扫描，探明病害发生的位置；另一种是尼康单反相机 +CCD 数字相机 +Meade 天文望远镜 + 激光器 + 闪光灯的方案，用于毁伤部位的局部拍摄，闪光灯只在光线暗的拍摄条件下使用。除了闪光灯与相机的连接是通过加装在尼康相机上的无线数码引闪器来遥控外，其他都是通过机械连接或者数据线连接。

此系统的软件系统可分为三个子系统：自动控制与图像获取子系统、图像处理与测量子系统、信息存储与评估子系统，每个子系统又包含几个功能模块，用于实现不同的目的。自动控制与图像获取子系统用来实现对硬件系统的自动控制，主要是通过调节各种参数，获取受损桥梁表面的图像，并传输到计算机，是整个系统的信息来源；图像处理与测量子系统设置了多种算法，实现对所得图像的预处理和特征值的提取，从而测量得到有用的信息，是整个系统的计算中枢；信息存储与评估子系统是在分析所得信息的基础上，形成初步的结论，对损伤情况进行分析三个子系统既相互独立又彼此依赖，只有三部分协同工作才能对损伤桥梁进行一个完整的检测与评估。

二、基于射线损伤和冲击波法预应力孔道灌浆密实度检测技术

目前，预应力孔道灌浆密实度检测还是一个公认的难题，鉴于孔道灌浆技术尚未完全成熟且预应力技术的广泛运用，使得开展预应力孔道灌浆密实度检测技术研究十分迫切，江苏省交通科学研究院与东南大学合作开展了基于 x 射线探伤的预应力孔道灌浆密实度检测技术的研究，取得了一系列重要成果，对于相关技术的发展作出了有力的推动。

第四节　桥梁部件特殊检测与试验

一、支座试验检测

（一）板式橡胶支座

1. 板式橡胶支座的构造与分类

板式橡胶支座通常由若干层橡胶片与薄钢板为刚性加劲物组合而成，各层橡胶与上下钢板经加压硫化牢固地黏结成为一体。支座在竖向荷载作用下，具有足够的刚度，主要是由于嵌入橡胶片之间的钢板限制橡胶的侧向膨胀。在水平力作用下，支座的水平位移取决于橡胶片的净厚度。在运营期间为防止嵌入钢板的锈蚀，支座的上下面及四边都有橡胶保护层。桥梁板式橡胶支座构造简单、加工方便、成本低、安装方便，目前已实现了产品的标准化、系列化。板式橡胶支座按支座形状可划分为矩形板式橡胶支座和圆形板式橡胶支座；按橡胶种类可划分为氯丁橡胶（CR）支座（适用温度 –25 ~ 60℃）和天然橡胶（NR）支座（适用温度 –35 ~ 60℃）；按结构形式可划分为普通橡胶支座和聚四氟乙烯滑板式橡胶支座（简称四氟滑板支座）。图 10-7 和图 10-8 为矩形和圆形四氟滑板橡胶支座的构造。桥梁板式橡胶支座成品力学性能及有关质量指标应符合交通部行业标准《公路桥梁板式橡胶支座》。

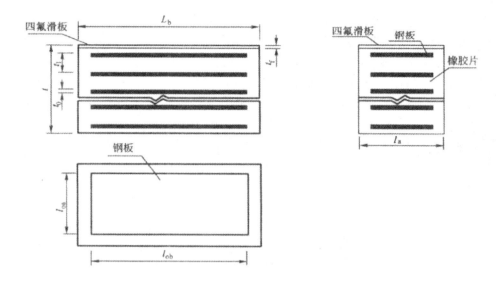

图10-7 矩形四氟滑板橡胶支座

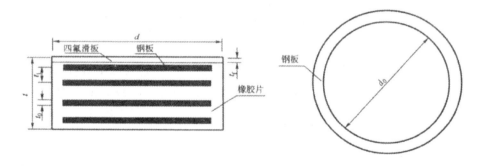

图10-8 圆形四氟滑板橡胶支座

2. 支座外形尺寸、外观质量和解剖检测

支座外形尺寸采用钢直尺量测，厚度采用游标卡尺或量规量测。对矩形支座，除应在四边上量测长短边尺寸外，还应量测片面与侧面对角线尺寸，厚度应在四边中点及对角线中心处量测；对圆形支座，其直径、厚度应至少量测4次，测点应垂直交叉，并量测圆心处厚度，外形尺寸和厚度取其实测值，其尺寸偏差应符合相关规范的规定。

支座外观质量用目测方法或量具逐块进行检查，每块支座不允许有规定的两项以上缺陷存在。支座解剖采用用钢锯锯开，解剖检验要求见相关规范。

3．支座力学性能检测方法

（1）抗压弹性模量试验

板式橡胶支座的抗压弹性模量是通过中心受压试验，得出应力应变曲线，即可求出支座的抗压弹性模量在中心受压的情况下，当压应力不大时，橡胶支座的应力应变呈非线性变化，随着荷载逐步加大，橡胶支座的应力应变将呈线性变化。

抗压弹性模量应按下列步骤进行试验（图 10-9）。

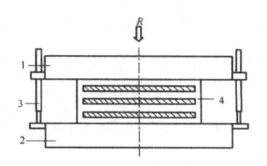

图 10-9 压缩试验设备图

1—上承载板；2—下承载板；3—位移传感器；4—支座试样

①将试样置于试验机的承载板上，上下承载与支座接触面不得有油渍；对准中心，对中偏差应小于 1% 的试件短边尺寸或直径缓缓加载至压应力为 1.0MPa 且稳压后，核对承载板四角对称安置的四只位移传感器，确认无误后，开始预压。

②进行预压：将压应力以 0.03 ～ 0.04MPa/s 速率连续增至平均压应力 $\sigma = 10\text{MPa}$，持荷 2min，然后以连续均匀的速度将压应力卸至 1.0MPa，持荷 5min，记录初始值，绘制应力应变图，预压 3 次。

③正式加载：每一加载循环自 1.0MPa 开始，将压应力以 0.03 ～ 0.04MPa/s 速率均匀加载至 4MPa，持荷 2min 后，采集支座变形值，然后以同样速率每 2MPa 为一级逐级加载，每级持荷 2min 后，采集支座变形数据直至平均压应力 σ 为止，绘制的应力应变图应呈线形关系，然后以连续均匀的速度卸载至压应力为 1MPa。10min 后进行下一加载循环，加载过程应连续进行 3 次。

④以承载板四角所测得的变化值的平均值，作为各级荷载下试样的累计竖向压缩变形、Δ_c，按试样橡胶层的总厚度 t_e 求出各级试验荷载作用下，试样的累计压缩应变 $\varepsilon_i = \Delta_{ei}/t_e$。

试样实测抗压弹性模量应按下列公式计算：

$$E_1 = \frac{\sigma_{10} - \sigma_4}{\varepsilon_{10} - \varepsilon_4} \tag{8}$$

式中：E1—试样实测的抗压弹性模量计算值，精确至 1MPa；

σ_4，ε_4—第 4MPa 级试验荷载下的压应力和累积压缩应变值；

σ_{10}，ε_{10}—第 10MPa 级试验荷载下的压应力和累积压缩应变值。

每一块试样的抗压弹性模量 E_1 为 3 次加载过程所得的 3 个实测结果的算术平均值，但单项结果和算术平均值之间的偏差不应大于算术平均值的 3%，否则应对该试样重新复核试验一次，如果仍超过 3%，应由试验机生产厂专业人员对试验机进行检修和检定，合格后再重新进行试验。

橡胶支座在其橡胶片与薄钢板黏结牢固的情况下，其竖向变形的主要影响因素是支座受压面积与其自由膨胀侧面积之比值，称为形状系数，用 S 表示。

对于矩形支座：

$$S = \frac{L_a \cdot L_d}{2(L_a + L_d)\delta_i} \tag{9}$$

对于圆形支座：

$$—\tag{10}$$

式中：S—形状系数；

L_a—支座短边长度，mm；

L_b—支座长边长度，mm；

δ_i—支座中间单层橡胶片厚度，mm；

d—圆形支座的直径。

支座抗压弹性模量容许值按下式计算：

$$[E] = 66S - 162 \tag{11}$$

（2）极限抗压强度试验

极限抗压强度试验应按下列步骤进行。

①将试样放置在试验机的承载板上，上下承载板与支座接触面不得有油污，对准中心位置，精度应小于 1% 的试件短边尺寸。

②以 0.1MPa/s 的速率连续地加载至试样极限抗压强度 R_u 不小于 70MPa 为止，绘制应力时间图，并随时观察试样受力状态及变化情况、试样是否完好无损。若整个试验过程中，无橡胶层被挤坏，中间层钢板未断裂，黏结层未发生剥离，则

认为试验的极限抗压强度满足要求。

（3）抗剪弹性模量试验

板式橡胶支座的水平位移是通过橡胶的剪切变形实现的，其抗剪弹性模量采用双剪试验装置来测定，抗剪弹性模量应按下列步骤进行试验（图10-10）。

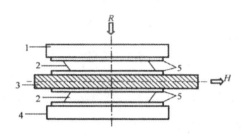

图10-10　剪切试验设备图

1—上承载板；2—支座试样；3—中间钢拉板；4—下承载板；5—防滑摩擦板

①在试验机的承载板上，应使支座顺其短边方向受剪，将试样及中间钢拉板按双剪组合配置好，使试样和中间钢拉板的对称轴和试验机承载板中心轴处在同一垂直面上，精度应小于1%的试件短边尺寸。为防止出现打滑现象，应在上下承载板和中间钢拉板上粘贴高摩擦板，以确保试验的准确性。

②将压应力以0.03～0.04MPa/s的速率连续地增至平均压应力，绘制应力时间图，并在整个抗剪试验过程中保持不变。

③调整试验机的剪机试验机构，使水平油缸、负荷传感器的轴线和中间钢拉板的对称轴重合。

④预加载：以0.02～0.03MPa/s的速率连续施加水平剪应力至剪应力τ=1.0MPa，持荷5min，然后以连续均匀的速度卸载至剪应力为0.1MPa，持荷5min，记录始值，绘制应力应变图预载3次。

⑤正式加载：每一循环自τ=1.0MPa开始，每级剪应力增加0.1MPa，持荷1min，采集支座变形数据，至τ=1.0MPa为止，绘制的应力应变图应呈线形关系，然后以连续均匀的速度卸载至剪应力为0.1MPa。10min后进行下一循环试验，加载过程连续进行3次。

⑥将各级水平荷载作用下位移传感器所测得的试样累计水平剪切变形Δs，按试样橡胶层的总厚度求出各级试验荷载作用下，试样的累积剪切应变$\gamma_i = \Delta_s / t_e$。

试样的实测抗剪弹性模量应按下列公式计算：

$$G_1 = \frac{\tau_{1.0} - \tau_{0.3}}{\gamma_{1.0} - \gamma_{0.3}} \tag{12}$$

式中：G_1——试样的实测抗剪弹性模量计算值，精确至 1%，MPa；

　　$\gamma_{1.0}, \tau_{0.3}$——第 1.0MPa 级试验荷载下的剪应力和累计剪切应变值，MPa；

　　$\tau_{1.0}, \gamma_{0.3}$——第 0.3MPa 级试验荷载下的剪应力和累计剪切应变值，MPa。

试验结果为 3 次试验所得到的 3 个结果的算术平均值，但各单项结果与算术平均值之间的偏差应不大于算术平均值的 3%，否则应对该试样重新复核试验一次，如果仍超过 3%，应请试验机生产厂专业人员对试验机进行检修和检定，合格后再重新进行试验。

（4）抗剪黏结性能试验

整体支座抗剪黏结性能试验方法与抗剪弹性模量试验方法相同，将压应力以 0.03 ~ 0.04MPa/s 速率连续地增至平均压应力 σ，绘制应力－时间图，并在整个试验过程中保持不变。然后以 0.002 ~ 0.003MPa/s 的速率连续施加水平力，当剪应力达到 2MPa，持荷 5min 后，水平力以连续均匀的速度连续卸载，在加卸过程中绘制应力－应变图。试验中随时观察试件受力状态及变化情况，水平力卸载后试样是否完好无损。

（5）抗剪老化试验

将试样置于老化箱内，在（70±2）℃温度下经 72h 后取出，将试样在标准温度（23±5）℃下，停放 48h，再在标准试验室温度下进行剪切试验，试验与标准抗剪弹性模量试验方法步骤相同。老化后抗剪弹性模量 G_2 的计算方法与标准抗剪弹性模量计算方法相同。

（6）摩擦系数试验

摩擦系数试验，除要求必须对四氟板与不锈钢板进行检验外，对橡胶与混凝土，橡胶与钢板间摩擦系数试验可按需要或用户要求进行检验。摩擦系数应按下列步骤进行试验（图 10-11）。

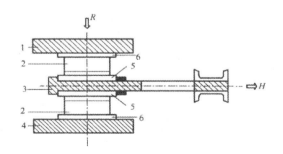

图 10-11　摩擦系数试验设备图

1—上承载板；2—四氟滑板支座试样；3—中间钢拉板；
4—下承载板；5—不锈钢板试样；6—防滑摩擦板

①将试样与不锈钢试样按规定摆放，对准试验机承载板中心位置，精确度应小于 1% 的试件短边尺寸。

②将压应力以 0.03 ~ 0.04MPa/s 的速率连续地增至平均压应力 σ，绘制应力 – 时间图，并在整个摩擦系数试验过程中保持不变。其预压施加 1h。

③以 0.002 ~ 0.003MPa/s 的速率连续地施加水平力，直至不锈钢板与四氟滑板试样接触面间发生滑动为止，记录此时的水平剪应力作为初始值。试验过程应连续进行 3 次。

摩擦系数应按下列公式计算：

$$\mu_f = \frac{\tau}{\sigma} \tag{13}$$

$$\tau = \frac{H}{A_0} \tag{14}$$

$$\sigma = \frac{R}{A_0} \tag{15}$$

式中：μ_f—四氟滑板与不锈钢表面的摩擦系数，精确至 0.01，MPa；

τ—接触面发生滑动时的平均剪应力，MPa；

σ—支座的平均压应力，MPa；

H—支座承受的最大水平力，kN；

R—支座最大承压力，kN；

A_0—支座有效承压面积，kN。

每对试样的摩擦系数为三次试验结果的算术平均值。

4．判定规则

（1）实测抗压弹性模量 E_1、抗剪弹性模量 G_1、试样老化后的抗剪弹性模量 G_2 和四氟滑板试样与不锈钢的摩擦系数应满足表 10–1 中的要求。

表10–1　成品支座力学性能指标

项目		指标
极限抗压强度 R_a		≥ 70
实测抗压弹性模量 E_1		± E × 20%
实测抗剪弹性模量 G_1		± G × 15%
实测老化后抗剪弹性模量 C_2		G+G × 15%
实测转角正切值 tan θ	混凝土	≥ 1/300
	钢桥	≥ 1/500
实测四氟板与不锈钢表面摩擦系数 μ_f（加硅脂时）		≤ 0.03

（2）支座在不小于 70MPa 压应力时，橡胶层未被挤坏，中间层钢板未断裂，四氟板与橡胶未发生剥离，则试样的抗压强度满足要求。

（3）支座在两倍剪应力作用下，橡胶层未被剪坏，中间层钢板未断裂错位，卸载后，支座变形恢复正常，认为试样抗剪黏结性满足要求。

（4）试样的容许转角正切值，混凝土、钢筋混凝土在 1/300，钢桥在 1/500 时，试样边缘最小变形值大于或等于零时，则试样容许转角满足要求。

（5）三块（或三对）试样中，有两块（或两对）不能满足要求时，则认为该批产品不合格。若有一块（或一对）试样不能满足要求时，则应从该批产品中随机再取双倍试样对不合格项目进行复检，若仍有一项不合格，则判定该批产品不合格。

（二）盆式橡胶支座

1. 橡胶试验

橡胶的硬度、拉伸强度、扯断伸长率、恒定压缩永久变形测定、脆性温度、耐臭氧、热空气老化试验、橡胶与钢板黏结剥离强度的试验方法同板式橡胶支座试验方法。

2. 支座力学性能检测方法

（1）荷载试验

通过荷载试验同时测试支座的竖向变形压缩和盆环径向变形。荷载试验的检验荷载应是支座设计承载力的 1.5 倍，并以 10 个相等的增量加载。试验支座原则上应选实体支座，若试验设备不允许对大型支座进行试验，经与用户协商可以选用小型支座。试验步骤如下。

①将试验支座安装就位，支座中心线与试验机压力线重合。

②在支座顶底板间均匀安装 4 只百分表，测试支座竖向压缩变形；在盆环上口相互垂直的直径方向安装 4 只百分表，测试盆环径向变形。

③预加载。加载前应对试验支座预压 3 次，预压荷载为支座设计承载力。

④试验加载。试验时检验荷载以 10 个相等的增量加载。加载前先给支座一个较小的初始压力，初始压力的大小可视试验机精度具体确定，然后逐级加载。每级加载稳压后即可读数，并在支座设计荷载时加测读数，直至加载到检验荷载后，卸载至初始压力，测定残余变形，此时一个加载程序完毕。一个支座需往复加载 3 次。

（2）支座（或试件）摩阻系数测定

支座（或试件）摩阻系数测定采用双剪试验方法。试件第一次滑动时的摩阻系数称为初始静摩阻系数，再次加载时，试件摩阻系数将迅速降低，并逐渐趋于一个稳定数值，称为稳定后的静摩阻系数。

试验时支座（或试件）储脂坑内均应涂满硅脂。试验温度常温为 21℃±1℃，低温为 -35℃±1℃。预压时间为 1h，支座预压荷载为设计承载力（试件按 30MPa 压应力计算）。试验时先给支座（或试件）施加垂直设计承载力，然后施加水平力并记录其大小。当支座（或试件）一发生滑动，即停止水平力加载，由此计算初始摩阻系数。重复上述加载至第五次，测出各次的滑动摩阻系数。

一般情况下只做常温试验，当有低温要求时再进行低温试验。试件数量为 3 组。

（3）试验数据整理

①支座压缩变形和盆式径向变形量分别取相应各测点实测数据的算术平均值。

②根据实测各级加载的变形量分别绘制荷载 – 竖向压缩变形曲线和荷载 – 盆环径向变形曲线，两变形曲线均应呈线形关系，卸载后支座复原不能低于 95%。

③支座（或试件）滑动摩阻系数取第二次至第五次实测平均值。3 组试件摩阻系数的平均值作为该批聚四氟乙烯板的摩阻系数。实测支座摩阻系数应小于等于 0.01，试件摩阻系数应低于整体支座实测值。

（4）结果判定

①试验支座的竖向压缩变形值不得不大于支座总高度的 2%；盆环上口径向变形不得大于盆环外径的 0.5‰；支座残余变形不得超过总变形量的 5%，满足以上条件的支座为合格，表明该试验支座可以继续使用。

②实测荷载 – 竖向压缩变形曲线或荷载 – 盆环径向变形应为线性关系，如呈非线性关系，则该支座为不合格。

③支座卸载后，如残余变形超过总变形的 5%，应重复上述试验；若残余变形不消失或有增长趋势，则认为该支座不合格。

④支座在加载中出现损坏，则该支座不合格。

⑤实测支座摩阻系数大于 0.01 时，应检查材质后重复进行试验；若重复试验后的摩阻系数仍大于 0.01，则认为该支座摩阻系数不合格。

⑥支座外露表面应平整、美观、焊缝均匀。喷漆表面应光滑，不得有漏漆、流痕等现象。

（5）注意事项

①支座摩阻系数可选用支座承载力不大于 2MN 的双向活动支座或用聚四氟乙烯板试件代替，试件厚 7mm，直径 80～100mm，试件工况与支座相同。

②在预压过程中注意四只百分表的读数增量，当其相差较大时支座位置应予

以调整，直到四只百分表读数增量基本相同时为止。

③测量支座（或试件）摩阻系数时要重复加载五次，计算支座（或试件）滑动摩阻系数取第 2 次至第 5 次实测结果的平均值。

（三）球形支座检测

1．竖向承载力试验

支座竖向承载力试验应测定竖向荷载作用下的荷载－竖向压缩变形曲线。检验荷载为支座竖向设计承载力的 1.5 倍。在试验支座四角均匀放置 4 个百分表测定竖向压缩变形。试验时先预压 3 遍。试验荷载由零至检验荷载均分 10 级，试验时以支座竖向设计承载力的 1% 作为初始压力，然后逐级加压，每级荷载稳压 2min 后读取百分表数据，直至检验荷载，稳压 3min 后卸载，往复加载 3 次。

2．支座摩擦因数测定

支座摩擦因数测定应在专用的双剪摩擦试验装置上进行，试验时先对支座施加竖向设计荷载，然后用千斤顶施加水平力，由压力传感器记录水平力大小，支座一发生滑动，即停止施加水平力，由此计算出支座的初始静摩擦因数，然后再次对支座施加水平力，使支座连续滑动，由连续滑动过程中的水平力可计算出支座的动摩擦因数。

3．支座转动力矩测定

支座转动试验采取双支座转动方式，试验装置构造示意如图 10-12 所示。试验在常温 23℃ ±2℃条件下进行。试验时先按图 10-12 将试验支座及试验装置组装好，用试验机对试验支座施加竖向荷载，直至加至支座竖向设计荷载 F，然后用千斤顶以 5kN/min 的速率施加转动力矩，直至支座克服静摩擦发生转动，此时千斤顶会卸载，记录支座发生转动瞬间的千斤顶最大荷载（P_{max}），则试验支座的实测转动力矩为 $P_{max} \cdot L/2$。

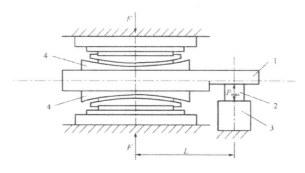

图 10-12　转动试验装置构造图

1—转动力臂；2—传感器；3—千斤顶；4—试验支座

4．试验结果判定

（1）荷载－竖向压缩变形曲线呈线形关系，且支座竖向压缩变形不大于支座总高的 1%。

（2）支座摩擦因数应满足：在试验温度 21℃下，初始静摩擦因数 $\mu \leq 0.03$，动摩擦因数 $\mu \leq 0005$；在试验温度 -35℃下，初始静摩擦因数 $\mu_0 \leq 0.05$，动摩擦因数 ≤ 0.025。

③支座实测转动力矩应小于按

$$M_0 = N \cdot \mu \cdot R \qquad （16）$$

计算所得值。

式中：N—支座竖向设计荷载；

R—支座球冠衬板的球面半径；

μ—球冠衬板球面镀铬层与球面聚四氟乙烯板的设计摩擦因素。

5．试验报告

试验报告应包括以下内容：

（1）试验支座概况描述，如支座设计竖向承载力、转角、位移，并附支座简图；

（2）试验装置简图及所用设备（试验机、千斤顶、传感器等）名称及性能简述；

（3）描述试验过程概况，重点记录试验过程中出现的异常现象；

（4）记录竖向荷载、压缩变形（水平推力或千斤顶荷载及转动力臂）等数值；

（5）计算竖向压缩变形（静摩擦因数或动摩擦因数和转动力矩），并评定试验结果；

（6）试验照片。

6．注意问题

（1）试验试样一般应采用实体支座。受试验设备能力限制时，可选用有代表性的小型支座进行试验，小型支座的竖向承载力不宜小于 2000kN。

（2）在预压过程中注意 4 只百分表的读数增量，当其相差较大时支座位置应予以调整，直到 4 只百分表读数增量比较接近。

（3）转动试验装置所选用的转动力臂应具有较大的刚度；测力传感器应具有记录最大力功能。

二、桥梁伸缩装置检测

（一）橡胶试验

橡胶的硬度、拉伸强度、扯断伸长率、恒定压缩永久变形测定、脆性温度、耐臭氧、热空气老化试验、橡胶与钢板黏结剥离强度的试验方法同板式橡胶支座试验方法。

橡胶的耐水性、耐油性试验按 GB/T 1690–2010 规定的方法进行。

（二）成品性能试验

1. 试样

试验设备应能够对整体组装后的伸缩装置进行力学性能试验。如果受试验设备限制，不能对整体伸缩装置进行试验时，则对模数式伸缩装置的新产品或老产品转厂生产的试制定型鉴定可取长不小于 4m 并具有 4 个单元、支承横梁间距等于 1.8m 的组装试样进行试验；梳齿板式伸缩装置应取单元加工长度不小于 2m 组装试样进行试验；橡胶伸缩装置应取 lm 长的试样进行试验；异型钢单缝伸缩装置应取试样进行试验。

2. 试验设备

成品力学性能试验需在专用的试验台架上进行，试验台可边固定边移动。伸缩装置试样用定位螺栓或其他有效方法与锚固板连接。试验的拉伸和压缩，可用千斤顶施加荷载，荷载大小通过荷载传感器进行控制；试验台座设导向装置，并用刚度较大的钢梁把位移控制箱连成整体。在加载台架上可以模拟伸缩装置的拉伸、压缩与纵向、竖向、横向错位，实测拉压过程中的水平摩阻力和变位均匀性。

成品力学性能试验，原则上要求试验设备能对整体组装后的伸缩装置进行力学试验。若受试验设备限制，对纯橡胶式、板式、组合式伸缩装置可取 1m 长的试样进行试验；对模数式伸缩装置，应取长不小于 4m 并具有 4 个单元变位的组装试件进行试验。

3. 检测项目

（1）伸缩装置横向、纵向及竖向相对错位试验

桥梁结构在受力过程中，由于构造及环境影响，常产生不对称变形，尤其是弯、坡、斜、宽桥，要求伸缩装置能够吸收三个方向的变形，同时也能适应加工组装及施工等产生的误差。

①纵向错位试验

当伸缩装置受到车辆制动力作用和在弯桥上安装时，伸缩装置两端产生放射

状错位，形成扇形张开。试验时，使试件在 4m 范围两端产生 80mm 的差值，伸缩装置形成扇形张开，然后固定锚固箱，进行拉伸、压缩试验，实测摩阻力大小和变位均匀性数值。

②竖向错位试验

桥梁由于支座沉降及安装误差等会使伸缩缝产生竖向错位。

试验时，将试验段一侧位移控制箱放松后用千斤顶将其顶高，垫入楔形垫块，使两侧位移控制箱形成 5% 的高差，再将位移控制箱固定，进行拉伸、压缩试验，测定摩阻力大小和变位均匀性。

③横向错位试验

首先将试验段一侧位移控制箱放松，用水平千斤顶对放松的位移控制箱施加水平力，使其横梁倾斜角度达到 2.5° 后固定位移控制箱，再进行拉伸压缩试验，实测拉压过程中摩阻力大小和变位均匀性。

（2）伸缩装置拉伸、压缩时的水平摩阻力及变位均匀性

桥梁伸缩装置在最大拉伸、压缩时的水平摩阻力大小及变位均匀性，是衡量伸缩装置好坏、伸缩机构设计是否合理灵活的重要技术指标。

试验时，首先在试验段两端和中间做出明显标记；按照已选定的预紧力把各组支座（对模数式伸缩装置）预紧固定好；用千斤顶将伸缩装置试件拉伸到最大伸缩量位置；用标定过的卡尺准确测定标记处的总宽和每条缝隙宽度的初始值；经过核对后分级加载，往返预拉预压后进行正式试验。正式加载时，记录各级荷载的大小，量测伸缩装置梁端总宽和每条缝隙宽度变化值。

（3）橡胶伸缩装置应进行拉伸、压缩试验，测定水平摩阻力及垂直变形试验应在 15 ～ 28℃温度下进行。

（4）异型钢单缝伸缩装置应进行橡胶密封带防水试验。

（5）尺寸偏差

伸缩装置的尺寸偏差，应用标定的钢直尺、游标卡尺、平整度仪、水准仪等量测。橡胶伸缩装置平面尺寸除量测四边长度外，还应量测对角线尺寸，厚度应在四边量测 8 点取其平均值。

模数式和梳齿板式伸缩装置应每 2m 取其短面量测后，取其平均值。

（6）外观质量

产品外观质量，应用目测方法和相应精度的量具逐步进行检测，不合格产品可进行一次修补。

（7）内在质量

橡胶板式伸缩装置解剖检验每 100 块取 1 块，沿中横锯开进行规定项目检验。

（8）原材料

伸缩装置中使用的钢材、橡胶、不锈钢板、聚四氟乙烯板、硅脂等应按《公路桥梁伸缩装置》中规定的方法进行试验。

4. 判定规则

（1）进厂原材料检验应全部项目合格后方可使用，不合格材料不能应用于生产。

（2）出厂检验时，若有一项指标不合格，则应从该批产品中再随机抽取双倍数目的试样，对不合格项目进行复检，若仍有一项指标不合格则判定该批产品不合格。

（3）形式检验时，整体性能试验全部项目满足规范中的要求合格。若检验项目中有一项不合格，则从该批产品中再随机抽取双倍数目的试样，对不合格项目进行复检；若复检仍有一项目不合格，则判定该批产品不合格。

三、高强度螺栓及组合件力学性能试验

（一）扭剪型高强螺栓连接副预拉力复验方法

（1）复验用的螺栓应在施工现场待安装的螺栓批中随机抽取，每批应抽取5套连接副进行复验。

（2）连接副预拉力可采用各类轴力计进行测试。

（3）试验用的电测轴力计、油压轴力计、电阻应变仪、扭矩扳手等计量器具，应在试验前进行标定，其误差不得超过2%。

（4）采用轴力计方法复验连接副预拉力时，应将螺栓直接插入轴力计。紧固螺栓分初拧、终拧两次进行，初拧应采用手动扭矩扳手或专用定扭电动扳手；初拧值应为预拉力标准值的50%左右。终拧应采用专用电动扳手，至尾部梅花头拧掉时，读出预拉力值。

（5）每套连接副只应做一次试验，不得重复使用。在紧固中垫圈发生转动时，应更换连接副，重新试验。

（6）复验螺栓连接副的预拉力平均值应符合表10-2的规定；其变异系数应符合下列计算并应小于或等于10%。

表10-2　扭剪型高强度螺栓紧固预拉力（kN）

螺栓直径	16	20	22	24
每批紧固预拉力的平均值	≤ 120	≤ 186	≤ 231	≤ 270
	≥ 99	≥ 154	≥ 191	≥ 222

$$\delta = \frac{\sigma_p}{\overline{P}} \times 100\% \qquad (17)$$

式中：δ—紧固预拉力的变异系数；

σ_p—紧固预拉力的标准差；

$\overline{P}$—该批螺栓预拉力平均值，kN。

（二）高强度大六角头螺栓连接副扭矩系数的复验方法

连接副的扭矩系数试验是在螺栓轴力计上或其他能测螺栓轴力的传感器上进行。每一连接副只能使用一次，不能重复试验。扭矩扳手精度应不低于 1%，灵敏度应小于 9.8N·m；轴力计精度应不低于 2%，灵敏度应小于 1%。试验时螺栓轴力应在设计轴力的 92%～108% 内，否则无效。试验连接副应置于试验环境 2h 以上，并记录环境温度。

复验步骤如下：

（1）复验用螺栓应在施工现场待安装的螺栓批中随机抽取，每批应抽取 8 套连接副进行复验；

（2）连接副扭矩系数复验用的计量器具应在试验前进行标定，误差不得超过 2%；

（3）每套连接副只应做一次试验，不得重复使用；

（4）连接副扭矩系数的复验应将螺栓穿入轴力计，在测出螺栓预拉力 P 的同时，应测定施加于螺母上的施拧矩值 T，并应按下式计算扭矩系数 K；

$$K = \frac{T}{Pd} \qquad (18)$$

式中：：T—施拧扭矩，N·m；

d—高强度螺栓的螺纹规格（螺纹大径），mm；

P—螺栓预拉力，kN。

（5）进行连接副扭矩系数试验时，螺栓预拉力值应符合表 10-3 的规定。

表10-3　螺栓预拉力值范围

螺栓规格（mm）	M12	M16	M20	M24	M27
P	≤ 59	≤ 113	≤ 177	≤ 250	≤ 324
	≥ 49	≥ 93	≥ 142	≥ 206	≥ 265

（三）高强度螺栓连接抗滑移系数试验方法

1．基本要求

（1）制造厂和安装单位应分别以钢结构制造批为单位进行抗滑移系数试验。

制造批可按单位工程划分规定的工程量每 2000t 为一批，不足 2000t 的可视为一批。选用两种及两种以上表面处理工艺时，每种处理工艺应单独检验。每批三组试件。

（2）抗滑移系数试验应采用双摩擦面的两栓或三栓拼接的拉力试件（图 10-13）。

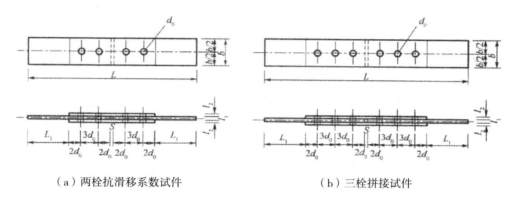

（a）两栓抗滑移系数试件　　　　　　（b）三栓拼接试件

图 10-13　抗滑移系数试件的形式和尺寸

（3）抗滑移系数试验用的试件应由金属结构厂或有关制造厂加工，试件与所代表的钢结构件应为同一材质、同批制作、采用同一摩擦面处理工艺和具有相同的表面状态，并应用同批同一性能等级的高强度螺栓连接副，在同一环境条件下存放。

（4）试件钢板的厚度 t_1，t_2 应根据钢结构工程中有代表性的板材厚度来确定，宽度 b 规定如表 10-4 所示。

表 10-4　试件板的宽度

螺栓直径d（mm）	16	20	22	24
板宽b（mm）	60	75	80	85

（5）试件板面应平整，无油污，孔和板的边缘无飞边、飞刺。

2．试验方法

（1）试验用的试验机误差应在 1% 以内。

（2）试验用的贴有电阻片的高强度螺栓、压力传感器和电阻应变仪应在试验前用试验机进行标定，其误差应在 2% 以内。

（3）试件的组装顺序应符合下列规定。

①先将冲钉打入试件孔定位，然后逐个换成装有压力传感器或贴有电阻片的高强度螺栓，或换成同批经预拉力复验的扭剪型高强度螺栓。

②紧固高强度螺栓应分初拧、终拧。初拧应达到螺栓预拉力标准值的 50% 左右。终拧后，螺栓预拉力应符合下列规定：

a. 对装有压力传感器或贴有电阻片的高强度螺栓，采用电阻应变仪实测控制试件每个螺栓的预拉力值应在 0.95P ～ 1.05P（P 为高强度螺栓设计预拉力值）之间；

b. 不进行实测时，扭剪型高强度螺栓的预拉力（紧固轴力）可按同批复验预拉力的平均值取用。

③试件应在其侧面画出观察滑移的直线。

④将组装好的试件置于拉力试验机上，试件的轴线应与试验机夹具中心严格对中。

⑤加荷时，应先加 10% 的抗滑移设计荷载值，停 1min 后，再平稳加荷，加荷速度为 3 ～ 5kN/s。直到拉至滑动破坏，测得滑移荷载 N_V。

⑥在试验中当发生以下情况之一时，所对应的荷载可定为试件的滑移荷载：

试验机发生回针现象；试件侧面画线发生错动；x–y 记录仪上变形曲线发生突变；试件突然发生"嘣"的响声。

⑦抗滑移系数，应根据试验所测得的滑移荷载 N_V 和螺栓预拉力 P 的实测值，按下式计算，宜取小数点后两位有效数字。

$$\mu = \frac{N_V}{n_f \sum_{i=1}^{m} P_i} \qquad (19)$$

式中：N_V—由试验测得的滑移荷载，kN；

n_f—摩擦面面数，取 nf=2；

$\sum_{i=1}^{m} P_i$—试件滑移一侧高强度螺栓预拉力实测值（或同批螺栓连接副的预拉力平均值）之和（取三位有效数字），kN；

m—试件一侧螺栓数量。

四、预应力孔道摩阻试验

（一）孔道摩阻损失计算原理

通过试验量测，可知张拉端的张拉力 P 和被动端的张拉应力 P′，则孔道摩阻损失力为：

$$\Delta P = P - P' = P(1-r)^2 \left[1 - e^{-(kx+\mu\theta)} \right] \tag{20}$$

可以计算出孔道摩阻系数，对于直线孔道：

$$k = -\frac{1}{x} ln \frac{P'}{P(1-r)^2} \tag{21}$$

对于曲线孔道：

$$\mu = -\left[ln \frac{P'}{P(1-r)^2} + k \right] / \theta \tag{22}$$

式中：k—考虑孔道每米长度局部偏差的摩擦系数；

x—从主动端到被动端的孔道长度，m；

μ—预应力筋与孔道之间的摩擦系数；

θ—从主动端到被动端截面曲线孔道部分切线的夹角（以弧度计）；

r—锚口损失系数。

（二）孔道摩阻损失的测定

用千斤顶测定曲线孔道摩阻时，测试步骤如下：

（1）梁的两端装千斤顶后同时充油，保持一定数值（4MPa）。

（2）甲端封闭，乙端张拉。张拉时分级升压，直至张拉控制应力。如此反复进行三次，取两端压力差的平均值。

（3）仍按上述方法，但乙端封闭，甲端张拉，取两端三次压力差的平均值。

（4）将上述两次压力差平均值再次平均，即为孔道摩阻力的测定值。如两端为锥形锚，上述测定值应扣除锚圈口摩阻力。

第五节　桥梁健康监测

一、桥梁健康监测的内容

大桥健康监测系统需要考虑多种因素，全面了解桥梁的状况才能建立一套真正适用于桥梁运营期监测的系统。健康监测系统首先必须考虑桥梁结构形式的特点，参考各有关方面有价值的意见，针对不同的桥型选择不同侧重点的监控项目及研究方法，此外，还需要从运营期养护维修的角度出发，为养护管理系统提供必要的数据，确保结构安全运营，真正变传统的"纠正式养护"为更加积极的"预防性养护"，另外还需要从监控系统的自身要求来选择合适的实测项目，这部分主要需考虑测试手段的可行性、分析方法的可靠性等因素。

大桥的健康监测系统必须与养护管理系统相结合才能高效地发挥作用，因此《公路桥涵养护规范》是考虑桥梁结构健康监测内容的重要依据。基于经济性的考虑，桥梁结构健康监测系统更加侧重于大桥关键位置的重要参数，或者是难以实现人工检测的部位。根据《公路桥涵养护规范》的相关规定，以下指标值得重点关注：

（1）墩、台身的高度变化；墩、台的倾斜度变化；桥面高程水平位移情况；

（2）桥跨结构是否有异常变形、振动或者摆动；

（3）墩台与基础的检查：是否有滑动、倾斜、下沉或冻剥；基础下是否发生不许可的冲刷或掏空现象；扩大基础的地基有无侵蚀等。

除了满足以上一般性规定的要求以外，针对不同类型的桥梁还应参照《公路桥涵养护规范》进行有针对性的监测。对于风灾、船撞等特殊事件也应考虑相应的监测手段。另外，对于重要的施工平台、E道桥等附属设施也有必要增加一些监测项目，以更好地服务于桥梁运营期的养护管理。可见，桥梁健康监测的内容同时也与桥梁形式、桥梁的自身特点有关。这决定了桥梁结构健康监测内容所具有的个性，但在一般情况下，大体包含下面几项工作内容。

（一）挠度变形的监测

对桥梁在运营期间内，在活载、恒载及长期荷载作用下，桥梁各个主要截面位移变化的情况进行监测，以便预警和分析桥梁结构刚度变化与混凝土徐变作用之用。

（二）应力（应变）监测

主要监测桥梁在运营期间内，在活载和长期荷载作用下，桥梁主要测试截面应力变化情况，以供进行损伤预警和深入分析，保证桥梁强度及安全使用的要求。

（三）动应变监测

通过对应力（应变）监测点的连续采集，监测桥梁在运营荷载作用下的性能，从而预警和掌握桥梁结构受活载冲击情况和桥梁刚度变化的情况。

（四）温度监测

了解桥梁温度随环境温度变化的情况，从而为不同温度状态下桥梁工作状态（如变形、应力变化）进行比较和分析提供数据。

（五）动态称重监测

通过使用动态称重监测系统，对桥梁上通过的车辆进行轴重监测记录，掌握轴载情况，为分析桥梁结构挠度变形、应力及动力性能的监测数据提供依据。

（六）外观监测

通过相应的外观监测仪器（例如裂纹监测仪器）对桥梁的重点部位进行监测，可以及时地掌握裂纹开展的数量、宽度及其位置。

二、桥梁健康监测的技术现状

（一）总体评价

桥梁健康监测是一个新的研究领域，它的实施需要较多的技术及经济投入，至少在近期内不可能在所有桥梁上都实时健康监测。当前，桥梁健康监测主要应用于以下情况。

1. 大型桥梁

大型桥梁一般在重要交通干线上，作用大，建设费用也大，如果大型桥梁的健康出现问题，所造成的经济损失和不良后果严重，因此，在大型桥梁上安装监测系统很有必要，如江阴长江大桥、润扬长江大桥、香港三座索桥等。

2. 数量众多的具有类似特性参数的中、小跨桥梁

在新建的高速公路上或城市的高架道路上，常常会有为数众多的中小跨桥梁。它们使用相同的材料、具有相似的结构形式和施工顺序、相似的运营条件和养护措施。对于这样的桥梁可以挑选一些有代表性的进行长期监测，监测数据对于其他未被监测的桥梁的健康评估和养护管理有指导作用，如美国 HAM 系列桥。

3. 已经修建的重要桥梁或其加固工程

对于在运营过程中出现问题的重要桥梁，根据问题的严重性，可以选择加固、安装监测系统或摧毁桥梁。在有些桥的加固过程中，安装了监测系统以监测桥梁加固过程和加固后的工作特性，如英国的 Kingston 桥、韩国的 Jindo 桥、我国的南京长江大桥等。

4. 采用大量新技术、新材料和新方法的桥梁

对这类桥梁进行监测，了解其在运营过程的健康状态，有利于提高桥梁设计、施工和管理的水平，如英国的新 Folye 桥、加拿大的 Confederation 桥、大跨度索桥等。

（二）与养护、管理的关系

桥梁结构健康监测与桥梁日常养护检查、管理、维护的目的一样，均是为了及时发现和排除结构出现的问题，从而保障桥梁日常运营的安全，因此它们之间有着密切的互补关系。

1. 与常规养护检查互补

传统上，桥梁结构健康状况的确定是通过桥梁日常养护检查过程中的人工目测检查或借助于便携式仪器测量得到的信息进行的。人工检查可分为经常检查、定期检查和特殊检查。

但人工检查方法在实际应用中有很大的局限性，美国联邦公路委员会的最近调查表明，由人工目测检查作出的评估结果有 56% 是不恰当的。传统检测方式的不足之处主要表现在如下几方面。

（1）需要大量人力、物力和财力并有诸多检查盲点

这在现代大型桥梁里尤为突出，如美国纽约 Brooklyn 桥，其一次维修要历时3 个月，耗资超过 100 万美元。大跨桥梁由于跨度大、结构复杂、构件数量多且尺寸大，并存在许多件和隐蔽工程部位无法直接接近检查，所以仅采用传统检查方法评估这类桥梁的健康状况是不可行的。

（2）主观性强，难以量化

传统检查方法的评估结果主要取决于检查人员的专业知识水平和现场检查经验。经过半个多世纪的发展，虽然现代斜拉桥的分析设计与施工技术已日趋完善，但对某些响应现象，尤其是损伤的发展过程，尚处于经验积累之中，因此定量化的描述是很重要的。

（3）缺少整体性

人工检查以单一构件为对象，且现有的常规检查工具一般只能提供局部的检测和诊断信息，而不能提供整体全面的结构健康监测和诊断信息。

（4）影响正常交通运行

对于较大型的桥梁，传统检查方法通常需要搭设观察平台或用观测车辆，这无可避免需要实施交通控制。

（5）周期长，实时性差

大型桥梁的检查周期甚至可达几年，这使得在有重大事故或严重自然灾害的情况下，不能向决策者和公众提供即时信息。

由于传统检查方法的上述诸多缺点和限制，它们无法直接有效地应用于大型桥梁的健康状况检查。因此，桥梁结构健康监测为日常养护检查、管理提供了更为可靠的依据。另一方面，由于资源、成本等方面的限制，桥梁结构健康监测传感器系统目前尚不能涵盖大桥的所有构件。此外，由于现阶段对大跨径桥梁在复杂环境下响应的认识与经验的限制，也会导致对某些关键性部位监测不足。因此，就当前的发展水平而言，先进的健康监测系统与传统的检查方法是大桥管理维护中相辅相成的两个方面。

在大桥投入使用初期，维修工作相对较少，主要通过健康监测系统建立桥梁在正常荷载作用下的各种响应指标，同时通过常规养护检查进一步为健康监测系统提供现场检查结果，利用两者检测所得的结果，建立起精确可靠的预测模式，为制定长期稳定的检查维护计划作准备。健康监测系统与日常养护检查的关系可如图10-14所示。

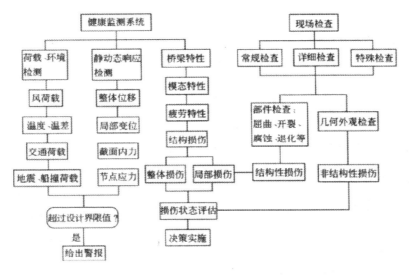

图10-14 健康监测与现场检查的关系

2．为维护管理提供依据

结构健康监测与安全评价系统的建立及运行应该全程指导大跨桥梁的建设和管理：设计阶段应确保桥梁具有良好的设计；施工阶段应保证桥梁自身的质量，并建立相应的档案资料；通过成桥静动载试验进行最终检验及完善档案资料；进入运营阶段后，应实时对桥梁进行监测，一旦发现桥梁处于亚健康状态时，就通过预警机制对发现问题部位进行预警，同时对该部位进行重点检查和检测，如果桥梁损伤获得确定，那么就应该及时予以处理，并计入档案中；同时，健康监测与安全评价系统定期对桥梁进行"体检"，出具"体检报告"，以获知桥梁的健康状态，并建立翔实严密的"体检档案"。现代桥梁维护管理策略如图10-15所示。

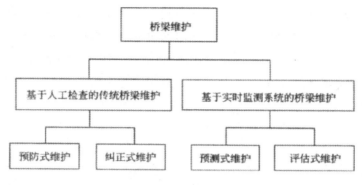

图10-15　现代桥梁维护策略

　　实时健康监测系统在桥梁维护管理中的作用是根据传感器系统的测量数据或其衍生数据对桥梁整体与局部的健康状况作出合理评估。其中，预测式维护旨在及早发现灾难性破坏的隐患，以便能采取措施加以消除或最低程度对其进行控制和延缓，因此，完整的大桥健康记录对大型桥梁的健康状态作出明确清晰的预测式评估是十分重要的。评估式维护工作旨在对桥梁构件的不正常表现作出及时诊断并找出其根源。预防式维护通过定期的现场检查来落实，由目测或借助某些仪器对那些尚不明晰的问题进行记录分析。当检测出桥梁有损伤发生时，就需要对其进行加固，即进行纠正式维护。

（三）监测与评价的关系

　　大跨桥梁结构健康监测系统按功能通常分为监测系统与评估系统两个部分，其中评估系统是整个系统的核心，监测系统服从于评估系统的功能与要求。

　　（1）监测系统应能根据评估系统的需要为其提供数据和处理信息。

　　（2）评估系统应明确评估的目标、系统功能和总体技术要求，明确评估所需的监测信息和数据格式，以及数据采集与传输等要求。

　　（3）监测系统应严格按照评估的要求采集和传输数据，并严格按照评估的要求进行数据预处理以及二次预处理，经过数据处理的数据结果（或导出参数）应符合评估的要求。

　　（4）评估系统和监测系统在数据通信协议、数据格式等方面应相互明确，监测系统采用数据传输所用的数据通信协议、数据格式应能与评估系统的要求相适应和匹配，并提供各种数据格式的转换工具，以便评估系统利用。

　　（5）监测系统向评估系统提供各种软硬件设备的参数信息，以满足评价系统中的数据管理与控制所需。

第十一章　桥梁荷载试验

第一节　桥梁静载试验

一、试验方案设计

一般桥梁静载试验主要是解决以下问题。

（1）检验桥梁结构的设计与施工质量，验证结构的安全性与可靠性。对于大、中跨度桥梁，都要求在竣工之后，通过试验来具体鉴定其工程质量的可靠性，并将试验报告作为评定工程质量优劣的主要依据之一。

（2）验证桥梁结构的设计理论与计算方法，充实与完善桥梁结构的计算理论与施工技术，积累科学技术资料。随着交通事业的不断发展，采用新结构、新材料、新工艺的桥梁结构日益增多，这些桥梁在设计、施工中必然会遇到一些新问题，其设计计算理论或设计参数需要通过桥梁试验予以验证或确定，在大量试验检测数据积累的基础上，逐步建立或完善这类桥梁的设计理论与计算方法。

（3）掌握桥梁结构的工作性能，判断桥梁结构的实际承载能力。目前，我国已建成了数十万座各种形式的桥梁，在使用过程中，有些已不能满足通行荷载的要求，有些由于各种原因而产生不同程度的损伤与破坏，有些由于设计或施工的问题本来就存在各种缺陷。对于这些桥梁，通常要采用试验的方法，来确定其承载能力和使用性能，并由此确定限载方案或加固改造方案，特别是对于那些原始设计施工资料不全的既有桥梁，为了确定其承载能力与使用条件，静载试验是必不可少的。

荷载试验计划的主要内容包括以下几个方面：

（1）准备工作；

（2）试验目的；

（3）加载方案与实施；

（4）测点布置与观测；

（5）加载控制与安全措施。

二、准备工作

桥梁结构的考察与试验准备阶段是桥梁检测顺利进行的必要前提。桥梁结构检测与桥梁结构的设计、施工和理论计算的关系十分密切，现代桥梁的发展对于结构试验技术、试验组织与准备工作提出了更高的要求。荷载试验正式进行之前的准备工作主要包括以下几方面。

（一）试验孔（或墩）的选择

对多孔桥梁中跨径相同的桥孔（或墩）可选 1 ~ 3 孔具有代表性的桥孔（或墩）进行加载试验。选择时应综合考虑以下因素：

（1）该孔（或墩）计算受力最不利；

（2）该孔（或墩）施工质量较差、缺陷较多或病害较严重；

（3）该孔（或墩）便于搭设脚手架，便于设置测点或便于实施加载。

选择试验孔的工作与制订计划前的调查工作结合进行。

（二）搭设脚手架和测试支架

脚手架和测试支架应分开搭设互不影响，脚手架和测试支架应有足够的强度、刚度和稳定性。脚手架要保证工作人员的安全、方便操作。测试支架要满足仪表安装的需要，不因自身变形影响测试的精度，同时还应保证试验时不受车辆和行人的干扰。脚手架和测试支架的设置要因地制宜，就地取材，便于搭设和拆卸，一般采用木支架或建筑钢管支架，当桥下净空较大不便搭设固定脚手架时，可考虑采用轻便活动吊架。

晴天或多云天气下进行加载试验时，阳光直射下的应变测点应设置遮挡阳光的设备，以减小温度变化造成的观测误差，雨季进行加载试验时，则应准备仪器、设备等的防雨设施，以备不时之需。

桥下或桥头用活动房或帐篷搭设临时实验室安放数据采集仪等仪器，并供测试人员临时办公和看管设备之用。

（三）试验加载位置的放样和卸载位置的安排

静载试验前应在桥面上对加载位置进行放样，以便于加载试验的顺利进行。如加载工况较少，时间允许，可在每次工况加载前临时放样。如加载工况较多则应预先放样，且用不同颜色的标志区别不同加载工况时的荷载位置。

静载试验荷载卸载的安放位置应预先安排。卸载位置的选择既要考虑加卸载方便，离加载位置近一些，又要使安放的荷载不影响试验孔（或墩）的受力，一般可将荷载安放在桥台后一定距离处，对于多孔桥，如有必要将荷载停放在桥孔上，一般应停放在距试验孔较远处以不影响试验观测为准。

（四）其他准备工作

加载试验的安全设施、供电照明设施、通信设施、桥面交通管制等工作应根据荷载试验的需要进行准备。

三、静载试验加载方案与实施

（一）加载试验项目的确定

为了满足鉴定桥梁承载力的要求，试验荷载工况的选择应反映桥梁结构的最不利受力状态，简单结构可选 1 ～ 2 个工况，复杂结构可适当多选几个工况，但不宜过多。在进行各荷载工况布置时，可参照截面内力（或变形）影响线进行，一般设两三个主要荷载工况，同时可根据试验桥梁结构体系的具体情况再设若干个附加荷载工况，但主要荷载工况必须予以保证。表 11-1 列出了常见桥型的试验荷载工况。

表11-1　常见桥型的试验荷载工况

序号	桥型		内力或位移控制截面
1	简支梁桥	主要	（1）跨中截面最大正弯矩和挠度； （2）支点截面最大剪力
		附加	（1）L/4 截面最大正弯矩和挠度； （2）墩台最大垂直力
2	连续梁桥、连续刚构	主要	（1）跨中最大正弯矩和挠度； （2）内支点截面最大负弯矩； （3）L/4 截面最大弯矩和挠度
		附加	（1）端支点截面的最大剪力； （2）1/4 截面最大弯剪力； （3）墩台最大垂直力； （4）连续刚构固结墩墩身控制截面的最大弯矩
3	悬臂梁桥、T形刚构	主要	（1）锚固跨跨中最大正弯矩和挠度； （2）支点最大负弯矩； （3）挂梁跨中最大正弯矩和挠度
		附加	（1）支点最大剪力； （2）挂梁支点截面或悬臂端截面最大剪力
4	拱桥	主要	（1）拱顶截面最大正弯矩和挠度、拱脚截面最大负弯矩； （2）钢架拱上弦杆跨中最大正弯矩
		附加	（1）拱脚最大水平推力； （2）L/4 截面最大正、负弯矩及其最大正、负挠度绝对值之和； （3）刚架拱斜腿根部截面最大负弯矩

序号	桥型		内力或位移控制截面
5	刚架桥（包括框架、斜腿刚构和刚架—拱式组合体系）	主要	（1）跨中截面最大正弯矩和挠度； （2）结点截面的最大负弯矩
		附加	柱脚截面最大负弯矩、最大水平推力
6	钢桁桥	主要	（1）跨中、支点截面的主桁杆件最大内力； （2）跨中截面的挠度
		附加	（1）L/4截面的主桁杆件最大内力和挠度； （2）桥面系结构构件控制截面的最大内力和变位； （3）墩台最大垂直力
7	斜拉桥与悬索桥	主要	（1）主梁最大挠度； （2）主梁控制截面最大内力； （3）索塔塔顶水平变位； （4）主缆最大拉力，斜拉索最大拉力
		附加	（1）主梁最大纵向漂移； （2）主塔控制截面最大内力； （3）吊索最大索力

此外，对桥梁施工中的薄弱截面或缺陷修补后的截面，或者旧桥结构损坏部位、比较薄弱的桥面结构，可以专门进行荷载工况设计，以检验该部位或截面对结构整体性能的影响。

使用车辆加载而又未安排动载试验项目时，可在静载试验项目结束后，将加载车辆（多辆车则相应地进行排列）沿桥长慢速行驶一趟，以全面了解荷载作用于桥面不同部位时结构的承载状况。

（二）加载时截面内力的控制

1. 控制荷载的确定

为了保证荷载试验的效果，必须先确定试验的控制荷载。桥梁需要鉴定承载能力的荷载主要有以下几种：汽车和人群（标准设计荷载）；挂车或履带车标（准设计荷载）；需通行的特殊重型车辆。分别计算以上几种荷载对结构控制截面产生的内力（或变形）的最不利值，进行比较，取其中最不利者对应的荷载作为控制荷载。因为挂车和履带车不计冲击力，所以动载试验以汽车荷载作为控制荷载。荷载试验应尽量采用与控制荷载相同的荷载，而组成控制荷载（标准设计荷载）的车辆是由营运车辆统计而得的概率模型。由于客观条件的限制，实际采用的试验荷载与控制荷载有差别，为了保证静载试验效果，在选择试验荷载的大小和加载位置时采用静载试验效率 η_q 进行控制。按理论计算或检测的控制截面的最不利工作条件布置荷载，使控制截面达到最大试验效率。

2. 静载试验效率

静载试验荷载效率定义为：试验荷载作用下被检测部位的内力（或变形的计算值）与包括动力扩大效应在内的标准设计荷载作用下，同一部位的内力（或变形计算值）的比值。以 η_q 表示荷载效率，则有：

$$\eta_q = \frac{S_t}{S_d(1+\mu)} \tag{1}$$

式中：S_t—试验荷载作用下，检测部位变形或内力的计算值；

S_d—设计标准荷载作用下，检测部位变形或内力的计算值；

μ—设计取用的冲击系数，平板挂车、履带车，重型车辆取用 0。

冲击系数 M 可按下式计算：

当 $f < 1.5\mathrm{Hz}$ 时，$\mu = 0.05$

当 $1.5\mathrm{Hz} \leq f \leq 14\mathrm{Hz}$ 时，$\mu = 0.17671nf - 0.0157$

当 $f > 14\mathrm{Hz}$ 时，$\mu = 0.45$

式中：f—结构基频，HZ，桥梁结构的基频（自振频率）反映了结构的尺寸、类型、建筑材料等动力特性内容，它直接反映了冲击系数与桥梁结构之间的关系。

η_q 值可采用 0.8 ~ 1.05，当桥梁的调查、检算工作比较完善而又受加载设备能力所限，η_q 值可采用低限；当桥梁的调查、检算工作不充分，尤其是缺乏桥梁计算资料时，η_q 值应采用高限；总之应根据前期工作的具体情况来确定。一般情况下 η_q 值不宜小于 0.95。

荷载试验宜选择温度稳定的季节和天气进行。当温度变化对桥梁结构内力影响较大时，应选择温度内力较不利的季节进行荷载试验，否则应考虑用适当增大静载试验效率 η_q 来弥补温度影响对结构控制截面产生的不利内力。

当控制荷载为挂车或履带车而采用汽车荷载加载时，考虑到汽车荷载的横向应力增大系数较小，为了使截面的最大应力与控制荷载作用下截面最大应力相等，可适当增大静载试验效率。

3. 加载分级与控制

为了加载安全和了解结构应变和变位随试验荷载增加的变化关系，对桥梁荷载试验中各主要荷载工况的加载应分级进行，而且一般安排在开始的几个加载程序中执行，附加工况一般只设置最大内力加载程序。

分级控制原则：①当加载分级较为方便时，可按最大控制截面内力荷载工况将荷载均分为 4 ~ 5 级；②当使用超重车加载，车辆称重有困难时也可分成 3 级加载；③当桥梁的调查和验算工作不充分，或桥况较差，应尽量增加加载分级。如限于条件，加载分级较少时，应注意每级加载时，车辆荷载应逐辆缓缓驶入预定加载位置，必要时可在加载车辆未到达预定加载位置前分次对控制测点进行读数监控，以确保试验安全；④在安排加载分级时，应注意加载过程中其他截面内力亦应逐渐增加，且最大内力不应超过控制荷载作用下的最不利内力；⑤根据具体条件决定分组加载的方法，最好每级加载后卸载，也可逐级加载，当达到最大荷载后再逐级卸载。

车辆荷载加载分级的方法：①逐渐增加加载车数量，②先上轻车后上重车，③加载车位于内力影响线的不同部位，④加载车分次装载重物。

加卸载的时间选择：为了减少温度变化对试验造成的影响，加载试验时间以晚 22：00 ~ 晨 6：00 为宜。尤其是采用重物直接加载，加卸载周期比较长的情况下只能在夜间进行试验。对于采用车辆等加卸载迅速的试验方式，如夜间试验照明等有困难时亦可安排在白天进行试验，但在晴天或多云的天气下进行加载试验时每个加卸载周期所花费的时间不宜超过 20min。

加载分级的计算：根据各荷载工况的加载分级，按弹性阶段计算结构各测点在不同荷载等级下的计算变位（或应变），以便对加载试验过程进行分析和控制。计算采用的材料弹性模量，如已做材料试验的用实测值，未做材料试验的可按规范规定取值。

4. 加载设备的选择

静载试验加载设备可根据加载要求及具体条件选用，一般有可行式车辆和重物直接加载两种加载方式。

（1）可行式车辆：可选用装载重物的汽车或平板车，也可就近利用施工机械车辆。选择装载的重物时，要考虑车厢能否容纳得下，装载是否方便。装载的重物应置放稳妥，以避免车辆行驶时因摇晃而改变重物的位置。采用车辆加载优点很多，如便于调运和加载布置，加卸载迅速等。采用汽车荷载既能做静载试验又能做动载试验，这是目前较常采用的一种方法。

（2）重物直接加载：一般可按控制荷载的着地轮迹先搭设承载架，再在承载架上堆放重物或设置水箱进行加载。如加载仅为满足控制截面内力要求，也可采取直接在桥面堆放重物（图 11-1 为重物实现均布荷载的加载方式）或设置水箱的方法加载。承载架的设置和加载物的堆放应安全、合理，能按要求分布加载质量，并不使加载设备与桥梁结构共同承载而形成"卸载"现象。重物直接加载准备工作量大，加卸载所需周期一般较长，交通中断时间亦较长，且试验时温度变化对测点的影响较大，因此宜安排在夜间。

此外，其他一些加载方式也可根据加载要求因地制宜采用。

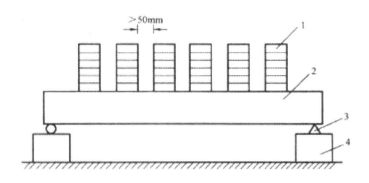

图11-1 重物实现均布荷载的加载形式

1—重物荷载块；2—构件；3—支承；4—支墩

5. 加载重物的称量

加载重物的称量一般有称量法、体积法和综合法三种。

（1）称量法：当采用重物直接在桥上加载时，可将重物化整为零称重后按逐级加载要求分堆置放，以便加载取用。当采用车辆加载时，可将车辆逐辆驶上称重台进行称重。如没有现成可供利用的称重台，可自制专用称重台进行称重。

（2）体积法：如采用水箱加载，可通过测量储水的体积来换算储水的重力。

（3）综合法：根据车辆出厂规格确定空车轴重（注意考虑车辆零配件的更换和添减，汽油、水、乘员重力的变化）。再根据装载重物的重力及其重心将其分配至各轴。装载物最好采用规则外形的物体整齐码放或采用松散均匀材料（如砂子等）在车厢内摊铺平整，以便准确确定其重心位置。

可根据不同的加载方法和具体条件选用以上几种方法对所加重物进行称量，但无论采用何种确定加载物重力的方法，均应做到称重准确可靠，其称量误差最大不得超过5%。最好能采用两种称重方法互相校核。

四、测点布置与观测

（一）基本观测内容

（1）结构的最大挠度和扭转变位，包括桥梁上、下游两侧的挠度差及水平位移等；

（2）结构控制截面最大应力（应变），包括混凝土表面应力和最外缘钢筋应力等；

（3）支点沉降，墩台位移与转角，活动支座的变位等；

（4）桁架结构支点附近杆件及其他细长杆件的稳定性；

（5）裂缝的出现和扩展，包括初始裂缝的出现，裂缝的宽度、长度、间距、位置、方向和性状，以及卸载后的闭合状况；

（6）温度变化对结构控制截面测点应力和变位的影响；

（7）根据桥梁调查和检算的深度，综合考虑结构特点和桥梁技术现状等，可适当增加以下观测内容：

（8）桥跨结构挠度沿桥长或沿控制截面桥宽的分布；

（9）结构构件控制截面应变分布图，要求沿截面高度分布不少于 5 个应变测试点，包括最边缘和截面突变处的测点；

（10）控制截面的挠度、应力（或应变）的纵向和横向影响线；

（11）行车道板跨中和支点截面挠度或应变影响面；

（12）组合构件的结合面上、下缘应变；

（13）支点附近结构斜截面的主拉应力；

（14）控制断面的横向应力增大系数。

（二）测点布设

1. 挠度测点的布置

一般情况下，对挠度测点的布设要求能够测量结构的竖向挠度、侧向位移和扭转变形，应能给出受检跨及相邻跨的挠度曲线和最大挠度。每跨一般需布设 3 ~ 5 个测点。挠度测试结果应需考虑支点下沉修正，应观测支座下沉量、墩台的沉降、水平位移与转角、连拱桥多个墩台的水平位移等。有时为了验证计算理论，需要实测控制截面挠度的纵向和横向影响线。对较宽的桥梁或偏载应取上下游平均值或分析扭转效应。

2. 结构应变测点的布设

应力应变测点的布设应能测出内力控制截面沿竖向、横向的应力分布状态。对组合构件应测出组合构件的结合面上下缘应变。梁的每个截面的竖向测点沿截面高度应不少于 5 个测点，包括上、下缘和截面突变处，应能说明平截面假定是否成立。横向截面抗弯应变测点应布设在截面横桥向应力可能分布较大的部位，沿截面上下缘布设，横桥向设置一般不少于 3 处，以控制最大应力的分布，宽翼缘构件应能给出剪力滞效应的大小。对于箱形断面，顶板和底板测点应布设"十"字应变花，而腹板测点应布设 45° 应变花，T 形断面下翼缘可用单向应变片。

对于公路钢桥，如是钢板梁结构则应全断面布置测点，测点数量以能测出应力分布为原则；钢桁梁应给出构件轴向力和次应力等。此外，一般还应实测控制断面的横向应力增大系数；当结构横向联系构件质量较差，连接较弱时，则必须测定控制断面的横向应力增大系数。简支梁跨中截面横向应力增大系数的测定，既可采用观测跨中沿桥宽方向应变变化的方法，也可采用观测跨中沿桥宽方向挠度变化的方法来进行计算或用两种方法互相校验。

3. 混凝土结构应变测点的布设

对于预应力混凝土结构，应变测点可用长标距（$5 \times 150mm$）应变片构成应变花贴在混凝土表面，而对部分预应力或钢筋混凝土结构，受拉区则应测受拉钢筋的拉应变，可凿开混凝土保护层直接在钢筋上设置拉应力测点，但在试验完后必须修复保护层。当采用测定混凝土表面应变的方法来确定钢筋混凝土结构中钢筋承受的拉力时，考虑到混凝土表面已经有可能产生的裂缝对观测的影响，可用测定与钢筋同高度的混凝土表面上一定间距的两点间的平均应变来确定钢筋的拉应力。选择这两点的位置时，应使其标距大致等于裂缝的间距或裂缝间距的倍数，可以根据结构受力后如下三种情况进行选择。

（1）预计混凝土加载后不会产生裂缝情况时，可以任意选择测定位置及标距，但标距不应小于4倍混凝土最大粒径。

（2）加载前未产生裂缝，加载后可能产生裂缝的情况时，可选择相连的20cm、30cm两个标距。当加载后产生裂缝时可分别选用20cm、30cm或（20+30）cm标距的测点读数来适应裂缝间距。

（3）加载前已经产生裂缝，为避免加载后产生新裂缝的影响，可根据裂缝间距选择测点位置及标距。为提高测试精度，也可增大标距，跨越两条以上的裂缝，但测点在裂缝间的相对位置仍应不变。

4. 剪切应变测点的布设

对于剪切应变测点一般采取设置应变花的方法进行观测。为了方便，对于梁桥的剪应力也可在截面中性轴处主应力方向设置单一应变测点来进行观测。梁桥的实际最大剪应力截面应设置在支座附近而不是支座上，具体设置位置如下：从梁底支座中心起向跨中座与水平线成45°的斜线，此斜线与截面中性轴高度线相交的交点即为梁最大剪应力位置。可在这一点沿最大压应力或最大拉应力方向设置应变测点，距支座最近的加载点则应设置在45°斜线与桥面的交点上。

5. 温度测点的布设

选择与大多数测点较接近的部位设置1～2处气温观测点，此外可根据需要在桥梁主要测点部位设置一些构件表面温度测点，尤其对于温度敏感的大跨径索支承体系桥梁，宜沿跨径长度方向多设置一些温度测点。

6. 常用桥梁的主要测点布置

主要测点的布置不宜过多，但要保证观测质量，一般情况下，对主要测点的布置应能控制结构的最大应力（或应变）和最大挠度（或位移）。

简支梁桥：跨中挠度，支点沉降，跨中截面应变。

连续梁桥：跨中挠度，支点沉降，跨中和支点截面应变。

悬臂拱桥：悬臂端部挠度，支点沉降，支点截面应变。

拱桥：跨中与 1/4 处挠度，拱顶 1/4 和拱脚截面应变。

斜拉桥：主梁中孔跨中挠度，支点沉降，跨中截面应变；塔顶纵桥向最大水平位移，塔脚截面应变。

悬索桥：加劲梁跨中与 Z/8 和 3Z/8 处挠度，支点沉降，跨中与 Z/8 和 3Z/8 处截面应变；塔顶纵桥向最大水平位移，塔脚截面应变。

组合体系桥：根据组合体系所呈现的主要力学特征，结合上述各类桥梁的主要测点布置综合确定测点位置。

（三）仪器设备选择

桥梁静载试验时，需要量测结构的反力、应变、位移、倾角和裂缝等物理量，应选择适当的仪器进行量测。常用的量测仪器有百分表、千分表、位移计、应变计（应变片）、应变仪、精密水准仪、经纬仪、全站仪、倾角仪和刻度放大镜等。这些测试仪器按其工作原理可分为机械测试仪器、电测仪器、光测仪器等。机械式仪器具有安装与使用方便、迅速和读数可靠的优点，但需要搭设观测脚手架，而且需用试验人员较多，观测读数费时，不便于自动记录。电测仪表安装调试比较麻烦，影响测试精度的因素也较多，但测试和记录均较方便，便于数据自动采集记录。荷载试验应根据测试内容和量测值的大小选择仪器，试验前应对测试值进行理论分析估计，以便选择仪器的精度和测量范围。

1. 机械式仪表量测装置

机械式仪表的量测装置一般由机械式仪表即百分表（位移计）、千分表、挠度仪和引伸仪等与适当的夹具和连接装置组合，直接量测结构物在荷载作用下的位移和应变。千分表结构与百分表（位移计）构造基本相同，它们与其他附属装置配套后可用于量测位移、应变、力及倾角等。

2. 电测式量测装置

静载试验所用的电测式量测装置主要是指由传感器、应变计等测试元件将结构位移或应变等机械量转换成电信号，通过放大和接收将电信号又以机械量值给出量测值的一种量测系统。这种量测装置基本上由三部分组成，即：传感器—放大量测—指示记录。

电测方法能高效率、准确地量测结构表面、内部各部位的变形和其他参数的变化，可以远距离操纵并自动记录。因此，电测技术在桥梁荷载试验中获得了广泛的应用。

近几年来，传感器在朝着灵敏、精确、适应性强、小巧和智能化方向发展，光纤传感器以其优异的性能备受青睐。光纤传感技术是 20 世纪 70 年代中期发展起来的一门新技术，它是伴随着光纤及光通信技术的发展而逐步形成的。光纤传感器是把光纤传感技术应用于测量领域的一种传感器件，它与传统的传感器相比具有一系列的优点，如灵敏度高、耐腐蚀、电绝缘、防爆性好、抗电磁干扰、光路可挠曲、易于与计算机连接、便于遥测等，可以用来测量多种物理量，比如声场、电场、压力、温度、加速度和角速度等，另外还可以完成现有测量技术难以完成的测量任务。

目前常用应变测量的有电阻应变片、HY—65B3000B 数码应变表面传感器和振弦式应变计，电阻应变片其应变片数据采集方式可以实现串联扩展，最大的缺点是受环境温度影响较大，数据稳定性差。HY—65B3000B 数码应变表面传感器是武汉岩海公司生产的新型传感器，它是一种采用磁感位置编码技术研制而成新型应变传感器，内置有霍尔芯片、永久磁铁、美国进口 16 位单片机等当今最前沿电子芯片。HY–65B3000B 数码表面应变传感器由两部分组成：HY—65B3000B 数码表面应变传感器宝石测头＋微动测头。其支座与微动测头采用磁性恒力吸附技术，任意姿势均不受重力影响，无蠕变。它无须接二次仪表，直接以数码方式将测量值传送给专门配置的数显表或计算机显示。振弦式应变计是利用钢弦的固有频率随受力的大小而改变的特性将被测力转换为频率信号输出的测量元件。振弦式应变计具有优良的重复性和稳定性，对于微小的被测力变化可产生较大的频率变化，从而具有很高的灵敏度；而且振弦式传感器输出的是一频率信号，所以处理过程中无须再进行 A/D 及 D/A 转换，因此，其抗干扰能力强，信号能够远距离传输。目前还出现了一种无线应变采集系统，其连接方式和 HY–65B 系列类似，不同的是，各个传感器是连接到一个可以进行无线传输的集线器上面，各个集线器可以和与电脑相连的采集仪之间进行无线通信。

3. 光测式量测装置

光测式量测装置主要包括精密水准仪、经纬仪、全站仪、光电式挠度仪和刻度放大镜等仪器。

静载试验过程中，桥梁结构的空间变位是结构评估所必需的重要量测数据。对于搭设支架困难的情况（或为了与机械式、电测式位移计对比），采用精密水准仪、经纬仪或全站仪和光电式挠度仪可更方便地观测桥梁结构控制截面处的变位（竖直、水平两方向）、桥轴线的偏离、桥梁主跨径的相对变化等重要量测值。有关各种测量仪器的使用详见各自的操作说明书。刻度放大镜一般用于桥梁结构表面最大裂缝宽度的观测，方法较为简便。

4．仪器选择的一般原则

（1）所用仪器、仪表数据采集设备应是经过计量检定的；

（2）选择仪器仪表应从试验的实际需要出发，选用的仪器仪表应满足测试精度的要求，一般要求不大于预计测量值的5%；

（3）在选用仪器仪表时，既要注意环境条件，又要避免盲目地追求精度，应根据实际情况，慎重选择和比较，采用符合要求又简易的量测装置；

（4）量测仪器仪表的型号、规格，在同一试验中种类愈少愈好，尽可能选用同一类型或规格的仪器仪表；

（5）仪器仪表应当有足够的量程，以满足测试的需要。

五、加载控制与安全措施

试验指挥人员在加载试验过程中应随时掌握各方面情况，对加载进行控制。既要取得良好的试验效果，又要确保人员、仪表设备及桥梁的安全，避免不应有的损失。

（一）加载的控制

应严格按设计的加载程序进行加载，荷载的大小、截面内力的大小都应由小到大逐渐增加，并随时做好停止加载和卸载的准备。

（二）测点的观测

对加载试验的控制点应随时观测，随时计算并将计算结果报告试验指挥人员，如实测值超过计算值较多，则应暂停加载，待查明原因再决定是否继续加载。试验人员如发现其他测点的测值有较大的反常变化也应查找原因，并及时向试验指挥人员报告。

（三）加载过程的观察

加载过程中应指定人员随时观察结构各部位可能产生的新裂缝，注意观察构件薄弱部位是否有开裂、破损，组合构件的结合面是否有开裂错位，支座附近混凝土是否开裂，横隔板的接头是否拉裂，结构是否产生不正常的响声，加载时墩台是否发生摇晃现象等。如发生这些情况应报告试验指挥人员，以便采取相应的措施。

（四）终止加载控制条件

发生下列情况应中途终止加载：

（1）控制测点应力值已达到或超过用弹性理论按规范安全条件反算的控制应力值时；

（2）控制测点变位（或挠度）超过规范允许值时；

（3）由于加载使结构裂缝的长度、宽度急剧增加，新裂缝大量出现，缝宽超过允许值的裂缝大量增多，对结构使用寿命造成较大的影响时；

（4）拱桥加载时，沿跨长方向的实测挠度曲线分布规律与计算值相差过大或实测挠度超过计算值过多时；

（5）发生其他损坏，影响桥梁承载能力或正常使用时。

试验荷载加载控制分析是一项相当严肃的重要工作，试验人员务必认真对待，仔细观测并对比分析，严格按照加载控制条件实施。

六、理论分析与计算

在确定了桥梁静载试验方案后，应该进行桥梁全桥跨的理论分析与计算。理论分析计算是加载方案、观测方案及试验桥跨性能评价的基础。因此，理论分析计算应采用先进的计算手段和工具，以使计算结果准确可靠。一般地，理论分析计算包括试验桥跨的设计内力验算和试验荷载效应计算两个方面。

设计内力验算是按照试验桥梁的设计图纸与设计荷载，选取合理的计算图式，按照设计规范，运用结构分析方法，采用专用桥梁计算软件或通用分析软件，计算出桥梁结构的设计内力。一般地，由于恒载已作用在桥梁结构上，设计内力验算是指活载内力计算，即按照"桥规"计算出汽车、挂车、人群荷载所产生的各控制截面最不利活载内力，或按照《城市桥梁设计荷载标准》计算由城市—A级荷载、城市—B级荷载所产生的各控制截面最不利活载内力。控制截面最不利活载内力计算的一般方法是先求出该截面的内力影响线或影响面，利用影响线或影响面并根据加载车道数、冲击系数及车道折减系数计算出该截面的最不利活载内力。此外，对于存在病害或缺陷的桥梁，还应按照"桥规"进行内力组合，根据规范方法验算控制截面的荷载反应强度，以确保试验时桥梁结构的安全。控制截面的荷载效应是试验观测的主要部位，把握住控制截面，就可以较为确切地了解试验桥梁承载能力和工作性能。

试验荷载效应的计算是在设计内力验算结果的基础上，确定加载位置、加载等级以及在试验荷载作用下的结构反应。试验荷载效应的计算主要以荷载横向分布理论为基础，将空间结构的分析转化为纵横两个正交方向的平面问题分析，这种分析方法称为荷载横向分布法。通常，桥梁是由若干根沿横向并列的主梁组成的，这些横梁之间以一定的方式互相联结。当桥面上某处受到荷载作用时，荷载通过主梁之间的联结也会使其他各主梁产生效应。或者说，荷载以不同的比例沿桥梁的横向分布在各个主梁上。在某种荷载下，我们把荷载沿横向某个主梁的分布程度用"横向分布系数"m来表示，很显然，此时该主梁所分担的荷载部分就可以表示为 m 与荷载的乘积，知道了该主梁受到的荷载大小，进而就可求解该主梁单片梁的内力。这种方法具有概念明确、计算简便的优点，但其分析精度取决于所采用的横向分布理论的适用性和准确性，适合于结构简单桥型如简支梁桥等。对于结构复杂的大跨径桥梁，如斜拉桥、悬索桥等，就必须采用空间模型来模拟实际的空间桥梁结构，并且在得到影响面后直接进行空间加载。

七、试验数据的整理与分析

（一）试验资料的修正

1. 测值修正

根据各类仪表的标定结果进行测试数据的修正，如考虑机械式仪表校正系数、电测仪表率定系数、灵敏系数、电阻应变观测的导线电阻影响等。当这类因素对测值的影响小于 1% 时可不予修正。

2. 温度影响修正

温度对测试的影响比较复杂。结构构件的各部位不同的温度变化、结构的受力特性、测试仪表或元件的温度变化、电测元件的温度敏感性、自补性等均对测试精度造成一定的影响，对这些影响进行逐项分析是困难的。一般可采用综合分析的方法来进行温度影响修正，即利用加载试验前进行的温度稳定观测数据，建立温度变化（测点处构件表面温度或空气温度）和测点测值（应变和挠度）变化的线性关系，然后按下式进行温度修正计算：

$$S = S' - \Delta t \cdot K_t \qquad (1)$$

式中：S—温度修正后的测点加载测值变化；

S′—温度修正前的测点加载测值变化；

Δt—相当于 S' 观测时间段内的温度变化，℃；

K_t—空载时温度上升 1℃时测点测值变化量。

$$K_t = \frac{\Delta S}{\Delta t_1} \qquad (2)$$

式中：ΔS—空载时某一时间区段内测点测值变化量；

Δt_1——相应于 ΔS 同一时间区段内温度变化量。

温度变化量的观测对应变宜采用构件表面温度。温度修正系数 K_t 应采用多次观测的平均值，如测值变化与温度变化关系不明显时则不能采用。

由于温度影响修正比较困难，一般不进行这项工作，而采取缩短加载时间、选择温度稳定性较好的时间进行试验等办法，尽量减小温度对测试精度的影响。

3. 支点沉降影响的修正

当支点沉降量较大时，应修正其对挠度值的影响，修正量 C 可按下式计算：

$$C = \frac{l-x}{l}a + \frac{x}{l}b \tag{3}$$

式中：C—测点的支点沉降影响修正量；

l—A 支点到 B 支点的距离；

x—挠度测点到 A 支点的距离；

a—A 支点沉降量；

b—B 支点沉降量。

（二）各测点变位与应变的计算

根据量测数据计算如下。

总变位（或总应变）：

$$S_t = S_1 - S_i \tag{4}$$

弹性变位（或弹性应变）：

$$S_e = S_1 - S_u \tag{5}$$

残余变位（或残余应变）：

$$S_p = S_t - S_e = S_u - S_i \tag{6}$$

式中：S_i—加载前测值；

S_1—加载达到稳定时测值；

S_u—卸载后达到稳定时测值。

引入相对残余变位（或应变）的概念描述结构整体或局部进入塑形工作状态的程度。

相对残余变位（或应变）按下式计算：

$$S_p' = \frac{S_p}{S_t} \times 100\% \tag{7}$$

式中：S_p'—相对残余变位（或应变）；

S_p、S_t 意义同前。

（三）应力计算

根据测量到的测点应变，当结构处于线弹性工作状态时可以利用应力应变关系计算测点的应力。

1. 单向应力状态

$$\sigma = E\varepsilon \qquad (8)$$

2. 平面应力状态

（1）当主应力方向已知时：

$$\sigma_1 = \frac{E}{1-v^2}\left(\varepsilon_1 + v\varepsilon_2\right) \qquad (9)$$

$$\sigma_2 = \frac{E}{1-v^2}\left(\varepsilon_2 + v\varepsilon_1\right) \qquad (10)$$

式中：E—构件材料弹性模量；

v—构件材料泊松比；

ε_1，ε_2—方向相互垂直的主应变；

σ_1、σ_2—方向相互垂直的主应力。

（2）主应力方向未知时需用应变花测量其应变计算主应力。应变花的常见形式为直角形或等边形（图11-2），由三个应变片组成；也可以增加校核片布置为扇形和伞形（图11-2）。采用图11-2中的五种应变花时测点主应力可以表示为：

$$\sigma_1 = \frac{E}{1-\upsilon}\cdot A + \frac{E}{1-\upsilon}\cdot\sqrt{B^2+C^2} \qquad (11)$$

$$\sigma_2 = \frac{E}{1-\upsilon}\cdot A - \frac{E}{1-\upsilon}\cdot\sqrt{B^2+C^2} \qquad (12)$$

$$\tau_{max} = \frac{E}{1-\upsilon}\cdot\sqrt{B^2+C^2} \qquad (13)$$

$$\varphi_0 = \frac{1}{2}\tan^{-1}\frac{C}{B} \qquad (14)$$

其中：参数 A、B、C 由应变花的形式而定。

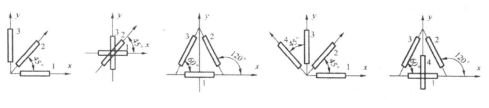

（a）直角形 （b）直角交叉形 　（c）等边形 　　（d）扇形 　　　　（d）伞形

图11-2　常用应变花的形式

八、加载试验成果分析与评定

为了评定结构整体受力性能，需对桥梁荷载试验结果与理论分析值比较，以检验新建桥梁是否达到设计要求的荷载标准，或判断旧桥的承载能力。比较时可以将结构位移、应变等试验值与理论计算值列表进行比较，对结构在最不利荷载工况作用下主要控制测点的位移、应力的实测值与理论分析值，要分别绘出荷载位移（P-Δ）曲线，荷载应力（P-σ）曲线，并绘出最不利荷载工况作用下位移沿结构（纵、横向）分布曲线和控制截面应变（沿高度）分布图，绘制结构裂缝分布图（对裂缝编号注明长度、宽度、初裂荷载以及裂缝发展情况）。

（一）结构工作状况评定分析

1. 结构校验系数

为了量化，以及描述试验值与理论分析值比较的结果，此处引入结构校验系数：

$$\eta = \frac{S_e}{S_s} \tag{15}$$

式中：S_e—试验荷载作用下量测的弹性变位（或应变）值；

S_s—试验荷载作用下的理论计算变位（或应变）值。

S_e 与 S_s 的比较可用实测的横截面平均值与计算值比较，也可考虑荷载横向不均匀分布而选用实测最大值与考虑横向增大系数的计算值进行比较。横向增大系数最好采用实测值，如无实测值也可采用理论计算值。

校验系数是评定结构工作状况，确定桥梁承载能力的一个重要指标。不同结构形式的桥梁其 η 值常不相同，η 值常见的范围见表 11-2。

一般要求 $\eta \leq 1$，η 值越小说明结构的安全储备越大，但 η 值不宜过大或过小，如 η 值过大可能说明组成结构的材料强度较低，结构各部分联结性能较差，刚度较低等。η 值过小可能说明组成结构材料的实际强度及弹性模量较大，梁桥的混凝土铺装及人行道等与主梁共同受力，支座摩擦力对结构受力的有利影响，以及计算理论或简化的计算图式偏于安全等。另外，试验加载物的称量误差、仪表的观测误差等对 η 值也有一定的影响。

表 11-2　桥梁校验系数常值表

梁别	项目	结构校验系数
钢筋混凝土板桥	混凝土应力	0.20 ~ 0.40
	挠度	0.20 ~ 0.90

梁别	项目	结构校验系数
钢筋混凝土梁桥	混凝土应力	0.40 ~ 0.80
	挠度	0.50 ~ 0.90
	钢筋应力	0.55 ~ 0.65
预应力混凝土桥	混凝土应力	0.60 ~ 0.90
	挠度	0.70 ~ 1.00
圬工拱桥	应力	0.70 ~ 1.00
	挠度	0.80 ~ 1.00

2. 横向增大系数

横向增大系数一般由实测的变位（或应变）最大值与横向各测点平均值之比求得，即：

$$\xi = \frac{S_{emax}}{S_e} \tag{16}$$

式中：S_{emax}——试验荷载作用下量测的最大弹性变位（或应变）值；

S_e——试验荷载作用下横桥向各测点的弹性变位（或应变）值的平均值。

主要测点在控制荷载工况下的横向增大系数 ζ 反映了桥梁结构荷载横向不均匀分布的程度及横向联结的工作状况。ζ 值越小，说明荷载横向分布越均匀，横向联结构造越可靠 ζ 值越大，说明荷载横向分布越不均匀，横向联结越薄弱，结构受力越不利。

3. 实测值与理论值的关系曲线

由于理论的变位（或应变）一般系按线性关系计算。所以如测点实测弹性变位（或应变）与理论计算值成正比，其关系曲线接近于直线，说明结构处于良好的弹性工作状况。

4. 相对残余变位（或应变）

测点在控制加载程序时的相对残余变位（或应变）S_p/S_t 越小，说明结构越接近弹性工作状况，一般要求 S_p/S_t 值不大于 20%，当 S_p/S_t 大于 20% 时，应查明原因，如确系桥梁强度不足，应在评定时，酌情降低桥梁的承载能力。

（二）结构的强度及稳定性

当荷载试验项目比较全面时，可采用荷载试验主要挠度测点的校验系数 rj 来评定结构的强度和稳定性。

对于一般新建桥梁，在荷载试验后尚无桥梁检算系数可供查用。为了评定的需要，可借用《公路旧桥承载能力鉴定方法试行）》中荷载试验后的旧桥检算系数 Z_2，按式（17）或式（18）对桥梁结构抗力效应予以提高或折减后检算。

对于旧桥，根据《公路旧桥承载能力鉴定方法（试行）》采用 z_1 值检算不符合要求，但采用 4 值根据式（17）或式（18）检算符合要求时，可评定桥梁承载能力满足检算荷载要求。

砖石和混凝土桥：

$$S_d\left(\gamma_{s0}\psi\Sigma\gamma_{s1}Q\right)\le R_d\left(\frac{R^j}{\gamma_m};a_k\right)\times z_2 \tag{17}$$

钢筋混凝土及预应力混凝土桥：

$$S_d\left(\gamma_g G;\gamma_q\Sigma Q\right)\le \gamma_d R_d\left(\frac{R_c}{\gamma_c};\frac{R_s}{\gamma_s}\right)\times z_2 \tag{18}$$

式中，各参数的物理意义详见《公路旧桥承载能力鉴定方法（试行）》。

根据 η 值由表 11-3 查取 z_2 的取值范围，再根据下列条件确定 z_2 值。符合下列条件时，z_2 值可取高限，否则应酌减，直至取低限：

表 11-3　经过荷载试验的桥梁检算系数 z_2 值表

η	z_2	η	z_2
0.4 及以下	1.20 ~ 1.30	0.8	1.00 ~ 1.10
0.5	1.15 ~ 1.25	0.9	0.97 ~ 1.07
0.6	1.10 ~ 1.20	1.0	0.95 ~ 1.05
0.7	1.05 ~ 1.15		

（1）加载内力与总内力（加载内力 + 恒载内力）的比值较大，荷载试验效果较好。

（2）实测值与理论值线性关系较好，相对残余变位（或应变）较小。

（3）桥梁结构各部位无损伤，风化、锈蚀、裂缝等较轻微。

η 值应取控制截面内力最不利荷载工况时最大挠度测点进行计算。对梁桥，可采用跨中最大正弯矩荷载工况的跨中挠度；对拱桥检算拱顶截面时，可采用拱顶最大正弯矩荷载工况时的跨中挠度；检算拱脚截面时，可采用拱脚最大负弯矩荷载工况时 1/4 截面处挠度；检算 1/4 截面时则可用上述两者平均值；如已安排 1/4 截面最大正、负弯矩荷载工况，则可采用该荷载工况时 1/4 截面挠度。但拱桥在采用 η 值根据表 11-4 进行验算时，应不再另行考虑拱上建筑的联合作用。

（三）结构刚度

试验荷载作用下，主要测点挠度校验系数 η 应不大于 1。各点的挠度不超过《公路圬工桥涵设计规范》《公路钢筋混凝土及预应力混凝土桥涵设计规范》和《公路桥涵钢结构及木结构设计规范》规定的允许值。

（1）如控制荷载为标准计算荷载，则不计冲击力的挠度允许值分别如表11-4 所示。

表11-4　标准计算活载作用下桥跨结构的挠度限值表

桥梁类型	计算活载挠度限值	
圬工拱桥	一个桥跨范围内正、负挠度的最大绝对值之和不大于l/1000	
钢筋混凝土与预应力混凝土桥	梁桥主跨跨中	L/600
	梁桥主梁悬臂端	L_l/300
	桁架、拱	L/800
	斜拉桥预应力混凝土主梁	L/500
	悬索桥预应力混凝土加劲梁	L/500
钢桥	简支或连续桁架	L/800
	简支或连续板梁	L/600
	斜拉桥钢主梁	L/400
	悬索桥钢加劲梁	L/400
备注	（1）L分别为简支梁的计算跨径，桁架、拱的计算跨径，斜拉桥的中跨计算跨径，悬索桥的中跨计算跨径；L_l为悬臂端长度。 （2）试验荷载下如一个桥跨范围内有正负挠度，则上述允许值为正、负挠度的最大绝对值之和的限值	

（2）如控制荷载为标准验算荷载，则上述允许值可提高 20%。

（四）裂缝及扩展情况的评定分析

（1）在试验荷载作用下，绝大部分裂缝的高度不应超过设计计算值，裂缝间距接近或大于设计计算值，裂缝扩展很快趋于稳定，不允许出现典型受力临界裂缝。

（2）在试验荷载作用下裂缝扩展宽度不应超过设计标准的许可值，并且卸载后其扩展宽度应闭合到设计标准许可值的 1/3。

（3）在试验荷载作用下绝大部分裂缝宽度不应大于表 11-5 规定的允许值，试验荷载卸除后，所有裂缝宽度不应大于表 11-5 规定的允许值。

表11-5 裂缝限值

结构类型	裂缝种类			允许最大缝宽（mm）	其他要求
钢筋混凝土梁	主筋附近竖向裂缝			0.25	
	腹板斜向裂缝			0.30	
	组合梁结合面裂缝			0.50	不允许贯通结合面
	横隔板与梁体端部裂缝			0.30	
	支座垫石裂缝			0.50	
预应力混凝土梁	梁体竖向裂缝			不允许	
	梁体纵向裂缝			0.20	
砖、石、混凝土拱	拱圈横向裂缝			0.30	裂缝高度小于截面高度一半
	拱圈纵向裂缝			0.50	裂缝长度小于跨径的1/8
	拱波与拱肋结合处裂缝			0.20	
墩台	墩台帽裂缝			0.30	不允许贯通墩身截面一半
	墩台身裂缝	经常受浸蚀性水影响	有筋	0.20	
		常年有水，但无浸蚀性水影响	无筋	0.30	
		干沟或季节性有水河流		0.40	
		有冻结作用部分		0.20	

（五）地基与基础

当试验荷载作用下墩台沉降、水平位移及倾角均较小，符合上部结构检算要求，卸载后变位基本恢复时，认为地基与基础在检算荷载作用下能正常工作。

当试验荷载作用下墩台沉降、水平位移、倾角较大或不稳定，卸载后变位不能恢复时，应进一步对地基、基础进行探查、检算，必要时应对地基基础进行加固处理。

九、载试验报告的编制

在全部试验资料整理与分析的基础上编写桥梁结构静载试验报告，其主要内容应该包括下列各项。

（一）桥梁概况

简要介绍被试验桥梁的结构形式、构造特点和概况。若为旧桥，则说明旧桥的外观状况等，对于鉴定性试验，要说明在设计与施工中存在的技术问题，及其对桥梁使用的影响等。

对于科研性试验，还要说明设计中需要解决的计算理论问题等。文中要附上必要的结构简图。

（二）试验目的

根据试验对象的特点，有针对性地说明结构静载试验所要到达的目的和要求。

（三）试验方案设计

根据荷载试验目的，在试验方案设计中要说明以下主要内容：

（1）确定测试项目和测试方法、测点布置和仪器配备情况，并附以简图。

（2）试验荷载的形成情况（是标准车列或汽车荷载，还是模拟的等代荷载）。

（3）根据桥梁结构专用分析程序（或结构力学方法）在测试项目中的控制截面（内力、挠度、变形）影响线或影响面上，分别布置标准设计荷载和试验荷载，从而确定试验荷载效率 η_q，并通过调整试验荷载的布置（如载重车重量、车辆间距等），来满足 η_q 在 0.8 ~ 1.05 间的要求。

（4）确定试验荷载工况种类，并分别以简图示出。

（四）试验日期和过程

说明具体组织桥梁静载试验的起讫日期，试验准备阶段的情况，整个试验阶段的特殊问题及其解决办法，试验加载控制情况等。

（五）各项试验达到的精度

将本次试验中使用的各种仪器、仪表的类型、精度（最小读数）需列表说明，同时还要说明试验中可能用的夹具对试验精度的影响程度。

（六）试验资料整理与分析

资料分析时，将理论计算值、实测值以及有关的参考限值进行对比，说明理论与实践二者的符合程度，从中得出试验桥梁所具有的实际承载能力、抗裂性及使用的安全度，以及从试验中所发现的新问题。从现场检查的综合情况，说明试验桥梁的施工质量。对于一些科研性试验，还要从综合分析中说明设计计算理论的正确性和实用性，以及尚存有未解决的问题。如果资料丰富，还可能经综合分析，提出简化计算公式等。

（七）试验记录摘录

将试验中所得的实测控制数据以列表或以曲线的形式表达出来。

（八）技术结论

根据综合分析的结果，得出最后的技术结论，对试验桥梁作出科学的评价。同时根据存在的问题，对新建桥梁提出改进设计或加强养护方面的建议，对旧桥提出加固方案或维修养护方面的建议。

（九）经验总结

从桥梁荷载试验的角度，对本次试验的计划、程序、测试方法指出存在不足并提出改进意见。

（十）图表信息

在报告的最后一般要附上有关具有代表性的图表、照片等。

第二节　桥梁动载试验

一、概述

桥梁结构是承受以自重和各种车辆为主要荷载的结构物。桥梁的振动主要是由于车辆荷载以一定速度在桥上通过而产生的，同时，车辆驶过桥梁时，由于桥面起伏不平或发动机的振动等原因会使桥梁振动加剧。此外，人群荷载、风力、地震力、漂浮物或其他物体的撞击作用也会引起桥梁的振动。

桥梁的振动问题，影响因素复杂，只靠理论分析不易得到实用的结果。一般需采用与试验相结合的研究方法，而振动测试正是解决桥梁工程振动问题必不可少的手段。

桥梁的动载试验是利用某种激振方法激起桥梁结构的振动，测定桥梁结构的固有频率、阻尼比、振型、动力冲击系数、动力响应（加速度、动挠度）等参数的试验项目，从而宏观判断桥梁结构的整体刚度、运营性能。

但桥梁的动载试验与静载试验相比具有其特殊性。首先，引起结构产生振动的振源（又称输入，例如车辆、人群、阵风或地震力等）和结构的振动响应（又称输出），都是随时间而变化的，而且结构在动荷载作用下的响应与结构本身的动力特性有密切关系。动荷载产生的动力效应一般大于相应的静力效应；有时，甚至在一个不大的动力作用下，也可能使结构受到严重的损坏。因此用动载试验来确定桥梁在车辆荷载下的动力效应以及使用条件，从而进一步对桥梁做出评价是十分重要的。

桥梁结构动载试验的基本任务是：

（1）测定动荷载的动力特性，即引起结构产生振动的作用力的数值、方向、频率和作用规律等；

（2）测定结构的动力特性，如结构或构件的自振频率、阻尼特性及固有振型（模态）等；

（3）测定结构在动荷载作用下的强迫振动的响应，如振幅、动应力、冲击系数及疲劳性能等；

（4）疲劳性能试验，主要测定结构或构件的疲劳性能。

大多数情况下，第（4）项内容一般只在试验室对桥梁构件进行疲劳试验。在现场，只对准备拆除的桥梁进行疲劳试验，但可对现有桥梁进行运营车辆荷载作用下的疲劳性能进行长期观测。

二、准备工作

动载试验前，首先应按照试验方案进行准备工作，其内容包括：

（1）搜集与试验桥梁有关的设计资料和图纸，详细研究，慎重选择或确定试验荷载；

（2）现场调查桥上和桥两端线路状态、线路容许速度、车辆和列车实际过桥速度和其他激振措施状态；

（3）了解有关试验部位情况，以确定测试脚手架搭设位置、导线的布设方法及仪器安放位置的确定；

（4）对拟测试的项目和测试断面，应按实际荷载和截面尺寸预先算出应力、位移、结构内振频率等，以便及时与实测值进行比较。

三、动载试验加载方案与实施

（一）动载试验内容

桥梁动载试验一般包括跑车试验、跳车试验、制动试验和脉动试验。试验时，宜从动力响应小的测试项目做起，即先进行脉动试验，然后进行跑车试验，再进行跳车试验，有需要时再进行制动试验。以下详细介绍这四种测试方法。

（1）跑车试验（无障碍行车试验）

行车试验的试验荷载，采用接近于标准荷载的单辆载重汽车来充当。试验时，让单辆载重汽车分偏载和中载两种情形，以不同车速匀速通过桥跨结构，测定桥跨结构主要控制截面测点的动应力和动挠度时间历程响应曲线。

动载试验一般安排标准汽车车列（对小跨径桥也可用单排车）在不同车速时的跑车试验，跑车速度一般定为在最高设计车速下的若干等级，比如5、10、

20、30、40、50、60（km/h）等。当车在桥上时为车桥联合振动，当车跨出桥后为自由衰减振动。应测量不同行驶速度下控制断面（一般取跨中或支点处）的动应变和动挠度，记录时间一般以波形完全衰减为止。测试时需记录轴重、车速，并在时程曲线上标出首车进桥和尾车出桥的对应时间。动载测试一般应试验三组，在临界速度时可增跑几趟。全面记录动应变和动位移。

进行跑车试验时，要较准确控制试验车辆的车速，并根据测试传感器的布置，确定试验车辆行驶途中进行数据采集的起止位置，以免测试数据产生遗漏。

（2）跳车试验（有障碍行车）

在预定激振位置设置一块15cm高的直角三角木，斜边朝向汽车。一辆满载重车以不同速度行驶，后轮越过三角木由直角边落下后，立即停车。此时桥跨结构的振动是带有一辆满载重车附加质量的衰减振动。在数据处理时，附加质量的影响应给以修正。跳车的动力效应与车速和三角木放置的位置有关。随车速的增加，桥跨结构的动位移、动应力会增加，从而冲击系数也会加大，跳车记录时间与跑车相同。

（3）制动试验

按实际情况，有时需进行制动试验，测定桥梁结构在制动力作用下的响应，以了解桥梁承受活载水平力的性能。制动试验是以行进车辆突然停止作为激振源，可以以不同车速停在预定位置。制动可以顺桥向和横桥向进行。一般横桥向由于桥面较窄，难以加速到预定车速。

制动试验数据同样需要进行附加质量影响的修正。制动的位移时程曲线可读取自振特性和阻尼特性数据。不过此时是有车的质量参与衰减振动，阻尼也非单纯桥跨结构的阻尼。制动记录项目与跑车相同，对记录的信号（包括振幅、应变或挠度等）进行频谱分析，可以得到相应的强迫振动频率等一系列参数。在进行制动试验时，对车辆荷载的行驶速度及制动位置等均应作专门的考虑。

（4）脉动试验

脉动试验是在桥面无任何交通荷载以及桥址附近无规则振源的情况下，测定桥跨结构由于桥址处风荷载、地脉动、水流等随机荷载激振而引起桥跨结构的微幅振动响应，测得结构的自振频率、振型和阻尼比等动力学特征。

脉动试验是使用高灵敏度的传感器和放大器测量结构在环境振动作用下的振动，然后对其进行谱分析，求出结构自振特性的一种方法，其记录时间一般不宜少于40min。环境振动是随机的，多种振动的叠加，它输出的能量在相当宽的频段是差不多相等的，而结构在环境（如风、水流、机动车、人的活动等引起的振动）的激励下振动时，由于相位的原因，使得和结构自振频率相同或接近的振动被放大，所以对记录到的数据进行多次平均谱分析，即可得到结构的自振频率及振型。

为了尽可能测出高阶频率，应当先估算结构振型，以便在结构的敏感点布置拾振器。为了进行动力分析或风、地震响应分析，对不同桥型，测量自振频率的阶数可以不同：斜拉桥、悬索桥不少于15阶，简支梁、连续梁、刚构和拱桥不少于9阶。

（二）加载时截面内力的控制

动载试验的效率为：

$$\eta_d = \frac{S_d}{S} \tag{19}$$

式中：S_d——动载试验荷载作用下控制截面最大计算内力值；

S——标准汽车荷载作用下控制截面最大计算内力值（不计入汽车荷载冲击系数）。

η_d 值一般采用1，动载试验的效率不仅取决于试验车型及车重，而且取决于实际跑车时的车间距。因此在动载试验跑车时应注意保持试验车辆之间的车间距，并应实际测定跑车时的车间距以作为修正动载试验效率 η_d 的计算依据。

四、测点布置与观测

（一）测点布置

在桥梁结构动载试验中，应根据现有仪器设备和试验人员的实践经验，按照动载试验的要求和目的及桥梁结构具体形式综合确定。在变位和应变较大的部位应布置测点，用于测记结构振动响应测点应尽可能避开振型的节点。

动应变测点一般应布置在结构产生最大拉应变的截面处，并注意温度补偿。具体布置原则与静应变测点布置相同，只是动应变测点数较静应变少。

测定桥梁结构振型时可采用以下两种方法的一种布设拾振器：

（1）在所要测定桥梁结构振型的峰、谷点上布设测振传感器（拾振器），用放大特性相同的多路放大器和记录特性相同的多路记录仪，同时测记各测点的振动响应信号。

（2）将结构分成若干段，选择某一分界点作为参考点，在参考点和各分界点分别布置测振传感器（拾振器），用放大特性相同的多路放大器和记录特性相同的多路记录仪，同时测记各测点的振动响应信号。

（二）仪器设备选择

动载试验量测动应变可采用动态电阻应变仪并配以记录仪器，量测振动可选用低频拾振器并配低频测振放大器及记录仪器，量测动挠度可选用电阻应变位移计配动态电阻应变仪及记录仪器。

动力荷载试验的测试系统，一般可采用电磁式测试系统、压电式测试系统、电阻应变式测试系统或光电测试系统。在选择测试系统时，应注意选择测振仪器的技术指标，使传感器、放大器、记录装置组成的测试系统的灵敏度、动态范围、幅频特性和幅值范围等技术指标满足被测结构动力特性范围的要求。测试仪表应不大于预计测量值的 10%。

试验前，应对测试系统进行灵敏度、幅频特性、相频特性线性度等进行标定。标定测振仪的方法较多，常用的方法有分部标定法和系统标定法等。

分部标定法是按传感器、放大器、记录器三部分分别标定其灵敏度 K_S、K_F、K_R，则测试系统总的灵敏度 K 可按下式计算：

$$K = K_S K_F K_R \qquad (20)$$

分部标定工作比较麻烦，但使用较灵活，标定时应注意各级仪器之间的匹配，否则会增大误差。

系统标定把传感器、放大器、记录仪看成是一个整体，标定输入振动量与输出电量或记录值的关系，得到整套仪器的灵敏度和频率特性关系等，一般在振动台上进行。系统标定工作简单，结果可靠，误差小。但一旦标定好，传感器、放大器、记录仪的对应关系不能改变，使用时不够灵活。

五、注意事项

（1）动态测试仪器，由于存在频响、阻抗匹配及相位等问题，应至少保证一年整机标定一次。在振动台等条件具备的情况下，最好是在测试前后各标定一次，以便取得准确的响应值，标定内容至少应做频响特性、幅值线性两项试验，并绘成图形。

（2）每次动态测试前应进行现场的灵敏度比对和相位一致性试验。

（3）振动测量应尽量测定位移（动位移）值和加速度值。前者反应刚度，后者反应动荷载。因此尽量采用位移传感器和加速度传感器，尽量少用微积分线路（尤其避免二次微积分），以提高测定值精度。

（4）振动测量应包括三维空间值，即桥轴水平向、横桥水平向和横桥垂直向。在记录与分析中亦应明确标明，工况记录要详细准确。

（5）在正式测试之时，项目负责人应检查无载状态下应变仪各测点的零状态是否良好，其变化不超过 ±5με。

六、试验数据的整理与分析

（1）荷载效率

行车试验的动力试验荷载效率可按下式计算：

$$K = K_S K_F K_R \tag{21}$$

式中：S_{dyn}——动力试验荷载作用下控制截面最大内力或变位计算值；

S——标准汽车荷载作用下控制截面最大内力或变位计算值（不计汽车荷载冲击系数）。

（2）动力增大系数

实测的活载动力增大系数（$1+\mu$），可根据记录的测点动挠度或动应变时间历程曲线进行整理分析，按下式计算：

$$1 + \mu = \frac{S_{max}}{S_{mean}} \tag{22}$$

式中：S_{max}——在动力荷载作用下该测点最大挠度（或应变）值；

S_{mean}——相应的静载作用下该测点最大挠度（或应变）。

$$S_{mean} = \frac{1}{2}\left(S_{max} + S_{min}\right) \tag{23}$$

式中：S_{min}——与 S_{msx} 相应的最小挠度值（或应变值）。

（3）冲击系数

实测的活载冲击系数可按下式计算：

$$\mu = \frac{S_{max} - S_{min}}{S_{mean} + S_{min}} \tag{24}$$

式中：S_{min}、S_{max}——意义同式（22）和式（23）。

根据不同车速的活载冲击系数或动力增大系数，绘制活载冲击系数或动力增大系数与车速的关系曲线，并求出活载冲击系数的最大值。

（4）自振频率

①结构自振频率，可根据桥梁跳车激振试验测记的测点余振响应信号分析而得，也可根据脉动试验测记的测点随机振动响应信号分析而得，还可根据行车试验测记的测点动挠度或动应变余振曲线分析而得。

②对跳车激振试验，当激振荷载对结构振动具有附加质量影响时，可按下式计算结构自振频率：

$$f_0 = f \sqrt{\frac{M_0 + M}{M_0}} \quad (25)$$

式中：f_0—结构的自振频率；

f—有附加质量影响的实测自振频率；

M_0—结构在激振处的换算质量；

M—附加质量。

（5）阻尼比

①桥梁结构的阻尼比，可根据跳车激振试验或行车试验测记的测点余振相应信号（振动衰减曲线），按下式进行计算：

$$D_r = \frac{1}{2m\pi} \ln \frac{A_i}{A_{i+m}} \quad (26)$$

式中：D_r—测点阻尼比；

m—在振动衰减曲线上量取的波形数；

A_i—在振动衰减曲线上量取的第 i 个波形的幅值；

A_{i+m}—在振动衰减曲线上量取的第 i+m 个波形的幅值。

②桥梁结构阻尼比也可根据频谱分析得出的测点自功率谱图，用半功率点宽带按下式计算：

$$D_r = \frac{B_i}{2f_i} \quad (27)$$

式中：B_i—第 i 阶自振频率相应的半功率点宽带，即 0.707 倍功率谱峰值所对应的频率差；

f_i—第 i 阶自振频率。

（6）振型

结构的振型是结构相应于各阶固有频率的振动形式，一个振动系统振型的数目与其自由度数目相等。桥梁结构是一个具有连续分布质量的体系，也就是说，是一个无限多自由度体系，因此，其固有频率及相应的振型也有无限多个。但是对于一般的桥梁结构，第一固有频率即基频对结构的动力分析才是重要的。对于较复杂的动力分析问题，也仅需前面几个固有频率。

七、加载试验成果分析与评定

（1）当动载试验的效率 η_d 接近 1 时，不同车速下实测的冲击系数最大值可用于结构的强度和稳定性检算。

（2）实测的活载冲击系数应满足下列条件：

$$\mu_t \eta_{dyn} \leq \mu_c \qquad (28)$$

式中 μ_c——设计采用的冲击系数；

　　μ_t——行车试验实测的最大冲击系数；

　　η_{dyn}——动力试验荷载效率。

（3）行车试验实测的桥跨结构最大变位控制测点的垂直振幅标准值 A_{ct}（等于局部离差平方的二次根）宜小于表 11-6 所列限值。

表 11-6　桥跨结构振幅标准值限值表

桥型及跨度	允许振幅标准值mm）
跨度20m以下的钢筋混凝土梁桥	0.3
跨度为20 ~ 45m的预应力混凝土梁桥	1.0
跨度为60 ~ 70m的连续梁桥和T形刚构桥	3.0 ~ 5.0
跨度为30 ~ 125m的钢梁桥和组合梁桥	2.0 ~ 3.0

（4）结构的自振频率，活载强迫振动频率及阻尼系数等对桥梁承载能力的影响可参考其他有关资料进行分析。实测的简支梁桥桥跨结构的一阶竖弯自振频率一般不应大于 3.0Hz，否则认为桥跨总体刚度较差。

八、动载试验报告的编制

一般情况下，桥梁荷载试验报告应同时包括静载试验与动载试验两部分内容。在静载试验报告内容的基础上，另外增加动载试验内容，从而形成完整的荷载试验报告。

在全部动载试验资料整理与分析处理的基础上，编写桥梁结构动载试验部分报告。其主要内容应该包括下列各项。

（一）试验目的

根据试验对象的特点，要有针对性地说明结构动载试验所要达到的目的和要求。

（二）试验依据

说明结构动载试验所依据的相关规范、规程或技术文件。

（三）试验方案

根据动载试验目的，在试验方案设计中要说明以下主要内容。

（1）测试项目和测试方法、测点布置和仪器配备情况，并附以简图。

（2）试验荷载的形式（标准车列或汽车荷载）以及选择何种激振方法（试验汽车跳车，其他激振形式）。

（3）根据桥梁结构动力分析专用程序计算动力试验荷载效率 η_d，并通过调整动力试验荷载的布置（如载车质量、车辆间距等），满足 $\eta_d \approx 1.0$ 的要求。

（四）试验过程说明

按照试验计划大纲的内容，简要介绍试验实施概况。说明具体组织桥梁动载试验的起讫日期、试验准备阶段的情况、整个试验阶段的特殊问题及其解决办法。

（五）各项试验达到的精度

将试验中使用的各种仪器、仪表的类型、参数、检定证书、测量精度（最小读数）、标定情况等列表说明，同时还要说明试验中可能使用的夹具、传感器等对试验精度的影响程度。

（六）试验成果与分析

依据桥梁结构动载试验项目，对试验成果进行分析与评定，将理论计算值与实测值进行对比，说明理论与实践二者的符合程度，从中得出试验桥梁所具有的实际结构动力特性及桥梁营运状况，以及从试验中所发现的问题。绘制结构振型图、冲击系数与不同车速的关系分析图等。

（七）试验记录摘录

将试验中所实测的控制数据以列表或曲线的形式表达出来。

（八）技术结论

根据综合分析的结果，得出最后的技术结论，对试验桥梁作出科学的评价，同时根据存在的问题，对新建桥提出改进设计或加强养护方面的建议；对旧桥提出加固方案或维修养护，甚至拆除重建方面的建议。

（九）图表信息

在报告的最后，一般应附上具有代表性的动载记录图表。

第三节　某大桥荷载试验实例

一、桥梁概况

主桥桥型布置：7×60（m）刚架拱 +（80+90+80）（m）中承式拱 +5×60（m）刚架拱。

大桥上部构造：中承式拱 3 孔，净跨径为 80m 及 90m 两种，矢跨比为 1/4.5 及 1/4，墩中距分别为 90m 及 100m，设悬臂空心墩帽。钢架拱净跨径 60m，矢跨比 1/7，墩中距 70m，也设悬臂墩帽。

设计荷载等级：汽车 –20 级，挂车 –100，人群荷载 3.5kN/m²。

桥面净宽：净 15+2×2.4（m）非机动车道。

二、试验项目

在查明结构现有缺陷（或潜在缺陷）的基础上，通过荷载试验进一步分析和评估结构在正常使用状态下的受力性能和承载能力，从而对其病害处理、加固维修提供技术建议。拟定以下荷载试验项目。

（一）静载试验

静载试验主要测试结构关键部位在试验荷载作用下的变形和应力。

（二）动载试验

（1）测定桥梁结构在动力荷载下的受迫振动响应；

（2）测试桥梁结构的自振特性。

三、测试截面及测点布置

（一）静载试验测点布置

利用桥梁结构分析专用程序对该桥进行结构静力分析，可确定结构受力较为不利的关键截面，各截面具体位置如图 11-3 ~ 图 11-5 所示。其静载测试项目见表 11-7 所示。

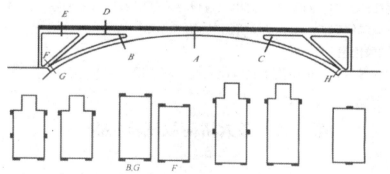

A 截面应力测点布置　　　B、F、G 截面应力测点布置　　　D、E 截面应力测点布置　　　C、H 截面应力测点布置
（共计30个测点）　　　（共计72个测点）　　　（共计60个测点）　　　（共计24个测点）

图 11-3　钢架拱检测截面与测点布置图

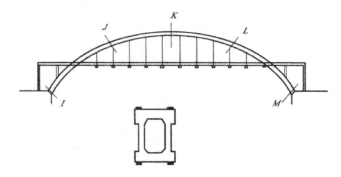

图11-4 中承式拱肋应力检测截面与测点布置图

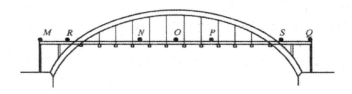

图11-5 承式拱肋挠度检测截面与测点布置图

表11-7 各控制截面测试项目表

截面编号	位置	测试项目
A-A	刚架拱跨中截面	挠度及应力
B-B	刚架拱1/4跨截面	挠度及应力
C-C	刚架拱3/4跨截面	挠度及应力
D-D	内弦杆跨中截面	应力
E-E	外弦杆跨中截面	应力
F-F	斜撑根部	应力
G-G	刚架拱脚截面	应力
H-H	中承式拱拱脚截面	应力
I-I	中承式拱1/4跨截面	应力
J-J	中承式拱1/2跨截面	应力
K-K	中承式拱3/4跨截面	应力
L-L	中承式拱拱脚截面	应力
M-M	中承式拱拱脚立柱顶	挠度
N-N	如图11-5所示	挠度

截面编号	位置	测试项目
O–O	中承式拱跨中截面	挠度
P–P	如图11–5所示	挠度
Q–Q	中承式拱拱脚立柱顶	挠度
R–R	如图11–5所示	挠度
S–S	如图11–5所示	挠度

（二）动载试验测点布置

测点的布置应按照动载试验的要求和目的，结合桥梁结构形式综合确定。在变位和应变较大的部位布置测点。

受迫振动响应测点应避开振型的节点，测点布置见图11–6和图11–7所示。

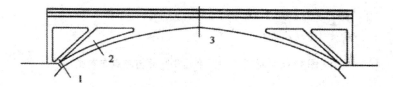

图11–6　行车试验测点布置示意图（一）

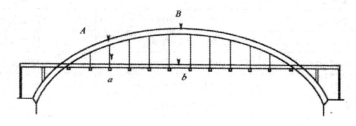

图11–7　行车试验测点布置示意图（二）

用于测试自振特性的脉动试验，其测点应主要布设在所要测定桥梁结构振型的峰、谷点上。测点布置见图11–8和图11–9所示。

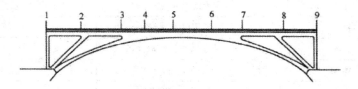

图11–8　脉动试验测点布置示意图（一）

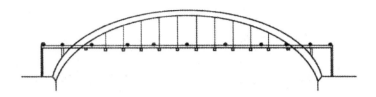

图11-9　脉动试验测点布置示意图（二）

四、试验荷载及其布置

（一）静力试验荷载

1. 试验车辆的确定

加载车型：30t 重车加载车型，见图 11-10 所示。

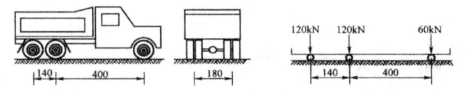

图11-10　重车加载车型图（尺寸单位：cm）

2. 试验荷载布置

（1）刚架拱

刚架拱桥静载试验采用等效加载方式，横向布设 3 列车，分别采用对称与偏载两种情况，各工况纵向加载图式见图 11-11 ～图 11-16 所示。

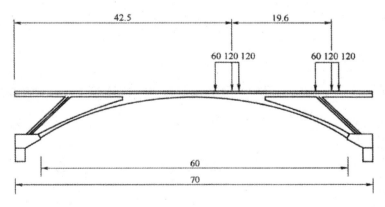

图11-11　工况1纵向加载图（尺寸单位：m）

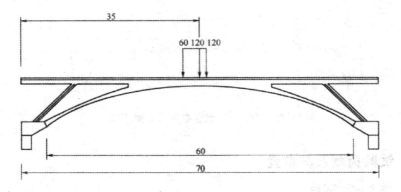

图11-12 工况2纵向加载图（尺寸单位：m）

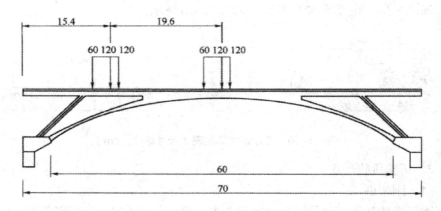

图11-13 工况3纵向加载图（尺寸单位：m）

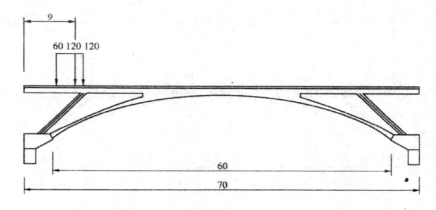

图11-14 工况4纵向加载图（尺寸单位：m）

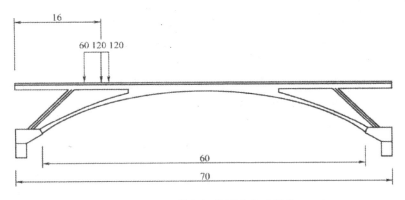

图11-15　工况5纵向加载图（尺寸单位：m）

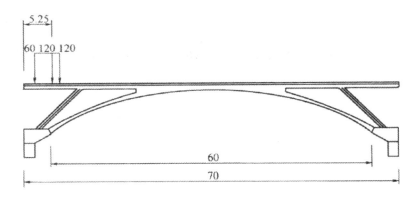

图11-16　工况6纵向加载图（尺寸单位：m）

工况1：拱脚处截面最不利正弯矩的加载试验。

测试内容：左右拱脚（G、H截面）应力以及3/4拱肋（C截面）处应力与位移。

工况2：跨中截面最大正弯矩效应和最大竖向挠度效应的加载试验。

测试内容：A截面应力与位移。

工况3：拱脚承受最大水平推力的加载试验。

测试内容：左右拱脚（G、H截面）应力以及1/4拱肋（B截面）处应力与位移。

工况4：斜撑根部承受最大弯矩绝对值的加载试验。

测试内容：F截面应力。

工况5：内弦杆跨中承受最大弯矩绝对值的加载试验。

测试内容：D截面应力。

工况 6：外弦杆跨中承受最大弯矩绝对值的加载试验。

测试内容：E 截面应力。

（2）中承式拱

中承式拱桥静载试验采用等效加载方式，横向布设 4 列车，分别采用左右偏载两种情况，各工况纵向加载图式见图 11-17 ~ 图 11-22 所示。

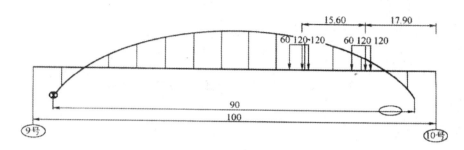

图 11-17　工况 7 纵向加载图（尺寸单位：m）

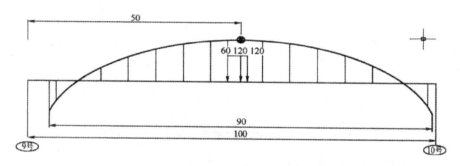

图 11-18　工况 8 纵向加载图（尺寸单位：m）

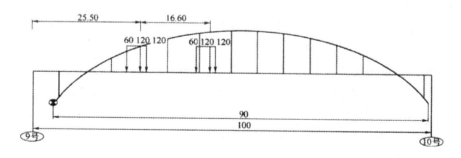

图 11-19　工况 9 纵向加载图（尺寸单位：m）

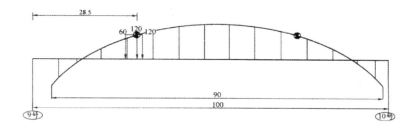

图11-20 工况10纵向加载图（尺寸单位：m）

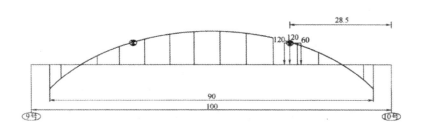

图11-21 工况11纵向加载图（尺寸单位：m）

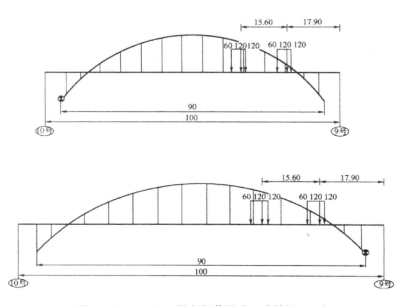

图11-22 工况12纵向加载图（尺寸单位：m）

工况7：拱脚处截面最不利正弯矩的加载试验。

测试内容：I截面应力。

工况 8：跨中截面最大正弯矩效应和最大竖向挠度效应的加载试验。

测试内容：K 截面应力与位移。

工况 9：拱脚承受最大水平推力的加载试验。

测试内容：I 截面应力。

工况 10：拱肋 1/4 跨承受最大弯矩绝对值的加载试验。

测试内容：J 和 L 截面应力与位移。

工况 11：1/4 和 3/4 跨截面正负挠度绝对值之和最大值的加载试验。

测试内容：J 和 L 截面应力与位移。

工况 12：拱脚处截面最不利正弯矩的加载试验。

测试内容：M 截面应力。

（二）动力试验荷载

采用一辆 30t 的试验自卸车作为动力试验荷载。

行车试验：自卸车以 20km/h、30km/h、40km/h、50km/h 匀速过桥进行激振。

制动试验：自卸车分别以 20km/h 和 40km/h 的速度在桥面上行驶至跨中处紧急制动进行激振。

跳车试验：在主桥中跨跨中处，使自卸车后轮停在高 4cm 的垫木上突然跳下进行激振。

五、试验仪器

本桥荷载试验使用的主要仪器设备见表 11-8 所示。

表 11-8　主要仪器设备一览表

设备名称	型号	数量	生产厂家
徕卡电子水准仪	DNA03	1 台	德国
徕卡 -2000 全站仪	TCA2003	1 台	德国
桥梁诊断测试系统	STS-36 通道	1 套	美国桥梁诊断公司
动态智能信号采集分析仪	INV306	1 套	北京东方所
振弦式读数仪	GK-403	8 台	美国吉康公司

六、静载试验结果及分析

（一）挠度测试与分析

引桥主要测试跨中、1/4 跨和 3/4 跨截面（A-A、B-B 和 C-C）的挠度，主桥主要测桥面各控制截面的挠度，其挠度校验系数分别见表 11-9 和表 11-10。

挠度的实测值和计算值以向上为负，向下为正。

表 11-9　各加载工况作用下引桥控制截面挠度校验系数表

截面	测试工况	对称加载			偏载		
		实测值（mm）	理论值（mm）	校验系数	实测值（mm）	理论值（mm）	校验系数
A-A	工况1	11.30	12.03	0.94	11.60	15.14	0.77
B-B	工况2	12.70	15.19	0.84	12.90	15.42	0.84
C-C	工况3	9.09	10.11	0.90	12.10	12.69	0.95

表 11-10　各加载工况作用下主桥桥面控制截面挠度校验系数表

截面	测试工况	对称加载			偏载		
		实测值（mm）	理论值（mm）	校验系数	实测值（mm）	理论值（mm）	校验系数
0-0	工况8	−19.1	−19.6	0.97	−13.2	−14.0	0.94
N-N	工况10	−17.2	−18.3	0.94	−10.5	−13.2	0.80
P-P	工况11	−17.1	−18.5	0.92	−13.1	−13.3	0.98

在试验荷载作用下引桥、主桥试验跨各控制截面的实测挠曲值和理论值的变化趋势基本一致，且实测挠度值小于理论值，其主要测点的挠度校验系数小于1.05，表明结构刚度满足设计要求。

（二）应力测试与分析

引桥试验跨主要测试拱肋、斜杆和弦杆各控制截面（A-A ~ H-H）的应力，主桥试验跨主要测试拱肋各控制截面的应力，应力以拉为正，以压为负。

在试验荷载作用下，引桥结构各控制截面实测应力和理论计算值的横向分布趋势基本一致，但拱肋跨中截面和弦杆的空间效应较为明显，横向受力差异性较大；在试验荷载作用下，拱肋、弦杆等各控制截面的实测应力相比于理论值部分有偏大现象，个别位置最大拉应力值达 10MPa 左右，说明在这些部位已出现有荷载裂缝，随着车辆荷载的反复作用，裂缝将会进一步发展，并最终降低结构的适用性和承载力。

在试验荷载作用下，主桥东西两侧拱肋各控制截面的应力实测值基本一致，结构的受力对称性较好；在试验荷载作用下，拱肋各控制截面的应力实测值接近或小于理论计算值，其应力校验系数均小于 1.05，这表明其强度满足设计要求。

七、动载试验结果及分析

采集的各测点时域波形图，通过传函分析和模态拟合，可以得出自振频率和阻尼比见表 11-11 所示，表中自振频率的理论计算值采用 Midas Civil 软件进行计算。

表 11-11　自振特性实测值与理论计算值对比表

频率阶数	自振频率		阻尼比（%）	f_{mi}/f_{di}
	实测值 f_{mi}	计算值 f_{di}		
引桥 1 阶	2.34	1.93	8.96	1.21
主桥 1 阶	1.95	1.29	17.95	1.51

通过分析得到桥跨结构在不同车速作用下的冲击系数 μ，实测冲击系数如表 11-12 和表 11-13 所示，引桥实测冲击系数介于 0.051 ~ 0.086，主桥实测冲击系数介于 0.008 ~ 0.016。从实测冲击系数同样可看出，引桥的车辆冲击效应大于主桥。

表 11-12　引桥实测冲击系数一览表

序号	车速（km/h）	实测冲击系数（μ）	序号	车速（km/h）	实测冲击系数（μ）
1	20	0.086	3	40	0.064
2	30	0.079	4	50	0.051

表 11-13　主桥实测冲击系数一览表

序号	车速（km/h）	实测冲击系数（μ）	序号	车速（km/h）	实测冲击系数（μ）
1	20	0.013	3	40	0.016
2	30	0.008	4	50	0.010

八、结构性能评定

（一）结构校验系数

在试验荷载作用下引桥和主桥拱肋各控制截面的应力实测值接近或小于理论计算值，其应力校验系数均小于 1.05，这表明其强度满足设计要求。

在试验荷载作用下，主桥和引桥试验跨各测试断面卸载后其相对残余变形均在《大跨径混凝土桥梁的试验方法》规定的20%以内，满足试验方法要求，表明结构处于线弹性工作状态。

在试验荷载作用下引桥拱肋、弦杆等各控制截面的实测应力相比于理论值部分有偏大现象，个别位置最大拉应力值达10MPa左右，说明在这些部位已出现有荷载裂缝，随着车辆荷载的反复作用，裂缝将会进一步发展，并最终降低结构的适用性和承载力；主桥的受力性能和正常使用承载能力满足设计要求。

引桥的受力性能和正常使用承载能力基本满足设计要求，在试验荷载作用下，拱肋和弦杆关键部位均已出现裂缝，实测动力性能较差，受迫振动幅度较大，为此建议：

（1）对引桥刚架拱桥拱肋和弦杆等关键部位采取必要的加固措施，提高其安全储备，以满足日益增长的交通流量的要求，防止出现安全隐患；

（2）修补和平整桥面铺装，以降低车辆对结构的冲击效应。

（二）动力性能

结构的自振频率明显高于理论计算值，说明该桥的动刚度大于设计值，具有良好的动力性能。从实测冲击系数同样可看出，引桥的车辆冲击作用大于主桥，说明其受迫振动较为明显，动力效应相对较大。

第十二章 桥梁承载力评定

第一节 桥梁承载力评定的一般流程

桥梁承载力评定的基本过程见图 12-1。首先搜集桥梁的信息（桥梁检查，必要时增加静载试验），然后根据这些信息选择适当的分析方法进行计算分析，最后进行桥梁承载能力的评定，并做出工程决策。

从图 12-1 中的循环部分可以看出：桥梁承载能力的评定通常是一个由浅入深，逐步深入的过程。这一特性可称为评定的层次性。在开始评定时，通常采用容易收集到的信息，借助简单适用的评定方法，以便获得初评结果。若对初评结果把握不大或需要更精确的分析，则需通过详细的调查、进行荷载试验方法收集更多的信息或选择更先进、更复杂、更接近桥梁实际情况的分析模型，对结构进行再评定。评定的层次性反映了评定过程本身的经济属性，即尽可能避免无谓的人力、物力浪费。

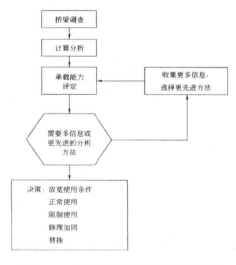

图 12-1 桥梁承载力评定的基本过程

第二节　外观调查法

一、方法特点

基于外观调查的桥梁承载力评定法是在桥梁检查的基础上，通过对桥梁的技术状况及缺陷和损伤的性质、部位、严重程度及发展趋势的调查，弄清出现缺陷和损伤的主要原因，分析和评价缺陷和损伤对桥梁质量和使用承载能力的影响，并为桥梁维修和加固设计提供可靠的技术数据和依据，是对有一些缺陷的桥梁是否满足设计承载能力进行的初步评定。

外观调查评定法是一种比较直观的评定方法，也最容易实施，因此一般是最先采用的方法，也是大规模桥梁管理中进行桥梁评定的主要方法。外观调查评定方法不仅用于对桥梁承载能力的评定，还用于对桥梁的综合评定。外观评估过程可以得到许多实际数据，这往往是采取其他方法进行进一步分析的依据和切入点。由于外观调查评定法的主要依据是大量定性信息和检测工程师的经验，不同评定者有可能得出不同甚至截然相反的结论。另外这类方法还存在无法检查隐蔽部位、不能反映整体结构性能、费时、费力等不足。

二、我国《公路桥涵养护规范》的评定方法

我国现行公路养护规范中，规定了各种缺陷或损伤的桥梁技术状况评定标准，并把桥梁状况划分为五个等级。规范采用三种方法对全桥总体技术状况进行等级评定：考虑桥梁各部件权重的综合评定方法，按重要部件最差的缺损状况评定和对照桥梁技术状况评定标准进行评定。

桥梁各部件技术状况的评定方法如下。

（1）根据缺损程度（大小、多少或轻重）、缺损对结构使用功能的影响程度（无、小、大）和缺损发展变化状况（趋向稳定、发展缓慢、发展较快）三个方面，以累加评分方法对各部分缺损状况做出等级评定。

（2）重要部件（如墩台与基础、上部承重构件、支座）以其中缺损最严重的构件评分；其他部件，根据多数构件缺损状况评分。

（3）按技术状况标准的描述凭经验判断。各地区也可根据本地区的环境条件和养护要求，采用专家评估法修订各部件的权重。

三、《城市桥梁养护技术规范》的评定方法

城市桥梁养护技术状况评估是采用综合指标 BCI 表示其损坏状况，这里采用的 BCI 计算方法称为分层加权法，即根据观测的状况及其扣分值，逐级、分层加权，最终得到桥梁各部分以及全桥的 BCI。

城市桥梁养护技术状况的评估包括：桥面系、上部结构、下部结构和全桥评估。应采用先分部位再综合的办法评估。城市桥梁的完好程度，应以桥梁状况指数 BCI 确定桥梁技术状况的评估指标，并应符合下列规定：

（1）分层加权法根据定期检查的桥梁技术状况记录，对桥面系、上部结构和下部结构分别进行评估，再综合得出整个桥梁技术状况的评估。

（2）桥面系的技术状况采用桥面系状况指数 BCI_m 值表示，根据桥面铺装、伸缩装置、排水系统、人行道、栏杆及桥头平顺等要素的损坏扣除分值，按下式计算 BCI_m 值。

$$BCI_m = \sum_{i=1}^{6}(100 - MDP_i)\omega_i$$

$$MDP_i = \sum_j DP_j \omega_j$$

式中：i—桥面系的评估要素，即 i 表示桥面铺装、伸缩装置、排水系统、人行道、栏杆；

DP_{ij}—桥面系第 i 类要素中第 j 项损坏的扣分值；

ω_{ij}—桥面系第 i 类要素中第 j 项损坏的权重，由式 $\omega=3.0\mu^3-5.5\mu^3+3.5\mu^3$ 计算而得，其中 μ 根据第 j 项损坏的扣分占桥面系第 i 类要素中所有损坏扣分值的比例计算为：

$$\mu_{ij} = D\frac{P_{ij}}{\sum_j DP_{ij}}$$

式中：MDP_i—桥面系第 i 类要素中损坏的总扣分值；

ω_i——第 i 项要素的权数，见表 12-1 所示。

表 12-1　桥面系各要素权重值

评估要素	权重	评估要素	权重
桥面铺装	0.3	排水系统	0.1
桥头平顺	0.15	人行道	0.1
伸缩装置	0.25	护栏	0.1

（3）桥梁上部结构的技术状况采用上部结构状况指数 BCI_s 表示；BCI_s 可根据桥梁各跨的技术状况指数 SCI_k 按下式计算而得：

$$BCI_s = \frac{1}{m}\sum_{k=1}^{m} BCI_k$$

$$BCI_k = \sum_{l=1}^{n_s}\left(100 - SDP_{kl}\right)\omega_{kl}$$

$$SDP_{kl} = \sum_{k} DP_{klx}\omega_{klx}$$

式中：x——表示桥梁第 k 跨上部结构中构件 l 的损坏类型；

DP_{kls}——表示桥梁第 k 跨上部结构中构件 l 的损坏类型 x 时的扣分值；

ω_{kls}——表示桥梁第 k 跨上部结构中构件 l 的损坏类型 x 时的权重，由 $\omega = 3\mu^3 - 5.5\mu^2 + 3.5\mu$ 从计算而得，μ 根据第 x 项损坏的扣分 DP_{kls} 占构件 l 所有损坏扣分值的比例计算为：

$$\mu = \frac{DP_{klx}}{\sum\limits_{x} DP_{klx}}$$

式中：SDP_{kl}——构件 l 的综合扣分值；

ω_{kl}——构件 l 的权重；

n_s——第 k 跨上部结构的桥梁构件数；

BCI_k——第 k 跨上部结构技术状况指数；

m——桥梁跨数；

BCI_s——桥梁结构技术状况指数。

（4）桥梁下部结构技术状况的评估应逐墩（台）进行，然后再计算整个桥梁下部的状况指数 BCI_x，并应按下式计算：

$$BCI_x = \frac{1}{m+1}\sum_{\lambda=0}^{m} BCI_\lambda$$

$$BCI_\lambda = \sum_{l=1}^{n_\lambda}\left(100 - IDP_{\lambda l}\right)\omega_{\lambda l}$$

$$IDP_{yl} = \sum_{y} DP_{\lambda ly}\omega_{\lambda ly}$$

式中：y——表示桥梁第 λ 跨墩（台）中构件 l 损坏类型；

$DP_{\lambda ly}$——表示桥梁第 λ 跨墩（台）中构件 l 的损坏类型 y 时的扣分值；

$\omega_{\lambda ly}$——表示桥梁第 λ 跨墩（台）中构件 l 的损坏类型 y 时的权重，由

$\omega=3\mu^3-5.5\mu^3+3.5\mu$ 计算而得，μ 根据第 y 项损坏的扣分 $DP_{\lambda1}$ 占构件 1 所有损坏扣分值的比例计算为：

$$\mu = \frac{DP_{\lambda ly}}{\sum_{y} DP_{\lambda ly}}$$

式中：$IDP_{\lambda1}$—构件 1 的综合扣分值；

$\omega_{\lambda1}$—构件 1 的权重，见表 12-2 所示；

n_{λ}—第 λ 跨墩（台）的桥梁构件数；

BCI_{λ}—第 λ 跨墩（台）技术状况指数；

BCI_x—桥梁下部结构技术状况指数。

表 12-2　桥梁下部结构各构件的权重

部位	构件类型	权重	部位	构件类型	权重
桥墩	盖梁	0.1	桥台	台帽	0.1
	墩身	0.3		台身	0.3
	基础	0.3		基础	0.3
	冲刷	0.2		耳墙、锥坡	0.2
	支座	0.1		支座	0.1

（5）整个桥梁的技术状况指数 BCI 根据桥面系、上部结构和下部结构的技术状况指数，由下式计算：

$$BCI = BCI_m \cdot \omega_m + BCI_s \cdot \omega_s + BCI_x \cdot \omega_x$$

式中：ω_m，ω_s，ω_n—桥面系、上部结构和下部结构的权重，见表 12-3 所示。

表 12-3　桥梁结构组成部分的权重

桥梁部位	权重
桥面系	0.15
上部结构	0.40
下部结构	0.45

（6）桥梁上部结构、下部结构、桥面系以及整座桥梁结构的完好状况可按表 12-4 所示的标准评估。

表12-4 桥梁完好状况评估标准

BCI*	BCI*$\geqslant$90	90>BCI*$\geqslant$80	80>BCI*$\geqslant$66	66>BCI*$\geqslant$50	BCI*<50
评估等级	A	B	C	D	E
注：BCI*表示BCI、BCI$_m$、BCI$_x$、BCI$_x$的计算可应用价BCI软件进行					

第三节 检算评定法

一、检算原则

（1）桥梁的承载能力检算，主要应按照交通部颁布的有关规范进行，也可应用已被科研证实能挖掘桥梁潜力的、可靠的分析计算方法。

（2）检算荷载的采用：一般应按桥梁所在路线近期载重要求，按交通部颁布的《公路工程技术标准》的荷载等级进行验算。当桥梁需要临时通过特殊重型车辆荷载，且重型车辆产生的荷载效应大于该桥近期要求达到的标准荷载等级的荷载效应时，可按重型车辆的载重要求直接检算桥梁。

（3）为了充分利用旧桥，如按规范要求布置挂车或履带车检算桥梁承载能力不能通过时，可采取限制车辆的运行路线（如加大车轮边缘与路缘石间距、车间距）、车速等措施进行承载能力检算。

二、检算要点

（1）根据桥梁的实际状况，参考以往的设计计算资料，着重进行结构主要控制截面、结构薄弱部位的检算。除结构裂缝发展严重，刚度显著降低的旧桥外，一般可不必检算桥梁的刚度多孔桥梁结构相同，跨径相等的孔，应选择受力最不利与损坏较严重的孔进行检算。

（2）检算时应以实际调查的结构各部尺寸及材料强度为依据，若实际调查值与设计值相差不大时，仍可按设计值进行检算有严重质量问题的构件，应根据检查资料进行强度折减。

（3）梁式桥桥面铺装混凝土与梁体结合较好时，可考虑其参与共同受力组合。梁桥如结合面产生开裂、错位等现象，应对其组合截面进行适当的折减。

（4）钢筋混凝土梁桥缺乏主梁配筋资料时，可参考同年代类似桥梁及图纸进行承载能力估算，结果仅供参考最后，仍应以仪器探测的主筋尺寸、位置及数量作为检算依据。

（5）砖石及混凝土拱桥主拱圈如已开裂，应检算开裂处的局部受力，当裂缝高度超过截面中性轴时，内力计算时开裂处应作为铰结点处理。

（6）拱桥拱上建筑的联合作用应予以考虑可根据拱上建筑的类型、完好程度及所检算的截面位置等区别对待。

（7）当墩、台发生不均匀沉陷、滑移或倾斜时，应对地基承载能力进行检算，并检算对超静定上部结构内力的影响。

（8）计算永久荷载时，应采用桥梁经养护、维修、加固后的实际恒载重。

三、承载能力的折减或提高

检算结构强度及稳定性时，应根据混凝土质量、裂缝宽度及结构的使用状况等桥梁实际状况对结构承载力作出一定的折减或提高。

（一）上部结构

1. 砖、石及混凝土桥

对《公路砖石及混凝土桥涵设计规范》中荷载效应不利组合值小于或等于结构抗力效应设计值的方程式改变如下：

$$S_d\left(\gamma_{ao}\psi\Sigma\gamma_{s1}Q\right) \le R_d\left(\frac{R^i}{\gamma_m},\ a_k\right)z_1 \tag{1}$$

式中：S_d——荷载效应函数；

Q——荷载在结构上产生的效应；

γ_{ao}——结构的重要性系数；

γ_{s1}——荷载安全系数；

Ψ——荷载组合系数；

R_d——结构的抗力效应函数；

R^i——材料或砌体的极限强度；

γ_m——材料或砌体的安全系数；

a_k——结构的几何尺寸；

z_1——旧桥检算系数。

2. 钢筋混凝土及预应力混凝土桥

对《公路钢筋混凝土及预应力混凝土桥涵设计规范》中荷载效应不利组合的设计值小于或等于结构抗力效应设计值的方程式改变如下：

$$S_d\left(\gamma_g G;\ \gamma_q \Sigma Q\right) \le \gamma_b R_d\left(\frac{R_c}{\gamma_c}\ \frac{R_s}{\gamma_s}\right)z_1 \qquad (2)$$

式中：S_d—荷载效应函数；

G—永久荷载（结构重力）；

γ_g—永久荷载（结构重力）安全系数；

Q—可变荷载及永久荷载中混凝土收缩、徐变影响力，基础变位影响力；

γ_q—荷载 Q 的安全系数；

R_d—结构抗力函数；

γ_d—结构工作条件系数；

R_c—混凝土强度设计采用值；

γ_c—在混凝土强度设计采用值基础上的混凝土安全系数；

Rs—预应力钢筋或非预应力钢筋强度设计采用值；

γ_s—在钢筋强度设计采用值基础上的钢筋安全系数；

z_1—旧桥验算系数。

式（1）及式（2）中旧桥检算系数 z_1 值根据不同的桥型和桥梁实际状况的优劣确定，见表 12-5 和表 12-6。

表 12-5　拱桥检算系数表

z_1	桥梁状况
1.1 ~ 1.2	墩台基础坐落在硬地基上，拱轴线与设计值吻合，主拱圈未产生风化、剥蚀、蜂窝、开裂等现象，无裂缝或裂缝发展轻微
1.0 ~ 1.1	墩、台基础未产生明显位移，拱轴线偏离设计值较少，主拱圈产生轻微的风化、剥蚀、蜂窝等现象，裂缝数值较少，裂缝宽度未超过《方法》规定
0.9 ~ 1.0	墩、台基础位移较小，拱轴线偏离设计值较多，主拱圈产生较严重的风化、剥蚀，裂缝数量较多，裂缝宽度超过《方法》规定
0.9以下	墩、台产生较大水平位移、转角或位移，转角仍在继续发展，主拱圈产生明显的不均匀沉陷，主拱圈风化、剥蚀，裂缝发展严重，组合拱圈各部件连接较松散等

表 12-6　梁桥检算系数表

z_1	桥梁状况
1.0 ~ 1.1	桥梁各构件混凝土质量良好，裂缝宽度未超过裂缝限值；桥梁未产生病害，桥梁各部分均能正常工作
0.9 ~ 1.0	桥梁构件混凝土质量较差，少数裂缝宽度超过裂缝限值；桥梁产生一般病害，桥梁各部分基本能正常工作
0.9以下	桥梁构件混凝土及钢筋产生严重质量问题，较多裂缝宽度超过裂缝限值或裂缝仍在继续发展，桥梁产生严重病害，带病工作

（二）地基与基础

经久压实的桥梁地基土允许承载力的提高，参考《公路桥涵地基与基础设计规范》相关内容规定采用。

（三）填土侧压力

当桥头填土经久压实时，按规范采用的填土内摩擦角可根据土质情况适当加大。

第四节　荷载试验法

一、结构工作状况

（一）校验系数 η

校验系数 η 是评定结构工作状况、确定桥梁承载能力的一个重要指标在静荷载试验中，根据实测的变位或应变与理论计算值比较，得到结构的校验系数：

$$\eta = S_e / S_t \tag{3}$$

式中：S_e—试验荷载作用下量测的变位（或应变）值；

S_t—试验荷载作用下理论计算的变位（或应变）值。

当 η ≤ 1 时，说明理论计算偏于安全，结构尚有一定的安全储备这种情况说明桥梁结构的工作状况良好。η 值越小说明结构的安全储备越大，但 η 值不宜过大或过小，如 η 值过大说明组成结构的材料强度可能较低，结构各部分联结性能较差、刚度较低等。η 值过小可能说明组成结构材料的实际强度及弹性模量较之设计值偏大，梁桥的混凝土铺装及人行道等与主梁共同受力作用显著，支座摩擦力有利于结构受力，以及计算理论或简化的计算图式偏于安全等。另外，试验加载物的称量误差、仪表的观测误差等对 η 值也有一定的影响。对预应力混凝土梁桥来说，应力校验系数一般为 0.5 ~ 0.9，挠度校验系数一般为 0.6 ~ 1.0。

（二）实测值与理论值的关系曲线

由于理论的变位（或应变）一般是按线性关系计算。所以，如测点实测弹性变位或应变与理论计算值成正比，其关系曲线接近于直线，说明结构处于良好的弹性工作状况。

（三）相对残余变位（或应变）

测点在试验荷载作用下，其相对残余变位（或应变）S_p/S_t 越小，说明结构越接近弹性工作状况。一般要求 S_p/S_t 值不大于 20%；当 S_p/S_t 值大于 20% 时，应查明原因如确系桥梁强度不足，应在评定时，酌情降低桥梁的承载能力。

（四）动载性能

当动载试验的效率接近 1 时，不同车速下实测的冲击系数最大值可用于结构的强度及稳定性检算结构的自振频率、活载强迫振动频率及阻尼系数等对桥梁承载能力的影响可参考其他有关资料进行分析

二、结构强度及稳定性

桥梁承载力评定的重点是结构的强度和稳定性，《公路旧桥承载能力鉴定方法》规定利用修正的检算公式进行结构评定，对于砖石和混凝土桥：

$$S_d\left(\gamma_{s_0}\psi\Sigma\lambda_{s1}Q\right)\leq\gamma_b R_b\left(\frac{R^j}{\gamma_m},a_k\right)z_2 \tag{4}$$

对于钢筋混凝土及预应力混凝土桥，相应的评定公式为：

$$S_d\left(\gamma_{so}G;\gamma_q\Sigma Q\right)\leq\gamma_b R_b\left(\frac{R_c}{\gamma_c},\frac{R_s}{\gamma_s}\right)z_2 \tag{5}$$

式中：z_2—桥梁检算系数。

其中桥梁检算系数 z_2 的取值范围由校验系数查规范得到，再根据下列条件确定 z_2 值，符合下列条件时 z_2 值可取高限，否则应酌减，直至取低限。

（1）加载内力与总内力（加载内力＋恒载内力）的比值较大，荷载试验效果较好。

（2）实测值与理论值线性关系较好，相对残余变位（或应变）较小。

（3）桥梁结构各部分无损伤，风化、锈蚀、裂缝等较轻微。

《方法》规定采用 z_1 值检算评定不符合要求，但采用 z_2 值评定符合要求时，可评定桥梁承载能力满足检算荷载要求。

三、地基与基础

当试验荷载作用下墩台沉降、水平位移及倾角均较小，符合上部结构检算要求，卸载后变位基本恢复时，认为地基与基础在检算荷载作用下能正常工作。

当试验荷载作用下墩台沉降、水平位移、倾角较大或不稳定，卸载变位不能恢复时，应进一步对地基基础进行探查、检算，必要时应对地基基础进行加固处理。

四、结构的刚度要求

试验荷载作用下，主要测点挠度校验系数 η 应不大于 1。

五、裂缝

在试验荷载作用下，绝大部分裂缝宽度不应大于规范中的规定值。

第五节　承载能力评定新方法

一、梁式桥梁承载能力快速荷载试验与评定技术研究

结构承载力是判断桥梁运营安全性的一项重要指标，承载能力评估与结构或构件的极限强度、稳定性能、材料劣化、结构缺损以及混凝土开裂等密切相关，其荷载试验的主要目的在于掌握桥梁在使用荷载作用下的工作性能，评定现有承载力是否满足设计或安全运营的要求，以避免在日常使用中产生灾难性后果；同时通过荷载试验可以找出结构的实际安全储备，充分挖掘老桥承载潜力。目前国内桥梁荷载试验评定的主要依据为《大跨径混凝土桥梁的试验方法》和《公路旧桥承载能力鉴定方法（试行）》，这些相关依据文件中对桥梁结构工作性能和承载能力的评定均采用荷载试验常规静动载试验的方法，但这些常规试验方法不仅费时费力、费用昂贵，且应用于旧桥承载力评估时可能会对其正常交通造成较长时间干扰，加之由于实测荷载作用响应为单点数据，信息量少，很难判断和确保实测数据的正确性和可靠性。鉴于此，江苏省交通科学研究计划项目"梁式桥梁承载能力快速荷载试验与评定技术研究"对准静态荷载试验方法进行了研究。

准静态荷载试验方法是一种以缓慢移动车辆荷载作用下应力实时同步采集设备系统为基础，并基于影响线对比分析和模型校准技术为核心的桥梁结构承载力快速评定方法。该方法最少仅需一辆载重车辆以 5km/h 时速在受测桥梁上开行，测试系统能实时记录在移动车辆荷载作用下各测点应力时程曲线，并通过人工或自动测距系统标出车辆桥面移动位置与测点应力之间的相互对应关系，经与有限元分析结果对比分析并借助参数识别和模型校准进一步修正理论分析模型，最后在得到精确计算模型的基础上可对结构的承载力进行较为准确的评定。由于该方法利用移动载重车辆测试截面应力测点的影响线，而不是模拟设计荷载做重荷载试验，因此所用加载车辆一般比设计荷载相对较轻，一般不会导致结构产生永久

性损伤和引起不能恢复的应变，因此无须逐级加载，可以快速完成荷载试验，有利于节省时间并减少加载车辆费用；同时，由于准静态荷载试验方法所测试的为连续数据，单个测点的数据量大，可以分析比较的是如图 12-2、图 12-3 所示的两条曲线的不同，而非传统静载方法仅就测点当前加载工况下实测值和理论值进行比较，因此大大拓展了信息量，不仅提供了整个结构的行为信息，而且提高了实测数据的可靠性以及评估的科学性和准确性。另外，由于采用了图 12-4 所示的准静态荷载试验方法，有助于分析致使应变测试值和理论值不同的主要影响参数（如截面刚度、边界条件以及桥面板共同参与作用等），在参数识别调整的基础上对计算模型进行修正，使得预测值和实桥荷载响应值能够相一致，这样工程技术人员就可以很好地预测活荷载作用下结构的响应，同时通过准静态荷载试验，可以校验结构受力的对称性，测试关键截面的中性轴位置、荷载横向分布系数、冲击系数以及最大应力变化幅度。另外工程技术人员能够从分析中去掉不真实的边界条件，准确获得结构整体行为，因此可以减少分析技术中的不精确性，有助于工程技术人员做出正确的判断。

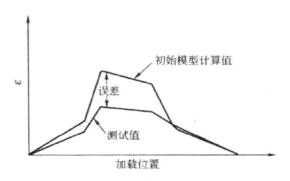

图 12-2　初始模型与测试的比较

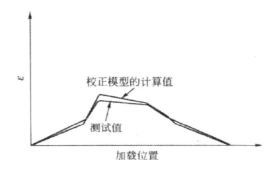

图 12-3　优化模型与测试的比较

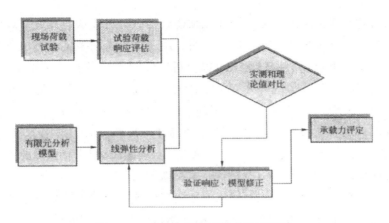

图12-4　准静态荷载试验方法流程图

综上所述：通过准静态荷载试验方法对桥梁进行加载试验，不仅可以识别影响实测值和理论值产生误差的参数，获得较为精确的有限元计算模型，从而可以正确预测桥梁在设计或鉴定车辆荷载作用下的力学性能，确定桥梁受损情况及判定承载能力是否满足要求。

当然，由于准静态分析方法采用加载车辆一般比桥梁设计活荷载要小，其引起的控制点应力测试值自然较小，故该方法必然将对传感设备的分辨率和稳定性提出更高要求；而且由于需建立应力与荷载位置对应关系，其必然要求在加载车辆缓慢通过桥梁的过程中，按每前进单位距离做一次各测点同步采样的方法，采集各控制点应力数据，从而在同步性和自动化程度上也对现场测试提出了更高的要求；另外，由于准静态荷载试验方法是基于结构承载力的线性外推法，依据准静态荷载试验测试的桥梁力学行为线性外推至极限承载力状态将导致所评定的承载力位于结构承载上限，其本质上是不保守的。对绝大多数桥梁来说，加载至极限承载状态，结构始终位于线弹性工作状态是不可能的，况且，并不是所有对结构承载力有益的因素都是可靠的，例如：在试验阶段支座约束、桥面板共同参与作用是有益的，而在接近极限状态这些因素可能又不起作用了。因此，虽然准静态评定方法直接基于影响线对比分析，远较先要按影响线进行布载再进行对比分析的传统静载试验方法从理论上来得更直接简洁，但由于涉及的一些关键问题未能深入地进行研究，故从其理论方法成型以来，一直未得到很好的应用。

目前，随着现代电子技术、通信技术和有限元结构分析水平的提高，特别是智能传感器和现场总线技术的发展，准静态荷载方法已逐渐趋于实用，在香港汀九大桥健康监测系统有限元分析模型的静态校准中，就进行了类似的荷载试验并取得了良好的效果。而美国桥梁诊断公司最新开发的BDI桥梁结构测试系统更是全球首个实用型的基于准静态快速评定技术的可用于公路桥梁和铁路桥梁荷载测试的快速现场测试系统，并已完成了 150 个不同类型的结构测试，桥型涉及有预应力混凝土桥、钢筋混凝土桥、钢桥、组合梁桥。应用实践表明，由于该系统省去了纷杂的电缆和其他繁琐工作，现场的测试时间仅需普通的数据采集系统的 1/3，并可得到更加精确的应变测试结果。

采用准静态荷载试验方法，使用诊断荷载进行加载测试是桥梁检测技术的一大创新，依据该方法而开发的快速荷载试验测试系统在桥梁结构承载力评定中的推广应用将带来巨大的社会和经济效益。但是，这一先进测试系统基本按照美国规范设计和考虑，目前在我国尚未得到系统应用验证，其结论还很难与传统静动载试验结论完全对应。因此，项目的开展具有较强的实用性和迫切性。项目的主要研究内容如下。

（一）准静态荷载试验方法应用研究

准静态荷载试验方法是结合有限元数值分析技术与现场准静态连续测试的快速荷载试验方法，是一种集成化测试方法，它可以实现快速安装、快速（重复）测试、实时分析，适时地将实测值和理论值进行对比分析。准静态荷载试验方法具有比较明显的优越性，它可以基于连续测试数据和模型校正技术，确定影响应变测试结果的主要因素，可以减少分析技术中的不精确性，能够使工程技术人员对桥梁工作性能和承载力作出正确的判断。一般来说，仅依靠单独的理论分析对桥梁的力学行为进行预测是不准确的，如考虑荷载横向分布系数将空间结构简化为平面结构的常规计算，分析过于简单，忽略了很多影响因素，不能全面反映横向受力性能和结构的整体行为。而作复杂的理论分析看起来能够得出精确的结论，但需要构件真实的材料性质和约束条件，这些参数模拟起来往往较为困难，需要基于大量测试数据进行识别和验证。同样单独的现场试验分析也会影响结论的准确性，各种影响因素将可能减小应变或改变荷载的分布，如非设计的荷载组合，约束端边界条件和结构附属物的影响。因此，采用准静态荷载试验方法能够很好地了解活荷载作用下结构的反应，同时通过综合荷载测试和分析结果，经过分析后可以得出为什么结构的行为与预计的不同，从分析中去掉不真实的边界条件和识别结构真实的参数，修改和校正有限元计算模型，从而可以准确地预测结构在荷载作用下的力学行为。

研究中结合实桥试验，对这种准静态荷载试验方法进行应用研究。主要针对省内应用较广、具有典型代表性的混凝土连续箱梁、简支 T 梁或板梁桥等进行实桥应用测试。试验对以下内容进行测试和分析研究：

（1）中性轴位置和曲率；

（2）有效翼缘宽度；

（3）惯性矩；

（4）构件的应力、力和弯矩；

（5）冲击因子；

（6）不同传感器电阻应变片、振弦式传感器、光纤传感器以及 BDI 智能传感器对比分析；

（7）荷载横向分布系数；

（8）频率。

（二）结构影响参数识别研究

很多试验表明现场荷载试验测试结果往往小于有限元分析理论值，特别对于预应力混凝土桥，试验结果会明显小于理论预测值，这些实测和理论的误差主要来自于很多因素的影响，如截面刚度、材料特性、支座约束、人行道、栏杆、桥面板等可能与分析模型有所出入。很多因素对于桥梁荷载分布和承载力是有利的，共同参与了结构受力，特别对于结构复杂型桥梁，有可能所建立的计算模型本身就是错误的，因此理论计算模型不通过荷载试验进行校正，其计算值往往和实测值不吻合，不能有效预测结构在荷载作用下的真实力学行为，从而难以对桥梁的承载力进行评定和充分挖掘承载潜力，甚至出现错误判断。

为在承载力评定中尽可能考虑这些影响因素，使分析模型较为真实地反映实桥受力情况，必须基于现场测试"正确"的实测值和理论值误差（测试应变减去计算应变）最小化对影响参数进行优化识别，校正模型。本子项主要在实测的应变影响线和理论值进行对比分析的基础上，以遵循变量数最小为原则，采用最小二乘法或其他目标优化法对参数进行优化识别，主要识别修正的典型参数为：

（1）梁的刚度（E 或 I）；

（2）桥面板刚度（E 或 t）；

（3）支座转动刚度（K_r）；

（4）内 / 外梁刚度比（主 / 从参数）。

（三）准静态荷载试验方法与常规静载试验实桥对比测试试验研究

准静态桥梁荷载试验方法将记录测点在缓慢移动车辆荷载作用下的应力时程曲线，常规静载试验是测试桥梁在静止荷载作用下的应变单点值。尽管两者有连续数据和离散单点数据以及量值有大小区分，但考虑到在正常使用荷载作用下，结构一般都处于线弹性工作状态，因此可基于实测应力影响线（时程曲线，如图12-5所示），按线性外推的方法将设计正常使用荷载（或等效试验荷载）在实测影响线上进行布载，计算出测试截面的应力值，同时按设计使用荷载（或等效试验荷载）对实桥进行常规静载试验，测出截面的应力值，对比分析准静态荷载试验影响线布载的应力计算值和常规静载试验的应力实测值，可以检验结构的线性工作状态以及轻荷载作用下集成化测试系统的稳定性和精确度，在试验数据分析研究的基础上，总结线性外推法计算常规荷载试验测试值的准确性和可靠性。

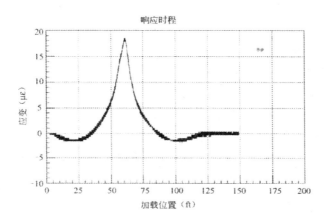

图12-5　实测应力时程曲线

（四）国内外承载力评估荷载检定因子和校验系数对比研究

结构承载力是判断桥梁运营安全性的一项重要指标，目前国内规范中主要采用基于目测调查、承载力检算辅以荷载试验的方法进行承载能力鉴定，但目测调查、检算方法判别的准确性往往较差，而常规荷载试验除时间较长、费用较大外，对正常交通运营的干扰亦较大，因此，有必要研究基于快速准静态荷载试验基础上的承载力评定方法。目前国内常规荷载试验主要采用校验系数即实测值和理论值的比值来评定其承载力，反映结构工作性能是否良好。美国基于现场荷载试验的承载力评定主要依据为 AASHTO 荷载检定因子计算公式：

$$RF = \frac{C - A_1 D}{A_2 L_{rat}(1+I)} \tag{6}$$

式中：RF—荷载检定因子；

C—构件承载力（极限值或允许值）；

D—恒载效应；

L_{rat}—活载效应；

I—活载冲击或动力因子；

A_1—恒载因子（使用应力 1.0 或荷载因子 1.3）；

A_2—活载因子（使用应力 1.0，荷载因子 2.17 或 1.3）。

由于荷载试验测试的一般为活载作用下的截面应力，因此式（6）中荷载效应 L_{rat} 可用荷载试验中测量或校正的应力 σ_{rat}^m 来代替，故式（6）可变为：

$$RF = \frac{F_y - A_1\sigma_d}{A_2\sigma_{rat}^m(1+I)} \qquad (7)$$

式中：RF—荷载检定因子；

F_y—构件承载力极限值或允许值；

σ_d—恒载应力；

σ_{rat}^m—鉴定车辆作用下的实测或校正应力；

I—活载冲击或动力因子；

A_1—恒载因子（使用应力 1.0 或荷载因子 1.3）；

A_2—活载因子（使用应力 1.0，荷载因子 2.17 或 1.3）。

考虑到很多情况下，试验车辆配置往往和鉴定车辆或设计车辆不一致，因此鉴定车辆作用下的实测或校正应力 σ_{rat}^m 不能直接测量，但可以从试验车辆作用下的应力实测值线性推出。

$$\sigma_{rat}^m = \frac{\sigma_{rat}}{\sigma_{test}}\sigma_{test}^m \qquad (8)$$

式中：σ_{rat}^m—试验加载车辆作用下的应力实测值；

σ_{test}—试验加载车辆作用下的应力理论值；

σ_{rat}—鉴定车辆作用下的应力理论值。

将式（8）代入式（7），可得：

$$RF = \frac{\sigma_{test}}{\sigma_{test}^m}\frac{F_y - A_1\sigma_d}{A_2\sigma_{rat}^m(1+I)} = \eta\frac{F_y - A_1\sigma_d}{A_2\sigma_{rat}(1+I)} \qquad (9)$$

式中：η—国内常规静载试验校验系数。

从公式（7）可以看出，美国规范给出的荷载检定因子和国内荷载试验校验系数是密切相关的，基于线性外推假定，利用准静态荷载试验实测的影响线可以快速地对桥梁承载力进行评定。同样利用实测影响线和理论值进行对比分析，优化识别结构参数、修正模型，得出较为精确的有限元计算模型，也可以分析出活载作用下截面的内力值 L_{rat}。本子项主要对用于承载力评定的荷载检定因子和校验系数进行分析研究，通过实桥试验对比并结合理论分析研究其荷载检定因子和校验系数的不同点和共同点，并尽可能研究适用于我国的荷载鉴定因子常值范围。

二、不中断交通的梁式桥梁试验及状态评定方法研究

（一）传统荷载试验评定方法的不足

传统的桥梁荷载试验是检验桥梁结构实际工作状态，保证桥梁安全运营的重要手段，经过不断的探索和实践，试验技术得到较大发展和普及，试验方法也日趋成熟并形成了行业规范。

然而，随着荷载试验方法在桥梁上的大量采用，其方法本身存在的问题和局限就越来越显现出来，其中主要包括如下几点：

（1）传统的荷载试验方法主要是针对新建桥梁的交竣工验收，是以静载试验观测为主来获取桥梁在试验荷载作用下的结构反应参数，以此通过与理论计算结果的比较验证桥梁的实际工作状况；但对于运行多年的在用桥梁，该方法获取的信息存在缺陷，不能很好地反映桥梁在实际荷载作用下的结构状态。

（2）传统的荷载试验方法需要动用大量的人力、物力，耗费较多的时间和经费，这对于在用桥梁的检测，特别是数量较多的中小型桥梁，是难以接受的。

（3）传统的荷载试验均需较长时间封闭交通，这会给繁忙的交通带来诸多不便，而有时根本行不通，无法中断桥梁的交通。

（4）传统的静载试验以设计荷载为试验目标荷载，但在目前公路超载严重的情况下，其无法反映在大量超载作用下桥梁的实际结构反应。

（5）动载试验中，一般只能测定结构低阶模态参数，而且难以保证其测试精度，其结果尚未能用于桥梁结构的质量评估和承载能力校核。

（二）主要研究内容

主要研究内容分为三大方面：一是研究、开发用于准确可靠测定中小跨径桥梁模态特性的模态识别技术；二是研究基于动应变和动挠度的中小跨径桥梁状况评估技术；三是研究、开发新一代计算模型修正与确认方法，在有限元建模和准确模态识别的基础上，建立精确桥梁动力学计算模型，并用于桥梁动载荷预报和结构状态评估。

1. 桥梁运行模态分析技术（OMA）研究

研究的第一个内容是桥梁运行模态分析技术（OMA）研究，即不影响交通的试验模态分析技术研究。

（1）开发基于频域－空间域分解技术的桥梁运行模态分析新技术

考虑到时域模态识别的缺点，特别是计算模态对精度和区分真实结构模态的不利影响，以及频域（功率谱）峰值法的识别精度很低，而且很难识别近频模态的缺点，重点研究、开发基于频域－空间域分解技术的桥梁运行模态分析

（OMA）新技术（FSDD）。

①FSDD 模态识别技术直接利用桥梁在实际运行状态下，来往车辆激励的响应测量数据，进行无偏功率谱估计；

②采用奇异值分解技术，将随机响应数据空间分解成信号和噪声两个子空间，并得出模态指示函数，为结构模态的选取提供了方便、可靠的手段；

③由于将多通道响应测量都当成参考点，这种仅有输出（O/O）的模态识别技术本身具有多输入、多输出（MIMO）的优点，具有能识别近频以及重根的能力，适合多跨连续梁桥梁具有密集模态的识别；

④利用多通道测量数据，采用空间模态滤波技术，分离出单一模态，并准确识别固有频率、阻尼比和振型等桥梁结构模态参数。

（2）进一步研究宽频带运行模态识别方法（BBFD）

快速识别全部模态参数，大大减少人机交互，在保证精度条件下大大提高效率；和基于输入/输出测量（I/O）的模态识别方法相比，仅有输出测量（O/O）的模态识别方法具有易于实现、经济快速，但现有（O/O）模态识别算法需付出的代价是无法确定广义（模态）质量。一方面研究在仅有输出测量情况下包括广义（模态）质量在内的全部模态参数识别方法；另一方面利用典型梁式桥梁，进行基于输入/输出测量（I/O）的模态识别，采用先进的多输入/多输出先进试验技术，进行人工激励试验模态分析（EMA），以资对比和验证。

（3）采用运行状态模态分析技术（OMA）

可以在桥梁正常运行状态，利用来往车辆对桥梁的激励，进行模态识别和利用地脉动的环境激励模态分析技术（AMA）相比。其最大的优点是，无须中断交通。来往车辆反映了桥梁的实际运行状态，但是也带来对桥梁的附加质量，给进一步基于模态试验的计算模型修正时必须进行的试验/计算相关分析带来不便。为了研究来往车辆带来的附加质量（既是分布的又是随机的）的影响，本项目还拟利用典型梁式桥梁，采用先进的、基于输入/输出测量（I/O）的模态识别方法，进行利用地脉动的环境激励模态分析，研究随机分布车辆附加质量对桥梁结构动态特性的影响。

2. 基于动应变和动挠度的桥梁状况评估技术研究

研究将通过对既有中小跨径桥梁正常交通的情况采集桥梁结构的动应变和动挠度等荷载反应的统计分析，作为旧桥检测中现状检查的补充和完善，并与同类桥型结构反应的经验判断及计算机仿真技术相结合，以确保结构验算更符合实际，计算的结果更准确可靠。

车辆荷载是桥梁结构的基本可变荷载，在各种荷载组合中占有重要地位，在桥梁静动载试验中，输入荷载均为车辆荷载，实际输出反映的是桥梁在车辆荷载作用下的反应。设计规范对于车辆荷载进行了相应规定，但由于车辆荷载随时间的变异性较强，《公路工程结构可靠度设计统一标准》中对于设计基准期内的车辆荷载最大值分布（包含一般运行状态和密集运行状态）均采用了极值Ⅰ型进行描述。对于实际运营中的桥梁，其上通行的车辆荷载必然与规范中采用的分布假设不尽相同，其既可能由于交通量较少，而使实际通行荷载小于规范要求，也可能由于交通密集，车辆超载严重而使实际通行荷载远大于规范规定。

研究通过实测桥梁在正常通行状态下动挠度和动应力，对其进行统计分析，并与按规范考虑冲击系数后的理论计算值及按常规静动载试验得到的实测值进行比较，采用相关数学模型进行桥梁安全性评判。

3. 基于动态测试数据的计算模型修正与确认方法及其在桥梁状况评估中的应用研究

基于运行模态分析的桥梁结构计算模型修正与确认技术研究包括如下主要内容。

（1）试验/分析结果相关分析

基于试验模态参数的计算模型修正方法，首先需要利用试验与分析的振型数据计算振型相关系数（MAC），以便对GVT/FEM进行模态配对与相关分析。

（2）待修正设计参数筛选

桥梁结构复杂、设计参数众多，因此，待修正参数的类型和位置的确定对模型修正起着至关重要的作用。目前发展的诸多误差定位方法如误差矩阵法、模态残余力法等，在确定误差位置方面有一定的参考价值，但在工程实践用于挑选待修正设计参数仍有一定困难。目前工程中应用效果较好的方法是最佳子空间方法，以及基于统计试验设计（DOE）参数筛选方法，适用于复杂结构基于模态试验结果的有限元模型修正。

（3）桥梁结构设计参数修正

①在模态试验的测试结果中，模态频率测试精较高。因而工程应用中应优先采用模态频率构造残差，辅以振型相关系数（MAC）或振型残差。考虑到桥梁结构的复杂性，在振型误差较大时，还可利用其他桥梁结构动力学特征。

②在有限元模型修正过程中，如果同时采用多种模态参数，诸如同时采用模态频率和振型、模态频率和振型相关系数等，将会出现矩阵病态，影响求解精度的问题。必须采取相关措施改善方程性态，以提高修正迭代过程的收敛性和修正精度。

③以往的应用经验表明，仅仅依赖于设计灵敏度（模态参数对设计参数的导

数）的迭代修正方法，难以在工程应用中取得良好效果。例如，对于复杂结构的修正问题，可能在求解过程中陷入局部最优解。对此类问题需要采取针对性的优化方法解决方案。

（4）新一代计算模型修正与确认方法

针对传统模型修正的不足，研究、开发新一代计算模型修正与确认方法，其中包括：建立能替代高阶有限元模型的低阶快速运行模型，不仅大大减小计算工作量，而且利用输入／输出的反映射关系，将反问题转化为正问题来求解，从而避免修正过程收敛性和局部优化问题；对结构参数和试验的不确定性进行充分量化分析，并研究输入设计参数向输出特征的正向和反向传递，以提高模型修正精度；采用多种结构响应特征及模型确认度量准则，扩大模型确认适用范围。例如，时域响应数据的主分量分解作为响应特征对非线性结构进行模型确认。通过新一代计算模型修正与确认方法，建立精确桥梁动力学计算模型，并用于桥梁动载荷预报和结构检测。

（5）与商用软件的接口

复杂工程结构分析、计算必须采用先进商用软件，如专门用于梁式桥梁的有限元分析软件、ANSYS有限元分析软件等。计算模型修正是一个迭代的过程，每次迭代都需要调用有限元软件进行分析计算。因此，在实际桥梁计算模型修正的工程应用中，必须有相应的数据接口用以集成商用有限元分析软件与本研究开发的计算模型修正程序。

参考文献

[1] 赵栩 . 公路工程试验检测常见的问题 [J]. 建材发展导向，2023，21（12）：38–40.

[2] 邹静莹 . 公路工程试验检测行业发展问题及对策研究 [J]. 黑龙江交通科技，2023，46（06）：131–133.

[3] 李植瑞海 . 公路工程试验检测常见问题及解决方法 [J]. 大众标准化，2023（10）：181–183.

[4] 牟春林 . 公路工程试验检测的常见问题及解决方法 [J]. 工程技术研究，2023，8（07）：213–215.

[5] 李天玉 . 公路工程试验检测问题与优化措施 [J]. 城市建设理论研究（电子版），2023（07）：140–142.

[6] 耿健晨 . 高速公路工程试验检测与质量控制措施 [J]. 运输经理世界，2023（06）：16–18.

[7] 李庆涛，冯喜仑，陈兴华 . 公路工程试验检测现状及改善措施分析 [J]. 工程技术研究，2023，8（03）：194–196.

[8] 乔建艳 . 公路工程试验检测工作的存在问题及优化策略 [J]. 时代汽车，2022（22）：177–179.

[9] 韦柳娟 . 高速公路工程试验检测管理信息系统研究 [J]. 企业科技与发展，2022（09）：53–56.

[10] 刘峰 . 高速公路工程试验检测与质量控制措施 [J]. 工程技术研究，2022，7（17）：121–123.

[11] 刘伟 . 公路工程试验检测问题与优化措施 [J]. 工程技术研究，2022，7（02）：56–58.

[12] 肖权 . 关于公路工程试验检测常见问题及对策 [J]. 大众标准化，2022（04）：193–195.

[13] 吴杭生 . 公路工程试验检测的质量控制探讨 [J]. 中国高新科技，2022（10）：93–94.

[14] 姚粉云 . 桥梁工程试验检测在工程质量控制中的应用分析 [J]. 城市建筑，2021，18（11）：190–192.

[15] 张树峥，张洪卫 . 桥梁工程试验检测对工程质量控制的重要性 [J]. 江西建材，2021（03）：46–47.

[16] 顾昊 . 桥梁工程试验检测对工程质量控制的重要性 [J]. 建材与装饰，2017（45）：244.

[17] 尤文龙 . 浅谈桥梁工程试验检测对工程质量控制的重要性 [J]. 建材与装饰，2017（40）：242.

[18] 肖威 . 道路桥梁工程试验检测技术探析 [J]. 民营科技，2017（04）：168.

[19] 李学斌 . 我国公路桥梁工程的试验与检测技术分析 [J]. 城市建设理论研究（电子版），2022（34）：79–81.

[20] 马源 . 道路桥梁工程试验检测技术探析 [J]. 黑龙江科技信息，2017（09）：206.

[21] 高祥 . 桥梁工程试验检测对工程质量控制的重要性 [J]. 山西建筑，2015，41（12）：178–179.

[22] 张乐乐 . 道路桥梁工程的原材料试验检测探究 [J]. 工程建设与设计，2023（10）：109–111.

[23] 刘裕春 . 分析道路桥梁工程原材料试验检测技术 [J]. 中华建设，2023（06）：116–118.

[24] 张增军 . 桥梁工程中公路桥梁荷载试验检测技术及相关养护策略研究 [J]. 交通世界，2021（16）：125–126.

[25] 于世华 . 高速公路桥梁工程荷载试验检测技术及实施要点 [J]. 交通世界，2021（10）：90–91.

[26] 张如艳 . 公路桥梁工程建设中的集料试验检测技术 [J]. 工程建设与设计，2021（05）：121–123.